LA PROTECCIÓN INTERNACIONAL DE LA LIBERTAD DE EXPRESIÓN

LOS RETOS PLANTEADOS POR INTERNET Y LAS REDES SOCIALES

LA PROTECCIÓN INTERNACIONAL DE LA LIBERTAD DE EXPRESIÓN

LOS RETOS PLANTEADOS POR INTERNET Y LAS REDES SOCIALES

ALFONSO J. IGLESIAS VELASCO

tirant lo blanch
Valencia, 2025

En caso de erratas y actualizaciones, la Editorial Tirant lo Blanch publicará la pertinente corrección en la página web www.tirant.com.

Este libro es una actividad académica realizada en el marco de la Cátedra UNESCO de Cultura de Paz y Derechos Humanos de la Universidad Autónoma de Madrid

La presente obra ha sido sometida a la revisión de pares ciegos según el protocolo de publicación de la editorial a efectos de ofrecer el rigor y calidad correspondiente tanto en su contenido como en su forma, aplicándose los criterios específicos aprobados por la Comisión Nacional E 016 (BOE num. 286, de 26 de noviembre de 2016).

EDITA: TIRANT LO BLANCH
C/ Artes Gráficas, 14 - 46010 - Valencia
TELFS.: 96/361 00 48 - 50
FAX: 96/369 41 51
Email: tlb@tirant.com
www.tirant.com
Librería virtual: www.tirant.es
DEPÓSITO LEGAL: V-4350-2024
ISBN:978-84-1095-366-6

Si tiene alguna queja o sugerencia, envíenos un mail a: *atencioncliente@tirant.com*. En caso de no ser atendida su sugerencia, por favor, lea en *www.tirant.net/index.php/empresa/politicas-de-empresa* nuestro procedimiento de quejas.

Responsabilidad Social Corporativa: http://www.tirant.net/Docs/RSCTirant.pdf

Índice

Abreviaturas y siglas

AA.VV.	Autores varios
ABAJ	American Bar Association Journal
ADI / AEDI	Anuario Español de Derecho Internacional
AFDI	Annuaire Français de Droit International
AEPD	Agencia Española de Protección de Datos
AGNU	Asamblea General de las Naciones Unidas
AHLADI	Anuario Hispano-Luso-Americano de Derecho Internacional
AJIL	American Journal of International Law
AJNU	Anuario Jurídico de las Naciones Unidas
Am. U.J. Int'l L. & Pol'y	The American University Journal of International Law and Policy
ANR	Autoridades nacionales de regulación
ASDI	Annuaire Suisse de Droit International
ASIL Proc.	Proceedings of the American Society of International Law
ATC	Auto del Tribunal Constitucional de España

ATCA	Alien Tort Claims Act
ATS	Auto del Tribunal Supremo de España
BBS	Bulletin Board System
Bl. Dt. & Internat. Pol.	Blätter für deutsche und internationale Politik
BOE	Boletín Oficial del Estado
BoR	Consejo de Reguladores -del ORECE-
Brooklyn J. Int'l L.	Brooklyn Journal of International Law
BVerfGE	Tribunal Constitucional Federal (Alemania)
BYIL	The British YearBook of International Law
Cal. W. Int'l L. J.	California Western International Law Journal
Can. Yb. Int'l L.	The Canadian Yearbook of International Law
CDH	Comité de Derechos Humanos de Naciones Unidas
CDI	Comisión de Derecho Internacional
CE	Constitución Española
CEDH	Convenio Europeo de Derechos Humanos
CETS	Serie de Tratados del Consejo de Europa
CGDJ	Consejo General del Poder Judicial
CICR	Comité Internacional de la Cruz Roja

CIDH	Comisión Interamericana de Derechos Humanos
CIJ	Corte Internacional de Justicia
Cit. / loc.cit.	Citada/ loco citato = en el lugar citado
CML Rev.	Common Market Law Review
Cmnd	Command Papers (Reino Unido)
Colum. J. Transnat'l L.	Columbia Journal of Transnational Law
Cornell Int'l L. J.	Cornell International Law Journal
CPI	Corte Penal Internacional
CPJI	Corte Permanente de Justicia Internacional
CSIC	Centro Superior de Investigaciones Científicas
CSM	Christian Science Monitor
Den. J. Int'l L. & Pol'y	Denver Journal of International Law and Policy
Den. L.J.	Denver Law Journal
Dep't State Bull.	Department of State Bulletin (EE.UU.)
Dick. J. Int'l L.	Dickinson Journal of International Law
DO/DOCE/DOUE	Diario Oficial de las Comunidades Europeas/Unión Europea
DTC	Declaración del Tribunal Constitucional

Duke J. Comp. & Int'l L.	Duke Journal of Comparative and International Law
EJIL	European Journal of International Law
EPIL	Encyclopedia of Public International Law
EuGRZ	Europäische Grundrechte Zeitschrift
FJ	Fundamento jurídico
Fordham Int'l L. J.	Fordham International Law Journal
Ga. J. Int'l & Comp. L.	Georgia Journal of International and Comparative Law
G.A.O.R.	Documentos Oficiales de la Asamblea General (Naciones Unidas)
GATT	Acuerdo General de Aranceles Aduaneros y Comercio
Geo. L. J.	Georgetown Law Journal (Washington D.C.)
GJ	Gaceta Jurídica de la UE y de la Competencia
Harv. Int'l L. J.	Harvard International Law Journal
Harv. L. Rev.	Harvard Law Review
Hous. J. Int'l Law	Houston Journal of International Law
IA	Inteligencia Artificial
ICJ Reports	Memorias de la Corte Internacional de Justicia
ICLQ	International and Comparative Law Quarterly

IDI	Instituto de Derecho Internacional
IJIL	Indian Journal of International Law
ILA Rep.	Report of The International Law Association
ILM	International Legal Materials
ILR	International Law Reports
ISP / PSI	Proveedores de servicios de acceso a Internet
LECrim	Ley de Enjuiciamiento Criminal
LJIL	Leiden Journal of International Law
LO	Ley Orgánica
LOCE	Ley Orgánica del Consejo de Estado
LOPJ	Ley Orgánica del Poder Judicial
LOTC	Ley Orgánica del Tribunal Constitucional
Md J. Int'l L. & Trade	Maryland Journal of International Law and Trade
Mich. J. Int'l L.	Michigan Journal of International Law
Mich. L. Rev.	Michigan Law Review
NILR	Netherlands International Law Review
NJW	Neue Juristische Wochenschrift (Múnich)
NYIL	Netherlands Yearbook of International Law
N.Y. U. J. Int'l L. & Pol.	New York University Journal of International Law and Politics

N.Y. U. L. Rev.	New York University Law Review
NZLR	New Zealand Law Reports
OCDE	Organización para la Cooperación y el Desarrollo Económico
OEA	Organización de Estados Americanos
OIT	Organización Inter-nacional del Trabajo
OLP	Organización para la Liberación de Palestina
OMC	Organización Mundial del Comercio
OMS	Organización Mundial de la Salud
ONU	Organización de las Naciones Unidas
ORECE / BEREC	Organismo de Reguladores Europeos de las Comunicaciones Electrónicas
PAC	Proveedores de servicios de aplicaciones y contenidos
Para.	Parágrafo
RAP	Revista de Administración Pública
R.B.D.I.	Revue Belge de Droit International
R.D.C.E. / RIE	Revista de Derecho Comunitario Europeo -anteriormente Revista de Instituciones Europeas-
RDI	Rivista di Diritto Internazionale
Rec. des C.	Recueil des Cours de la Académie de Droit International

R.E.D.A.	Revista Española de Derecho Administrativo
R.E.D.C.	Revista Española de Derecho Constitucional
REDE	Revista Española de Derecho Europeo
R.E.D.I.	Revista Española de Derecho Internacional
REEI	Revista Electrónica de Estudios Internacionales
Rev. Fac. Der. Univ. Complutense	Revista de la Facultad de Derecho de la Universidad Complutense
RGDIP	Revue Générale de Droit International Public
RMCUE	Revue du Marché Commun et de l'Union Européenne
RTDE	Revue trimestrielle de droit européen
S.C.O.R.	Documentos Oficiales del Consejo de Seguridad (Naciones Unidas)
SLAPP	*Strategic lawsuit against public participation* /demanda estratégica contra la participación pública
Stanford J. Int'l L.	Stanford Journal of International Law
STC / SSTC	Sentencia/s del Tribunal Constitucional de España
STEDH / SSTEDH	Sentencia/s del Tribunal Europeo de Derechos Humanos
STJCE	Sentencia del Tribunal de Justicia de las Comunidades Europeas

STJUE	Sentencia del Tribunal de Justicia de la Unión Europea
STS / SSTS	Sentencia/s del Tribunal Supremo de España
STSJ / SSTSJ	Sentencia/s del Tribunal Superior de Justicia
SYIL	Spanish Yearbook of International Law
Syr. J. Int'l L. & Com.	Syracuse Journal of International Law and Commerce
SZIER/RSDIE	Revue Suisse de Droit International et de Droit Européen
TC	Tribunal Constitucional de España
TCE	Tratado de la Comunidad Europea
TEDH	Tribunal Europeo de Derechos Humanos
Tex. Int'l L. J.	Texas International Law Journal
TFUE	Tratado de Funcionamiento de la Unión Europea
TICs	Tecnologías de la información y la comunicación
TJCE	Tribunal de Justicia de las Comunidades Europeas
TJUE	Tribunal de Justicia de la Unión Europea (desde el Tratado de Lisboa)
TUE	Tratado de la Unión Europea
U. Pa. L. Rev.	University of Pennsylvania Law Review

UE	Unión Europea
UNTS	United Nations Treaty Series
UP	University Press
U.S.C.	Código de Estados Unidos
Va. J. Int'l L.	Virginia Journal of International Law
Vand. J. Transnat'l L.	Vanderbilt Journal of Transnational Law
Wis. Int'l L. J.	Wisconsin International Law Journal
Yale J. Int'l L.	Yale Journal of International Law
ZaöRV	Zeitschrift für ausländiches öffentliches Recht und Völkerrecht

1. INTRODUCCIÓN

1.1. Exposición inicial

La presente monografía tiene por objeto el análisis de la relevancia adquirida por el derecho a la libertad de opinión y de expresión en el contexto actual del imparable avance de las nuevas tecnologías de la información y la comunicación (TICs), que están transformando numerosos aspectos de la realidad cotidiana en todo el planeta[1].

La libertad de expresión se configura como uno de los más importantes derechos fundamentales de la persona, pues se encuentra en el núcleo duro de sus libertades más decisivas para poder desarrollarse como ser humano y es un elemento imprescindible en toda sociedad democrática. Al mismo tiempo, este derecho tiene un alcance muy amplio, con múltiples facetas, como podrá verse a lo largo de este texto (libertad de opinión, de expresión, de información, de creación y producción artística, científica y técnica, libertad de prensa y de los medios de comunicación). Surgida como una protección de las personas frente al poder del Estado, la libertad de expresión resulta necesaria para que el ser humano pueda desarrollar su

---

1 Véanse, por ejemplo, A. MEIKLEJOHN, *Libertad de expresión: un ideal en disputa*, Siglo del Hombre, Bogotá, 2021; M.A. PRESNO LINERA y G. TERUEL LOZANO, *La libertad de expresión en América y Europa*, Juruá, Lisboa, 2017; P.J. TENORIO SÁNCHEZ (coord.), *La libertad de expresión. Su posición preferente en un entorno multicultural*, Wolters Kluwer, Madrid, 2014; y E. BARENDT, *Freedom of Speech*, Oxford University Press, Oxford, 2007.
La última fecha de consulta de los enlaces electrónicos citados en este libro ha sido el 20 de septiembre de 2024.

personalidad en una sociedad libre y, por eso, es proclamado, regulado y protegido como derecho fundamental.

La red Internet permite conectarse a millones de personas en todo el mundo, sin barreras espaciales ni temporales, provocando con ello una enorme transformación tecnológica de las comunicaciones y del alcance y posibilidades de ejercer las libertades de expresión y de comunicación[2]. El número de personas que emplean Internet en su vida cotidiana ha ido en constante aumento, así como el tiempo diario que dedican a estar conectados a la red: las cifras son abrumadoras, pues se calcula que actualmente el 67 % de la población mundial es usuaria de Internet, la mayor parte de la cual utiliza los medios/redes sociales[3]. La globalización y el desarrollo de las TICs y, en particular, de la red Internet (denominadas "tecnologías de la liberación"[4]), ha engendrado un nuevo paradigma en la protección nacional e internacional de algunos derechos fundamentales, en especial con la expansión del ejercicio de la libertad de expresión, hasta el punto de haber sido considerada como la "moderna plaza pública" donde los ciudadanos

---

2 M.A. CALCANEO MONTS, "Internet, redes sociales y libertad de expresión", *Cuestiones Constitucionales*, nº 44, 2021, p. 36.

3 De unos 8.100 millones de habitantes humanos en el mundo en julio de 2024, 5.450 millones de ellos eran usuarios de Internet (67,1% del total), y en su gran mayoría, 5.170 millones (63,7%), eran usuarios de medios/redes sociales. Véase en el sitio web de Statista en https://www.statista.com/statistics/617136/digital-population-worldwide/ Asimismo, el tiempo diario empleado en las redes sociales por los usuarios mundiales de Internet fue creciendo hasta 2019, y desde entonces se mantiene estable, como puede verse en esta página web: https://www.statista.com/statistics/433871/daily-social-media-usage-worldwide/

4 L. DIAMOND, "Liberation Technology", *Journal of Democracy*, vol. 21, nº 3, 2010, pp. 69-83.

se reúnen y expresan sus opiniones[5]. No obstante, la eclosión de las nuevas tecnologías y sus programas y sistemas – como Internet, las redes sociales o la Inteligencia Artificial- también ha afectado a otros derechos e intereses, como el derecho a la privacidad y la intimidad personal o la propiedad intelectual, por citar solo algunos[6].

Como consecuencia de la implantación de las TICs, el derecho a la libertad de expresión es regulado en el siglo XXI no solamente por los ordenamientos nacionales y por el internacional, sino también por las reglas establecidas por los prestadores de los servicios de Internet -sobre todo por las redes/medios sociales-, de modo que se ha pasado de un modelo vertical o dualista de regulación jurídica de la libertad de expresión, entre poderes públicos y los individuos, a uno pluralista o triangular, en el que se han incorporado los intermediarios de Internet. Esto implica que ahora existe un número mayor de actores regu-

---

5 Este término fue acuñado por Anthony M. Kennedy cuando era Juez del Tribunal Supremo de los Estados Unidos al emitir la Sentencia de 19 de junio de 2017 en el caso *Packingham v. North Carolina*, 582 U.S. 98, en pp. 105-106.

6 Véanse, por ejemplo, L. COTINO HUESO (ed.), *Libertades de expresión e información en Internet y las redes sociales: ejercicio, amenazas y garantías*, Universidad de Valencia, Valencia, 2011, en https://www.uv.es/cotino/elibertades2010.pdf; Mª.J. SOLA-MARTÍNEZ, “Redes sociales: Más allá de la privacidad”, *El profesional de la información*, vol. 18, nº 4, 2009, pp. 470-474, en DOI: https://doi.org/10.3145/epi.2009.jul.18; y G. MINERO ALEJANDRE, "Chat GPT y la propiedad intelectual de los escritos jurídicos", en M. CASTILLA BAREA & Mª.D. CERVILLA GARZÓN (dirs.), I. HERNÁNDEZ MENI & M. NEUPAVERT ALZOLA (coords.), *El Derecho y la Justicia ante la Inteligencia Artificial y otras tecnologías disruptivas*, Aranzadi, Las Rozas, 2024, pp. 175-199.

latorios, que pueden plantear mayores restricciones o cortapisas al libre ejercicio de la libertad de expresión[7].

1.2. Breve referencia al marco español de protección

Si bien las reflexiones de esta obra van a ser realizadas desde la perspectiva jurídica internacional, no debe obviarse que este derecho también goza de una posición preeminente y de una protección especial en los ordenamientos jurídicos estatales. Así, por ejemplo, en España la Constitución sitúa la libertad de opinión y de expresión entre los derechos que gozan de un más elevado grado de protección jurídica (art.20)[8]. La Carta

---

7 J.M. BALKIN, "Free Speech is a Triangle", *Columbia Law Review*, vol. 118, nº 7, 2018, pp. 2011-2055; y M.A. CALCANEO MONTS, "Internet, redes sociales y libertad de expresión", *Cuestiones Constitucionales*, nº 44, 2021, pp. 43-47.

8 De este modo, el artículo 20 de la Constitución española indica lo siguiente:
"1. Se reconocen y protegen los derechos:
a) A expresar y difundir libremente los pensamientos, ideas y opiniones mediante la palabra, el escrito o cualquier otro medio de reproducción.
b) A la producción y creación literaria, artística, científica y técnica.
c) A la libertad de cátedra.
d) A comunicar o recibir libremente información veraz por cualquier medio de difusión. La ley regulará el derecho a la cláusula de conciencia y al secreto profesional en el ejercicio de estas libertades.
2. El ejercicio de estos derechos no puede restringirse mediante ningún tipo de censura previa.
3. La ley regulará la organización y el control parlamentario de los medios de comunicación social dependientes del Estado o de cualquier ente público y garantizará el acceso a dichos medios de los grupos sociales y políticos significativos, respetando el pluralismo de la sociedad y de las diversas lenguas de España.

Magna española recoge los derechos humanos en su Título I, pero los distribuye en diversos apartados para atribuirles estatutos constitucionales diferenciados según donde se sitúen dentro del texto constitucional. Pues bien, la libertad de opinión y de expresión se encuentra reconocida en la Sección Primera de su Capítulo II (arts.15-29), titulada "De los derechos fundamentales y de las libertades públicas". La misma cuenta con un régimen reforzado de protección, pues se entiende que reúne el núcleo duro de los derechos humanos en España[9]. De hecho, su estatuto constitucional está definido por la confluencia de tres garantías:

a) Estos derechos sólo pueden ser objeto de revisión constitucional y no de reforma (art.168.1).

b) Solamente pueden ser regulados por Ley Orgánica, pues el artículo 81.1 de la Constitución reproduce el tenor literal de la rúbrica de la Sección Primera.

c) Puede obtenerse la tutela de tales derechos a través de un "procedimiento preferente y sumario" ante los tribunales de justicia y, en su caso, a través del Recurso de Amparo ante el Tribunal Constitucional (art.53.2).

---

4. Estas libertades tienen su límite en el respeto a los derechos reconocidos en este Título, en los preceptos de las leyes que lo desarrollen y, especialmente, en el derecho al honor, a la intimidad, a la propia imagen y a la protección de la juventud y de la infancia.
5. Sólo podrá acordarse el secuestro de publicaciones, grabaciones y otros medios de información en virtud de resolución judicial".

[9] Véase J.J. SOLOZÁBAL ECHAVARRÍA, "La libertad de expresión desde la teoría de los derechos fundamentales", *Revista Española de Derecho Constitucional*, nº 32, 1991, pp. 73-114.

En el ordenamiento jurídico español, la Ley 11/2022, de 28 de junio, General de Telecomunicaciones[10], solo de modo muy tangencial se refiere a la libertad de expresión como uno de los derechos y libertades fundamentales que deberán ser respetados debidamente por cualesquiera medidas que puedan adoptarse en relación al acceso o al uso por parte de los usuarios finales de los servicios y las aplicaciones a través de redes de comunicaciones electrónicas, de conformidad con el Convenio Europeo de Derechos Humanos, la Carta de los Derechos Fundamentales de la Unión Europea, los principios generales del Derecho comunitario y la Constitución Española. Si una de esas medidas es susceptible de restringir esos derechos y libertades fundamentales, solo podrá imponerse si es adecuada, necesaria y proporcionada en una sociedad democrática, y su aplicación debe realizarse "a través de un procedimiento previo, justo e imparcial, que incluirá el derecho de los interesados a ser oídos, sin perjuicio de que concurran las condiciones y los requisitos procedimentales adecuados en los casos de urgencia debidamente justificados", con arreglo a los instrumentos internacionales de protección de derechos humanos antes citados[11].

Por su parte, los órganos jurisdiccionales españoles -sobre todo los de las últimas instancias- no se han pronunciado durante años sobre la libertad de expresión y de información en Internet -mayormente porque no tuvieron ocasión-, pero sí lo hacían con respecto a otros ámbitos conexos de los derechos fundamentales, como la protección de datos personales (derecho a la intimidad, proclamado en el artículo 18.1 de la

---

10 BOE, nº 155, de 29 de junio de 2022, pp. 91253-91411.

11 Artículo 56 de la Ley 11/2022, de 28 de junio, General de Telecomunicaciones.

Constitución española)[12]. Ha sido en los últimos años cuando el Tribunal Constitucional y el Tribunal Supremo han emitido decisiones judiciales sobre esta materia[13], que siguen en general los lineamientos de la normativa y los órganos jurisdiccionales internacionales en los diversos aspectos de esta materia, como podrá verse a lo largo de esta obra.

En el plano internacional, también la libertad de opinión y de expresión viene recogida en todos los instrumentos y convenios internacionales universales y regionales sobre derechos humanos como un derecho fundamental de cada ser humano, como una pieza clave de un sistema democrático y como medio de afirmar el respeto a los demás derechos humanos[14]: así, en

---

12 Véase el estudio realizado por L. COTINO HUESO, "La primera sentencia general del Tribunal Constitucional sobre la libertad de expresión e información en Internet: Seguimos pendientes de muchos temas clave para el futuro", en P. SIMÓN CASTELLANO (dir.) y Mª.V. ÁLVAREZ BUJÁN (coord.), *Evolución e interpretación del Tribunal Constitucional sobre derechos fundamentales y garantías procesales: cuestiones recientemente controvertidas*, Aranzadi, Cizur Menor, 2023, p. 45 y ss. Y también, en los inicios de Internet, véanse Mª.L. FERNÁNDEZ ESTEBAN, *Nuevas tecnologías, Internet y Derechos Fundamentales*, McGraw-Hill, Madrid, 1998; L. CORREDOIRA Y ALFONSO, *La libertad de información: Gobierno y arquitectura de Internet*, Universidad Complutense de Madrid, Madrid, 2001; y J.J. FERNÁNDEZ RODRÍGUEZ, *Lo público y lo privado en Internet: Intimidad y libertad de expresión en la red*, UNAM, México, 2004.

13 Véanse por ejemplo las siguientes sentencias del Tribunal Constitucional: STC 86/2017, de 4 de julio; STC 27/2020, de 24 de febrero; STC 8/2022, de 27 de enero; STC 89/2022, de 29 de junio; STC 105/2022, de 13 de septiembre; STC 36/2023, de 19 de abril; y STC 83/2023, de 4 de julio. También puede verse la siguiente sentencia del Tribunal Supremo: STS 1231/2022 (Sala de lo Contencioso-Administrativo), de 3 de octubre de 2022.

14 Véase la línea argumental expuesta en N. WENZEL, "Opinion and Expression, Freedom of, International Protection" en R. WOLFRUM

el marco universal podemos encontrar este derecho reconocido en la Declaración Universal de Derechos Humanos, de 1948 (art.19), en el Pacto Internacional de Derechos Civiles y Políticos, de 1966 (art.19) y en la Convención sobre los Derechos del Niño, de 1989 (art.13); en los respectivos ámbitos regionales, encontramos esta libertad en el Convenio Europeo de Derechos Humanos, de 1950 (art.10)[15], en la Carta de los Derechos Fundamentales de la Unión Europea (UE), de 2000-2007 (art.11), en la Convención Americana sobre Derechos Humanos -o Pacto de San José-, de 1969 (art.13), en la Carta Africana sobre los Derechos Humanos y de los Pueblos, de 1981 (art.9), y en la Carta Árabe de Derechos Humanos, de 2004 (art.32).

Con respecto a la fundamentación filosófica de la protección de la libertad de opinión y expresión, pueden encontrarse diversos enfoques distintos para motivar la protección de esta libertad de las personas, que forman parte de una evolución histórica

---

y A. PETERS (dirs.), *Max Planck Encyclopedia of Public International Law*, 3ª ed. online, Oxford University Press, Oxford, 2014, en https://opil.ouplaw.com/home/MPIL, para. 1 y ss.

15 Oficialmente titulado como Convenio para la Protección de los Derechos Humanos y de las Libertades Fundamentales ha sido complementado por un conjunto de Protocolos, que son de dos tipos: unos tenían carácter procesal -Protocolos 2, 3, 5, 8, 9 y 10, reemplazados por los Protocolos 11, 14 y 15-, con el fin de modificar la estructura institucional y procedimental para mejorar la garantía y control del Convenio; otros son de naturaleza sustantiva -Protocolos 1, 4, 6, 7, 12, 13 y 16-, para ampliar y desarrollar progresivamente los derechos a proteger. Por su relevancia para el funcionamiento del sistema europeo de protección, los primeros de estos Protocolos han exigido la ratificación unánime de todos los Estados Partes del Convenio antes de entrar en vigor, mientras que los segundos solo han requerido la manifestación del consentimiento de un cierto número de Estados Partes para su entrada en vigor.

doctrinal operada en los siglos XIX y XX sobre el modo de aproximarse a esta libertad fundamental:

1. Desde un enfoque funcional, la libertad de expresión es contemplada como un instrumento necesario para la búsqueda de la verdad, pues la sociedad debe poder escuchar todas las opiniones, incluso las más heterodoxas, provocativas y disidentes que pongan en cuestión paradigmas dados por correctos hasta entonces[16]. El debate y la contraposición entre las diversas opiniones expresadas es la forma de alcanzar la verdad, y el Estado debe abstenerse de injerencias y limitarse únicamente a proteger ese mercado libre de ideas[17]. Este enfoque es claramente liberal -y capitalista-, pues aspira a alcanzar la verdad mediante la libre competencia entre opiniones expresadas en libertad y sin interferencias no deseadas.
2. En una dimensión política, la libertad de expresión es vinculada a la noción de democracia, como condición previa a un sistema de autogobierno democrático real de una sociedad, donde los ciudadanos tengan acceso a todas las ideas e informaciones para así crear una opinión pública formada e informada que sea plenamente capaz de practicar sus derechos políticos y controlar el poder ejercido por sus instituciones de gobierno[18].

---

16 J.S. MILL, *On Liberty*, J.W. Parker and son, Londres, 1859, pp. 14-15.

17 N. WENZEL, *op. cit.*, para. 3.

18 En este sentido, el pionero en la consideración de la libertad de opinión como fundamento de la teoría democrática fue Alexander Meiklejohn. Véase A. MEIKLEJOHN, *Free Speech and Its Relation to Self-Government*, Harper, Nueva York, 1948; y también O. VERGARA LACALLE, "Libertad de expresión, democracia y ciudadanía", en G. VICENTE Y GUERRERO (coord.), *La libertad de expresión: Avances, límites y desafíos futuros*, Colex, La Coruña, 2024, pp. 15-45.

3. A partir de una perspectiva psicológica, la libertad de expresión es contemplada como un medio necesario para desarrollar la autonomía personal, y así poder expresar nítidamente su personalidad individual y su identidad como ser humano[19].

Los órganos de control de los tratados internacionales de derechos humanos han subrayado especialmente la naturaleza política de la libertad de expresión, al conectarla con la existencia de un sistema democrático. Existen múltiples ejemplos de ello en diversos contextos geográficos: en los ámbitos regionales pueden encontrarse el Tribunal Europeo de Derechos Humanos o la Corte Interamericana de Derechos Humanos, que han proclamado solemnemente a la libertad de expresión como uno de los fundamentos o piedra angular de una sociedad democrática -casos *Handyside c. Reino Unido*[20] y *La Colegia-*

19 Th. SCANLON, "A Theory of Freedom of Expression", *Philosophy & Public Affairs*, vol. 1, nº 2, 1972, pp. 204-226.

20 El Tribunal Europeo de Derechos Humanos (TEDH), en su célebre sentencia de 7 de diciembre de 1976 en el asunto *Handyside c. Reino Unido* (caso nº 5493/72), valora la libertad de expresión desde esa perspectiva política (para. 49). Pueden verse, por ejemplo, F. FERNÁNDEZ SEGADO, "La libertad de expresión en la doctrina del Tribunal Europeo de Derechos Humanos", *Revista de Derecho Político*, nº 70, 1990, pp. 93-124; P. DURÁN Y LALAGUNA, "El tratamiento de la libertad de expresión en la Jurisprudencia europea", en L. MARTÍNEZ VÁZQUEZ DE CASTRO (coord.), *Historia y derecho: Estudios jurídicos en homenaje al profesor Arcadio García Sanz*, Tirant Lo Blanch, Valencia, 1995, pp. 237-250; D.I. GARCÍA SAN JOSÉ, "La libertad de expresión en la jurisprudencia del Tribunal Europeo de Derechos Humanos: un análisis crítico", *Revista del Poder Judicial*, nº 57, 2000, pp. 13-30; y R. BUSTOS GISBERT & M. HERNÁNDEZ RAMOS, "Los derechos de libre comunicación en una sociedad democrática (artículo 10 CEDH)" en J. GARCÍA ROCA, P. SANTOLAYA MACHETTI & M. PÉREZ-MONEO (coords.), *La Europa de los Derechos: el Convenio*

ción Obligatoria de Periodistas[21] respectivamente-; y en el plano universal, la Comisión/Consejo de Derechos Humanos de Naciones Unidas la identifica como fuente lógica del derecho a

---

Europeo de Derechos Humanos, vol. 2, 4ª ed., Centro de Estudios Políticos y Constitucionales, Madrid, 2023, pp. 735-786.

21 Opinión consultiva OC-5/85 de la Corte Interamericana de Derechos Humanos de 13 de noviembre de 1985 en el caso *La Colegiación Obligatoria de Periodistas (arts. 13 y 29 de la Convención Americana sobre Derechos Humanos)*, cuyo parágrafo 70 ofrece un concepto holístico de este derecho: "La libertad de expresión es una piedra angular en la existencia misma de una sociedad democrática. Es indispensable para la formación de la opinión pública. Es también *conditio sine qua non* para que los partidos políticos, los sindicatos, las sociedades científicas y culturales, y en general, quienes deseen influir sobre la colectividad puedan desarrollarse plenamente. Es, en fin, condición para que la comunidad, a la hora de ejercer sus opciones, esté suficientemente informada. Por ende, es posible afirmar que una sociedad que no está bien informada no es plenamente libre", se debilita la democracia, el pluralismo, la tolerancia y los mecanismos de control, de modo que pueden surgir regímenes autoritarios -sentencias de la Corte Interamericana de 28 de enero de 2009 en el caso *Ríos y otros c. Venezuela,* Serie C nº 194, para. 105; de 3 de septiembre de 2012 en el caso *Vélez Restrepo y familiares c. Colombia,* Serie C nº 248, para. 141; y de 22 de junio de 2015 en el caso *Granier y otros (Radio Caracas Televisión) c. Venezuela,* Serie C nº 293, para. 140-. Véanse en general S. GARCÍA RAMÍREZ, A. GONZA y E. RAMOS VÁZQUEZ, *La libertad de expresión en la jurisprudencia de la Corte Interamericana de Derechos Humanos,* Sociedad Interamericana de Prensa; Instituto Nacional de Transparencia, Acceso a la Información y Protección de Datos Personales; y Tribunal Electoral del Poder Judicial de la Federación, México, 2019 (con la innumerable jurisprudencia de esta Corte recogida en su nota 3); y L.R. GONZÁLEZ PÉREZ, "Aplicación de los tratados internacionales y la jurisprudencia de la CIDH en la protección de la libertad de expresión", *Revista de la Facultad de Derecho de México,* vol. 63, nº 259, 2013, pp. 199-234.

la participación efectiva en una sociedad libre[22]. No obstante, los textos y órganos de protección de los derechos humanos también han dado valor a los otros enfoques del derecho a la libertad de opinión y expresión, como la perspectiva psicológica de la voluntad propia de una persona, pues las manifestaciones y expresiones artísticas, culturales y científicas están englobadas en el marco protector del derecho a la libertad de expresión[23].

2. CONTENIDO SUSTANTIVO DE LA LIBERTAD DE OPINIÓN Y DE EXPRESIÓN

El contenido de este derecho fundamental es muy amplio, y comprende numerosos aspectos íntimamente conectados: la libertad para opinar, para expresar y difundir ideas e información, para acceder, buscar y recibir información, y la libertad de prensa y de los medios de comunicación en general[24]. Indudablemente, la libertad de expresión es uno de los derechos básicos de toda persona y de cualquier sociedad,

---

22 Resolución 2000/38 de la Comisión de Derechos Humanos de Naciones Unidas, de 20 de abril de 2000, parágrafo 3.

23 Así, por ejemplo, véase el artículo 20.1.b de la Constitución española.

24 Los instrumentos internacionales han reconocido el alcance amplio del derecho de libertad de opinión y de expresión: así pueden verse los textos de los respectivos artículos 19 de la Declaración Universal de Derechos Humanos, 19.2 del Pacto Internacional de Derechos Civiles y Políticos, y 10.1 del Convenio Europeo de Derechos Humanos. Esta libertad incluye el derecho a recibir y difundir información, lo que ha sido facilitado por el rápido y potente desarrollo de la tecnología moderna de información y comunicación, pilar esencial del fenómeno de la globalización. Sobre la evolución histórica de este derecho véase P. MALANCZUK, "Information and Communication, Freedom of, International Protection" en R. WOLFRUM y A. PETERS (dirs.), *Max Planck Encyclopedia of Public International Law,*

y las limitaciones a las que puede estar sometida deben ser interpretadas y aplicadas de forma restrictiva.

Los convenios internacionales suelen coincidir en afirmar que proteger el derecho a la libertad de expresión conlleva deberes y responsabilidades para el Estado, en una doble vertiente -negativa y positiva-: por un lado, el Estado (o poderes públicos) ha de abstenerse de realizar injerencias en la libertad de expresión de las personas y, por otro lado, debe adoptar medidas positivas para garantizar el ejercicio efectivo de este derecho y su respeto por los demás[25].

2.1. La libertad de opinión

Esta libertad se encuentra profundamente unida a la libertad de creencias y pensamiento que tiene cada persona en su fuero interno[26], y no puede ser obstaculizada, coaccionada o

---

3ª ed. online, Oxford University Press, Oxford, 2011, en https://opil.ouplaw.com/home/MPIL, para. 1 y ss.

25 Así véanse el Pacto Internacional de Derechos Civiles y Políticos (art.19.3) y el Convenio Europeo de Derechos Humanos (art.10.2).

26 De hecho, la Convención Americana sobre Derechos Humanos dedica su artículo 13 literalmente a "la libertad de pensamiento y de expresión"; por tanto, subsume la libertad de opinión en la de pensamiento. N. WENZEL, *op. cit.*, para. 13. Así, por ejemplo, y como ya se ha explicado, la Constitución española reconoce en su artículo 20.1.a el derecho "a expresar y difundir libremente los pensamientos, ideas y opiniones mediante la palabra, el escrito o cualquier otro medio de reproducción", lo que se encuentra vinculado a su artículo 16: "1. Se garantiza la libertad ideológica, religiosa y de culto de los individuos y las comunidades sin más limitación, en sus manifestaciones, que la necesaria para el mantenimiento del orden público protegido por la ley; 2. Nadie podrá ser obligado a declarar sobre su ideología, religión o creencias…".

distorsionada por los poderes públicos, como es reconocido por los instrumentos internacionales[27]. De hecho, no se puede encarcelar a nadie por sus opiniones políticas, ni someterle a mecanismo alguno de coerción ideológica[28].

2.2. La libertad de expresión

Este derecho abarca la libre manifestación y difusión de ideas, opiniones e información, a través de cualesquiera formas y medios, sea de forma oral, escrita, obra artística, comunicación no verbal -como producir y mostrar folletos y pancartas, o quemar banderas[29]-, etcétera. Todos los tratados internacionales sobre

---

27 Así lo certifican la Declaración Universal de Derechos Humanos y el Pacto Internacional de Derechos Civiles y Políticos en sus respectivos artículos 19; y también puede entenderse del Convenio Europeo de Derechos Humanos, de una lectura combinada de sus artículos 10 y 9, pues la doctrina los combina por considerar que la libertad de opinión queda protegida por la protección de la libertad de pensamiento. Véase G. COHEN-JONATHAN, "Article 10", en L-E. PETTITI, E. DECAUX y P.H. IMBERT (dirs.), *La Convention européenne des droits de l'homme: commentaire article par article*, 2ª ed., Económica, París, 1999, pp. 365-408, p. 367.

28 Véase la Observación General nº 34 del Comité de Derechos Humanos de Naciones Unidas (CDH) "Artículo 19. Libertad de opinión y libertad de expresión", de 12 de septiembre de 2011 (doc. CCPR/C/GC/34), parágrafo 10: "Queda prohibido cualquier intento coercitivo de hacer que se sustente o no una opinión. La libertad de expresar las opiniones propias comprende necesariamente la libertad de no expresarlas". También véase el dictamen del CDH de la Comunicación nº 878/1999 en el caso *Kang c. República de Corea*, de 15 de julio de 2003 (doc. CCPR/C/78/D/878/1999).

29 Así, por ejemplo, véanse la sentencia del Tribunal Europeo de Derechos Humanos de 15 de febrero de 2005 en el caso *Steel y Morris c. Reino Unido* (caso nº 68416/01); el dictamen del CDH de la Comunicación nº 412/1990 en el caso *Kivenmaa c. Finlandia*, de 31 de marzo de 1994 (doc.

derechos humanos garantizan el derecho de difusión de información sin importar las fronteras ni las soberanías nacionales, lo que constituye la base jurídica del funcionamiento de los medios de comunicación, de internet y de las redes sociales.

El alcance de esta libertad es muy amplio, e incluye todo tipo de ideas y opiniones (que conllevan juicios de valor), información o declaraciones de hecho, con independencia de su contenido: opiniones políticas, estudios científicos, literatura, expresiones artísticas[30], información comercial o de carácter lucrativo[31], pornografía, todo tipo de declaraciones -incluyendo las blasfemas- o información sobre la vida pública o privada de personas públicas[32], e incluso expresiones molestas, inquietantes, incorrectas,

---

CCPR/C/50/D/412/1990), parágrafo 9.3 ("El derecho de toda persona a expresar sus opiniones políticas, incluidas obviamente sus opiniones sobre la cuestión de los derechos humanos, forma parte de la libertad de expresión garantizada por el artículo 19 del Pacto. En este caso en particular, la autora de la comunicación ejerció su derecho desplegando una pancarta"); y la sentencia del TEDH de 13 de marzo de 2018 en el caso *Stern Taulats y Roura Capellera c. España* (casos nos 51168/15 y 51186/15), sobre la condena de dos españoles por quemar una fotografía de los reyes en una manifestación pública, la cual señalaba que ese acto formaba parte de una crítica política -no personal- de la monarquía y de España como nación, y la condena a prisión por ello no era una sanción proporcionada al objetivo legítimo perseguido (proteger la reputación o los derechos de otros), ni necesaria en una sociedad democrática.

30 Sentencia del TEDH de 24 de mayo de 1988 en el asunto *Müller y otros c. Suiza* (caso 10737/84), Series A nº 133, p. 19, para. 27.

31 Sentencia del TEDH de 20 de noviembre de 1989 en el asunto *Markt intern Verlag GmbH y Klaus Beermann c. Alemania* (caso nº 10572/83), Series A, nº 165, p. 17, para. 26; y de 10 de enero de 2013 en el asunto *Ashby Donald y otros c. Francia* (caso nº 36769/08), para. 34.

32 Sentencia del TEDH de 14 de junio de 2016 en el asunto *Jiménez Losantos c. España* (caso nº 53421/10).

controvertidas o denigrantes[33]. De hecho, las instituciones jurisdiccionales internacionales vienen aplicando el modelo establecido por el Tribunal Europeo de Derechos Humanos en *Handyside c. Reino Unido*, en el sentido de que la libertad de expresión merece protección jurídica "no sólo para las informaciones o ideas que son favorablemente recibidas o consideradas como inofensivas o indiferentes, sino también para aquellas que chocan, inquietan u ofenden al Estado o a una fracción cualquiera de la población. Tales son las demandas del pluralismo, la tolerancia y el espíritu de apertura, sin las cuales no existe una «sociedad democrática»"[34].

El derecho a la libertad de expresión también ampara el discurso comercial y su publicidad, si bien no queda claro si el alcance de esta protección es comparable al de la expresión de

---

33 En la sentencia del TEDH de 12 de enero de 2016 en el asunto *Rodríguez Ravelo c. España* (caso nº 48074/10), sobre las expresiones graves y descorteses de un abogado en una demanda escrita respecto de una jueza, el Tribunal destacó que esas expresiones sólo las conocían la jueza y las partes, que habían sido realizadas en un contexto de defensa de los intereses de su cliente, y que la condena penal que los tribunales nacionales españoles habían impuesto al abogado podría tener un efecto disuasorio sobre los abogados defensores; por tanto, esa sanción era innecesaria en una sociedad democrática porque no era proporcionada al fin legítimo perseguido. Así, se había producido una violación de la libertad de expresión consagrada en el artículo 10 del CEDH.

34 Sentencias del TEDH de 7 de diciembre de 1976 en el asunto *Handyside c. Reino Unido* (caso nº 5493/72), parágrafo 49 -traducción no oficial-; criterio consolidado en sus sentencias de 26 de noviembre de 1991 en el asunto *Observer y Guardian c. Reino Unido* (caso nº 13585/88), para. 59; de 14 de septiembre de 2010 en el asunto *Dink c. Turquía* (casos nº 2668/07, 6102/08, 30079/08, 7072/09 y 7124/09), para. 137; y de 10 de enero de 2019 en el asunto *Khadija Ismayilova c. Azerbaiyán* (casos nº 65286/13 y 57270/14), para. 158.

ideas y opiniones políticas -el discurso político-[35]. En este contexto, el Comité de Derechos Humanos de Naciones Unidas (CDH) rechazó durante años proteger más al discurso político que al comercial[36], pero en su Observación General nº 34 (2011) señala que el Pacto atribuye una gran importancia a la expresión sin inhibiciones en el debate público sobre figuras del ámbito político y público en una sociedad democrática[37].

---

35 Sobre este aspecto pueden verse A. TATO PLAZA, "Publicidad comercial y libertad de expresión en Europa", *La Ley*, nº 3/1994, pp. 988-1000; ídem, *La Publicidad Comparativa*, Marcial Pons, Madrid, 1996, pp. 100-120; ídem, "Derecho privado, publicidad y libertad de expresión en la Europa de veinticinco miembros", en E.F. PÉREZ CARRILLO, (coord.), *Estudios de Derecho mercantil europeo*, Madrid, Marcial Pons, 2005, pp. 105-118; K. IOANNOU, "Ban on Publicity in the Light of the European Convention on Human Rights", en W. SKOURIS (ed.), *Advertising and Constitutional Rights in Europe*, Nomos, Baden-Baden, 1994, pp. 347-386; J.L. GARCÍA GUERRERO, "La publicidad comercial en la Convención Europea para la Protección de los Derechos Humanos", *Revista General de Derecho*, nº 648, 1998, pp. 10699-10725; G. NOLTE, "Werbefreiheit und Europäische Menschenrechtskonvention", *Rabels Zeitschrift für ausländisches und internationales Privatrecht*, vol. 63, 1999, pp. 507-519; y A. RUBÍ I PUIG, *Publicidad comercial y libertad de expresión: la protección constitucional de la información en el mercado*, tesis doctoral, Universidad Pompeu Fabra, Barcelona, 2008, pp. 115-155.

36 Véase por ejemplo el dictamen del CDH de las Comunicaciones nºs 359/1989 y 385/1989 en el caso *Ballantyne, Davidson y Mcintyre c. Canadá*, de 31 de marzo de 1993 (dos. CCPR/C/47/D/359/1989 y 385/1989), para. 11.3.

37 Parágrafo 34 de la Observación General nº 34 del Comité de Derechos Humanos de Naciones Unidas (CDH) "Artículo 19. Libertad de opinión y libertad de expresión", de 12 de septiembre de 2011. En las Observaciones Generales, el CDH explica su interpretación sobre el contenido de los derechos humanos recogidos en el Pacto Internacional. Véase también el dictamen del CDH de la Comunicación nºs 422 a 424/1990 en el caso *Aduayom y otros c. Togo*, de 12 de ju-

En sentido contrario parece haber fluctuado el sistema europeo de protección de derechos humanos: durante años, como consecuencia de vincular la libertad de expresión a la existencia de un sistema político democrático, el sistema europeo concluía que se podía conceder a los Estados un mayor "margen de apreciación" para restringir la información comercial o publicitaria que para limitar el discurso político[38]. Pero en las últimas décadas el Tribunal Europeo de Derechos Humanos ha modificado su jurisprudencia, pues ha pasado a considerar la publicidad comercial como información de interés público

---

lio de 1996 (docs. CCPR/C/57/D/422, 423 y 424/1990), parágrafo 7.4: "Las libertades de información y de expresión son piedras angulares de toda sociedad libre y democrática. Es inherente a la esencia de esas sociedades que sus ciudadanos puedan informarse sobre sistemas y partidos políticos distintos a los que están en el poder y criticar o evaluar abiertamente y en público a sus gobiernos sin temor a ser objeto de interferencia o de castigos"; y el dictamen del CDH de la Comunicación nº 1180/2003 en el caso *Bodrozic c. Serbia y Montenegro*, de 31 de octubre de 2005 (doc. CCPR/C/85/D/1180/2003), parágrafo 7.3: "el Comité observa que, en los debates públicos sobre figuras políticas en una sociedad democrática, especialmente en los medios de comunicación, el valor que concede el Pacto a expresiones desinhibidas es especialmente alto".

38 Véase la Decisión de la Comisión Europea de Derechos Humanos de 12 de julio de 1971 en el caso *Sc. X. y la Asociación de Z. c. Reino Unido* (caso nº 4515/70), *Yearbook*, vol. 14, p. 538; y las sentencias del TEDH de 20 de noviembre de 1989 en el asunto *Markt intern Verlag GmbH y Klaus Beermann c. Alemania* (caso nº 10572/83), para. 33; y de 24 de febrero de 1994 en el asunto *Casado Coca c. España* (caso nº 15450/89), para. 50. En la doctrina pueden leerse L. BOISSON DE CHAZOURNES, "Publicité commerciale et liberté d'expression dans le cadre du Conseil de l'Europe", *Revue Générale de Droit International Public*, vol. 92, 1988, pp. 929-960; y M. HERTIG RANDALL, "Commercial Speech under the European Convention of Human Rights: Subordinate or Equal?", *Human Rights Law Review*, vol. 6, nº 1, 2006, pp. 53-86.

para las personas que, en su calidad de consumidores de productos y usuarios de servicios, necesitan disponer de la mayor información posible sobre ellos[39]; por eso, el Tribunal de Estrasburgo viene concediendo a la información comercial una protección jurídica más elevada que antaño[40].

Otro aspecto relevante es que la libertad de expresión implica el derecho a exponer las ideas y opiniones en el idioma que cada persona elija libremente (por ejemplo, en la publicidad comercial[41] o en un centro penitenciario[42]). Pero esto no conlleva obligaciones positivas para el Estado, pues por ejemplo esta libertad no le permite a una persona diri-

---

39 Véase la Sentencia del TEDH de 24 de febrero de 1994 en el asunto *Casado Coca c. España* (caso nº 15450/89), parágrafo 51: "La publicidad constituye para el ciudadano un medio de conocer las características de los bienes y servicios que se le ofrecen. No obstante, a veces puede ser objeto de restricciones destinadas concretamente a impedir la competencia desleal y la publicidad engañosa o fraudulenta. En ciertos contextos, incluso la publicación de mensajes publicitarios objetivos y verídicos podría experimentar limitaciones para que se respeten los derechos ajenos o basarse en las particularidades de una actividad comercial o de una profesión determinadas".

40 En este sentido véanse las Sentencias del TEDH de 17 de octubre de 2002 en el asunto *Stambuk c. Alemania* (caso nº 37928/97); de 11 de diciembre de 2003 en el asunto *Krone Verlag GmbH & Co. KG c. Austria (nº 3)* (caso nº 39069/97), parágrafos 31 y 34; de 13 de julio de 2012 en el asunto *Mouvement raëlien suisse c. Suiza* (caso nº 16354/06), para. 61; y de 30 de enero de 2018 en el asunto *Sekmadienis Ltd. c. Lituania* (caso nº 69317/14).

41 Véase el dictamen del CDH de la Comunicación nºs 359 y 385/1989 en el caso *Ballantyne, Davidson y MacIntyre c. Canadá*, de 31 de marzo de 1993 (docs. CCPR/C/47/D/359 y 385/1989), parágrafo 11.3 y ss.

42 Véase la sentencia de la Corte Interamericana de Derechos Humanos de 1 de febrero de 2006 en el caso *López Álvarez c. Honduras*, Serie C, nº 141.

girse a un tribunal de justicia en el idioma de su elección si esa persona puede hablar en el idioma oficial de ese órgano judicial nacional[43].

2.3. El derecho a buscar, recibir y acceder a información

Dentro del ámbito de la libertad de expresión se recoge el derecho a recibir todo tipo de información, noticias, opiniones o ideas ajenas. En general, los tratados e instrumentos internacionales sobre derechos humanos recogen el derecho a recibir información, y muchos de ellos añaden específicamente el derecho a buscar información (Declaración Universal de Derechos Humanos -art.19-; Pacto Internacional de Derechos Civiles y Políticos -art.19.2-; Convención Americana sobre Derechos Humanos -art.13.1-).

Por otro lado, el derecho de acceso a la información se ha codificado de modo pionero en Europa en el Reglamento (CE) n° 1049/2001 -de 30 de mayo de 2001-, y en la Convención del Consejo de Europa sobre acceso a documentos oficiales, de 2009 -vigente desde 2020-[44]. Simultáneamente, durante las últimas décadas, múltiples instancias internacionales -universales y regionales- han respaldado este derecho de acceso a la infor-

---

43 Véase el dictamen del CDH de la Comunicación nº 219/1986 en el caso *Guesdon c. Francia*, de 25 de julio de 1990 (doc. CCPR/C/39/D/219/1986), parágrafos 10.2 a 10.4.

44 Reglamento (CE) n° 1049/2001 del Parlamento Europeo y del Consejo, de 30 de mayo de 2001, relativo al acceso del público a los documentos del Parlamento Europeo, del Consejo y de la Comisión, DO L nº 145, de 31 de mayo de 2001, pp. 43–48; y Convención del Consejo de Europa sobre acceso a documentos oficiales (nº 205), de 18 de junio de 2009, en vigor desde el 1 de diciembre de 2020, tras obtener 10 ratificaciones. Véase E. GUICHOT REINA, *El acceso a la información pública en el Derecho Europeo*, Tirant Lo Blanch, Valencia, 2023.

mación, y han situado su base jurídica en el vínculo existente entre la libertad de expresión y la democracia[45]. En este contexto, existe jurisprudencia internacional que ha confirmado la existencia del derecho que tiene toda persona a solicitar el acceso a la información bajo control del Estado -como la sen-

---

45 Los ejemplos son numerosos y continuos; así, véanse las siguientes resoluciones de la Asamblea General de la Organización de Estados Americanos (OEA) sobre "Acceso a la Información Pública: Fortalecimiento de la Democracia": Resolución 1932 (XXXIII-O/03) de 10 de junio de 2003, Resolución 2057 (XXXIV-O/04) de 8 de junio de 2004, Resolución 2121 (XXXV-O/05) de 7 de junio de 2005, y Resolución 2252 (XXXVI-O/06) de 6 de junio de 2006; las Declaraciones de Principios sobre la Libertad de Expresión de la Comisión Interamericana de Derechos Humanos -CIDH- (20 de octubre de 2000) -principio 4- y de la Comisión Africana de Derechos Humanos y de los Pueblos (Res. 62 (XXXII) 02, de 23 de octubre de 2002); la Declaración de Chapultepec, adoptada el 11 de marzo de 1994 por la Conferencia Hemisférica sobre Libertad de Expresión -principio 4-; los Principios de Johannesburgo sobre la Seguridad Nacional, la Libertad de Expresión y el Acceso a la Información, de noviembre de 1996 -artículo 19-; los Principios de Lima sobre derecho de acceso a la información, de 16 de noviembre de 2000; la Declaración de Nueva León, de 2004; así como las sucesivas Declaraciones Conjuntas de los Relatores especializados en esta materia de diversas organizaciones internacionales -el Relator Especial de las Naciones Unidas sobre la libertad de opinión y de expresión, el Representante de la OSCE para la Libertad de los Medios de Comunicación y el Relator Especial de la CIDH para la Libertad de Expresión- de 26 de noviembre de 1999 (en http://www.cidh.oas.org/relatoria/showarticle.asp?artID=141&lID=2), de 6 de diciembre de 2004 (en http://www.cidh.oas.org/relatoria/showarticle.asp?artID=319&lID=2) y de 19 de diciembre de 2006 (en http://www.cidh.oas.org/relatoria/showarticle.asp?artID=687&lID=2).

tencia de la Corte Interamericana de Derechos Humanos en el caso *Claude Reyes y otros c. Chile*[46]-.

Cabe preguntarse sobre cuál es el tipo de información que se encuentra sometida a escrutinio público, en el sentido de poder ser buscada y recibida por los particulares por ser de acceso libre a la ciudadanía. Ante esta cuestión, está claro que la información pública y publicada o accesible se encuentra dentro del ámbito de este derecho humano; en ese contexto, resulta deseable un amplio alcance:

> "que la legislación sobre acceso al momento de describir los sujetos obligados a suministrar información o responder, también revista amplitud y se centre en el servicio que dichos sujetos proveen o las funciones que ejercen. Dicha amplitud supone incluir como sujetos obligados no solamente a los órganos públicos estatales, en todas sus ramas y niveles, locales o nacionales, sino también a empresas del Estado, hospitales, las instituciones privadas o de otra índole que actúan con capacidad estatal o ejercen funciones públicas... como medida necesaria para la debida protección del acceso a la información de las personas bajo su jurisdicción"[47].

---

46 Sentencia de la Corte Interamericana de Derechos Humanos de 19 de septiembre de 2006 en el caso *Claude Reyes y otros c. Chile,* Serie C nº 151, para. 77. Véase, *ad exemplum,* L.C. CASTRO VIZCARRA y A. SÁNCHEZ SÁNCHEZ, "El Caso Claude Reyes y el derecho de acceso a la información", *Revista Iberoamericana de las Ciencias Sociales y Humanísticas,* vol. 6, nº 11, 2017, en https://www.redalyc.org/pdf/5039/503954319005.pdf

47 Relatoría Especial para la Libertad de Expresión de la Comisión Interamericana de Derechos Humanos, *Estudio especial sobre el derecho de acceso a la información,* OEA, Washington, 2007, parágrafos 101-102, que cita la sentencia de la Corte Interamericana de Derechos Humanos de 4 de julio de 2006 en el caso *Ximenes Lopes c. Brasil,* Serie C nº 149, para. 89, 90 y 149; véanse también los Principios de Lima, Principio 7 "Legislación sobre acceso a la Información"; Declaración de Principios sobre Libertad de Expresión y el Acceso

También se ha ido imponiendo en el plano internacional el derecho a acceder a la información de interés general en poder de las autoridades de cada Estado, aunque aún no haya sido hecha pública. De hecho, se entiende que el acceso a la información constituye la regla general, y el secreto o confidencialidad debe ser la excepción. Asimismo, el Estado tiene la obligación de adoptar las medidas positivas que resulten necesarias para garantizar el acceso de los ciudadanos a toda la información en poder de las autoridades oficiales[48], pues la prensa ha de informar sobre cuestiones de interés público y los funcionarios deben rendir cuentas de su conducta en el ejercicio de sus funciones[49].

---

a la Información en África (2019), Principio 26; ARTICLE 19, *The Camden Principles on Freedom of Expression and Equality*, Londres, 2009 (Los Estados deben "adoptar medidas positivas para promover la diversidad y el pluralismo, promover el acceso equitativo a los medios de comunicación y garantizar el derecho de acceso a la información"), e ídem, *The Public's Right to Know: Principles on Right to Information Legislation*, Londres, 2016, Principio 1 "Máxima divulgación". Estos últimos principios fueron elaborados por la ONG Article 19 originalmente en 1999, y han sido avalados en diversas ocasiones por el Relator Especial de Naciones Unidas sobre la promoción y protección del derecho a la libertad de opinión y de expresión.

48 Véase el informe de 29 de enero de 1999 del citado Relator Especial de Naciones Unidas (doc. E/CN.4/1999/64), parágrafo 12: "el Relator Especial expresa de nuevo su opinión, e insiste en ella, de que todo el mundo tiene derecho a buscar, recibir y difundir información, lo cual impone a los Estados la obligación positiva de asegurar el acceso a la información, en particular respecto de la información mantenida por el Gobierno en todo tipo de sistemas de almacenamiento y recuperación".

49 S. GARCÍA RAMÍREZ, A. GONZA y E. RAMOS VÁZQUEZ, *cit.*, 2019, p. 42; y la jurisprudencia americana está muy consolidada: véanse por ejemplo las sentencias de la Corte Interamericana de 2 de mayo de 2008 en el caso *Kimel c. Argentina*, Serie C nº 193, para. 87-88; de 31 de agosto de 2004 en el caso *Ricardo Canese c. Paraguay*, Serie C nº 111,

En el ámbito regional americano, sus instituciones de protección de derechos humanos han liderado el proceso codificador del derecho a la libertad de expresión en su doble dimensión -individual y social-[50] y, dentro de ella, el derecho a buscar, recibir y difundir informaciones e ideas de toda índole y no solamente el pensamiento propio de cada persona. La Corte Interamericana de Derechos Humanos tiene jurisprudencia reiterada en este sentido[51], y ha precisado los rasgos que perfilan ese derecho de acceso a la información:

---

para. 97; de 19 de septiembre de 2006 en el caso *Claude Reyes y otros c. Chile,* Serie C nº 151, para. 86; de 28 de enero de 2009 en el caso *Perozo y otros c. Venezuela,* Serie C nº 195, para. 116; y de 8 de febrero de 2018 en el caso *San Miguel Sosa y otras c. Venezuela,* Serie C nº 348, para.154.

50 Sentencia de la Corte Interamericana de Derechos Humanos en el caso *Claude Reyes y otros c. Chile, cit.*, parágrafo 77 *in fine*: "el derecho a la libertad de pensamiento y de expresión contempla la protección del derecho de acceso a la información bajo el control del Estado, el cual también contiene de manera clara las dos dimensiones, individual y social, del derecho a la libertad de pensamiento y de expresión, las cuales deben ser garantizadas por el Estado de forma simultánea".

51 Así se pronunció repetidamente la Corte Interamericana de Derechos Humanos en los siguientes casos: Opinión Consultiva OC-5/85 de 13 de noviembre de 1985 en el caso *La Colegiación Obligatoria de Periodistas (Arts. 13 y 29 de la Convención Americana sobre Derechos Humanos),* Serie A nº 5, para. 30-33; y sentencias de 5 de febrero de 2001 en el caso *"La Última Tentación de Cristo" -Olmedo Bustos y otros- c. Chile,* Serie C nº 73, para. 64-67; de 6 de febrero de 2001 en el caso *Ivcher Bronstein c. Perú,* Serie C nº 74, para. 146–149; de 2 de julio de 2004 en el caso *Herrera Ulloa c. Costa Rica,* Serie C nº 107, para. 108-111; de 31 de agosto de 2004 en el caso *Ricardo Canese c. Paraguay,* Serie C nº 111, para. 77-80; de 22 de noviembre de 2005 en el caso *Palamara Iribarne c. Chile,* Serie C nº 135, para. 69; de 1 de febrero de 2006 en el caso *López Álvarez c. Honduras,* Serie C nº 141, para. 163; y de 19 de septiembre de 2006 en el caso *Claude Reyes y otros c. Chile,* Serie C nº 151, para. 75 y ss.

1) Esa información debe ser entregada sin necesidad de acreditar un interés directo o una afectación personal para su obtención -salvo en caso de restricción legítima-, en el sentido de que esté disponible para la propia sociedad[52].

2) El Estado debe actuar con arreglo a los principios de publicidad y transparencia en la gestión pública, para así hacer posible el control democrático de la gestión estatal por sus ciudadanos[53].

3) Ese control democrático fomenta la transparencia de las actividades estatales, la responsabilidad de los funcionarios en su gestión pública y la mayor participación de las personas en la sociedad[54].

En el ámbito universal, el Comité de Derechos Humanos de Naciones Unidas ha seguido el modelo interamericano, interpretando que el Pacto Internacional de Derechos Civiles y Políticos comprende en su artículo 19 el derecho de acceso a la información en poder de organismos públicos -o que ejerzan

---

52 Sentencia de la Corte Interamericana de 19 de septiembre de 2006 en el caso *Claude Reyes y otros c. Chile,* Serie C nº 151, para. 77.

53 *Ibidem,* parágrafo 86. También en este sentido se expresa el artículo 4 de la Carta Democrática Interamericana, aprobada por la Asamblea General de la OEA el 11 de septiembre de 2001: "Son componentes fundamentales del ejercicio de la democracia la transparencia de las actividades gubernamentales, la probidad, la responsabilidad de los gobiernos en la gestión pública, el respeto por los derechos sociales y la libertad de expresión y de prensa".

54 Sentencia de la Corte Interamericana en el caso *Claude Reyes y otros c. Chile, cit.,* parágrafo 87. En este sentido véase el artículo 6 de la Carta Democrática Interamericana: "La participación de la ciudadanía en las decisiones relativas a su propio desarrollo es un derecho y una responsabilidad. Es también una condición necesaria para el pleno y efectivo ejercicio de la democracia. Promover y fomentar diversas formas de participación fortalece la democracia".

funciones públicas-[55]. Este órgano de la ONU se ha fijado sobre todo en tres aspectos concretos, el acceso a los datos personales, el derecho de los acusados y reclusos, y el de las minorías:

1) Toda persona tiene derecho a verificar si hay datos personales suyos en archivos automáticos; en su caso, el derecho a conocer cuáles son esos datos, la finalidad con la que se han almacenado y qué autoridades públicas, particulares u organismos privados controlan o pueden controlar esos archivos; y el derecho a pedir su rectificación o eliminación si contienen datos personales incorrectos o si se han elaborado o compilado de forma ilegal[56];

2) La persona detenida, acusada de un delito o recluida tiene también derecho de acceder a la información que le resulte necesaria para su defensa judicial: derecho a ser informada -en un idioma que comprenda, en forma detallada y sin demora- de la naturaleza y causas de los cargos formulados contra ella, *ex* artículo 14.3.a del Pacto Internacional

---

55 Vid. Observación General nº 34 del Comité de Derechos Humanos de Naciones Unidas (CDH) "Artículo 19. Libertad de opinión y libertad de expresión", de 12 de septiembre de 2011 (doc. CCPR/C/GC/34), parágrafo 18: "El párrafo 2 del artículo 19 enuncia un derecho de acceso a la información en poder de los organismos públicos. Esta información comprende los registros de que disponga el organismo público, independientemente de la forma en que esté almacenada la información, su fuente y la fecha de producción… La definición de esos organismos puede abarcar otras entidades que ejerzan funciones públicas"; y véase por ejemplo el dictamen del CDH de la Comunicación nº 2307/2013 en el caso *Agazade c. Azerbaiyán*, de 24 de julio de 2019 (doc. CCPR/C/126/D/2307/2013), parágrafos 7.3 y 7.4.

56 Observación General nº 16 del Comité de los Derechos Humanos, "Artículo 17. Derecho a la intimidad", de 8 de abril de 1988, parágrafo 10 (doc. HRI/GEN/1/Rev.7, p. 162 (1988)).

de Derechos Civiles y Políticos, como la primera de las garantías mínimas de un proceso penal; derecho a ser informada de las razones de su detención, *ex* artículo 9.2 del Pacto; derecho a disponer del tiempo y de los medios adecuados para la preparación de su defensa, lo que debe comprender el acceso a los documentos y otras pruebas, incluyendo todos los materiales que la acusación tenga previsto presentar ante el tribunal contra el acusado o que constituyan pruebas de descargo, *ex* artículo 14.3.b del Pacto; y el derecho a consultar su historial médico, *ex* artículo 10.1 del Pacto[57];

3) Las comunidades minoritarias cuyo modo de vida y cultura propia puedan resultar afectados sustancialmente por la adopción de decisiones en un Estado Parte tienen derecho a que se abra un proceso de intercambio de información y consulta, en virtud del artículo 27 del Pacto[58].

---

57 Véase la Observación General nº 32, "Artículo 14. El derecho a un juicio imparcial y a la igualdad ante los tribunales y cortes de justicia", de 23 de agosto de 2007, parágrafos 31-33 (doc. CCPR/C/GC/32); y los dictámenes del CDH de la Comunicación nº 253/1987 en el caso *Kelly c. Jamaica*, de 8 de abril de 1991 (doc. CCPR/C/41/D/253/1987), parágrafo 5.8; de la Comunicación nº 1128/2002 en el caso *Marques de Morais c. Angola*, de 29 de marzo de 2005 (doc. CCPR/C/83/D/1128/2002), parágrafo 5.4; y de la Comunicación nº 726/1996 en el caso *Zheludkova c. Ucrania*, de 29 de octubre de 2002 (doc. CCPR/C/76/D/726/1996), parágrafo 8.

58 Véase la Observación General nº 34 del Comité de Derechos Humanos de Naciones Unidas (CDH) "Artículo 19. Libertad de opinión y libertad de expresión", de 12 de septiembre de 2011 (doc. CCPR/C/GC/34), parágrafo 18 *in fine*; y el dictamen del CDH de la Comunicación nº 1457/2006 en el caso *Poma c. Perú*, de 27 de marzo de 2009 (doc. CCPR/C/95/D/1457/2006). El artículo 27 del Pacto Internacional de Derechos Civiles y Políticos señala que "En los Estados en que existan minorías étnicas, religiosas o lingüísticas, no se

Pero en el ámbito regional europeo, el Tribunal de Estrasburgo se decantó durante décadas por un enfoque más restrictivo, al interpretar que el artículo 10 del CEDH no establecía una obligación general para los Estados de poner información pública a disposición de los ciudadanos ni un derecho general de estos a acceder a datos y documentos administrativos, con la salvedad de que el sistema debe proteger los intereses de cualquiera que pretenda consultar los datos sobre su vida privada y familiar, sobre la base del derecho a la vida privada *ex* artículo 8 del Convenio[59]. Probablemente, el Tribunal Europeo de Derechos Humanos actuaba así al tener en cuenta el tenor literal del artículo 10.2, que permite a los Estados el establecimiento de restricciones a la libertad de expresión -incluidas las de opinión, recepción y difusión de informaciones e ideas-:

> "El ejercicio de estas libertades, que entrañan deberes y responsabilidades, podrá ser sometido a ciertas formalidades, condiciones, restricciones o sanciones, previstas por la ley, que constituyan medidas necesarias, en una sociedad democrática, para la seguridad nacional, la integridad territorial o la seguridad pública, la defensa del orden y la prevención del delito, la protección de la salud o de la moral, la protección de la reputación o de los derechos ajenos, para impedir la divulgación de informaciones confidenciales o para garantizar la autoridad y la imparcialidad del poder judicial".

---

negará a las personas que pertenezcan a dichas minorías el derecho que les corresponde, en común con los demás miembros de su grupo, a tener su propia vida cultural, a profesar y practicar su propia religión y a emplear su propio idioma".

59 Sentencias del Tribunal Europeo de Derechos Humanos de 26 de marzo de 1987 en el caso *Leander c. Suecia* (caso nº 9248/81) -parágrafo 74-, y de 7 de julio de 1989 en el asunto *Gaskin c. Reino Unido* (caso nº 10454/83) -parágrafos 49 y 52-.

Por eso, los Estados Partes del Convenio Europeo gozan de cierto margen de apreciación en esta materia, y deben encontrar un equilibrio entre la protección de esa libertad y los fines legítimos reconocidos por el artículo 10.2. Pero en las últimas décadas, esta posición del Tribunal Europeo parece inclinarse por un enfoque más abierto a la divulgación de la información pública[60].

2.4. Libertad de prensa y de los medios de comunicación

Los instrumentos internacionales sobre protección de los derechos humanos no se referían expresamente a la libertad de prensa y, en general, de los medios de comunicación, hasta la Carta de los Derechos Fundamentales de la Unión Europea, que sí lo hace en su artículo 11.2: "Se respetan la libertad de los medios de comunicación y su pluralismo"[61]. No obstante, sí que ha sido considerada desde hace tiempo como una de las facetas más relevantes de la libertad de expresión.

La gran resonancia adquirida por los medios de comunicación les permite publicar ideas, opiniones, noticias e información que llegan a una audiencia ingente. Por ello, se han erigido en el vehículo habitual de implementación del derecho

---

60 Decisión del Tribunal Europeo de Derechos Humanos de 10 de julio de 2006 en el caso *Sdruzení Jihoceské Matky c. República Checa -admisibilidad de la demanda-* (caso nº 19101/03); y su sentencia de 14 de abril de 2009 en el caso *Társaság a Szabadságjogokért c. Hungría* (caso nº 37374/05), para. 35-36.

61 Carta de los Derechos Fundamentales de la Unión Europea -texto vigente-, DO C nº 83, de 30 de marzo de 2010, pp. 389-403. En este sentido puede verse, verbigracia, la Resolución del Parlamento Europeo, de 21 de mayo de 2013, sobre la Carta de la UE: Normas para la libertad de los medios de comunicación en la UE, DO C nº 55, de 12 de febrero de 2016, pp. 33-43.

de los ciudadanos a recibir información, opiniones e ideas de todo tipo, lo que permite la consolidación de sociedades informadas y abiertas, así como el libre desarrollo de democracias representativas y relaciones internacionales armoniosas[62]. De hecho, el Tribunal Europeo de Derechos Humanos ha calificado a la prensa y los medios de comunicación como "guardián público" o "perro guardián" (*watchdog*) de la democracia, en el sentido de que cumple la función de publicar información e ideas plurales sobre todos los asuntos de interés general y que merece contar con plena libertad para ello, debido al derecho que tiene el público a recibirlas[63]. No solo es su derecho, sino

62 Véanse la Declaración Conjunta sobre la Libertad de los Medios de Comunicación y Democracia de la Relatora Especial de las Naciones Unidas (ONU) para la Promoción y Protección del Derecho a la Libertad de Opinión y Expresión, la Representante de la Organización para la Seguridad y la Cooperación en Europa (OSCE) para la Libertad de los Medios de Comunicación, el Relator Especial para la Libertad de Expresión de la Organización de Estados Americanos (OEA) y la Relatora Especial de la Comisión Africana de Derechos Humanos y de los Pueblos (CADHP) para la Libertad de Expresión y el Acceso a la Información en África, de 2 de mayo de 2023; N. WENZEL, *op. cit.*, para. 21; y C. ÁLVAREZ ALONSO y A. GONZÁLEZ ALONSO (coords.), *Libertad de prensa, democracia y Constitución*, Congreso de los Diputados, Madrid, 2021. Sobre la creciente influencia de los medios de comunicación en las relaciones internacionales puede verse A. SKORDAS, "Mass Media, Influence on International Relations" en R. WOLFRUM y A. PETERS (dirs.), *Max Planck Encyclopedia of Public International Law*, 3ª ed. online, Oxford University Press, Oxford, 2014, en https://opil.ouplaw.com/home/MPIL

63 La jurisprudencia del Tribunal de Estrasburgo está bastante consolidada en este sentido: véanse, por ejemplo, sus sentencias de 26 de noviembre de 1991 en el asunto *Observer and Guardian c. Reino Unido* (caso nº 13585/88), para. 59; de 23 de septiembre de 1994 en el asunto *Jersild c. Dinamarca* (caso nº 15890/89), para. 31 y 35; y sus sentencias de 7 de diciembre de 1976 en el asunto *Handyside c. Reino Unido* (caso nº

que es también su obligación funcional: los medios de comunicación tienen el deber de difundir información e ideas sobre cuestiones políticas y sobre otros asuntos de interés general de manera compatible con sus obligaciones y responsabilidades, aunque no pueden sobrepasar ciertos límites, en particular en lo que respecta a la reputación y los derechos de los demás[64]. Por esa razón, toda interferencia de las autoridades del Estado en ese proceso de comunicación tiene un impacto distorsionador y potencialmente muy perjudicial para la libertad de expresión y de opinión. Ante ese riesgo, las organizaciones internacionales -y concretamente los órganos supervisores de los tratados internacionales sobre derechos humanos- han mostrado un creciente interés en garantizar la libertad de prensa e investigar cualesquiera injerencias en ella[65].

5493/72), para. 49; de 26 de abril de 1979 en el asunto *The Sunday Times c. Reino Unido* (caso nº 6538/74); de 8 de julio de 1986 en el asunto *Lingens c. Austria* (caso nº 9815/82); de 23 de mayo de 1991 en el asunto *Oberschlick c. Austria* (caso nº 11662/85); de 17 de diciembre de 2004 en el asunto *Pedersen y Baadsgaard c. Dinamarca* (caso nº 49017/99); de 7 de junio de 2007 en el asunto *Dupuis y otros c. Francia* (caso nº 1914/02); de 29 de marzo de 2016 en el asunto *Bédat c. Suiza* (caso nº 59625/08); y de 27 de junio de 2017 en el asunto *Satakunnan Markkinapörssi Oy y Satamedia Oy c. Finlandia* (caso nº 931/13).

64 Cfr. sentencias del TEDH de 24 de febrero de 1997 en el asunto *De Haes y Gijsels c. Bélgica* (caso nº 19983/92), para. 37; de 29 de marzo de 2001 en el asunto *Thoma c. Luxemburgo* (caso nº 38432/97), para. 45; de 25 de junio de 2002 en el asunto *Colombani y otros c. Francia* (caso nº 51279/99), para. 55; y de 17 de diciembre de 2004 en el asunto *Cumpănă y Mazăre c. Rumanía* (caso nº 33348/96), para. 93.

65 Véanse en este sentido, por ejemplo, el Plan de Acción de las Naciones Unidas sobre la seguridad de los periodistas y la cuestión de la impunidad, de 12 de abril de 2012 (en https://www.ohchr.org/Documents/Issues/Journalists/UN_plan_on_Safety_Journalists_SP.pdf); y la Plataforma del Consejo de Europa para promover la protección del periodismo y la seguridad de los periodistas, creada en

Por consiguiente, la libertad de prensa tiene varios requisitos interconectados: independencia de los medios frente al Estado; garantía de la pluralidad; libre acceso de las personas y colectivos humanos a los medios de comunicación; prohibición del monopolio estatal de medios, canales o frecuencias de difusión; y obligación del Estado de prevenir y/o impedir la excesiva concentración de la propiedad de medios en grandes corporaciones privadas[66].

En este contexto, los órganos internacionales sobre derechos humanos han desarrollado estándares especiales para los perio-

---

Internet y actualizada constantemente (en https://www.coe.int/en/web/media-freedom).

66 En este sentido se han expresado numerosos instrumentos y textos internacionales: Protocolo nº 29 de la UE sobre el sistema de radiodifusión pública de los Estados miembros, anexo al TUE, de 2007; Declaración de Principios sobre Libertad de Expresión, de la Comisión Interamericana de Derechos Humanos, de 20 de octubre de 2000, Principio 12; Declaración de Principios sobre Libertad de Expresión y el Acceso a la Información en África, de la Comisión Africana de Derechos Humanos y de los Pueblos, de 2019, Principios 11.1, 12.1 y 14.1; Declaración sobre los medios de comunicación de masas y los derechos humanos -Resolución 428 de la Asamblea Parlamentaria del Consejo de Europa, de 23 de enero de 1970-, parágrafo 8; Opinión Consultiva OC-5/85 de la Corte Interamericana de Derechos Humanos de 13 de noviembre de 1985 en el caso *La Colegiación obligatoria de periodistas (arts. 13 y 29 de la Convención Americana sobre Derechos Humanos)*, para. 34 y 56; su sentencia de 22 de junio de 2015 en el caso *Granier y otros (Radio Caracas Televisión) c. Venezuela*, Serie C nº 293, para. 170; sentencia del TEDH de 24 de noviembre de 1993 en el asunto *Informationsverein Lentia y otros c. Austria* (casos nº 13914/88, 15041/89, 15717/89, 15779/89 y 17207/90), parágrafo 39; y la Carta Europea por la Libertad de Prensa, de mayo de 2009 (véase en http://www.pressfreedom.eu/en/index.php).

distas: comoquiera que el ejercicio de la libertad de expresión conlleva deberes y responsabilidades, se les exige que actúen de buena fe para proporcionar información veraz, fiable y precisa en cumplimiento de la ética/deontología periodística, es decir, que ejerzan un periodismo responsable[67]. Si los periodistas cumplen esos estándares (sus "deberes y responsabilidades" en el ejercicio de su libertad de información en virtud, por ejemplo, del artículo 10.2 del Convenio Europeo de Derechos Humanos), pueden confiar en que su libertad de expresión prevalecerá en las demandas de difamación que eventualmente puedan ser presentadas contra ellos ante los tribunales nacionales, pues no se les puede exigir que garanticen una certidumbre absoluta de la información suministrada; asimismo, la libertad de expresión protege no sólo el contenido de las ideas y de las informaciones

---

67 Vid. por ejemplo UNICEF, *Ethical Guidelines for Journalists*, 2016, en https://www.unicef.org/afghanistan/media/2136/file/afg-publication_UN%20Ethical%20Guidelines%20for%20Journalists%20-%20English.pdf%20.pdf; y la abrumadora jurisprudencia del TEDH en este sentido: véanse sus sentencias de 21 de enero de 1999 en el asunto *Fressoz y Roire c. Francia* (caso nº 29183/95), para. 54; de 7 de mayo de 2002 en el asunto *McVicar c. Reino Unido* (caso nº 46311/99), para. 84; de 25 de junio de 2002 en el asunto *Colombani y otros c. Francia* (caso nº 51279/99), para. 65; de 30 de marzo de 2004 en el asunto *Radio France y otros c. Francia* (caso nº 53984/00), para. 37; de 17 de diciembre de 2004 en el asunto *Cumpănă y Mazăre c. Rumanía* (caso nº 33348/96), para. 102; de 17 de diciembre de 2004 en el asunto *Pedersen y Baadsgaard c. Dinamarca* (caso nº 49017/99), para. 78; de 10 de diciembre de 2007 en el asunto *Stoll c. Suiza* (caso nº 69698/01), para. 103; de 1 de junio de 2010 en el asunto *Gutiérrez Suárez c. España* (caso nº 16023/07), para. 35; de 20 de octubre de 2015 en el asunto *Pentikäinen c. Finlandia* (caso nº 11882/10), para. 90; y de 17 de diciembre de 2020 en el asunto *Sellami c. Francia* (caso nº 61470/15), para. 52-54. En la doctrina, por ejemplo, véase A. GUEDJ, *Liberté et responsabilité du journaliste dans l'ordre juridique européen et international*, Bruylant, Bruselas, 2003.

emitidas, sino también la forma en que se transmiten, incluso aunque el periodista emplee un tono polémico o agresivo[68]. Eso sí, si los periodistas acusan directamente a personas concretas de algún hecho ilícito, deben suministrar una base fáctica suficiente para sus publicaciones y tienen la obligación general de verificarla, dependiendo de la naturaleza y el grado de las afirmaciones vertidas y de la medida en que el medio de comunicación pudiera razonablemente considerar fiables sus fuentes con respecto a esas acusaciones[69].

Asimismo, los periodistas disponen de un elevado nivel de libertad para informar o reproducir las declaraciones de otras personas, pues contribuyen con ello al debate público sobre cuestiones de interés general, y solo se les puede aplicar sanciones si se cuenta con una motivación jurídica muy sólida para ello. También la difusión de datos procedentes de documentos públicos puede calificarse de "actividad periodística" cuando su finalidad consiste en divulgar al público información, opiniones o ideas por cualquier medio de transmisión -papel, ondas de radio o electrónico como Internet-, ya sea con ánimo o

---

68 Sentencias del TEDH de 23 de mayo de 1991 en el asunto *Oberschlick c. Austria* (caso nº 11662/85), para. 57 *in fine*; de 23 de septiembre de 1994 en el asunto *Jersild c. Dinamarca* (caso nº 15890/89), para. 31; y de 24 de febrero de 1997 en el asunto *De Haes y Gijsels c. Bélgica* (caso nº 19983/92), para. 48.

69 Cfr. sentencias del TEDH de 20 de mayo de 1999 en el asunto *Bladet TromsØ y Stensaas c. Noruega* (caso nº 21980/93), para. 66; de 7 de mayo de 2002 en el asunto *McVicar c. Reino Unido* (caso nº 46311/99), para. 84; de 11 de marzo de 2003 en el asunto *Lešník c. Eslovaquia* (caso nº 35640/97), para. 57 *in fine*; de 27 de mayo de 2004 en el asunto *Vides Aizsardzības Klubs c. Letonia* (caso nº 57829/00), para. 44; y de 17 de diciembre de 2004 en el asunto *Cumpănă y Mazăre c. Rumanía* (caso nº 33348/96), para. 101.

sin ánimo de lucro, por lo que queda amparada por el derecho a la libertad de expresión[70].

Por otro lado, como es conocido, los periodistas tienen el derecho a negarse a revelar sus fuentes de información. En este sentido, el Derecho internacional de los derechos humanos ha proclamado reiteradamente este derecho a proteger la confidencialidad de las fuentes, derivado de las garantías del derecho a buscar, recibir y difundir información[71], sin que se pueda coaccionar, amenazar o detener al periodista para obligarle a hablar[72]: por ejemplo, el Consejo de Europa y su Tribunal Europeo de Derechos Humanos han interpretado el concepto de "fuente" periodística a ser protegida de modo comprehensivo como "toda persona que proporcione información a un periodista", quedando también englobada cualquier otra persona que, por sus relaciones profesionales con periodistas, llegue a conocer información que identifique una fuente mediante la recopilación, procesamiento editorial o difusión de esa información. En cuanto a los contenidos y ámbitos materiales protegidos, el derecho del periodista a no revelar "la información que identifique a una fuente" incluye tanto "las circuns-

---

70 Sentencia del Tribunal de Justicia de la UE de 16 de diciembre de 2008 en el asunto *Tietosuojavaltuutettu c. Satakunnan Markkinapörssi Oy y Satamedia Oy* (C-73/07), ECLI:EU:C:2008:727, para. 60-61. Como señala esta sentencia, "Un cierto éxito comercial puede ser incluso la condición *sine qua non* para la subsistencia de un periodismo profesional" (para. 59 *in fine*).

71 *Ad exemplum*, artículo 19 del Pacto Internacional de Derechos Civiles y Políticos; y la Observación General nº 34 del Comité de Derechos Humanos de Naciones Unidas (CDH) "Artículo 19. Libertad de opinión y libertad de expresión", de 12 de septiembre de 2011 (doc. CCPR/C/GC/34), para. 45 *in fine*.

72 Sentencia del TEDH de 22 de noviembre de 2007 en el asunto *Voskuil c. Países Bajos* (caso nº 64752/01), para. 49.

tancias fácticas de la obtención de información de una fuente por un periodista" como "el contenido no publicado de la información proporcionada por una fuente a un periodista"; y se entienden protegidos todos los materiales y soportes de información y almacenaje creados y/o empleados por el periodista que pudieran identificar a la fuente, como notas, grabaciones, documentos, ordenadores, memorias externas, tarjetas de memoria o discos duros, así como sus lugares de trabajo, locales profesionales, residencia particular, vehículos y unidades móviles, pues los registros de sus domicilios y lugares de trabajo indiscriminados o sin las debidas garantías judiciales suponen una injerencia ilícita en la libertad de información[73].

El amplio alcance de la protección de este secreto periodístico resulta una consecuencia lógica de la consideración de la libertad de expresión como un fundamento esencial de una sociedad democrática y de la particular importancia de las salvaguardias que deben otorgarse a la libertad de prensa, una de cuyas piedras angulares es la protección de las fuentes periodísticas. Sin dicha protección, las fuentes pueden verse disuadidas de ayudar a la prensa a informar a los ciudadanos sobre cuestiones de interés público, lo que podría socavar la función vital de vigilancia pública que ejerce el periodismo, el elevado nivel de protección debido a los periodistas que

---

[73] Véanse la Recomendación Nº R (2000) 7 del Comité de Ministros del Consejo de Europa sobre el derecho de los periodistas a no revelar sus fuentes de información, de 8 de marzo de 2000, Apéndice, Principios 1 y 2; y numerosas sentencias del TEDH, como la de 25 de febrero de 2003 en el asunto *Roemen y Schmit c. Luxemburgo* (caso nº 51772/99), para. 47; la de 15 de julio de 2003 en el asunto *Ernst y otros c. Bélgica* (caso nº 33400/96), para. 94; la de 27 de noviembre de 2007 en el asunto *Tillack c. Bélgica* (caso nº 20477/05), para. 56; y la de 16 de julio de 2013 en el asunto *Nagla c. Letonia* (caso nº 73469/10), para. 81.

informan sobre cuestiones de interés general o público, y la capacidad de la prensa para proporcionar información precisa y fiable[74]. De este modo, el secreto de los periodistas queda configurado como un derecho indisociablemente unido a la libertad de información y a la libertad de prensa, dotando de un valioso contenido al derecho fundamental a la libertad

---

[74] Cfr. Sentencias del TEDH de 27 de marzo de 1996 en el asunto *Goodwin c. Reino Unido* (caso nº 17488/90), para. 39-40; y de 25 de febrero de 2003 en el asunto *Roemen y Schmit c. Luxemburgo* (caso nº 51772/99), para. 46. También en este sentido pueden verse las sentencias del TEDH de 26 de abril de 1979 en el caso *Sunday Times c. Reino Unido* (caso nº 6538/74); de 21 de enero de 1999 en el asunto *Fressoz y Roire c. Francia* (caso nº 29183/95); de 27 de noviembre de 2007 en el asunto *Tillack c. Bélgica* (caso nº 20477/05); y de 16 de julio de 2013 en el asunto *Nagla c. Letonia* (caso nº 73469/10). En el ámbito de la Unión Europea destaca la Recomendación (UE) 2021/1534 de la Comisión, de 16 de septiembre de 2021, sobre la garantía de la protección, la seguridad y el empoderamiento de los periodistas y los otros profesionales de los medios de comunicación en la Unión Europea (DO L nº 331, de 20 de septiembre de 2021, pp. 8-20); y en la doctrina pueden verse A. FERNÁNDEZ-MIRANDA CAMPOAMOR, *El secreto profesional de los informadores*, Tecnos, Madrid, 1990; M. CARRILLO, *La cláusula de conciencia y el secreto profesional de los periodistas*, Civitas, Madrid, 1993; A. GUEDJ, *La protection des sources journalistiques*, Bruylant, Bruselas, 1998; E. VILLANUEVA, *El secreto profesional del periodista. Concepto y regulación jurídica en el mundo*, Fragua, Madrid, 1998; Mª.A. MORETÓN TOQUERO, *El secreto profesional de los periodistas: De deber ético a derecho fundamental*, Centro de Estudios Políticos y Constitucionales, Madrid, 2012; ídem, "La protección de las fuentes de información: la integración del modelo español con la jurisprudencia del TEDH", *Estudios de Deusto*, vol. 62, nº 2, 2014, pp. 121-144; A. AZURMENDI, "El secreto profesional" en I. BEL MALLÉN y L. CORREDOIRA Y ALFONSO (coords.), *Derecho de la información*, Ariel, Barcelona, 2003, pp. 309-326; I. LAZCANO BROTÓNS, *El secreto profesional en el periodismo*, Lete. Argitaletxea, Bilbao, 2007.

de expresión[75]; sirve como cauce para difundir informaciones relevantes, contribuyendo con ello a la transparencia de la información en asuntos públicos o de interés general. No obstante, los casos en los que los periodistas alegan su secreto profesional para no revelar sus fuentes proceden a menudo de la filtración de documentos o información por personal que ha incumplido su obligación de sigilo o reserva -por ejemplo, de un secreto oficial- y que, por tanto, puede incurrir en un delito penal en caso de ser identificado[76]. El reconocimiento del secreto profesional del periodista le permite mantener oculta la identidad de su fuente informante y oponerse, en su caso, a diversas medidas de investigación judicial o policial -como el interrogatorio, registro o incautación de materiales-, con el fin de preservar la identidad de sus fuentes, pues su deber de proporcionar una base fáctica sólida para sus publicaciones acusatorias no implica que esté obligado a revelar sus fuentes de información[77]. Pero no debería en principio alegarse para

---

75 Véase la Resolución del Parlamento Europeo, de 18 de enero de 1994, sobre el secreto de las fuentes de información de los periodistas y el derecho de los funcionarios a divulgar la información que poseen, punto 1 (DO C nº 44, de 14 de febrero de 1994, pp. 34-36).

76 Véanse, por ejemplo, los artículos 199 y 413 a 418 del Código Penal español; la interesante Sentencia del TEDH de 10 de diciembre de 2007 en el asunto *Stoll c. Suiza* (caso nº 69698/01); la Resolución 1551 (2007) de la Asamblea Parlamentaria del Consejo de Europa "Equidad de los procedimientos judiciales en casos de espionaje o divulgación de secretos de Estado", de 19 de abril de 2007, en https://assembly.coe.int/nw/xml/XRef/Xref-XML2HTML-fr.asp?fileid=17535&lang=fr; y Mª.A. MORETÓN TOQUERO, "La protección de las fuentes de información: la integración del modelo español con la jurisprudencia del TEDH", *Estudios de Deusto*, vol. 62, nº 2, 2014, pp. 123-124.

77 Sentencia del TEDH de 31 de enero de 2006 en el asunto *Stângu y Scutelnicu c. Rumanía* (caso nº 53899/00), para. 52.

revelar actuaciones procesales declaradas secretas por la autoridad judicial -secreto en un sumario judicial-, pues eso constituye una conducta penal punible[78].

Para determinar si resultaba aceptable -por necesaria- una medida de sanción estatal sobre un periodista por la divulgación de información confidencial o secreta en un caso concreto, el TEDH ha señalado la importancia de examinar diversos aspectos[79]:

1) La ponderación de los intereses en juego: su naturaleza, el interés público en la publicación de esa información -si esa divulgación en cuestión tenía interés general y podía contribuir al debate público sobre esa cuestión-, y los intereses que las autoridades nacionales intentaban proteger con su medida sancionadora -la confidencialidad de esa información y las repercusiones en las circunstancias del caso, en el sentido de si la divulgación de esa información era, en ese momento, capaz de causar "perjuicios considerables" a los intereses del país-;

2) La revisión de la medida sancionadora por los tribunales nacionales: se trata de averiguar si esos procedimientos judiciales internos habían guardado la necesaria equidad al examinar un caso de interferencia con la libertad de prensa;

3) La conducta del periodista: la forma en que había obtenido esa información confidencial, lo que puede tener cierta relevancia para la ponderación de intereses que debe rea-

---

78 Por ejemplo, en España se aplicaría el artículo 466.3 del Código Penal. Véase también Mª.A. MORETÓN TOQUERO, *cit.*, 2014, p. 128.

79 Estos criterios están recogidos en la Sentencia del TEDH de 10 de diciembre de 2007 en el asunto *Stoll c. Suiza* (caso nº 69698/01), para. 112-132.

lizarse en este contexto; y la forma de la publicación, en el sentido de si se ajustaba a la requerida ética periodística; y,

4) Si la pena impuesta era proporcionada[80]: el Tribunal de Estrasburgo debe estar convencido de que la naturaleza y severidad de esa sanción no constituye una forma de censura destinada a disuadir a la prensa de expresar críticas pues, en el contexto de un debate sobre un tema de interés público, es probable que una sanción penal disuada a los periodistas de contribuir al debate público sobre cuestiones que afectan a la vida de la comunidad y obstaculice a la prensa en el ejercicio de sus funciones de proveedor de información y de vigilancia pública[81].

Con todo, la regla general es que los Estados vienen obligados a reconocer y respetar la prerrogativa -limitada- de los periodistas de no revelar sus fuentes de información, como una de las condiciones básicas para la libertad de prensa y la configuración de una opinión pública informada y libre, lo que ha sido reconocido en diversas legislaciones y jurisprudencias nacionales[82],

---

80 Véanse, por ejemplo, las sentencias del TEDH de 8 de julio de 1999 en el asunto *Sürek c. Turquía (n.º 1)* (caso nº 26682/95), para. 64; de 29 de junio de 2004 en el asunto *Chauvy y otros c. Francia* (caso nº 64915/01), para. 78; y de 4 de junio de 2024 en el asunto *Sokolovskiy c. Rusia* (caso nº 618/18), para. 102.

81 Véanse, *mutatis mutandis*, las siguientes sentencias del TEDH: de 25 de marzo de 1985 en el asunto *Barthold c. Alemania* (caso nº 8734/79), para. 58; de 8 de julio de 1986 en el asunto *Lingens c. Austria* (caso nº 9815/82), para. 44; y de 21 de septiembre de 2006 en el asunto *Monnat c. Suiza* (caso nº 73604/01), para. 70.

82 Numerosos Estados conceden este privilegio a los periodistas en sus tribunales solamente para proteger fuentes confidenciales (por ejemplo, en Reino Unido, Francia o Italia -Contempt of Court Act 1981, Sección 10 (Reino Unido); *Code de Procedure Penale,* art.109 (Francia) y *Codice di Procedura Penale,* art. 200.2 (Italia)-. Pero existen

así como en algunos instrumentos internacionales sobre libertades periodísticas[83].

Así, por ejemplo, en España la Constitución proclama como derechos fundamentales -a ser regulados por ley- dos tipos de secreto profesional que operan en ámbitos distintos: por un lado, el secreto profesional -y la cláusula de conciencia- de los periodistas en el ejercicio de las libertades informativas reconocidas y protegidas por su artículo 20.1.d (el derecho "a comunicar o recibir libremente información veraz por cualquier medio de difusión"); por otro lado se encuentra el secreto profesional de las profesiones liberales (médicos y abogados) en el ámbito judicial, entre las garantías procesales penales -artículo 24.2 *in fine*- ("La ley regulará los casos en que, por razón de parentesco o de secreto profesional, no se estará obligado a declarar sobre hechos presuntamente delictivos"). El fundamento jurídico de ambos es distinto, pues el secreto profesional en las profesiones liberales y en los empleados -públicos o privados- se encuentra en el deber de protección de la intimidad y los datos per-

---

algunos Estados que extienden este derecho de los periodistas también a los casos de información no confidencial (por ejemplo, en Alemania y en Estados Unidos -*Strafprozessordnung* § 53 -enmendado en 2002- (Alemania); Decisión del Tribunal de Apelaciones -3º Circuito- de 23 de mayo de 1980 en el caso *United States v. Cuthbertson*, 630 F.2d 139, en pp. 147-148, y Decisión del Tribunal de Apelaciones -1º Circuito- de 9 de marzo de 1988 en el caso *United States v. LaRouche Campaign*, 841 F.2d 1176, en pp. 1181-1182 (Estados Unidos)-. Al final, el alcance de este derecho depende de la evaluación realizada por el legislador o tribunal nacional sobre la necesidad de proteger la función de recopilación de noticias.

83 Véase, por ejemplo, la citada Resolución del Parlamento Europeo, de 18 de enero de 1994, sobre el secreto de las fuentes de información de los periodistas y el derecho de los funcionarios a divulgar la información que poseen.

sonales de sus clientes/pacientes o en el deber jurídico de custodia de fuentes y documentos confidenciales[84]; por su parte, el derecho al secreto profesional de los periodistas se debe a la garantía de que se les respete la confidencialidad de las fuentes que les han suministrado información o datos de interés general para ser difundidos a la opinión pública[85].

Pero en España el secreto periodístico no está configurado como un derecho absoluto: están protegidas constitucionalmente las informaciones veraces de relevancia pública, pero no la propagación de rumores y falsedades o que formen parte de una manipulación informativa[86]. Ahora bien, habitualmente la jurispruden-

---

84 Si incumplieran esas obligaciones, cabe aplicarles el artículo 199 del Código Penal:
"1. El que revelare secretos ajenos, de los que tenga conocimiento por razón de su oficio o sus relaciones laborales, será castigado con la pena de prisión de uno a tres años y multa de seis a doce meses.
2. El profesional que, con incumplimiento de su obligación de sigilo o reserva, divulgue los secretos de otra persona, será castigado con la pena de prisión de uno a cuatro años, multa de doce a veinticuatro meses e inhabilitación especial para dicha profesión por tiempo de dos a seis años".

85 Mª.A. MORETÓN TOQUERO, *cit.*, 2014, p. 130; y Mª.P. OTERO GONZÁLEZ, *Justicia y secreto profesional*, Centro de Estudios Ramón Areces, Madrid, 2001, pp. 87-91.

86 Así, la jurisprudencia del Tribunal Constitucional español está consolidada en este aspecto: véanse las SSTC 105/1983, de 23 de noviembre -FJ 11º-; 6/1988, de 21 de enero -FJ 5-; 20/1990, de 15 de febrero -FJ 5-; 105/1990, de 6 de junio -FJ 5-; 171/1990, de 12 de noviembre -FJ 8-; 219/1992, de 3 de diciembre -FJ 5-; 15/1993, de 18 de enero -FJ 2-; 178/1993, de 31 de mayo -FJ 2-; 41/1994, de 15 de febrero -FJ 3-; 132/1995, de 11 de septiembre -FJ 4-; 6/1996, de 16 de enero -FJ 4-; y 199/1999, de 8 de noviembre -FJ 2-. Vid. Mª.A. MORETÓN TOQUERO, *cit.*, 2014, p. 134. El requisito de veracidad no exige una realidad incontrovertible de los hechos, pues "Lo que el requisito constitucional de veracidad viene a suponer es que el

cia constitucional otorga preferencia a la libertad de información, en calidad de derecho esencial en el sistema democrático, frente a otros derechos fundamentales como la intimidad, el honor o la propia imagen[87], con algunas excepciones que deben interpretarse y aplicarse de modo restrictivo, como la obligación de declarar o de denunciar en el proceso penal, la prevención de un delito o daño a personas, el conocimiento de la falsa imputación de un delito, el comportamiento ilícito o de mala fe del periodista en la obtención y difusión de la información, la seguridad colectiva, la defensa nacional o la estabilidad económica[88].

Asimismo, el Tribunal Europeo de Derechos Humanos siempre ha sometido a un examen especial las garantías del respeto de la libertad de expresión, pues

> "Teniendo en cuenta la importancia de la protección de las fuentes periodísticas para la libertad de prensa en una sociedad democrática, una injerencia no puede ser compatible con el artículo 10 del Convenio a menos que esté justificada por una necesidad imperiosa de interés público"[89].

---

informador tiene… un especial deber de comprobar la veracidad de los hechos que expone, mediante las oportunas averiguaciones, y empleando la diligencia exigible a un profesional. Puede que, pese a ello, la información resulte errónea, lo que obviamente, no puede excluirse totalmente" -STC 105/1990, FJ 5-.

87 Véanse, por ejemplo, las SSTC 46/2002, de 25 de febrero de 2002 -FJ 3-; y 129/2009, de 1 de junio de 2009 -FJ 2-.

88 Mª.A. MORETÓN TOQUERO, *cit.*, 2014, p. 136; y Mª.P. OTERO GONZÁLEZ, *Justicia y secreto profesional*, Centro de Estudios Ramón Areces, Madrid, 2001, pp. 88 y 93-94.

89 Sentencia del TEDH de 14 de septiembre de 2010 en el asunto *Sanoma Uitgevers B.V. c. Países Bajos* (caso nº 38224/03), para. 51; y véanse también sus sentencias de 27 de marzo de 1996 en el asunto *Goodwin c. Reino Unido* (caso nº 17488/90), para. 39; de 25 de febrero de 2003 en el asunto *Roemen y Schmit c. Luxemburgo* (caso nº 51772/99),

Este Alto Tribunal acepta que corresponde en primer lugar a las autoridades nacionales evaluar si existe una "necesidad social imperiosa" de la injerencia, y que gozan de un cierto margen de apreciación en su labor de evaluación. Sin embargo, ese margen de apreciación nacional es limitado en esta materia porque queda circunscrito por el interés de la sociedad democrática en garantizar y mantener una prensa libre, interés que tiene gran importancia a la hora de determinar si la injerencia/restricción era proporcionada al objetivo legítimo perseguido. En conclusión, las limitaciones a la confidencialidad de las fuentes periodísticas exigen un examen muy cuidadoso y minucioso por parte del Tribunal, especialmente cuando "las medidas adoptadas o las sanciones impuestas por la autoridad nacional pueden disuadir a la prensa de participar en debates sobre cuestiones de interés público legítimo"[90].

En general, el Consejo de Europa ha exigido varias condiciones adicionales para aceptar la divulgación de información que identifique una fuente -además de ser una necesidad imperiosa de interés público-, como que las circunstancias sean de naturaleza suficientemente vital y grave. Para ello, deben poder demostrarse de modo convincente dos elementos: 1)

---

para. 46; y de 22 de noviembre de 2007 en el asunto *Voskuil c. Países Bajos* (caso nº 64752/01), para. 65.

90 Sentencia del TEDH de 10 de diciembre de 2007 en el asunto *Stoll c. Suiza* (caso nº 69698/01), para. 106; también sus sentencias de 23 de septiembre de 1994 en el asunto *Jersild c. Dinamarca* (caso nº 15890/89), para. 35; de 27 de marzo de 1996 en el asunto *Goodwin c. Reino Unido* (caso nº 17488/90), para. 40; de 25 de noviembre de 1996 en el asunto *Wingrove c. Reino Unido* (caso nº 17419/90), para. 58; de 20 de mayo de 1999 en el asunto *Bladet TromsØ y Stensaas c. Noruega* (caso nº 21980/93), para. 64; de 25 de febrero de 2003 en el asunto *Roemen y Schmit c. Luxemburgo* (caso nº 51772/99), para. 46; y de 18 de mayo de 2004 en el asunto *Éditions Plon c. Francia* (caso nº 58148/00), para. 44 *in fine*.

que no había medidas alternativas razonables a la divulgación o que estas habían sido agotadas por las personas o autoridades públicas que solicitan la divulgación; y 2) que el interés legítimo en la divulgación prevalezca claramente sobre el interés público contrario, teniendo presentes tres factores: a) que se acredite una exigencia imperiosa de necesidad de divulgación; b) que las circunstancias sean de naturaleza suficientemente vital y grave; y c) que la divulgación sea necesaria por responder a una necesidad social apremiante, necesidad que evaluarían los Estados con un cierto margen de apreciación, pero bajo la supervisión judicial internacional -en este caso, del Tribunal Europeo de Derechos Humanos-. Esta función jurisdiccional supervisora no consiste en sustituir a las autoridades nacionales competentes, sino en examinar la "interferencia" denunciada a la luz del caso en su conjunto y determinar si las razones invocadas por las autoridades nacionales para justificarla son "relevantes/pertinentes y suficientes". Por último, se establece que todos los requisitos aquí explicados deben ser cumplidos en todas las fases de cualquier procedimiento en que pueda invocarse el derecho de no divulgación[91].

---

[91] Recomendación Nº R (2000) 7 del Comité de Ministros del Consejo de Europa sobre el derecho de los periodistas a no revelar sus fuentes de información, de 8 de marzo de 2000, Apéndice, Principio 3, apartados a, b y c; y la consolidada jurisprudencia del TEDH, que fue precisando en sus sentencias de 8 de julio de 1986 en el asunto *Lingens c. Austria* (caso nº 9815/82), para. 40; de 22 de febrero de 1989 en el asunto *Barfod c. Dinamarca* (caso nº 11508/85), para. 28; de 26 de noviembre de 1991 en el asunto *Sunday Times c. Reino Unido (nº 2)* (caso nº 13166/87), para. 50 *in fine*; de 23 de septiembre de 1994 en el asunto *Jersild c. Dinamarca* (caso nº 15890/89), para. 31; de 26 de septiembre de 1995 en el asunto *Vogt c. Alemania* (caso nº 17851/91), para. 52 *in fine*; de 27 de marzo de 1996 en el asunto *Goodwin c. Reino Unido* (caso nº 17488/90), para. 40; de 25 de noviembre de 1997 en el asunto *Grigoriades c. Grecia* (caso nº

El secreto periodístico no fue enunciado expresamente como tal en los instrumentos jurídicos internacionales más relevantes en materia de derechos humanos, como la Declaración Universal de Derechos Humanos, el Pacto Internacional de Derechos Civiles y Políticos, la Convención Americana sobre Derechos Humanos, el Convenio Europeo de Derechos Humanos o la Carta de los Derechos Fundamentales de la Unión Europea. Pero sí ya fue recogido en la evolución posterior en diversos textos y decisiones judiciales internacionales constantes y uniformes al respecto, como puede comprobarse tanto en los tribunales y organismos regionales de Europa[92], América[93] y África[94], como también en los tribunales penales internacionales[95]. De hecho, la jurisprudencia del Tribunal Europeo de

---

24348/94), para. 44; de 25 de noviembre de 1997 en el asunto *Zana c. Turquía* (caso nº 18954/91), para. 51 *in fine*; de 25 de agosto de 1998 en el asunto *Hertel c. Suiza* (caso nº 25181/94), para. 46 *in fine*; de 25 de febrero de 2003 en el asunto *Roemen y Schmit c. Luxemburgo* (caso nº 51772/99), para. 46; y de 15 de febrero de 2005 en el asunto *Steel y Morris c. Reino Unido* (caso nº 68416/01), para. 87 *in fine*.

92 Véanse las sentencias del TEDH citadas en la nota 91, *supra*; y la Recomendación Nº R (2000) 7 del Comité de Ministros del Consejo de Europa sobre el derecho de los periodistas a no revelar sus fuentes de información, de 8 de marzo de 2000, Apéndice, Principios 1 y 2.

93 Véase la Declaración de Principios sobre la Libertad de Expresión de la Comisión Interamericana de Derechos Humanos, principio 8; y el Informe anual de la Relatoría Especial para la Libertad de Expresión, vol. II, OEA, Washington, 2013, parágrafo 171.

94 Véase la Declaración de Principios sobre Libertad de Expresión y el Acceso a la Información en África de la Comisión Africana de Derechos Humanos y de los Pueblos, Principio 25; y la sentencia del Tribunal de Justicia de África Oriental de 15 de mayo de 2015 en el caso *Burundi Journalists Union c. Fiscal General de la República de Burundi* (causa nº 7/2013), parágrafos 107-111.

95 Así, por ejemplo, la Decisión del Tribunal Penal Internacional para la ex-Yugoslavia de 11 de diciembre de 2002 en el caso *Fiscal c. Rados-*

Derechos Humanos ha interpretado que la libertad de recibir información *ex* artículo 10 del Convenio Europeo comprende implícitamente la protección completa de las fuentes de los periodistas, lo que además permite integrar la figura del secreto periodístico reconocido constitucionalmente en España -art. 20.1.d- a través del canon interpretativo establecido por el artículo 10.2 de la Constitución[96].

No obstante, la casuística en esta materia es enorme, casi inabarcable -sobre todo con las recientes posibilidades que ofrecen las tecnologías de la información y comunicación-, por lo que los Estados, en sus ordenamientos nacionales, han adoptado criterios jurídicos muy heterogéneos en materia de secreto profesional y protección de la información pública. Este hecho constatable dificulta la deseable homogeneidad en la interpretación y aplicación normativa y judicial internacional[97].

Por otro lado, el derecho de los periodistas a no revelar sus fuentes de información se encuentra íntimamente relacionado con las garantías de confidencialidad y protección de

---

lav Brdjanin y Momir Talic -Decisión sobre apelación interlocutoria- (caso nº IT-99-36-AR73.9).

96 Véanse las sentencias del TEDH de 25 de febrero de 2003 en el asunto *Roemen y Schmit c. Luxemburgo* (caso nº 51772/99), para. 46 y 57; y de 14 de septiembre de 2010 en el asunto *Sanoma Uitgevers B.V. c. Países Bajos* (caso nº 38224/03), para. 38-39, 43 y 51; y léase el célebre artículo 10.2 de la Constitución: "Las normas relativas a los derechos fundamentales y a las libertades que la Constitución reconoce se interpretarán de conformidad con la Declaración Universal de Derechos Humanos y los tratados y acuerdos internacionales sobre las mismas materias ratificados por España".

97 A. MORETÓN TOQUERO, "La protección de las fuentes de información: la integración del modelo español con la jurisprudencia del TEDH", *Estudios de Deusto*, vol. 62, nº 2, 2014, p. 143.

los ciudadanos denunciantes o alertadores de irregularidades (*whistle-blowers*), y por eso, los órganos internacionales tratan a menudo ambas cuestiones de forma conjunta[98].

Otro aspecto muy polémico que se ha planteado en los últimos años sobre la libertad de prensa y de los medios de comunicación -particularmente evidente en plataformas de internet como las redes sociales-, es la vidriosa cuestión de las noticias falsas (*fake news*), la desinformación y la propaganda, lo que ha dado lugar a la reacción de los organismos internacionales[99].

---

98 Verbigracia, la Convención de las Naciones Unidas contra la Corrupción, aprobada por la Resolución 58/4 de la Asamblea General, de 31 de octubre de 2003, artículo 33; o el informe del Relator Especial de las Naciones Unidas sobre la promoción y protección del derecho a la libertad de opinión y de expresión de 8 de septiembre de 2015 (doc. A/70/361). Y en la UE véanse la Directiva (UE) 2019/1937 del Parlamento Europeo y del Consejo, de 23 de octubre de 2019, relativa a la protección de las personas que informen sobre infracciones del Derecho de la Unión (DO L nº 305, de 26 de noviembre de 2019, pp. 17-56) -transpuesta en España por Ley 2/2023, de 20 de febrero, reguladora de la protección de las personas que informen sobre infracciones normativas y de lucha contra la corrupción, BOE, nº 44, de 21 de febrero de 2023, pp. 26140-26189-; la Resolución del Parlamento Europeo, de 14 de febrero de 2017, sobre la función de los denunciantes en la protección de los intereses financieros de la Unión (2016/2055(INI) (DO C nº 252, de 18 de julio de 2018, pp. 56-61); y su Resolución de 24 de octubre de 2017, sobre las medidas legítimas para la protección de los denunciantes de irregularidades que, en aras del interés público, revelan información confidencial sobre empresas y organismos públicos (2016/2224(INI)) (DO C nº 346, de 27 de septiembre de 2018, pp. 143-155).

99 Véanse la Sentencia del Tribunal General (GS) de 27 de julio de 2022 en el asunto *RT France c. Consejo de la Unión Europea* (asunto T-125/22), ECLI:EU:T:2022:483, para. 55-56, 88, 107, 162 y 239; la Declaración Conjunta sobre Libertad de Expresión y «Noticias Falsas», Desinfor-

Con las tecnologías digitales, las personas e instituciones pueden comunicar, informar y transmitir ideas, iniciativas y opiniones de modo inmediato y mundial, lo que ha propiciado un caudal inmenso de informaciones no necesariamente contrastadas provocando, con ello, grandes dosis de noticias falsas y desinformación difundidas a gran velocidad por los nuevos

---

mación y Propaganda del Relator Especial de las Naciones Unidas sobre la promoción y protección del derecho a la libertad de opinión y de expresión, el Representante de la OSCE para la libertad de los medios de comunicación, el Relator Especial de la Organización de los Estados Americanos (OEA) para la libertad de expresión y el Relator Especial de la Comisión Africana de Derechos Humanos y de los Pueblos (CADHP) para la libertad de expresión y el acceso a la información, de 3 de marzo de 2017; y el Grupo de Expertos de Alto Nivel de la Unión Europea (UE) sobre las noticias falsas y la desinformación en línea, creado por la Comisión Europea en 2017 para asesorarle sobre el fenómeno de las noticias falsas. Vid. L.M. HINOJOSA MARTÍNEZ, "Desinformación y libertad de expresión en tiempos de guerra: el asunto RT France", en J.M. DE FARAMIÑÁN GILBERT, F.J. ROLDÁN BARBERO & A. DEL VALLE GÁLVEZ (coords.), M. LÓPEZ ESCUDERO, L. HINOJOSA MARTÍNEZ, I. MARRERO ROCHA & P. MARTÍN RODRÍGUEZ (eds.), *Unión Europea, principios democráticos y orden internacional: Liber discipulorum en homenaje al profesor Diego J. Liñán Nogueras*, Tirant Lo Blanch, Valencia, 2024, pp. 353-398; L. TRISTANTE PELLICER & G.M. TERUEL LOZANO, "Desinformación y libertad de expresión: el bloqueo europeo de canales rusos ante la invasión de Ucrania a la luz de la Sentencia del Tribunal General (Gran Sala) de 27 de julio de 2022, T-125/22, *RT France c. Consejo de la UE*", *Estudios de Deusto*, vol. 71, nº 2, 2023, pp. 303-329, en DOI: https://doi.org/10.18543/ed7122023; y S. MENDOZA CALDERÓN, "La persecución penal de las fake news y delitos de odio: trascendencia y delimitación, hacia el sostenimiento del concepto de "verdad digital"", en ídem & A. SÁNCHEZ RUBIO (dirs.), *El discurso del odio: análisis de su incidencia y persecución penal*, Tirant Lo Blanch, Valencia, 2024, pp. 107-174 **(TOL10.112.648)**.

canales de comunicación. La desinformación puede ser definida del siguiente modo:

> "información verificablemente falsa o engañosa que se crea, presenta y divulga con fines lucrativos o para engañar deliberadamente a la población, y que puede causar un perjuicio público. El perjuicio público comprende amenazas contra los procesos democráticos políticos y de elaboración de políticas, así como contra los bienes públicos, como la protección de la salud, el medio ambiente o la seguridad de los ciudadanos.... La desinformación no incluye los errores de información, la sátira y la parodia ni las noticias y los comentarios claramente identificados como partidistas"[100].

En efecto, auténticas campañas de desinformación han sido diseñadas y difundidas en la red para crear desconfianza, confusión y fomento de las tensiones existentes, con efectos muy desestabilizadores en la sociedad. Los poderes públicos y los intermediarios de Internet han mostrado su preocupación y están adoptando medidas para evitar la expansión de este problema, pero el riesgo es que se acabe restringiendo el ejercicio de la libertad de expresión con la excusa de luchar contra la desinformación y los mensajes falaces[101].

---

100 Comunicación de la Comisión al Parlamento Europeo, al Consejo, al Comité Económico y Social y al Comité de las Regiones, "La lucha contra la desinformación en línea: un enfoque europeo", COM (2018) 236 final, de 26 de abril de 2018, p. 4, en https://eur-lex.europa.eu/legal-content/ES/TXT/PDF/?uri=CELEX:52018DC0236. Pueden verse, en general, T. BURNAM, *The Dictionary of Misinformation*, Crowell, Nueva York, 1975; R. MAGALLÓN ROSA, *Unfaking news: cómo combatir la desinformación*, Pirámide, Madrid, 2019; y D. ALANDETE, *Fake news: la nueva arma de destrucción masiva*, Deusto, Barcelona, 2019.

101 Véanse E. JERÓNIMO SÁNCHEZ-BEATO, "Desinformación, libertad de expresión y democracia", *Ius Humani: Revista de Derecho*, vol. 11, nº 2, 2022, pp. 97-135, en DOI: https://doi.org/10.31207/

A nuestro juicio, el problema real que está produciéndose es el aumento de una censura oficial u "oficiosa" sobre la libertad de expresión, lo que también repercute en la libertad de cátedra y de investigación[102]: se han designado como verificadores a empresas privadas creadas para ello desde diversos medios o conglomerados de medios, sin un examen o debate público previo. Y estos supuestos verificadores pueden operar -y de hecho lo están haciendo- como fiscalizadores de información y noticias, prohibiendo incluso la utilización o empleo de palabras o noticias sobre algunos ámbitos, por lo que se están convirtiendo en auténticos censores o inquisidores cuando la verdad de los hechos contradice sus propios prejuicios o tendencias ideológicas. Curiosamente, muchas de esas plataformas "verificadoras" hablan de códigos deontológicos y de conducta, pero ciertamente en ocasiones se han convertido en simples manipuladores de los hechos y censores de las noticias, informaciones y opiniones que no son de su agrado. Y frente a ese modo de proceder torticero, conviene recordar que el límite a la libertad de expresión ha de circunscribirse a expresiones que estén tipificadas como delitos en los códigos penales -por ejemplo, las injurias, calumnias o la incitación a la violencia-, y dichas restricciones deben situarse bajo el control de órganos judiciales independientes e imparciales.

---

ih.v11i2.306; J.C. GALINDO VACHA, *La desinformación en la era de la democracia digital*, tesis doctoral, Universidad de Salamanca, Salamanca, 2024; y C. ESPALIÚ-BERDUD, "Legal and criminal prosecution of disinformation in Spain in the context of the European Union", *El profesional de la información*, vol. 31, nº 3, 2022, en DOI: https://doi.org/10.3145/epi.2022.may.22.

102 Véase, por ejemplo, S. ORONOZ, "La censura en la actividad investigadora y las implicaciones éticas del secuestro, moderación y monetización de las publicaciones científicas en la era digital", *Derecom*, nº 36, 2024, pp. 151-179, en http://www.derecom.com/derecom/

En este sentido puede verse cómo el nuevo Reglamento de la Unión Europea, con el fin de establecer un marco común para los medios de comunicación en el mercado interior -Reglamento (UE) 2024/1083- pretende regular incluso el propio ejercicio del periodismo y el derecho a la confidencialidad de las fuentes periodísticas, permitiendo que los Estados y las autoridades públicas puedan coartarlo en algunos casos[103]. En efecto, este autodenominado Reglamento Europeo sobre la Libertad de los Medios de Comunicación, cuyo objeto expreso es establecer normas comunes para el buen funcionamiento del mercado interior de los servicios de medios de comunicación y crear el Comité Europeo de esta materia, así como garantizar -en principio- la independencia y el pluralismo de los citados medios[104], sin embargo detalla los derechos y las obligaciones de los prestadores de los servicios de medios de comunicación[105], y acepta

---

103 Véase el artículo 4.4 del Reglamento (UE) 2024/1083 del Parlamento Europeo y del Consejo de 11 de abril de 2024, por el que establece un marco común para los servicios de medios de comunicación en el mercado interior y se modifica la Directiva 2010/13/UE (Reglamento Europeo sobre la Libertad de los Medios de Comunicación), DO L de 17 de abril de 2024, pp. 1-37.

104 Artículo 1 del Reglamento (UE) 2024/1083 del Parlamento Europeo y del Consejo de 11 de abril de 2024; o su artículo 5, relativo a las salvaguardias del funcionamiento independiente de los prestadores del servicio público de medios de comunicación, especialmente en relación con la designación y destitución de sus responsables, que deben seguir procedimientos transparentes, abiertos, efectivos, objetivos y no discriminatorios, de acuerdo con criterios establecidos de antemano.

105 Artículos 4 y 6 del Reglamento (UE) 2024/1083 del Parlamento Europeo y del Consejo de 11 de abril de 2024, que exigen a los medios de comunicación hacer accesible información actualizada sobre sus titulares, accionistas y los fondos públicos recibidos para publicidad estatal y los recibidos de terceros países (art. 6.1). A tal efecto, este Reglamento define de modo prolijo en su artículo 2 numerosos conceptos de este

que los Estados miembros de la UE puedan tomar medidas legislativas, normativas o administrativas que puedan afectar al pluralismo de los medios de comunicación o a su independencia editorial, siempre que estén justificadas y proporcionadas, y sean motivadas, transparentes, objetivas y no discriminatorias[106]. A los destinatarios de tales servicios se les reconoce expresamente el derecho de "acceso a una pluralidad de contenido de medios de comunicación editorialmente independientes" y a personalizar la oferta de medios de comunicación mediante el cambio de la configuración de cualquier dispositivo o interfaz de usuario de acceso y uso de servicios de medios de comunicación, lo que respetaran los Estados miembros de la UE, que se asegurarán de que las condiciones marco salvaguarden dicho derecho "en beneficio del discurso libre y democrático"[107].

ámbito, como el de «servicio de medios de comunicación» ("un servicio tal como se define en los artículos 56 y 57 del TFUE, cuya finalidad principal, o la de una parte disociable del mismo, consista en ofrecer programas o publicaciones de prensa al público en general por cualquier medio, a fin de informar, entretener o educar, bajo la responsabilidad editorial de un prestador de servicios de medios de comunicación"), o el de «prestador de servicios de medios de comunicación» ("persona física o jurídica cuya actividad profesional es prestar un servicio de medios de comunicación y que ostenta la responsabilidad editorial sobre la elección del contenido del servicio de medios de comunicación y determina la manera en que se organiza") y así hasta 21 conceptos, incluido el de «alfabetización mediática»: "las capacidades, el conocimiento y la comprensión que permiten a los ciudadanos utilizar los medios de comunicación con eficacia y seguridad, y que no se limitan al aprendizaje de herramientas y tecnologías, sino que tratan de dotar a los ciudadanos del pensamiento crítico necesario para discernir, analizar realidades complejas y reconocer la diferencia entre opiniones y hechos".

106 Artículo 21 del citado Reglamento (UE) 2024/1083 del Parlamento Europeo y del Consejo, de 11 de abril de 2024.

107 Artículos 3 y 20 del citado Reglamento (UE) 2024/1083.

De hecho, el Reglamento adjudica a los Estados dos obligaciones:

1) Deben establecer un marco normativo y procedimental para evaluar las concentraciones de medios de comunicación que puedan tener repercusiones significativas sobre el pluralismo y la independencia editorial de los medios de comunicación[108]; y,

2) Cualquier fondo público, remuneración o ventaja que se otorgue, directa o indirectamente, para publicidad estatal a los prestadores de servicios de medios de comunicación o de plataformas en línea han de ser concedidos con criterios transparentes, objetivos, proporcionados y no discriminatorios, publicados previamente y con acceso fácil para todos[109].

Una cuestión clave es que este Reglamento de la UE regula expresamente el procedimiento para que autoridades públicas puedan llegar a coaccionar a los medios de comunicación y a los periodistas para que revelen sus fuentes de información. Primeramente, proclama en su artículo 4 que los Estados miembros respetarán la libertad e independencia editorial efectivas de los prestadores de servicios de medios de comunicación en el ejercicio de sus actividades profesionales, y no podrán interferir ni tratar de influir en sus políticas editoriales ni en sus decisiones editoriales, asegurando la efectiva protección de las fuentes periodísticas y las comunicaciones confidenciales[110].

Así, indica que, como regla general, no pueden obligar a los prestadores de servicios de medios de comunicación o a su

---

108 Artículos 22 y 23 del citado Reglamento (UE) 2024/1083.

109 Artículo 25 del citado Reglamento (UE) 2024/1083.

110 Artículo 4, apartados 1, 2 y 3, del mencionado Reglamento (UE) 2024/1083.

personal editorial a revelar información relacionada con fuentes periodísticas o comunicaciones confidenciales, o que sea susceptible de identificarlas; ni tampoco detener, sancionar, interceptar o inspeccionar a los prestadores de servicios de medios de comunicación o a su personal editorial, o someterlos a vigilancia o poner a dichas personas en busca y captura, con el fin de obtener información relacionada con fuentes periodísticas o comunicaciones confidenciales. Pero inmediatamente después este Reglamento permite a los Estados miembros adoptar alguna de estas medidas si cumplen las condiciones de que tal medida: a) esté establecida por el Derecho nacional o de la UE; b) cumpla los requisitos exigidos a una restricción de los derechos humanos (art. 52.1 de la Carta de Derechos Fundamentales de la UE y demás disposiciones del Derecho de la Unión); c) esté justificada, caso por caso, por una razón imperiosa de interés general y resulte proporcionada; y d) esté supeditada a la autorización previa de una autoridad judicial o de una autoridad decisoria independiente e imparcial (como un regulador nacional) o, en casos excepcionales y urgentes debidamente justificados, sea autorizada posteriormente por dicha autoridad sin demora indebida[111]; es decir, que se permite expresamente a los poderes públicos nacionales la adopción de medidas coercitivas tan graves, que pueden ser autorizadas *ex post facto* y no necesariamente por un juez sino por una autoridad administrativa.

Igualmente, este Reglamento 2024/1083 prohíbe en general a los Estados miembros instalar programas informáticos de vigilancia intrusiva en cualquier material, dispositivo digital, máquina o herramienta utilizados por prestadores de servicios de medios de comunicación, su personal editorial o cualquier persona conexa que pueda disponer de información relaciona-

---

111 Artículo 4, apartado 4, del citado Reglamento (UE) 2024/1083.

da con fuentes periodísticas o comunicaciones confidenciales o pueda identificarlas[112]. Pero el propio Reglamento permite a un Estado miembro hacerlo si cumple las cuatro condiciones anteriormente explicadas para las medidas anteriores, y lo lleva a cabo para investigar a una de las personas arriba citadas por todo tipo de delitos graves que sean punibles en ese Estado miembro[113]; eso sí, si las medidas descritas en el párrafo anterior fueran adecuadas y suficientes para obtener la información solicitada, entonces el Estado no podrá instalar tales programas informáticos de vigilancia intrusiva[114].

Si bien se exige a los Estados miembros asegurarse de que estas medidas de instalar programas informáticos de vigilancia intrusiva, o de detener, sancionar, interceptar o inspeccionar a los prestadores de servicios de medios de comunicación o a su personal editorial, o someterlos a vigilancia o poner a dichas personas en busca y captura deben ser revisadas periódicamente por una autoridad judicial o autoridad decisoria independiente e imparcial para determinar si se siguen cumpliendo las condiciones que justifican su uso[115], dicha revisión -que ni

---

112 Artículo 4.3.c del citado Reglamento (UE) 2024/1083.

113 Artículo 4.5.b.i y ii. del citado Reglamento (UE) 2024/1083, que se refiere tanto a los delitos a los que se aplica la orden de detención europea -recogidos en el artículo 2.2 de la Decisión Marco del Consejo de 13 de junio de 2002 relativa a la orden de detención europea y a los procedimientos de entrega entre Estados miembros (2002/584/JAI)-, que sean punibles en el Estado miembro de que se trate con una pena o medida de seguridad privativas de libertad de un máximo de al menos tres años, y otros delitos graves punibles en el Estado miembro de que se trate con una pena privativa de libertad o medida de seguridad privativa de libertad con una duración máxima de al menos cinco años, según el Derecho de dicho Estado miembro.

114 Artículo 4.5 *in fine* del citado Reglamento (UE) 2024/1083.

115 Artículo 4.6 del Reglamento (UE) 2024/1083.

siquiera se exige que sea siempre judicial- es posterior a las medidas coactivas adoptadas por el Estado.

También el Reglamento establece dos salvaguardias más: la primera se refiere a las garantías y derechos del interesado de información y de acceso a los datos personales en curso de tratamiento en el contexto de la instalación de programas informáticos de vigilancia intrusiva[116]; y la segunda recalca que todas estas personas tienen derecho a tutela judicial efectiva -con la asistencia de una autoridad u organismo independiente con los conocimientos especializados pertinentes designada por el Estado-[117]. Es bastante probable que el legislador europeo se estuviera dando cuenta de que estaba cercenando derechos fundamentales, en especial de los medios de comunicación y de los periodistas, al autorizar a los Estados miembros la adopción de medidas coactivas contra ellos, porque esto claramente provoca un evidente efecto amedrentador de desaliento (*chilling effect*) contra la libertad de prensa y, por ende, contra la libertad de expresión.

Por añadidura, este Reglamento 2024/1083 pretende codificar un marco para la cooperación normativa y un mercado interior en esta materia, con normativa sobre las autoridades

---

[116] Artículo 4.7 del Reglamento (UE) 2024/1083, de conformidad con la Directiva (UE) 2016/680 del Parlamento Europeo y del Consejo, de 27 de abril de 2016, relativa a la protección de las personas físicas en lo que respecta al tratamiento de datos personales por parte de las autoridades competentes para fines de prevención, investigación, detección o enjuiciamiento de infracciones penales o de ejecución de sanciones penales, y a la libre circulación de dichos datos y por la que se deroga la Decisión Marco 2008/977/JAI del Consejo -DO L nº 119, de 4 mayo de 2016, pp. 89-131-.

[117] Artículo 4.8 del Reglamento (UE) 2024/1083.

u organismos reguladores nacionales[118], y con la creación y la reglamentación de un Comité Europeo de Servicios de Medios de Comunicación, compuesto por representantes de los organismos reguladores nacionales, que debe actuar con independencia en el ejercicio de sus funciones de asesoramiento y apoyo técnico a la Comisión Europea en esta materia, así como de promoción de cooperación e intercambio de información, experiencias y mejores prácticas entre los organismos reguladores nacionales en su implementación de las normativas nacionales y de la UE aplicables a los medios de comunicación[119]. Además, este Reglamento establece toda una panoplia de reglas en diversos ámbitos:

1) Un procedimiento en relación con el cumplimiento de las -extensas- obligaciones exigidas a los prestadores de plataformas de intercambio de vídeos en la Directiva 2010/13/UE -art. 28 *ter*, apartados 1, 2 y 3-, permitiendo que una autoridad nacional solicite a otra autoridad competente que adopte medidas necesarias y proporcionadas para el cumplimiento efectivo de estas obligaciones, con la mediación y posible dictamen posterior del citado Comité Europeo para que la autoridad requerida atienda debidamente la solicitud de cumplimiento[120].

---

118 Artículo 7 del Reglamento (UE) 2024/1083.

119 Artículos 8, 9, 10 y 13 del citado Reglamento (UE) 2024/1083. Dicho Comité Europeo sustituye y sucede al Grupo de Entidades Reguladoras Europeas para los Servicios de Comunicación Audiovisual, establecido por el artículo 30 *ter* de la Directiva 2010/13/UE -art. 8.2 del Reglamento (UE) 2024/1083-, Directiva que ha sido modificada por la Directiva (UE) 2018/1808 del Parlamento Europeo y del Consejo, de 14 de noviembre de 2018 -DO L nº 303 de 28 de noviembre de 2018, pp. 69-92-.

120 Artículo 15 del citado Reglamento (UE) 2024/1083.

2) Un procedimiento con respecto a los prestadores de servicios establecidos fuera de la UE que lleguen a audiencias de la Unión y perjudiquen o entrañen un riesgo serio y grave de perjudicar la seguridad pública, porque entonces las autoridades u organismos reguladores nacionales pueden adoptar medidas pertinentes al respecto, que serán coordinadas por el citado Comité Europeo si se lo solicitan los reguladores nacionales de al menos dos Estados miembros; y dicho Comité Europeo elaborará un conjunto de criterios que puedan utilizar los reguladores nacionales cuando ejerzan esas facultades normativas[121].

3) Otro procedimiento para regular la relación entre los prestadores de plataformas en línea de muy gran tamaño y los prestadores de servicios de medios de comunicación. Por un lado, estas plataformas han de facilitar a los destinatarios de sus servicios realizar varias declaraciones, como que son medios de comunicación o que no ofrecen contenidos generados por sistemas de inteligencia artificial sin someterlos a revisión humana o control editorial. Cuando una plataforma tenga la intención de suspender la prestación de sus servicios en línea en relación con contenidos ofrecidos por un medio de comunicación o de restringir la visibilidad de dicho contenido, le comunicará los motivos y le permitirá la oportunidad de responder a esa declaración de motivos, pues debe garantizar la tramitación y resolución prioritaria -y sin demora indebida- de las reclamaciones de los medios de comunicación[122]. Si un prestador de servicios

---

121 Artículo 17 del citado Reglamento (UE) 2024/1083.

122 Artículo 18, apartados 1, 4 y 5 del citado Reglamento (UE) 2024/1083. Véase en sentido crítico J.A. CASTILLO PARRILLA, "Derechos y garantías concretas del uso de la inteligencia artificial

de medios de comunicación considera que una plataforma ha restringido o suspendido de modo reiterado y sin motivos suficientes la prestación de sus servicios sobre contenidos ofrecidos por él, ambas partes entablarán un diálogo significativo y efectivo de buena fe para hallar una solución amistosa que finalice las restricciones o suspensiones injustificadas y las evite en el futuro. De hecho, el medio de comunicación puede solicitar al Comité Europeo que emita un dictamen sobre el resultado de tal diálogo con la posible inclusión de recomendación de medidas para la plataforma[123]. Asimismo, este Comité organizará periódicamente un diálogo estructurado entre ambas partes más los representantes de la sociedad civil con el fin de debatir las experiencias y mejores prácticas, además de promover iniciativas de autorregulación destinadas a proteger a los usuarios de contenidos nocivos, como la desinformación y la manipulación de información e injerencia por agentes extranjeros[124].

---

por intermediarios y grandes plataformas", en L. COTINO HUESO (dir.) & M. BAUZÁ REILLY (coord.), *Derechos y garantías ante la inteligencia artificial y las decisiones automatizadas,* Thomson Reuters-Aranzadi, Cizur Menor, 2022, pp. 259-285. Los prestadores de servicios de medios de comunicación pueden presentar reclamaciones, con arreglo al artículo 11 del Reglamento (UE) 2019/1150 o al artículo 20 del Reglamento (UE) 2022/2065, conocido como Reglamento de Servicios Digitales.

123 Artículo 18.6 del citado Reglamento (UE) 2024/1083.

124 Artículo 19.1 del citado Reglamento (UE) 2024/1083.

3. RESTRICCIONES PERMITIDAS A LA LIBERTAD DE EXPRESIÓN

El derecho a la libertad de expresión resulta muy necesario para la existencia de una sociedad democrática y, por tanto, disfruta de un contenido amplio y de un alcance extenso, pero no es un derecho absoluto, sino que tiene limitaciones. Como indica el Pacto Internacional de Derechos Civiles y Políticos, es posible restringir este derecho porque su ejercicio "entraña deberes y responsabilidades especiales"; de ello se deduce que "puede estar sujeto a ciertas restricciones, que deberán, sin embargo, estar expresamente fijadas por la ley y ser necesarias para: a) Asegurar el respeto a los derechos o a la reputación de los demás; b) Proteger la seguridad nacional, el orden público o la salud y la moral públicas[125]. Por su parte, el Convenio Europeo de Derechos Humanos incrementa los fundamentos de estas restricciones (o formalidades, condiciones o sanciones) a "las medidas necesarias, en una sociedad democrática, para la seguridad nacional, la integridad territorial o la seguridad pública, la defensa del orden y la prevención del delito, la protección de la salud o de la moral, la protección de la reputación o de los derechos ajenos, para impedir la divulgación de informaciones confidenciales o para garantizar la autoridad y la imparcialidad del poder judicial"[126].

---

125 Artículo 19.3 del Pacto Internacional de Derechos Civiles y Políticos.

126 Artículo 10.2 del Convenio Europeo de Derechos Humanos. De este modo, mientras que la mayoría de los tratados internacionales (Pacto Internacional, Convención Americana y Carta Africana -esta última para todos los derechos-) sintetizan mucho los valores que sirven como base jurídica de las restricciones para la libertad de expresión (el respeto a los derechos o a la reputación de los demás; y la protección de la seguridad nacional, el orden público o la salud o la moral públicas), el Convenio Europeo los amplía y precisa de una

La Convención Americana (art.13) es más abierta y generosa con el alcance de la libertad de expresión y establece una lista menor de restricciones que los dos tratados anteriormente mencionados[127]; y, además, este Pacto de San José -y la jurisprudencia conexa- se diferencia por que prohíbe expresamente la censura previa general y el empleo de vías o medios indirectos para restringir la libertad de comunicación y circulación de ideas y opiniones[128].

Como vemos, la libertad de expresión no es un derecho absoluto, sino que los diferentes tratados internacionales establecen algunas posibles limitaciones para preservar otros valo-

---

forma más detallada, lo que ha tenido su reflejo en la jurisprudencia del Tribunal Europeo de Derechos Humanos, por ejemplo en su sentencia de 2 de octubre de 2008 en el asunto *Leroy c. Francia* (caso nº 36109/03), para. 43-45.

127 Como indica el artículo 13.2 de la Convención Americana sobre Derechos Humanos: "El ejercicio del derecho previsto en el inciso precedente no puede estar sujeto a previa censura sino a responsabilidades ulteriores, las que deben estar expresamente fijadas por la ley y ser necesarias para asegurar: a) el respeto a los derechos o a la reputación de los demás, o b) la protección de la seguridad nacional, el orden público o la salud o la moral públicas". Véase S. GARCÍA RAMÍREZ, A. GONZA y E. RAMOS VÁZQUEZ, *cit.*, 2019, pp. 55-85.

128 Véase el artículo 13.3 de la Convención Americana: "No se puede restringir el derecho de expresión por vías o medios indirectos, tales como el abuso de controles oficiales o particulares de papel para periódicos, de frecuencias radioeléctricas, o de enseres y aparatos usados en la difusión de información o por cualesquiera otros medios encaminados a impedir la comunicación y la circulación de ideas y opiniones". Y véanse las sentencias de la Corte Interamericana de 5 de febrero de 2001 en el caso "*La Última Tentación de Cristo" -Olmedo Bustos y otros- c. Chile,* Serie C nº 73; de 6 de febrero de 2001 en el caso *Ivcher Bronstein c. Perú,* Serie C nº 74; y las coetáneas sentencias de 28 de enero de 2009 en el caso *Ríos y otros c. Venezuela,* Serie C nº 194; y en el caso *Perozo y otros c. Venezuela,* Serie C nº 195.

res considerados importantes, como recogen el Pacto Internacional de Derechos Civiles y Políticos (art.19.3), el Convenio Europeo (art.10.2), la Convención Americana (art.13.2) y la Carta Africana (art.27.2).

Estas injerencias o restricciones a la libertad de expresión son de muy diversa índole, y pueden ser analizadas con múltiples enfoques: desde la perspectiva del sujeto sufridor o pasivo de la restricción, estas injerencias pueden estar dirigidas contra la persona o contra el medio a través del que se expresa; en cuanto al sujeto que ejerce esa restricción, puede tratarse del Estado o de particulares, si bien esa restricción suele ser más intensa y persistente en el primer caso; desde el criterio del método empleado en la restricción, esta puede ser directa -prohibición de opiniones o expresiones, etc.- o mediante medios indirectos, como el abuso en el control de los medios de comunicación y de sus equipos y materiales de difusión, la concesión administrativa de frecuencias de radio o televisión, etcétera.

Eso sí, no se admite ejercer la censura previa: como hemos señalado, la Convención Americana la prohíbe expresamente -con la única excepción de poder censurar los espectáculos públicos mediante ley, "con el exclusivo objeto de regular el acceso a ellos para la protección moral de la infancia y la adolescencia"-[129], y en los ámbitos universal y europeo lo han confirmado los órganos de control de los tratados, el Comité de Derechos Humanos de Naciones Unidas y el Tribunal Europeo de Derechos Humanos[130]. En África, si bien la Carta

---

129 Artículo 13, puntos 2 y 4, de la Convención Americana sobre Derechos Humanos.

130 De este modo, en el ámbito universal, el Comité de Derechos Humanos de Naciones Unidas ha señalado la importancia de evitar la censura en el derecho que tienen los medios a comentar sobre asuntos públicos e informar a la opinión pública -Observación General nº 34, de 12

Africana sobre los Derechos Humanos y de los Pueblos matiza que se permite la libertad de expresión "siempre que respete la ley", su órgano de control -Comisión Africana de Derechos Humanos y de los Pueblos- ha precisado que la ley nacional no puede tener prioridad sobre un derecho protegido en el plano internacional como es la libertad de expresión[131].

Toda restricción al derecho de libertad de expresión debe satisfacer las tres siguientes condiciones acumulativas, inclusive en el ámbito de Internet: debe estar prescrita por la ley, perseguir un objetivo/propósito legítimo, y ser necesaria para conseguir ese objetivo (la prueba "tripartita"). En esto coinciden tanto los textos internacionales como la doctrina iusinternacionalista[132]. Veámoslas con más detalle:

---

de septiembre de 2011 (doc. CCPR/C/GC/34), para. 13 y 20-; y en el ámbito europeo el TEDH ha perseguido la posible censura derivada de interferencias de las autoridades públicas, como en sus sentencias de 29 de marzo de 2016 en el asunto *Bédat c. Suiza* (caso nº 59625/08), para. 79; de 25 de abril de 2006 en el asunto *Dammann c. Suiza* (nº 77551/01), para. 57; de 20 de octubre de 2009 en el asunto *Ürper y otros c. Turquía* (nº 14526/07, 14747/07, 15022/07, 15737/07, 36137/07, 47245/07, 50371/07, 50372/07 y 54637/07), para 44; de 6 de julio de 2010 en el asunto *Gözel y Özer c. Turquía* (nº 43453/04 y 31098/05), para. 63; y de 20 de noviembre de 2018 en el asunto *Toranzo Gomez c. España* (nº 26922/14), para 64. En Derecho español, la Constitución también prohíbe expresamente la censura previa (artículo 20.2).

131 Véase la Decisión de la Comisión Africana de Derechos Humanos y de los Pueblos sobre la comunicación *Constitutional Rights Project, Civil Liberties Organisation and Media Rights Agenda c. Nigeria*, de 5 de noviembre de 1999 (doc.140/94-141/94-145/95), parágrafo 40.

132 Véanse, por ejemplo, el Convenio Europeo de Derechos Humanos (art. 10.2); la Carta de los Derechos Fundamentales de la Unión Europea (art. 52.1); la Declaración de Principios sobre Libertad de Expresión y el Acceso a la Información en África, Comisión Africana de Derechos Humanos y de los Pueblos, 2019, Principio 9; *Guía sobre*

1) La restricción debe haber sido fijada por la ley, entendida esta de forma material y no formal: puede tratarse de normativa legislativa o reglamentaria, reglas no escritas de *Common Law,* o decisiones judiciales interpretativas[133]. Pero no se considera aceptable la restricción consagrada en un derecho religioso, tradicional o solamente consuetudinario[134]. También los Estados deben velar por que toda ley que limite los derechos a la libertad de expresión y acceso a la información contenga las siguientes salvaguardias: ha de ser una ley clara, precisa, accesible y previsible; estar supervisada por un organismo independiente de un modo que no sea arbitrario ni discriminatorio; y

---

el artículo 10 del Convenio Europeo de Derechos Humanos–Libertad de expresión, Consejo de Europa/Tribunal Europeo de Derechos Humanos, Estrasburgo, 2022, pp. 19-24; Recomendación CM/Rec(2018)2 del Comité de Ministros del Consejo de Europa sobre las funciones y responsabilidades de los intermediarios de Internet, de 7 de marzo de 2018, Apéndice, para. 1.1.1; y N. WENZEL, *op. cit.,* paras. 30-32.

133 Véase la sentencia del TEDH de 17 de julio de 2001 en el asunto *Association Ekin c. Francia* (caso nº 39288/98), parágrafos 44-46. Pero más restrictiva parece ser la Corte Interamericana, que, en su Opinión Consultiva OC-6/86 de 9 de mayo de 1986 en el caso *La expresión "leyes" en el artículo 30 de la Convención Americana sobre Derechos Humanos,* señala que "la expresión leyes, utilizada por el artículo 30, no puede tener otro sentido que el de ley formal, es decir, norma jurídica adoptada por el órgano legislativo y promulgada por el Poder Ejecutivo, según el procedimiento requerido por el derecho interno de cada Estado" (para.27); y que si bien caben delegaciones legislativas, estas deben estar autorizadas por la propia Constitución, ejercerse dentro de los límites impuestos por ella y por la ley delegante, y bajo controles eficaces (para.36).

134 Observación General nº 34 del Comité de Derechos Humanos de Naciones Unidas (CDH) "Artículo 19. Libertad de opinión y libertad de expresión", de 12 de septiembre de 2011 (doc. CCPR/C/GC/34), parágrafo 24 *in fine.*

proteger contra el abuso de forma efectiva, incluso con la provisión de un derecho de apelación ante tribunales independientes e imparciales[135].

2) La restricción debe perseguir un objetivo legítimo, esto es, debe tratarse de un objetivo proclamado en la disposición que permite la restricción. Como ya se ha indicado, el texto del Convenio Europeo de Derechos Humanos recoge una lista de objetivos permitidos para la restricción mucho más extensa que los demás tratados análogos, como el Pacto Internacional de Derechos Civiles y Políticos, la Convención Americana sobre Derechos Humanos o la Carta Africana sobre los Derechos Humanos y de los Pueblos[136]; pero en la práctica esto no se ha concretado en que las restricciones a la libertad de expresión sean mayores en el ámbito europeo que en los demás, pues los órganos de control de los otros tratados suelen considerar la protección del orden público como un concepto general que acaba englobando los objetivos más específicos detallados en el Convenio Europeo (como la integridad territorial, la seguridad pública, la prevención del delito, impedir la divulgación de informaciones confidenciales o garantizar la autoridad y la imparcialidad del poder judicial)[137].

---

135 Apartado 2 del Principio 9 de la Declaración de Principios sobre Libertad de Expresión y el Acceso a la Información en África, de la Comisión Africana de Derechos Humanos y de los Pueblos, de 2019; y Observación General nº 34 del Comité de Derechos Humanos de Naciones Unidas (doc. CCPR/C/GC/34), parágrafos 25-27.

136 Véase la nota 126, *supra*. En el mismo sentido de la Carta Africana se expresa la Declaración de Principios sobre Libertad de Expresión y el Acceso a la Información en África, de la Comisión Africana de Derechos Humanos y de los Pueblos, de 2019, Principio 9.3.

137 Véase la Decisión de la Comisión Africana de Derechos Humanos y de los Pueblos sobre la comunicación *Constitutional Rights Project,*

3) La restricción ha de resultar "necesaria" para la consecución de ese objetivo/propósito legítimo, lo que exige cumplir con criterios estrictos de necesidad y proporcionalidad[138]. En numerosas ocasiones, tanto los propios textos como los órganos de control internacionales han resaltado la necesidad de que las restricciones a la libertad de expresión constituyan medidas necesarias "en una sociedad democrática"[139]. Como este concepto no deja de ser ambiguo, la restricción debe respetar unos principios estrictos cuyos contornos han sido precisados por la

---

Civil Liberties Organisation and Media Rights Agenda c. Nigeria, de 5 de noviembre de 1999 (doc.140/94-141/94-145/95), parágrafo 41. En cualquier caso, véase M. ELÓSEGUI ITXASO, "Los límites a la libertad de expresión en decisiones recientes del Tribunal Europeo de Derechos Humanos sobre España", en G. VICENTE Y GUERRERO (coord.), *La libertad de expresión: Avances, límites y desafíos futuros,* Colex, La Coruña, 2024, pp. 77-119.

138 Observación General nº 34 del Comité de Derechos Humanos de Naciones Unidas (CDH) "Artículo 19. Libertad de opinión y libertad de expresión", de 12 de septiembre de 2011 (doc. CCPR/C/GC/34), parágrafos 22 y 33.

139 Cfr. artículo 10.2 del Convenio Europeo de Derechos Humanos; Observación General nº 34 del Comité de Derechos Humanos de Naciones Unidas (doc. CCPR/C/GC/34), parágrafo 34; Principio 9.1 de la Declaración de Principios sobre Libertad de Expresión y el Acceso a la Información en África, de la Comisión Africana de Derechos Humanos y de los Pueblos, de 2019; Opinión Consultiva OC-5/85 de la Corte Interamericana de 13 de noviembre de 1985 en el caso *La Colegiación Obligatoria de Periodistas (Arts. 13 y 29 de la Convención Americana sobre Derechos Humanos),* para. 67 y 69, así como, por ejemplo, sus sentencias de 6 de febrero de 2001 en el caso *Ivcher Bronstein c. Perú,* Serie C nº 74, para. 147; de 2 de julio de 2004 en el caso *Herrera Ulloa c. Costa Rica,* Serie C nº 107, para. 109 y 120; y de 19 de septiembre de 2006 en el caso *Claude Reyes y otros c. Chile,* Serie C nº 151, para. 91.

jurisprudencia internacional a lo largo de los años: venir exigida por una necesidad social apremiante y sustancial del Estado, razonada con motivos relevantes y suficientes; ser proporcional al objetivo perseguido, en el sentido de guardar una conexión directa e inmediata con el derecho restringido; constituir la medida menos intrusiva -entre otras posibles- para lograr dicho objetivo; y que el beneficio de proteger ese objetivo legítimo supere el daño infligido al derecho restringido, incluso con respecto a las sanciones autorizadas[140].

---

140 Así lo precisan la Declaración de Principios sobre Libertad de Expresión y el Acceso a la Información en África, de la Comisión Africana de Derechos Humanos y de los Pueblos, de 2019, en su Principio 9.1; la Recomendación CM/Rec(2018)2 del Comité de Ministros del Consejo de Europa sobre las funciones y responsabilidades de los intermediarios de Internet, de 7 de marzo de 2018, Apéndice, para. 1.3.1; y, *mutatis mutandis*, la Observación General nº 27 del Comité de Derechos Humanos de Naciones Unidas "Libertad de circulación (artículo 12)", de 2 de noviembre de 1999 (doc. CCPR/C/21/Rev.1/Add.9), parágrafos 14-16. La jurisprudencia es abundante al respecto: sentencias del TEDH de 26 de abril de 1979 en el caso *Sunday Times c. Reino Unido* (caso nº 6538/74, para. 59 y 62), de 22 de octubre de 2007 en el caso *Lindon, Otchakovsky-Laurens y July c. Francia* (casos nº 21279/02 y 36448/02, para. 45), de 15 de octubre de 2015 en el asunto *Perinçek c. Suiza* (caso nº 27510/08, para. 196), de 27 de junio de 2017 en el asunto *Medžlis Islamske Zajednice Brčko y otros c. Bosnia y Herzegovina* (caso n º 17224/11, para 75), de 7 de diciembre de 2021 en el asunto *Yefimov y Grupo de Defensa de la Juventud c. Rusia* (casos nºs 12385/15 y 51619/15, para. 41), y de 4 de junio de 2024 en el asunto *Sokolovskiy c. Rusia* (caso nº 618/18, para. 99); Opinión Consultiva OC-5/85 de la Corte Interamericana de Derechos Humanos de 13 de noviembre de 1985 en el caso *La Colegiación Obligatoria de Periodistas (Arts. 13 y 29 de la Convención Americana sobre Derechos Humanos)*, para. 46; y Decisión de la Comisión Africana de Derechos Humanos y de los Pueblos sobre la comunicación *Constitutional Rights Project, Civil Liberties Organisation and Media Rights Agenda c. Nigeria*, de 5 de noviembre de 1999 (doc.140/94-141/94-145/95), para. 42.

En este contexto, va a profundizarse a partir de aquí en los dos objetivos más alegados en la práctica para restringir la libertad de expresión: la protección de los derechos y la reputación de otros, y la proscripción del discurso de odio.

3.1. La restricción para preservar los derechos y la reputación de los demás

El ejercicio de la libertad de expresión puede colisionar con los derechos y/o la reputación de otras personas (sus derechos al honor, a la intimidad y a la propia imagen), que pueden tener el legítimo interés de impedir que se difunda información pública sobre su vida privada, o de proteger su reputación frente a acusaciones falsas o declaraciones deshonrosas contra ellos. Estos intereses se encuentran también garantizados como derechos fundamentales en los instrumentos jurídicos del máximo rango, como las constituciones nacionales[141] y los textos internacionales sobre derechos humanos[142], donde además son reconocidos expresamente como límites al ejercicio de la libertad de expresión[143].

---

[141] Así, por ejemplo, la Constitución española garantiza en su artículo 18.1 el derecho al honor, a la intimidad personal y familiar y a la propia imagen, que además son recogidos expresamente como límites especiales al ejercicio de la libertad de expresión (art.20.4).

[142] Art. 12 de la Declaración Universal de Derechos Humanos; art. 17 del Pacto Internacional de Derechos Civiles y Políticos; art. 8 del Convenio Europeo de Derechos Humanos; y art. 11 de la Convención Americana sobre Derechos Humanos.

[143] Art. 19.3.a del Pacto Internacional de Derechos Civiles y Políticos; art. 10.2 del Convenio Europeo de Derechos Humanos; art. 13.2 de la Convención Americana sobre Derechos Humanos; y art. 27.2 de la Carta Africana sobre los Derechos Humanos y de los Pueblos.

Por tanto, las autoridades estatales pueden interferir, vulnerar e incluso prohibir el ejercicio de la libertad de expresión para proteger los derechos, datos personales y la reputación de otras personas, y para ello se les concede cierto margen de apreciación porque el justo equilibrio entre los derechos e intereses en juego debe buscarse más bien en el ámbito nacional; por tanto, corresponde a las autoridades y a los órganos jurisdiccionales de los Estados interpretar su Derecho nacional y el Derecho internacional aplicable para ponderar los derechos fundamentales en juego, en virtud del principio de proporcionalidad y la toma en consideración de todas las circunstancias de cada asunto de su incumbencia[144]. Esto ha provocado constantes controversias que han generado abundantes litigios judiciales y una casuística múltiple y creciente. A estos efectos, los órganos de control de los tratados internacionales de derechos humanos han desarrollado las siguientes reglas comunes en esta cuestión:

1) Por lo general, las declaraciones e informaciones veraces gozan de un mayor nivel de protección que las falsas[145], si bien no puede exigirse a nadie que demuestre la veracidad de sus opiniones o juicios de valor, pues esto sería contrario a su libertad de expresar opiniones libremente. De hecho, la jurisprudencia internacional suele

---

144 Véanse en este sentido, por ejemplo, la sentencia del Tribunal de Justicia de la Unión Europea de 6 de noviembre de 2003 en el asunto *Lindqvist* (C-101/01), ECLI:EU:C:2003:596, para. 85-89; y las sentencias del TEDH de 17 de julio de 2018 en el asunto *Mariya Alekhina y otros c. Rusia* (caso 38004/12) -para. 210-, de 7 de diciembre de 2021 en el asunto *Yefimov y Grupo de Defensa de la Juventud c. Rusia* (casos n°s 12385/15 y 51619/15) -para. 41 *in fine*-, y de 4 de junio de 2024 en el asunto *Sokolovskiy c. Rusia* (caso nº 618/18) -para. 98-.

145 Principios 21.1.a y 35.1 de la Declaración de Principios sobre Libertad de Expresión y el Acceso a la Información en África (2019).

hacer una distinción cuidadosa entre la comunicación de hechos, por una parte, y los juicios de valor, por otra, pues la existencia de hechos puede demostrarse, mientras que la verdad de los juicios de valor no es susceptible de prueba[146]. En las publicaciones sobre asuntos de interés público, ha de bastar con que se haga un esfuerzo razonable para determinar la verdad; en las opiniones y expresiones, sólo han de considerarse difamatorias las claramente no razonables y que alcancen un cierto nivel de gravedad ("umbral de gravedad"), en el sentido de que ese ataque a la reputación personal cause perjuicio al disfrute personal del derecho al respeto de la vida privada[147]; y, en estos casos, la carga de la prueba de todos los elementos del litigio ha de recaer en quien formula la acusación y no en el demandado[148].

---

146 A este respecto puede verse la jurisprudencia consolidada del TEDH en este sentido, como en sus sentencias de 8 de julio de 1986 en el caso *Lingens c. Austria* (caso nº 9815/82), para. 46; de 24 de febrero de 1997 en el asunto *De Haes y Gijsels c. Bélgica* (caso nº 19983/92), para. 42; de 7 de mayo de 2002 en el asunto *McVicar c. Reino Unido* (caso nº 46311/99), para. 83; de 17 de diciembre de 2004 en el asunto *Cumpănă y Mazăre c. Rumanía* (caso nº 33348/96), para. 98; y de 14 de junio de 2016 en el asunto *Jiménez Losantos c. España* (caso nº 53421/10), para. 46; además de su Decisión de 3 de abril de 2003 en el asunto *Harlanova v. Letonia -admisibilidad de la demanda-* (caso nº 57313/00).

147 Véanse, *inter alia*, las sentencias del TEDH de 28 de abril de 2009 en el asunto K*arakó c. Hungría* (caso nº 39311/05), para. 23; de 7 de febrero de 2012 en el asunto *Axel Springer AG c. Alemania* (caso nº 39954/08), para. 83; y de 29 de marzo de 2016 en el asunto *Bédat c. Suiza* (caso nº 59625/08), para. 72.

148 Informe del Relator Especial de las Naciones Unidas sobre la promoción y protección del derecho a la libertad de opinión y de expresión de 18 de enero de 2000 (doc.E/CN.4/2000/63), para. 52; también la sentencia del TEDH de 8 de julio de 1986 en el caso

2) Disfrutan de un mayor grado de protección las declaraciones en asuntos de interés general, como por ejemplo en cuestiones políticas -especialmente en un contexto electoral- pues la promoción del libre debate político es una característica muy importante de una sociedad democrática[149], y también en cualesquiera cuestiones de relevancia pública como la gestión deficiente de instituciones o empresas, sobre todo en aspectos que afecten a los personas; por ello, la información comercial es considerada desde

---

Lingens c. Austria (caso nº 9815/82), para. 46; y la sentencia de la Corte Interamericana de Derechos Humanos de 2 de mayo de 2008 en el caso *Kimel c. Argentina*, Serie C nº 177, para. 78.

149 Vid. la Declaración Conjunta de 2021 sobre Líderes Políticos, personas que ejercen la Función Pública, y Libertad de Expresión de la Relatora Especial de las Naciones Unidas (ONU) sobre la Protección y Promoción de la Libertad de Opinión y Expresión, la Representante de la Organización para la Seguridad y la Cooperación en Europa (OSCE) para la Libertad de los Medios de Comunicación, el Relator Especial para la Libertad de Expresión de la Organización de Estados Americanos (OEA) y la Relatora Especial de la Comisión Africana de Derechos Humanos y de los Pueblos (CADHP) para la Libertad de Expresión y Acceso a la Información, de 20 de octubre de 2021. Asimismo, véanse las Sentencias del TEDH de 8 de julio de 1986 en el asunto *Lingens c. Austria* (caso nº 9815/82), para. 42; de 23 de mayo de 1991 en el asunto *Oberschlick c. Austria* (caso nº 11662/85), para. 58; de 23 de abril de 1992 en el asunto *Castells c. España* (caso nº 11798/85), para. 43; de 25 de junio de 1992 en el asunto *Thorgeir Thorgeirson c. Islandia* (caso nº 13778/88), para. 63; y de 12 de julio de 2001 en el asunto *Feldek c. Eslovaquia* (caso nº 29032/95), para. 83; pero en contra su sentencia de 15 de mayo de 2023 en el asunto *Sanchez c. Francia* (caso nº 45581/15). También véanse las sentencias de la Corte Interamericana de Derechos Humanos de 2 de julio de 2004 en el caso *Herrera Ulloa c. Costa Rica* (Serie C nº 107), para. 127; y de 31 de agosto de 2004 en el caso *Ricardo Canese c. Paraguay* (Serie C nº 111) para. 88; así como la Observación General nº 34 del Comité de Derechos Humanos de Naciones Unidas, para. 38.

hace décadas también como un asunto de interés público, por concernir a los consumidores y usuarios[150]. En este tipo de debates se toleran comentarios críticos virulentos y exageraciones escritas o verbales, pues la libertad de expresión es particularmente valiosa para los partidos políticos y los representantes elegidos por el pueblo; por ello, los Estados disponen de poco margen de apreciación para restringir las discusiones sobre cuestiones políticas o de interés general[151], y la supervisión judicial debe ser más estricta y rigurosa al respecto[152].

---

150 Véanse así las notas 35, 36, 39 y 40 de esta obra, *supra*.

151 En este sentido se ha pronunciado el TEDH en numerosas sentencias: de 25 de noviembre de 1996 en el asunto *Wingrove c. Reino Unido* (caso nº 17419/90), para. 58; de 25 de agosto de 1998 en el asunto *Hertel c. Suiza* (caso nº 25181/94), para. 47; de 8 de julio de 1999, asunto *Ceylan c. Turquía* (caso nº 23556/94), para. 34; de 8 de julio de 1999 en el asunto *Sürek c. Turquía (n.º 1)* (caso nº 26682/95), para. 61; de 7 de noviembre de 2006 en el asunto *Mamère c. Francia* (caso nº 12697/03), para. 20; de 16 de julio de 2009 en el asunto *Willem c. Francia* (caso nº 10883/05), para. 32; de 25 de febrero de 2010 en el asunto *Renaud c. Francia* (caso nº 13290/07), para. 38-40; de 11 de mayo de 2010 en el asunto *Fleury c. Francia* (caso nº 29784/06), para. 43; de 13 de julio de 2012 en el asunto *Mouvement raëlien suisse c. Suiza* (caso nº 13654/06), para. 61; de 26 de marzo de 2020 en el asunto *Tête c. Francia* (caso nº 59636/16), para. 63; y de 5 de abril de 2022 en el asunto *NIT SRL c. República de Moldavia* (caso nº 28470/12), para. 178.

152 Véanse las sentencias del TEDH de 23 de abril de 1992 en el asunto *Castells c. España* (caso nº 11798/85), para. 42; de 16 de julio de 2009 en el asunto *Féret c. Bélgica* (caso nº 15615/07), para. 65; de 15 de marzo de 2011 en el asunto *Otegi Mondragon c. España* (caso nº 2034/07), para. 50; de 17 de mayo de 2016 en el asunto *Karácsony y otros c. Hungría* (casos nº 42461/13 y 44357/13), para. 137; y de 22 de diciembre de 2020 en el asunto *Selahattin Demirtaş c. Turquía (n. 2)* (caso nº 14305/17), para. 242.

3) En este contexto, se entiende que las figuras públicas -personas y entidades que desarrollan actividades sometidas al conocimiento general, como instituciones de gobierno o administraciones públicas-, en particular los políticos, deben aceptar y tolerar un mayor nivel de exposición a los medios y de críticas públicas, pues han aceptado de modo consciente estar sujetos al escrutinio público mediante informaciones de ese tipo[153]. Por eso, se ha discutido internacionalmente si el derecho a la libertad de expresión puede ser limitado mediante la imposición de sanciones penales para proteger la reputación de un funcionario, persona pública o particular voluntariamente involucrado en asuntos de interés público, tal y como hacen las leyes de desacato, muy habituales en los Estados latinoamericanos: estas tradicionalmente han penalizado las afirmaciones ofensivas contra funcionarios y autoridades, hasta el punto de haber-

---

153 Así, pueden verse las Sentencias del TEDH de 23 de abril de 1992 en el asunto *Castells c. España* (caso nº 11798/85), para. 46; de 12 de julio de 2001 en el asunto *Feldek c. Eslovaquia* (caso nº 29032/95), para. 74; y de 7 de febrero de 2012 en el asunto *Von Hannover c. Alemania (nº 2)* (casos nº 40660/08 y 60641/08), para. 110; Sentencias de la Corte Interamericana de Derechos Humanos de 2 de julio de 2004 en el caso *Herrera Ulloa c. Costa Rica* (Serie C nº 107, para. 128-129), de 31 de agosto de 2004 en el caso *Ricardo Canese c. Paraguay* (Serie C nº 111, para. 98 y 103), de 27 de enero de 2009 en el caso *Tristán Donoso c. Panamá* (Serie C, nº 193, para. 122), y de 29 de noviembre de 2011 en el caso *Fontevecchia y D'Amico c. Argentina* (Serie C nº 238, para. 60); Decisión de la Comisión Africana de Derechos Humanos y de los Pueblos sobre la comunicación *Media Rights Agenda and Constitutional Rights Project c. Nigeria*, de 31 de octubre de 1998 (doc.105/93, 128/94, 130/94, 152/96, para. 74); y la Declaración de Principios sobre Libertad de Expresión y el Acceso a la Información en África, 2019, Principio 21.1.b. Y véase I. ÁLVAREZ RODRÍGUEZ, "De la libertad de expresión en España. Notas para el debate desde la jurisprudencia convencional", *Derecom*, nº 31, 2021, pp. 125-126 y 141.

se abusado de tal legislación para suprimir la crítica política legítima[154]. De hecho, los instrumentos internacionales están abogando por aplicar en estos casos legislación civil -en lugar de leyes penales-, pues la misma ofrece un nivel de protección suficiente para preservar la reputación de las personas difamadas[155].

Por lo general, los órganos jurisdiccionales internacionales solo en circunstancias muy excepcionales aceptan la imposición por las autoridades nacionales de sanciones penales (o cuantiosas reparaciones de daños y perjuicios) debido a declaraciones publicadas en medios de comunicación, pues su generalización inhibiría a los periodistas y a los medios de ejercer su libertad de expresión, y eso perjudicaría la libertad de prensa. Por ello, los tribunales internacionales exigen a las autoridades nacionales moderarse en el uso de procedimientos penales, especialmente en lo que respecta a la imposición de penas de prisión, que tienen un efecto especialmente disuasorio en el ejercicio de la libertad de expresión[156]. En este contexto, la Convención

---

154 N. WENZEL, *op. cit.*, para. 34.

155 Declaración Conjunta de 2021 sobre Líderes Políticos, personas que ejercen la Función Pública, y Libertad de Expresión, *cit.*, 2021, punto 2.b, subapartados iii y iv; Declaración de Principios sobre Libertad de Expresión, de la Comisión Interamericana de Derechos Humanos, de 20 de octubre de 2000, Principio 10; Declaración de Principios sobre Libertad de Expresión y el Acceso a la Información en África, de la Comisión Africana de Derechos Humanos y de los Pueblos, 2019, Principio 22.3; Resolución 1577 de la Asamblea Parlamentaria del Consejo de Europa, de 4 de octubre de 2007. Vid. S. GARCÍA RAMÍREZ, A. GONZA y E. RAMOS VÁZQUEZ, *cit.*, 2019, p. 67 y ss.

156 Véanse, por ejemplo, las sucesivas sentencias del TEDH de 13 de julio de 1995 en el asunto *Tolstoy Miloslavsky c. Reino Unido* (caso nº 18139/91, para. 49-51), de 17 de diciembre de 2004 en el asunto *Cumpănă y Mazăre c. Rumanía* (caso nº 33348/96, para. 115-119), de 23 de abril de 2015 en el asunto *Morice c. Francia* (caso nº 29369/10,

Americana sobre Derechos Humanos contiene una cláusula que otorga el derecho de réplica -en el mismo medio de difusión- a toda persona afectada por informaciones inexactas o perjudiciales emitidas públicamente por medios de difusión regulados legalmente (art. 14)[157]; no existe una disposición análoga en los otros tratados internacionales de derechos humanos, pero diversos autores han interpretado que el ejercicio de la libertad de expresión impone al Estado, como medida positiva, la consolidación del deber de publicar la respuesta o rectificación[158].

---

para. 127 y 176), de 17 de julio de 2018 en el asunto *Mariya Alekhina y otros c. Rusia* (caso 38004/12, para. 227), y de 4 de junio de 2024 en el asunto *Sokolovskiy c. Rusia* (caso nº 618/18, para. 102); las sentencias de la Corte Interamericana de Derechos Humanos de 2 de mayo de 2008 en el caso *Kimel c. Argentina*, Serie C nº 177 -para. 78-, y de 27 de enero de 2009 en el caso *Tristán Donoso c. Panamá*, Serie C nº 193 -para. 129-; y la Observación General nº 34 del Comité de Derechos Humanos de Naciones Unidas (doc. CCPR/C/GC/34), para. 47.

157 Este artículo 14.1 de la Convención Americana sobre Derechos Humanos dispone el derecho de rectificación o respuesta, pero con la puntualización de que "en ningún caso la rectificación o la respuesta eximirán de las otras responsabilidades legales en que se hubiese incurrido" (art.14.2). Véase la Opinión Consultiva OC-7/86 de la Corte Interamericana de Derechos Humanos de 26 de agosto de 1986 en el caso *Exigibilidad del derecho de rectificación o respuesta (Arts. 14.1, 1.1 y 2º de la Convención Americana sobre Derechos Humanos)*, Serie A nº 7.

158 N. WENZEL, *op. cit.*, para. 34; M. NOWAK, *U.N. Covenant on Civil and Political Rights: CCPR Commentary*, 2ª ed., Engel, Kehl am Rhein, 2005, p. 53; A. van RIJN, "Freedom of Expression" en P. van DIJK *et al.* (eds.), *Theory and Practice of the European Convention on Human Rights*, 5ª ed., Intersentia, Cambridge, 2018, pp. 765-811, p. 786. Véase también M. FERNÁNDEZ SALMERÓN, "Rectificación y réplica: reflexiones sobre su proyección en la Web", en L. COTINO HUESO (ed.), *Libertades de expresión e información en Internet y las redes sociales: ejercicio, amenazas y garantías*, Universidad de Valencia, Valencia, 2011, pp. 363-374.

Así, por ejemplo, en Estados Unidos su jurisprudencia también distingue desde hace décadas entre figuras públicas o personas privadas en casos judiciales de difamación contra ellas. Si la parte demandante es una figura pública (funcionario público o candidato a cargo público), entonces el estándar probatorio que se le exige es mayor: debe probar la falsedad de la información publicada contra ella en un medio de comunicación; que el demandado actuó con "malicia real" (conocimiento de que las declaraciones son falsas o un desprecio temerario por su veracidad o falsedad); y que tal publicación le causó daños generales[159]. Pero si el demandante es una persona privada, entonces solo tiene que probar negligencia del medio de comunicación que publicó la información falsa, al no haber actuado con un nivel de diligencia razonable[160]. Debe tenerse en cuenta que -antes del desarrollo de Internet-, las figuras públicas tenían tradicionalmente un mayor acceso que las demás personas a los foros públicos y medios de comunicación para defenderse de informaciones contrarias.

Además de las tres reglas comunes explicadas, la jurisprudencia del Tribunal Europeo de Derechos Humanos ha tenido

---

159 El estándar de "malicia real" fue acuñado por el Tribunal Supremo de Estados Unidos en su célebre Sentencia de 9 de marzo de 1964 en el caso *New York Times v. Sullivan*, 376 U.S. 254, en pp. 279-283. Desde entonces, el nivel de protección a la libertad de expresión de los medios de comunicación es mayor cuando critican las actuaciones de funcionarios/cargos públicos, los cuales solo pueden demandarles por difamación si son capaces de probar la existencia de "malicia real" en esas informaciones críticas. Vid. también la Sentencia del Tribunal Supremo de 21 de junio de 1990 en el caso *Milkovich v. Lorain Journal Co.*, 497 U.S. 1; y A. LEWIS, *Make No Law: The Sullivan Case and the First Amendment*, Random House, Nueva York, 1991.

160 Sentencia de 25 de junio de 1974 en el caso *Gertz v. Robert Welch, Inc.*, 418 U.S. 323, en pp. 366-367.

en cuenta los siguientes criterios adicionales: el método de obtención de la información correspondiente; la conducta previa de la persona interesada; el contenido, forma y consecuencias de la publicación; y la gravedad de la sanción impuesta por las autoridades[161].

Un ámbito especialmente espinoso en el que el derecho a la libertad de expresión puede enfrentarse con los derechos de otras personas viene referido a las declaraciones blasfemas. Como tal, la blasfemia es definida en su primera acepción como la "palabra o expresión injuriosa contra alguien o algo sagrado"[162]. En este contexto, numerosas veces el ejercicio de la libertad de expresión en la literatura o los medios de expresión artística (pintura, cine, comics, etc.) ha entrado en colisión con los sentimientos religiosos de personas que consideran que determinadas obras o declaraciones son blasfemas, injuriosas contra su religión. Conviene recordar que la protección de la libertad religiosa también se encuentra consagrada en los diversos instrumentos internacionales, conjuntamente con la libertad de pensamiento y de conciencia -art.18 de la Declaración Universal de Derechos Humanos, art.18 del Pacto Internacional de Derechos Civiles y Políticos, art.9 del Convenio Europeo de Derechos Humanos, art.10 de la Carta de los Derechos Fundamentales de la Unión Europea, art.12 de la Convención Americana sobre Derechos Humanos, art.8 de

---

161 Sentencias del TEDH de 7 de febrero de 2012 en el asunto *Axel Springer AG c. Alemania* (caso nº 39954/08), para. 89-95; y de 7 de febrero de 2012 en el asunto *Von Hannover c. Alemania (nº 2)* (casos nº 40660/08 y 60641/08), para. 108-113; y su Decisión de 12 de diciembre de 2017 en el asunto *Wrona c. Polonia* (caso nº 68531/13), para. 22.

162 *Diccionario de la lengua española*, 23ª ed., Real Academia Española, Madrid, 2014, p. 316.

la Carta Africana sobre Derechos Humanos y de los Pueblos, art.30 de la Carta Árabe de Derechos Humanos-[163].

La mayoría de los Estados no suelen contar con normativa específica contra la blasfemia en sus legislaciones nacionales, y los que la tienen no la aplican en la práctica, sobre todo en los Estados occidentales, si bien algunos ordenamientos estatales sí que prohíben en general las ofensas a los sentimientos religiosos. Sin embargo, en otras civilizaciones, como la islámica, la blasfemia es específicamente sancionada en la práctica, pues en esos países la religión desempeña un papel fundamental como fuente reguladora del poder político, de modo que en ese contexto la blasfemia es entendida no solo como un ataque a la religión sino también al orden jurídico-político. Esta consideración permite comprender la mayor gravedad que revisten las declaraciones blasfemas para algunos colectivos, que han calificado ciertas manifestaciones artísticas como blasfemas u ofensivas a sus sentimientos religiosos, reaccionando de forma virulenta con protestas públicas, persecuciones, amenazas de muerte, atentados y represión política.

---

[163] Su importancia fue así reconocida por el TEDH en su Sentencia de 25 de mayo de 1993 en el asunto *Kokkinakis c. Grecia* (caso nº 14307/88): "la libertad de pensamiento, de conciencia y de religión es uno de los fundamentos de una "sociedad democrática"... Es, en su dimensión religiosa, uno de los elementos más vitales que conforman la identidad de los creyentes y su concepción de la vida, pero también es un bien preciado para ateos, agnósticos, escépticos y los indiferentes. De ello depende el pluralismo indisociable de una sociedad democrática, que ha sido conquistado con mucho esfuerzo a lo largo de los siglos" (parágrafo 31). Véase R. PALOMINO LOZANO, "Libertad de expresión y libertad religiosa: elementos para el análisis de un conflicto", en J. MARTÍNEZ-TORRÓN & S. CAÑAMARES ARRIBAS (coords.), *Tensiones entre libertad de expresión y libertad religiosa*, Tirant Lo Blanch, Valencia, 2014, pp. 34-68.

A juicio de N. WENZEL, conviene tratar las declaraciones blasfemas como una forma específica de discurso de odio[164], lo que vamos a ver en el siguiente epígrafe. Si las mismas constituyen una incitación a la discriminación, hostilidad o violencia, deberían quedar prohibidas y excluidas de la protección que otorga el derecho a la libertad de expresión[165] -en el mismo sentido aplicado a la apología del odio nacional, racial o religioso por el artículo 20.2 del Pacto Internacional de Derechos Civiles y Políticos[166]-, siempre que tal prohibición cumpla los siguientes requisitos: esté expresamente fijada por la ley; sea necesaria para asegurar el respeto a los derechos o a la reputación de los demás, la protección de la seguridad nacional, el orden público o la salud o moral públicas; y no sea utilizada "para impedir o sancionar las críticas contra dirigentes religiosos o los comentarios sobre la doctrina religiosa o el dogma"[167].

164 N. WENZEL, *op. cit.*, para. 36; y véase en general S. ANGELETTI, "Libertad religiosa, libertad de expresión y Naciones Unidas: reconocimiento de valores y derechos en el discurso sobre la "difamación de las religiones"", en J. MARTÍNEZ-TORRÓN & S. CAÑAMARES ARRIBAS (coords.), *Tensiones entre libertad de expresión y libertad religiosa*, Tirant Lo Blanch, Valencia, 2014, pp. 121-142.

165 Véase, por ejemplo, la Decisión del TEDH de 16 de noviembre de 2004 en el asunto *Norwood c. Reino Unido* (caso nº 23131/03).

166 Artículo 20.2 del citado Pacto Internacional: "Toda apología del odio nacional, racial o religioso que constituya incitación a la discriminación, la hostilidad o la violencia estará prohibida por la ley".

167 Estas son las condiciones exigidas por el Pacto Internacional de Derechos Civiles y Políticos en su artículo 19.3 a cualquier eventual restricción a la libertad de expresión, y que el Comité de Derechos Humanos de Naciones Unidas considera también imprescindibles para prohibir las demostraciones de falta de respeto por una religión u otro sistema de creencias (Observación General nº 34 del Comité de Derechos Humanos de Naciones Unidas, para. 48).

En el caso de que esas declaraciones blasfemas no supongan incitación a la discriminación, hostilidad o violencia, habría que ver cada caso concreto. En Europa, el Tribunal de Estrasburgo ha tenido que decidir numerosos litigios en los que un Estado había restringido la libertad de expresión, prohibiendo la difusión de declaraciones que consideraba ofensivas para los sentimientos religiosos de ciertos colectivos. Según la doctrina del Tribunal Europeo, el Estado tiene el deber de garantizar el disfrute pacífico del derecho a la libertad religiosa, pero esta puede ser objeto de crítica y no puede alegarse para impedir el debate sobre asuntos de interés público en las sociedades democráticas[168]: quienes ejercen su derecho a la libertad religiosa deben tolerar y aceptar la negación de sus sentimientos religiosos por otros, o incluso la propagación de doctrinas contrarias a su fe. No obstante, en casos extremos el uso de métodos concretos de oponerse o negar las creencias religiosas puede tener el efecto perverso de intimidar a los que sí son creyentes hasta el punto de inhibirles de ejercer su derecho a mantener

---

168 Sentencia del TEDH de 31 de enero de 2006 en el asunto *Giniewski c. Francia* (caso nº 64016/00), para. 51. Véanse las aportaciones de A. GARAY, "Libertad de religión y libertad de expresión ante el Consejo de Europa" (pp. 69-82) y de J. MARTÍNEZ-TORRÓN, "¿Libertad de expresión amordazada?: Libertad de expresión y libertad de religión en la jurisprudencia de Estrasburgo" (pp. 83-120), en J. MARTÍNEZ-TORRÓN & S. CAÑAMARES ARRIBAS (coords.), *Tensiones entre libertad de expresión y libertad religiosa*, Tirant Lo Blanch, Valencia, 2014; y también M. LEAL ADORNA, "Libertad de expresión vs. libertad religiosa: la ponderación de dos derechos en el ámbito del Consejo de Europa", en Z. COMBALÍA SOLÍS, Mª.P. DIAGO DIAGO & A. GONZÁLEZ-VARAS IBÁÑEZ (coords.), *Libertad de expresión y prevención de la violencia y discriminación por razón de religión*, Tirant Lo Blanch, Valencia, 2020, pp. 13-39.

y expresar sus creencias[169]. Ahora bien, en Europa no hay un consenso uniforme sobre el papel que la religión desempeña en la sociedad, por lo que la jurisprudencia del TEDH otorga a los Estados un amplio margen de apreciación al regular la libertad de expresión sobre cuestiones que puedan ofender convicciones personales íntimas en el ámbito de la moral y, especialmente, de la religión[170].

De lo hasta aquí explicado parece deducirse que los instrumentos, órganos y tribunales internacionales consideran que la protección de los sentimientos religiosos no se erige como tal en motivo legítimo general para restringir la libertad de expresión.

3.2. La restricción por discurso de odio

Como se ha indicado, en el plano internacional la protección a la libertad de expresión incluye los discursos ofensivos, impactantes o molestos. Ahora bien, este amplio alcance de dicho derecho puede limitarse en caso de discursos que cuestionen la dignidad humana, como concretamente una declaración racista. De este modo, diversos tratados internacionales sobre protección de derechos humanos proscriben el odio racista y obligan a los Estados a adoptar medidas para ello. Así, por ejemplo, la Convención Internacional sobre la Eliminación de todas las Formas de Discriminación Racial prescribe en su artículo 4 que "los Estados partes condenan toda la propaganda y todas las organizaciones que se inspiren en ideas o

---

169 Sentencia del TEDH de 20 de septiembre de 1994 en el asunto *Otto-Preminger-Institut c. Austria* (caso nº 13470/87), para. 47.

170 Sentencias del TEDH de 10 de julio de 2003, asunto *Murphy c. Irlanda* (caso nº 44179/98), para. 67; y de 13 de julio de 2012, asunto *Mouvement raëlien suisse c. Suiza* (caso nº 16354/06), para. 61.

teorías basadas en la superioridad de una raza o de un grupo de personas de un determinado color u origen étnico... y se comprometen a tomar medidas inmediatas y positivas destinadas a eliminar toda incitación a tal discriminación o actos de tal discriminación", entre otras, a declarar "como acto punible conforme a la ley toda difusión de ideas basadas en la superioridad o en el odio racial, toda incitación a la discriminación racial, así como todo acto de violencia o toda incitación a cometer tales actos contra cualquier raza o grupo de personas de otro color u origen étnico, y toda asistencia a las actividades racistas, incluida su financiación"[171]. En este mismo sentido se han pronunciado el Pacto Internacional de Derechos Civiles y Políticos (art.20.2) y la Convención Americana sobre Derechos Humanos (art.13.5), que amplían la obligación de los Estados a prohibir por ley toda apología del odio, no solo racial sino también nacional o religioso que constituya incitación a la discriminación, la hostilidad o la violencia, lo que no significa la obligación estatal de penalizar cualesquiera de esas expresiones, sino solamente los casos serios y extremos de incitación al odio[172].

---

171 Convención adoptada y abierta a la firma de los Estados por la Resolución 2106 A (XX) de la Asamblea General de Naciones Unidas, de 21 de diciembre de 1965.

172 Informe del Relator Especial de las Naciones Unidas sobre la promoción y protección de la libertad de opinión y de expresión, de 7 de septiembre de 2012 (doc. A/67/357), para. 47. Véanse G.M. TERUEL LOZANO, "Expresiones intolerantes, delitos de odio y libertad de expresión: un difícil equilibrio", *Revista Jurídica de la Universidad Autónoma de Madrid*, nº 36, 2017, pp. 185-196; M. ROIG TORRES, *Delimitación entre libertad de expresión y «discurso del odio»*, Tirant Lo Blanch, Valencia, 2020; y C. ALASTUEY DOBÓN, "Discurso del odio criminalizado vs. libertad de expresión: una fina línea divisoria", en G. VICENTE Y GUERRERO (coord.), *La libertad de expresión: Avances, límites y desafíos futuros*, Colex, La Coruña, 2024, pp. 149-184.

Resulta complicado encontrar una definición jurídica internacional uniforme del concepto de "discurso de odio", pues resulta controvertido y polémico precisar el mismo término de "odio". No obstante, Naciones Unidas considera que discurso de odio "es cualquier forma de comunicación de palabra, por escrito o a través del comportamiento, que sea un ataque o utilice lenguaje peyorativo o discriminatorio en relación con una persona o un grupo sobre la base de quiénes son o, en otras palabras, por razón de su religión, origen étnico, nacionalidad, raza, color, ascendencia, género u otro factor de identidad"[173]. El Derecho internacional no prohíbe el discurso de odio como tal, sino la incitación a la discriminación, la hostilidad o la violencia, que podría llegar a provocar o incluir actos de terrorismo o crímenes muy graves; de hecho, no impone a los Estados prohibir el discurso de odio que no llega al umbral de la incitación[174]. Así, la ONU considera que debe distinguirse con claridad entre tres tipos de expresión: "expresión que constituye un delito penal; expresión que no es penalmente punible, pero puede justificar una demanda civil o sanciones administrativas; expresión que no da lugar a sanciones penales, civiles o administrativas, pero aun así suscita preocupación en términos de tolerancia, civilidad y respeto por los derechos

---

173 Naciones Unidas, "La Estrategia y Plan de Acción de las Naciones Unidas para la lucha contra el discurso de odio", de 18 de junio de 2019, p. 3, en https://www.un.org/en/genocideprevention/documents/Action_plan_on_hate_speech_ES.pdf. Y la Asamblea General de Naciones Unidas decidió proclamar el 18 de junio de cada año como el Día Internacional para Contrarrestar el Discurso de Odio -Resolución 75/309, de 21 de julio de 2021, parágrafo dispositivo 2-.

174 Véanse la Convención para la prevención y la sanción del delito de genocidio (art. III), y el Pacto Internacional de Derechos Civiles y Políticos (art. 20).

de los demás"[175]. A este respecto, la ONU ha recomendado un umbral alto para definir las expresiones consideradas como delitos penales con un test de seis parámetros: 1) el contexto social y político; 2) la posición o estatus del orador en la sociedad; 3) la intención de incitar a la audiencia contra un grupo determinado; 4) el contenido y la forma del discurso emitido; 5) la extensión de la difusión del discurso -su alcance, su naturaleza pública, su magnitud y el tamaño de la audiencia-; y 6) la probabilidad razonable de que el discurso incite directamente una acción real de violencia, incluso de modo inminente[176].

El Consejo de Europa ha incorporado ambos conceptos al definir el discurso de odio como "todo tipo de expresión que incite, promueva, difunda o justifique la violencia, el odio o la discriminación contra una persona o grupo de personas, o que los denigre, por razón de sus características o estatus personales, reales o atribuidos, como la raza, el color, la lengua, la religión, la nacionalidad, el origen nacional o étnico, la edad, la discapacidad, el sexo, la identidad de género y la orientación sexual"[177]. De este modo, deben aplicarse medidas, ajustadas

---

[175] Parágrafo 20 del Plan de Acción de Rabat sobre la prohibición de la apología del odio nacional, racial o religioso que constituye incitación a la discriminación, la hostilidad o la violencia, de octubre de 2012 (doc. A/HRC/22/17/Add.4, Apéndice, de 11 de enero de 2013).

[176] Parágrafo 29 del citado Plan de Acción de Rabat. Este Plan de Acción ha tenido una influencia notable en desarrollos posteriores en la materia de diversas organizaciones y órganos internacionales (ONU, OSCE, TEDH) y en grandes compañías privadas (Facebook). Véase en https://www.ohchr.org/es/freedom-of-expression

[177] Recomendación CM/Rec(2022)16 del Comité de Ministros del Consejo de Europa sobre la lucha contra el discurso de odio, de 20 de mayo de 2022, Apéndice, para. 2. Esta definición es más comprehensiva que la efectuada por el mismo órgano en 1997 en el Apéndice a su Recomendación N° R (97) 20 sobre "discurso de odio", de 30

con cuidado, para prevenir y combatir eficazmente este discurso de odio, pues cabe distinguir diversos niveles de gravedad del mismo: a) el discurso de odio más grave, que está prohibido por la legislación penal; b) discurso de odio no tan grave para incurrir en responsabilidad penal, pero sí en responsabilidad civil o administrativa al vulnerar esas legislaciones; c) expresiones ofensivas o perjudiciales no suficientemente graves para ser restringidas *ex* Convenio Europeo de Derechos Humanos, pero que exigen respuestas alternativas, como contra-narrativas y otras contramedidas, medidas que fomenten el diálogo y el entendimiento intercultural, actividades educativas, de intercambio de información y sensibilización[178].

Para prevenir y combatir dicho tipo de discurso en los entornos online y offline, los Estados deben adoptar un enfoque global, concretado en preparar y aplicar políticas, legislación, estrategias o planes generales de acción, con la asignación de recursos adecuados para su aplicación y la implicación de las diversas partes interesadas[179]. Para ello, debe garantizarse la existencia de un marco jurídico completo y eficaz, con normas civiles, administrativas y penales debidamente calibradas, que respeten todas las exigencias normativas -nacionales e internacionales- y jurisprudenciales, así como los criterios de ac-

---

de octubre de 1997. Véase J.Mª. CONTRERAS MAZARÍO, "Discurso de odio e intolerancia en el marco del Consejo de Europa", en S. MENDOZA CALDERÓN & A. SÁNCHEZ RUBIO (dirs.), *El discurso del odio: análisis de su incidencia y persecución penal*, Tirant Lo Blanch, Valencia, 2024, pp. 569-616.

178 Recomendación CM/Rec(2022)16 del Comité de Ministros del Consejo de Europa sobre la lucha contra el discurso de odio, de 20 de mayo de 2022, Apéndice, para. 3.

179 Recomendación CM/Rec(2022)16 del Comité de Ministros del Consejo de Europa sobre la lucha contra el discurso de odio, de 20 de mayo de 2022, Apéndice, para. 5.

cesibilidad, previsibilidad, proporcionalidad y precisión de la ley, reservando el derecho penal para último recurso y para las expresiones más graves de odio. Cada marco legislativo nacional debe establecer la obligación jurídica de los medios de comunicación -en especial los que operan en línea- de no difundir discursos de odio prohibidos, previendo la restricción e inhabilitación de acceso a los mismos en las secciones o espacios públicos de sus plataformas, y que tales restricciones estén sometidas, en última instancia, a un control judicial independiente. No obstante, las autoridades públicas deben establecer salvaguardias jurídicas y prácticas efectivas contra cualquier uso indebido o abusivo de la legislación sobre el discurso de odio, sobre todo si se pretende inhibir el debate público y silenciar a los críticos, la oposición política o las minorías[180].

Esto es, cada marco jurídico nacional debe asegurar que las injerencias a la libertad de expresión tengan un alcance restringido, se apliquen de una manera legal y no arbitraria sobre la base de criterios objetivos, y con sujeción a un control judicial independiente; de hecho, los tribunales que vayan a imponer sanciones penales a personas condenadas por delitos de incitación al odio deben asegurar el estricto respeto al principio de proporcionalidad[181].

---

180 Recomendación CM/Rec(2022)16 del Comité de Ministros del Consejo de Europa sobre la lucha contra el discurso de odio, de 20 de mayo de 2022, Apéndice, para. 7-15 y 27.

181 Recomendación Nº R (97) 20 del Comité de Ministros del Consejo de Europa sobre discurso de odio, de 30 de octubre de 1997, Apéndice, Principios 3 y 5, respectivamente. Véase, por ejemplo, M. ELÓSEGUI ITXASO, "El principio de proporcionalidad, la incitación al odio y la libertad de expresión en la reciente Jurisprudencia del Tribunal Europeo de Derechos Humanos: los Casos *Stomakhin c. Rusia, Williamson c. Alemania* y *Pastörs c. Alemania*", *Revista General de Derecho Europeo*, nº 51, 2020, pp. 14-54.

Los órganos y tribunales internacionales han identificado los factores fundamentales que, valorados en conjunto, sirven para determinar si una expresión constituye discurso de odio y el nivel de su gravedad: 1) si existe un peligro real e inminente de violencia resultante de esa expresión; 2) la intención del orador de incitar a la violencia, intimidación, hostilidad o discriminación; y 3) un examen cuidadoso por la autoridad judicial del contexto o circunstancias específicas en las que se utiliza el discurso de odio, que debe incluir varios factores como los siguientes: a) el contenido, tono, naturaleza y contundencia del lenguaje empleado (si es provocativo y directo, si utiliza información engañosa, difusión de estereotipos negativos y estigmatización, o si es capaz por otros medios de incitar a la comisión de actos de violencia, intimidación, hostilidad o discriminación); b) el estatus del orador en esa sociedad (por ser, por ejemplo, un líder político, religioso o de una comunidad); c) el contexto de los comentarios específicos (si son un hecho aislado o reiterado, o si se equilibra con otras expresiones pronunciadas por la misma persona o por otras); d) las formas y medios de difusión utilizados (si pueden o no provocar una respuesta inmediata de la audiencia, como en un acto público en directo); e) la existencia de tensiones recurrentes entre comunidades religiosas o raciales; f) las características del grupo destinatario; y, g) la naturaleza y el tamaño de la audiencia (si es propensa o susceptible de mezclarse en actos de violencia, intimidación, hostilidad o discriminación)[182].

---

[182] Informe del Relator Especial de las Naciones Unidas sobre la promoción y protección de la libertad de opinión y de expresión, de 7 de septiembre de 2012 (doc. A/67/357), parágrafo 46, en combinación con la Recomendación General nº 35 del Comité para la Eliminación de la Discriminación Racial de las Naciones Unidas, relativa a "La lucha contra el discurso de odio racista", de 26 de septiembre de 2013 (doc. CERD/C/GC/35), parágrafo 15; el Me-

No obstante, el Comité de Derechos Humanos de Naciones Unidas ha aceptado que incluso el discurso de odio puede quedar englobado dentro del derecho a la libertad de expresión, si bien las medidas de los Estados adoptadas contra el mismo están orientadas a asegurar el respeto a los derechos o a la reputación de los demás, en el sentido del artículo 19.3.a del Pacto Internacional de Derechos Civiles y Políticos, y, por ello, tales medidas constituyen una restricción permitida a la libertad de expresión[183]. Igualmente, el Tribunal Europeo de Derechos Humanos ha aprovechado el cauce interpretativo del artículo 17 del Convenio Europeo de Derechos Humanos ("este Convenio no puede ser interpretado como que se permita un derecho a actuar para destruir los derechos y libertades del Convenio"), para excluir del ámbito de aplicación de la libertad de expresión el discurso de odio que sea incompatible con los valores esenciales del Convenio[184]. De este modo, el discurso del

morándum Explicativo de la Recomendación General nº 15 relativa a la lucha contra el discurso de odio de la Comisión Europea contra el Racismo y la Intolerancia (ECRI) del Consejo de Europa, de 8 de diciembre de 2015 -doc. CRI(2016)15-, para. 14-16; y la Recomendación CM/Rec(2022)16 del Comité de Ministros del Consejo de Europa sobre la lucha contra el discurso de odio, de 20 de mayo de 2022, Apéndice –para. 4- y su Exposición de motivos -para. 32-.

183 Véase el Dictamen del CDH de la Comunicación nº 736/1997 en el caso *Ross c. Canadá*, de 18 de octubre de 2000 (doc. CCPR/C/70/D/736/1997).

184 Véanse, verbigracia, las decisiones judiciales del TEDH de 23 de septiembre de 1994 en el asunto *Jersild c. Dinamarca* (caso nº 15890/89); y de 16 de noviembre de 2004 en el asunto *Norwood c. Reino Unido* (caso nº 23131/03); C. QUESADA ALCALÁ, "La labor del Tribunal Europeo de Derechos Humanos en torno al discurso de odio en los partidos políticos: coincidencias y contradicciones con la jurisprudencia española", *Revista Electrónica de Estudios Internacionales*, nº 30, 2015, en http://www.reei.org/index.php/revista/num30/articulos/labor-

odio resulta habitualmente excluido del ámbito de aplicación de las garantías de protección de la libertad de expresión o, a la inversa, suelen admitirse las restricciones gubernamentales a la libertad de expresión fundadas en el discurso del odio[185]; en este mismo sentido, alguna jurisprudencia del TEDH considera que unas declaraciones pueden constituir discurso de odio aunque no inciten necesariamente a actos concretos de violencia o a otros delitos, sino que pueden ser ataques mediante insultos, ridiculizaciones, calumnias o discriminación contra grupos concretos de la población, e incluso que "los discursos políticos que incitan al odio basado en prejuicios religiosos, étnicos o culturales representan una amenaza para la paz social y la estabilidad política en los Estados democráticos"[186].

---

tribunal-europeo-derechos-humanos-torno-al-discurso-odio-partidos-politicos-coincidencias-contradicciones-con-jurisprudencia-espanola; y M. OETHEIMER, "La Cour européenne des droits de l'homme face au discours de haine', *Revue trimestrielle des droits* de *l›homme*, nº 69, 2007, pp. 63–80. De hecho, el discurso de odio ha sido prohibido y criminalizado en diversos ordenamientos nacionales europeos ya desde después de la Segunda Guerra Mundial (Alemania), y sobre todo en las últimas décadas en el tipo penal de delito de odio (Francia, Austria, España, Bélica, Suecia, etc.). Y en la UE se aprobó la Decisión marco 2008/913/JAI del Consejo de la Unión Europea, de 28 de noviembre de 2008, relativa a la lucha contra determinadas formas y manifestaciones de racismo y xenofobia mediante el Derecho penal (DO L nº 328 de 6 de diciembre de 2008, pp. 55-58).

185 Véanse, por ejemplo, M. REVENGA SÁNCHEZ, *Libertad de expresión y discurso de odio*, Universidad de Alcalá, Alcalá de Henares, 2015; y R. CUEVA FERNÁNDEZ, *El precio de la libertad de expresión: daños, contingencias y ciudadanos*, Fontamara, México, 2016.

186 Sentencia del TEDH de 16 de julio de 2009 en el asunto *Féret c. Bélgica* (caso nº 15615/07), para. 73 -traducción propia-; doctrina judicial reiterada por sus sentencias de 9 de febrero de 2012 en el asunto *Vejdeland y otros c. Suecia* (caso nº 1813/07), para. 55; de 3 de octubre de 2017 en el asunto *Dmitriyevskiy c. Rusia* (caso nº 42168/06), para.

Ahora bien, dichas restricciones a la libertad de expresión no deben interpretarse de forma expansiva sino proporcionada, pues estas figuras del delito de odio fueron diseñadas específicamente para proteger a las personas o colectivos más vulnerables de declaraciones de incitación a la violencia, hostilidad o discriminación, pero no deben ser utilizadas como pretexto para reprimir la crítica a políticas oficiales o creencias religiosas, expresiones de protesta, descontento social u oposición política[187]. Así, en Estados Unidos la pauta general adopta

---

99; de 28 de agosto de 2018 en el asunto *Ibragim Ibragimov y otros c. Rusia* (casos nº 1413/08 y 28621/11), para. 94; de 11 de febrero de 2020 en el asunto *Atamanchuk c. Rusia* (caso nº 4493/11), para. 52; y de 15 de mayo de 2023 en el asunto *Sanchez c. Francia* (caso nº 45581/15), para. 155. Véanse G.M. TERUEL LOZANO, "El discurso del odio como límite a la libertad de expresión en el marco del convenio europeo", *Revista de Derecho Constitucional Europeo,* nº 27, 2017, pp. 81-106; y M. ROCA FERNÁNDEZ, "Límites a la libertad de expresión de los políticos. Los casos Féret c. Bélgica y Perinçek c. Suiza", *Revista de Derecho Político,* nº 109, 2020, pp. 345-370.

187 Sentencias del TEDH de 13 de marzo de 2018 en el asunto *Stern Taulats y Roura Capellera c. España* (casos nºs 51168/15 y 51186/15), y de 28 de agosto de 2018 en el asunto *Savva Terentyev c. Rusia* (caso nº 10692/09); Recomendación General nº 35 "La lucha contra el discurso de odio racista", del Comité para la Eliminación de la Discriminación Racial (doc. CERD /C/GC/35, de 26 de septiembre de 2013), para. 20; y Recomendación General nº 15 relativa a la lucha contra el discurso de odio de la Comisión Europea contra el Racismo y la Intolerancia (ECRI) del Consejo de Europa, de 8 de diciembre de 2015 (doc. CRI(2016)15), punto 10.c. Vid. M. ROIG TORRES, *Delimitación entre libertad de expresión y «discurso del odio»*, Tirant Lo Blanch, Valencia, 2020, pp. 168-170; y M. ELÓSEGUI ITXASO, "Las recomendaciones de la ECRI sobre discurso del odio y la adecuación del ordenamiento jurídico español a las mismas", *Revista General de Derecho Canónico y Eclesiástico del Estado,* nº 44, 2017, en https://www.iustel.com//v2/revistas/detalle_revista.asp?id_noticia=418748; pero en sentido contrario véase la Sentencia del TEDH de 15 de mayo de 2023 en el asunto *Sanchez c. Francia* (caso nº 45581/15).

una posición más abierta a la libertad de expresión, al ser concebida como un "mercado de ideas", lo que puede comprobarse en su legislación (Primera Enmienda a la Constitución, de 15 de diciembre de 1791), y en sus decisiones judiciales, especialmente la jurisprudencia de su Tribunal Supremo[188].

En este contexto se sitúa la polémica acerca de los discursos revisionistas que reexaminan hechos históricos concretos por motivos ideológicos, como los estudios revisionistas de los diversos genocidios cometidos en el siglo XX. Esos discursos revisionistas no atacan directamente a ningún grupo humano específico, pero ciertamente no respetan el martirio que sufrió ese colectivo en el pasado, por lo que le ofenden y le dificultan convivir libremente sin miedo; por ese motivo, se considera que dichos discursos no disfrutan de las garantías de la libertad

---

188 Véanse por ejemplo las sentencias del Tribunal Supremo de Estados Unidos de 30 de junio de 1971 en el caso *New York Times Co v. Estados Unidos* (403 U.S. 713); de 26 de junio de 1997 en el caso *Reno v. American Civil Liberties Union* (521 U.S. 844); y de 2 de marzo de 2011 en el caso *Snyder v. Phelps et al.* (131 S Ct. 1207). También pueden verse decisiones similares en sus tribunales inferiores: Sentencia del Tribunal de Distrito (E.D. Michigan) de 21 de junio de 1995 en el caso *United States v. Baker*, 890 F. Supp. 1375; Decisión del Tribunal de Distrito (E.D. Pennsylvania) de 11 de junio de 1996 en el caso *American Civil Liberties Union v. Reno*, 929 F. Supp. 824; Decisión del Tribunal de Distrito (S.D. Nueva York) de 20 de junio de 1997 en el caso *American Libraries Association v. Pataki*, 969 F. Supp. 160; y Decisión del Tribunal de Distrito (N.D. Georgia) de 23 de junio de 1997 en el caso *American Civil Liberties Union of Georgia v. Miller*, 977 F.Supp. 1228. Vid. J. GRAU ÁLVAREZ, "La libertad de expresión y discurso del odio: Estudio comparado de la jurisprudencia de Estados Unidos y Europa", *ICADE. Revista De La Facultad De Derecho*, nº 111, 2021, pp. 1–33, en DOI: https://doi.org/10.14422/icade.i111.y2021.003

de expresión[189]. En este sentido, los tribunales internacionales -en particular el Tribunal Europeo de Derechos Humanos- hacen depender la posible apreciación de los discursos revisionistas como libertad de expresión del nivel de consenso histórico alcanzado sobre los hechos históricos rebatidos[190]: si se trata de acontecimientos claramente establecidos y demostrados, como el Holocausto judío, entonces un discurso revisionista o negador de esos hechos no está protegido por la libertad de expresión (art.10 CEDH), pues se considera como un abuso de ese derecho dirigido a destruir los derechos de otros (art. 17 CEDH)[191]. Por el contrario, si sobre los sucesos en cuestión y su interpretación persiste un debate abierto entre los historiadores, entonces debe prevalecer la libertad de expresión, y cualquier restricción que se haga a la misma ha de ajustarse a los requisitos del artículo 10.2 CEDH[192]. No obstante, el Comité de Derechos Humanos de Naciones Unidas parece aquí más

---

189 En el plano universal se pronunció así el Comité de Derechos Humanos en su Dictamen de la Comunicación nº 550/1993 en el caso *Faurisson c. Francia,* de 8 de noviembre de 1996 (doc. CCPR/C/58/D/550/1993, para. 9.6).

190 Véanse, entre otros, A. GASCÓN CUENCA, "La libertad de expresión ante la negación de los delitos de genocidio", en G. VICENTE Y GUERRERO (coord.), *La libertad de expresión: Avances, límites y desafíos futuros,* Colex, La Coruña, 2024, pp. 121-148; M.G. SCHMIDT & R.L. VOJTOVIC, "Holocaust Denial and Freedom of Expression" en T.S. ORLIN, A. ROSAS y M. SCHEININ (eds.), *The Jurisprudence of Human Rights Law: A Comparative Interpretive Approach,* Abo Akademi University, Turku, 2000, pp. 133–158.

191 Sentencia del TEDH de 23 de septiembre de 1998 en el asunto *Lehideux e Isorni c. Francia* (caso nº (55/1997/839/1045), para. 47; y Decisión del TEDH de 24 de junio de 2003 en el asunto *Garaudy c. Francia* (caso nº 65831/01).

192 Sentencia del TEDH de 22 de abril de 2010 en el caso *Fatullayev c. Azerbaiyán* (caso nº 40984/07), para. 81 y 87.

protector del alcance de la libertad de expresión (*ex* art. 19 del Pacto Internacional de Derechos Civiles y Políticos), pues si en algún caso ha considerado legítima la restricción estatal de esa libertad en supuestos de negación del Holocausto[193], sin embargo su Observación General nº 34 establece con rotundidad la incompatibilidad con el Pacto Internacional de cualesquiera leyes nacionales que penalicen la expresión de opiniones sobre hechos históricos, incluso aunque sean opiniones erróneas o interpretaciones incorrectas de acontecimientos pasados[194].

4. CAUCES INTERNACIONALES DE PROTECCIÓN DE LA LIBERTAD DE EXPRESIÓN

El derecho a la libertad de opinión y de expresión es reconocido como un derecho fundamental, de tipo civil y/o político; por ello se encuentra protegido por el Derecho internacional tanto en el plano universal como especialmente en diversos ámbitos regionales, tanto en el marco de los tratados internacionales como al margen de los tratados.

---

193 Véase el ya citado dictamen del CDH de la Comunicación nº 550/1993 en el caso *Faurisson c. Francia*, de 8 de noviembre de 1996 (doc. CCPR/C/58/D/550/1993, paras. 9.6 y 9.7).

194 Parágrafo 49 de la citada Observación General nº 34 del CDH: "Las leyes que penalizan la expresión de opiniones sobre hechos históricos son incompatibles con las obligaciones que el Pacto impone a los Estados parte en lo tocante al respeto de las libertades de opinión y expresión. El Pacto no autoriza las prohibiciones penales de la expresión de opiniones erróneas o interpretaciones incorrectas de acontecimientos pasados. No deben imponerse nunca restricciones al derecho a la libertad de opinión y, en cuanto a la libertad de expresión, las restricciones no deberían exceder de lo autorizado en el párrafo 3, o de lo prescrito en el artículo 20".

Con respecto a las concretas vías internacionales instituidas para garantizar la protección de este derecho, en primer lugar ha de destacarse que varios continentes cuentan con jurisdicciones regionales para vigilar el cumplimiento de los correspondientes convenios regionales de derechos humanos, y que permiten el acceso de los ciudadanos a las mismas: en Europa, ante el Tribunal Europeo de Derechos Humanos, encargado de interpretar y garantizar la aplicación del Convenio Europeo de Derechos Humanos y de sus protocolos adicionales por sus Estados Partes; en América, las personas pueden acudir a la Comisión Interamericana de Derechos Humanos, que decide si lleva esos casos ante la Corte Interamericana de Derechos Humanos; en África, pueden formular sus demandas ante la Comisión Africana de Derechos Humanos y de los Pueblos, e incluso ante la Corte Africana de Derechos Humanos y de los Pueblos, pero aquí solo en el caso de los Estados africanos que hayan realizado una Declaración de aceptación de denuncias individuales o de ONGs con estatuto de observador ante la citada Comisión Africana de Derechos Humanos y de los Pueblos[195].

En segundo lugar, los tratados universales de derechos humanos han establecido unos Comités como órganos de control para verificar el cumplimiento de las obligaciones establecidas por esos tratados[196]. Así, por ejemplo, el Comité de Derechos

---

195 En virtud de los artículos 34.6 y 5.3 del Protocolo que establece la Corte Africana. Actualmente solo ocho Estados aceptan dichas demandas individuales contra ellos ante dicha Corte Africana de Derechos Humanos y de los Pueblos: Burkina Faso, Níger, Ghana, Malawi, Mali, Túnez, Gambia y Guinea-Bissau.

196 En concreto, ocho Convenciones de Naciones Unidas han establecido Comités de este tipo: Pacto Internacional de Derechos Civiles y Políticos; Pacto Internacional de Derechos Económicos, Sociales y Culturales; Convención Internacional sobre la eliminación de todas las formas de discriminación racial; Convención sobre eliminación

Humanos vela por la observancia del Pacto Internacional de Derechos Civiles y Políticos y de sus Protocolos. Y estos órganos de control tienen tres tipos de mecanismos autónomos de protección: 1) informes periódicos que les deben enviar los Estados Partes de esos convenios, 2) comunicaciones (quejas) interestatales, y 3) comunicaciones (denuncias) de particulares, que permite a las personas -que se consideren víctimas de la violación de derechos recogidos en uno de esos tratados por un Estado Parte- la presentación de reclamaciones contra él ante el Comité correspondiente. Pero este mecanismo es facultativo, pues las reclamaciones de particulares solo serán aceptadas por ese Comité si cumplen las siguientes condiciones: 1) el Estado solo puede ser denunciado si ha reconocido la competencia de ese órgano de control (al haberse convertido en Parte del Protocolo Facultativo de cada Convenio); 2) el particular debe haber agotado previamente los recursos internos del Estado infractor; 3) el mismo asunto no puede haber sido sometido o estar pendiente de otro procedimiento de arreglo internacional; y, 4) la comunicación no puede ser anónima o estar manifiestamente mal fundada. En la práctica, una gran parte de las reclamaciones de particulares no son admitidas a trámite. Y si son admitidas, el procedimiento del órgano de control acaba con la formulación de dictámenes -llamados decisiones, en el Comité contra la Tortura- con observaciones y recomendaciones, sin

---

de todas las formas de discriminación contra la mujer; Convención contra la tortura y otros tratos o penas crueles, inhumanos o degradantes; Convención sobre los Derechos del Niño; Convención sobre los derechos de las personas con discapacidad; y Convención Internacional para la protección de todas las personas contra las desapariciones forzosas.

fuerza jurídica vinculante *per se* para sus destinatarios, aunque con gran autoridad moral y política[197].

---

[197] Pero en España la jurisprudencia está evolucionando: tradicionalmente, el Tribunal Supremo había negado efecto jurídico vinculante a los dictámenes de los Comités de Naciones Unidas -por ejemplo, la STS 2842/2023, de 13 de junio de 2023-. Pero, cuando una reiterada inacción de los órganos españoles para cumplir las recomendaciones de los citados dictámenes ha derivado en situaciones de desamparo e injusticia notoria, el Tribunal Supremo ha otorgado efecto jurídico a los dictámenes de los Comités de Naciones Unidas para exigir responsabilidad patrimonial a la Administración por funcionamiento anormal de la Administración de Justicia -así, la STS 1263/2018, de 17 de julio de 2018; y la STS 1597/2023, de 29 de noviembre de 2023-. Véanse las aportaciones de C. VILLAN DURÁN, "El valor jurídico de las decisiones de los órganos establecidos en tratados de las Naciones Unidas en materia de derechos humanos" (pp. 99-124); de A.G. LÓPEZ MARTÍN, "La doctrina del Consejo de Estado sobre los efectos jurídicos de los dictámenes de los Comités de derechos humanos de Naciones Unidas" (pp. 171-200); de C. FERNÁNDEZ DE CASADEVANTE ROMANÍ, "La obligación del Estado de reconocer y aceptar los efectos jurídicos de las decisiones de los órganos internacionales de control en materia de derechos humanos" (pp. 237-278); y de C. GUTIÉRREZ ESPADA, "Reflexiones sobre la ejecución en España de los dictámenes de los comités de control creados por los tratados sobre derechos humanos" (pp. 279-297) en el libro C. FERNÁNDEZ DE CASADEVANTE ROMANÍ (coord.), *Los efectos jurídicos en España de las decisiones de los órganos internacionales de control en materia de derechos humanos de naturaleza no jurisdiccional*, Dykinson, Madrid, 2020. Y, además, véanse A. MANERO SALVADOR, "El valor jurídico de las decisiones de los órganos basados en los tratados en materia de derechos humanos de Naciones Unidas y sus efectos en el ordenamiento español", *Anuario Español de Derecho Internacional*, vol. 39, 2023, pp. 265-287, en DOI: https://orcid.org/0000-0002-8206-9524; F.M. FERNÁNDEZ CAPARRÓS, "Efectos de los dictámenes pronunciados por los Comités de Naciones Unidas y su recepción en la jurisprudencia del Tribunal Supremo", *Papeles El tiempo de los derechos*, nº 20, 2023, en https://

El sistema de Naciones Unidas para la protección convencional de los derechos humanos no prevé mecanismos de control judicial a través de tribunales internacionales especializados -a diferencia de los sistemas regionales europeo, americano y africano-[198]. Eso sí, un gran número de estos convenios sí tienen cláusulas compromisorias que reconocen la jurisdicción de la Corte Internacional de Justicia para resolver posibles controversias sobre la interpretación o aplicación de dichos tratados[199].

---

redtiempodelosderechos.com/wp-content/uploads/2024/01/efectos-de-los-dictamenes-wp-20-23.pdf; C. IZQUIERDO SANS, "Los efectos de las decisiones de los comités de derechos humanos resolviendo comunicaciones individuales: El caso de España", en ídem (dir.), M. GARCÍA CASAS (coord.), *Litigación internacional para la defensa de los derechos humanos,* Colex, A Coruña, 2022, pp. 203-230; y A. SÁNCHEZ LAMELAS, "Los dictámenes de los comités de expertos de Naciones Unidas y la responsabilidad del Estado", *Revista de Administración Pública,* nº 224, 2024, pp. 213-241, en DOI: https://doi.org/10.18042/cepc/rap.224.08.

198 En este sentido, Carlos Espósito proponía la creación de una Corte Internacional de Derechos Humanos, como mecanismo judicial internacional que permitiera denuncias individuales. C. ESPÓSITO MASSICCI, *Inmunidad del Estado y Derechos Humanos,* Thomson Civitas, Madrid, 2007, pp. 262-263.

199 Véanse, por ejemplo, la Convención para la prevención y sanción del delito de genocidio -1948- (art. IX); la Convención sobre el estatuto de los refugiados -1951- (art. 38) y el Protocolo sobre el estatuto de los refugiados -1967- (art. IV); la Convención sobre los derechos políticos de la mujer -1952- (art. IX); la Convención internacional sobre la eliminación de todas las formas de discriminación racial -1965- (art. 22); la Convención internacional sobre la represión y el castigo del crimen de apartheid -1973- (art. XII); la Convención sobre la eliminación de todas las formas de discriminación contra la mujer -1979- (art. 29); la Convención contra la tortura y otros tratos o penas crueles, inhumanos o degradantes -1984- (art. 30.1); la Convención internacional sobre la protección de los derechos de todos los trabajadores migratorios y de sus familiares -1990- (art. 92.1); o la

En tercer lugar, al margen de los tratados, numerosas organizaciones internacionales han prestado máxima atención a la protección de los derechos humanos -y, en concreto, la libertad de opinión y de expresión-: por un lado, la ONU -tanto desde su organigrama general como a través de uno de sus organismos especializados-, y, por otro lado, diversas organizaciones regionales.

a) En el plano universal, el sistema de Naciones Unidas se ha preocupado por situaciones de violación grave y masiva de este derecho fundamental, sobre todo desde su Consejo de Derechos Humanos –antes denominado Comisión hasta 2006- y de uno de sus organismos especializados, la Organización de las Naciones Unidas para la Educación, la Ciencia y la Cultura (UNESCO):

a.1) El Consejo de Derechos Humanos, que desde 1967 podía conocer de violaciones masivas y sistemáticas de los derechos humanos mediante dos mecanismos: 1) un mecanismo público -Res. 1235 del Consejo Económico y Social (ECOSOC), de 1967-, conocido como procedimientos especiales o Procedimiento 1235 que, activado a través de cualquier clase de fuentes, se ocupaba de la violación persistente y manifiesta de los derechos humanos tanto en un país o región geográfica determinada (mandatos por países) como en relación con un fenómeno o tipo concreto de comportamiento allí donde quiera que éste ocurriera (mandatos temáticos); y, 2) mecanismo confidencial o Procedimiento 1503 -Res. 1503 del ECOSOC, de 1970-, basado en comunicaciones de individuos o grupos sobre una situación persistente de violación masiva de derechos humanos en un Estado, de carácter confidencial y

---

Convención Internacional para la protección de todas las personas contra las desapariciones forzadas -2006- (art. 42.1).

dependiente su activación del consentimiento del Estado denunciado. Las resoluciones del Consejo no tienen fuerza jurídica vinculante, pero sí son poderosos instrumentos de presión política internacional. En la materia que nos incumbe, este órgano decidió en 1993 nombrar un Relator Especial sobre la promoción y protección del derecho a la libertad de opinión y de expresión, con el mandato de reunir información sobre todo tipo de violaciones de este derecho[200]. Este Relator Especial transmite solicitudes urgentes y comunicaciones a los Estados sobre víctimas individuales de violaciones de este derecho, realiza visitas de investigación de los hechos y elabora relevantes informes anuales sobre la materia. De hecho, también la Organización para la Seguridad y la Cooperación en Europa (OSCE), la Comisión Interamericana de Derechos Humanos y su homónima africana tienen Relatores sobre el mismo ámbito, y todos ellos se reúnen anualmente y adoptan declaraciones conjuntas; la concreción de su mandato y la flexibilidad de su labor les permite un enfoque más proactivo en defensa de la libertad de opinión y de expresión[201].

a.2) También la UNESCO ha desempeñado un papel relevante en la protección de la libertad de expresión[202]. Desde los años setenta, esta organización apoyó el denominado Nuevo Orden Mundial de la Información y la

---

200 Resolución 1993/45 de la Comisión de Derechos Humanos de Naciones Unidas, de 5 de marzo de 1993.

201 N. WENZEL, *op. cit.*, para. 12. Véase por ejemplo INSTITUTO INTERAMERICANO DE DERECHOS HUMANOS, *Libertad de expresión en las Américas: Los cinco primeros informes de la Relatoría para la Libertad de Expresión*, San José (Costa Rica), 2003.

202 Artículo 1.2, a y c de la Constitución de la UNESCO, de 16 de noviembre de 1945 (y revisada después).

Comunicación (NOMIC)[203], un proyecto iniciado por el Movimiento de Países No Alineados para regular y equilibrar el flujo mundial de la información y la comunicación, que estaba -y sigue estando- controlada por los Estados más desarrollados[204]. No obstante, los grandes conglomerados privados de medios de comunicación

---

203 En su inicio, el Movimiento de Países No Alineados se coordinó para introducir en la agenda de la ONU el Nuevo Orden Internacional de la Información (NOII), y más adelante, lo incorporó a la agenda de la UNESCO con muchos más apoyos estatales -Nuevo Orden Mundial de la Información y la Comunicación (NOMIC)-. Véanse F. QUIRÓS FERNÁNDEZ, "El debate sobre la información, la comunicación y el desarrollo en la UNESCO durante el siglo XX", *Commons: Revista de Comunicación y Ciudadanía Digital*, vol. 2, nº 2, 2013, pp. 7-38; y G. KROLOFF & S. COHEN, *El Nuevo Orden Informativo*, ININCO, Caracas, 1977.

204 En este sentido, merecen ser destacados dos hitos: 1) la Declaración de Windhoek para el Desarrollo de una Prensa Libre, Independiente y Pluralista, de 3 de mayo de 1978, y en cuyo honor la ONU proclamó esa fecha como el Día Mundial de la Libertad de Prensa -Decisión 48/432 de su Asamblea General, de 20 de diciembre de 1993, a partir de una recomendación de la Conferencia General de la UNESCO-. Véase el texto de la Declaración de Windhoek en https://www.un.org/es/events/pressfreedomday/pdf/Declaraci%C3%B3n%20de%20Windhoek.pdf. 2) El *informe MacBride*, de 1980 -oficialmente *Voces múltiples, un solo mundo: comunicación e información en nuestro tiempo*-, fue redactado por la Comisión Internacional para el Estudio de los Problemas de la Comunicación bajo los auspicios de la UNESCO, y diseñó los principios y acciones para dicho Nuevo Orden Mundial de la Información y la Comunicación (NOMIC), que lograra un equilibrio entre los países en la difusión y control de la información, y en las infraestructuras de la comunicación. Véase su texto en https://unesdoc.unesco.org/ark:/48223/pf0000372820; y F. SIERRA CABALLERO & F. QUIRÓS FERNÁNDEZ (coords.), *El Espíritu MacBride: neocolonialismo, comunicación-Mundo y alternativas democráticas*, Ciespal, Quito, 2016.

se opusieron al proyecto y, en las últimas décadas, la UNESCO ha dado prioridad en su agenda a otras cuestiones -como la inclusión digital o la sociedad de la información- antes que al NOMIC[205].

b) En el ámbito regional europeo, tanto el Consejo de Europa como la Unión Europea han adquirido gran relevancia en esta materia:

b.1) Por un lado, el Consejo de Europa ha emprendido variadas actividades para promover el derecho a la libertad de expresión (*ex* artículo 10 CEDH), en especial en materia de libertad de prensa y de medios de comunicación. Así, cuenta con un Comité Director sobre Medios de Comunicación y Sociedad de la Información, compuesto por expertos, observadores y organizaciones interesadas -intergubernamentales y no gubernamentales-, y con el mandato de elaborar estándares normativos en materia de derecho de medios, sobre todo en internet. También el Consejo de Europa promovió un tratado sobre la materia, la Convención Europea sobre Televisión Transfronteriza -de 5 de mayo de 1989-[206], con Protocolo de Enmienda -de 1 de octubre de 1998-[207], para facilitar las retransmisiones y servicios de televisión transfronteriza. Además, diversos órganos del Consejo de Europa, como su Comité de Ministros y su Asamblea Parlamentaria, han adoptado múlti-

---

205 Véase, por ejemplo, su potente Programa multi-donantes sobre libertad de expresión y seguridad de los periodistas, creado en 2017, en https://www.unesco.org/en/multi-donor-programme-freedom-expression-and-safety-journalists?hub=67098

206 CETS, nº 132.

207 CETS, nº 171.

ples resoluciones, recomendaciones y declaraciones sobre diversos aspectos del derecho a la libertad de expresión[208].

b.2) Por otro lado, la Unión Europea (UE) ha ido adquiriendo una posición crecientemente relevante, tanto de modo general consagrando el derecho a libertad de expresión y de información en su Carta de los Derechos Fundamentales (art.11)[209], como en diversos ámbitos

---

208 Véanse, por ejemplo, las siguientes Declaraciones del Comité de Ministros del Consejo de Europa: su Declaración sobre la libertad de comunicación en Internet, de 28 de mayo de 2003 -que destaca como principios a ser observados: reglas de contenido para Internet, ausencia de control estatal previo, remoción de barreras a la participación de los individuos en la sociedad de la información, libertad para suministrar servicios *via* Internet, responsabilidad limitada de los proveedores de servicios por el contenido en Internet, y el respeto del anonimato de los usuarios-; Declaración sobre principios de gobernanza en Internet, de 21 de septiembre de 2011 -derechos humanos, democracia e imperio de la ley; gobernanza de las múltiples partes interesadas; responsabilidad de los Estados; empoderamiento de los usuarios de Internet; universalidad e integridad de Internet; administración descentralizada; principios estructurales; red abierta; y diversidad cultural y lingüística-; Declaración sobre la protección de la libertad de expresión y de la libertad de reunión y asociación con respecto a las plataformas de operadores privados de Internet y los proveedores de servicios en línea, de 7 de diciembre de 2011; y la Declaración sobre gobernanza de los medios de servicio público, de 15 de febrero de 2012.

209 La propia Carta de los Derechos Fundamentales de la UE tiene una cláusula que indica que los derechos recogidos en ella tendrán el mismo sentido y alcance que tienen esos derechos en el Convenio Europeo de Derechos Humanos, lo que no impide que el Derecho de la Unión le pueda conceder una protección más extensa (art.52.3). De hecho, el Tribunal de Justicia de la Unión Europea (TJUE) se ha inspirado en el artículo art. 10 del CEDH en múltiples sentencias, como en el asunto *VBVB*, de 17 de enero de 1984 (asuntos C-43 y 63/82), Rec. 1984, p. 19 y ss; asunto *Cinetheque*, de 11 de

sectoriales: así, por ejemplo, el Protocolo nº 29 sobre el sistema de radiodifusión pública de los Estados miembros -anexo al Tratado de la UE y al Tratado de Funcionamiento de la UE-[210], o su Directiva 2000/31/CE sobre comercio electrónico, aprobada con el objetivo de garantizar la libre circulación de los servicios de la sociedad de la información entre los Estados miembros (territorio comunitario) eliminando los obstáculos a los servicios en línea transfronterizos, y que sigue siendo considerada por la propia Unión Europea como su marco jurídico fundamental para los servicios en línea[211]. Por ponerla

junio de 1985 (C-60 y 61/84), Rec. 1985, p. 2.605 y ss; asunto *ERT*, de 18 de junio de 1991 (C-260/89), Rec. 1991, p. 2.925 y ss; asunto *Grogan*, de 4 de octubre de 1991 (C-150/90), Rec. 1991, p. 4.685 y ss; y asunto *Comisión c. Bélgica*, de 10 de septiembre de 1996 (C-11/95), Rec. 1996, p. 4.115 y ss.

210 DO C nº 326, de 26 de octubre de 2012, p. 312.

211 Artículo 1.1 de la Directiva 2000/31/CE del Parlamento Europeo y del Consejo, de 8 de junio de 2000, relativa a determinados aspectos jurídicos de los servicios de la sociedad de la información, en particular el comercio electrónico en el mercado interior (Directiva sobre el comercio electrónico), DO L nº 178, de 17 de julio de 2000, pp. 1-16. Vid. https://digital-strategy.ec.europa.eu/es/policies/e-commerce-directive. También véase el Reglamento (UE) 2022/2065 del Parlamento Europeo y del Consejo, de 19 de octubre de 2022, relativo a un mercado único de servicios digitales y por el que se modifica la Directiva 2000/31/CE (Reglamento de Servicios Digitales), DO L nº 277, de 27 de octubre de 2022, pp. 1-102. En España la Directiva sobre el comercio electrónico fue transpuesta por la Ley 34/2002, de 11 de julio, de servicios de la sociedad de la información y de comercio electrónico, BOE, nº 166, de 12 de julio de 2002, pp. 25388-25403. Véanse R. JULIÀ BARCELÓ, “La responsabilidad de los intermediarios de internet en la directiva de comercio electrónico: problemas no resueltos”, *Revista de Contratación Electrónica*, nº 6, 2000, pp. 3-32, en https://app.vlex.com/vid/128680; P. SALVADOR CODERCH &

en contexto, esta Directiva 2000/31/CE -así como la estadounidense Ley de Derechos de Autor de la Era Digital, de 1998, a la que nos referiremos más adelante- fueron aprobadas en respuesta al Tratado de la OMPI (Organización Mundial de la Propiedad Intelectual) sobre Derecho de Autor, de 20 de diciembre de 1996, que cuenta actualmente con 116 Estados Partes[212].

J.A. RUIZ GARCÍA, "Directiva sobre comercio electrónico: control de contenidos", *InDret: Revista para el Análisis del Derecho*, nº 1, 2001, en https://indret.com/wp-content/uploads/2007/06/045_cas.pdf; J.P. APARICIO VAQUERO, "El nuevo régimen de prestación de servicios de la sociedad de la información", *Revista Aranzadi de Derecho y Nuevas Tecnologías*, nº 2, 2003, pp. 87-111; J. LÓPEZ RICHART, "Difamación en la web 2.0 y responsabilidad civil de los prestadores de servicios de alojamiento", *Derecho Privado y Constitución*, nº 26, 2012, pp. 143-201; F. CARBAJO CASCÓN, "Delimitación de la responsabilidad de los servicios de intermediación de la sociedad de la información (I)", *Iustitia*, nº 12, 2014, pp. 259-277, en DOI: 10.15332/IUST.V0I12.1499; y un estudio crítico de ambas normas, comunitaria y española, por estar desfasadas en M. ORTEGO RUIZ, *Prestadores de servicios de Internet y alojamiento de contenidos ilícitos*, Reus, Madrid, 2015.

212 Véase el texto de dicho tratado en el sitio web de la Organización Mundial de la Propiedad Intelectual (OMPI), en https://www.wipo.int/wipolex/es/text/295158. La respuesta para incorporar dicho tratado al Derecho comunitario fue la Directiva 2001/29/CE del Parlamento Europeo y del Consejo, de 22 de mayo de 2001, relativa a la armonización de determinados aspectos de los derechos de autor y derechos afines a los derechos de autor en la sociedad de la información -DO L nº 167, de 22 de junio de 2001, pp. 10-19-, modificada luego por la Directiva (UE) 2019/790 del Parlamento Europeo y del Consejo, de 17 de abril de 2019, sobre los derechos de autor y derechos afines en el mercado único digital y por la que se modifican las Directivas 96/9/CE y 2001/29/CE -DO L nº 130, de 17 de mayo de 2019, pp. 92-125-. Véase un estudio crítico en F.J. MARTÍN ALÁEZ, "El control automático previo (filtrado) de los contenidos puestos en línea por los usuarios en la directiva de derechos de autor y derechos

5. EL MARCO DE INTERNET Y LAS REDES SOCIALES

5.1. El contexto regulatorio general: los proveedores de servicios en línea

El imparable avance de las nuevas tecnologías ha permitido la expansión mundial de las comunicaciones, de modo global y transnacional, sobre todo gracias a Internet, los medios digitales y las redes sociales, lo que ha provocado una revolución tecnológica en todos los ámbitos públicos y privados, habiéndose convertido en un fenómeno de incalculables dimensiones y muy difícil aquilatación jurídica[213].

Para comenzar, conviene precisar el significado de estos tres conceptos de Internet, medios digitales y redes sociales:

1) Internet puede ser definida como una "Red informática mundial, descentralizada, formada por la conexión

afines en el Mercado Único Digital: el asunto C-401/19", *Actualidad civil*, nº 7-8, 2022, en https://laleydigital.laleynext.es/

213 Véanse en general T. BERNERS-LEE & M. FISCHETTI, *Tejiendo la Red*, Siglo XXI de España, Madrid, 2000; M. CASTELLS OLIVÁN, *La galaxia Internet: reflexiones sobre Internet, empresa y sociedad*, Plaza & Janés, Barcelona, 2001; A. PISCITELLI, *Internet, la imprenta del siglo XXI*, Gedisa, Barcelona, 2005; A. SEGURA SERRANO, "Internet Regulation and the Role of International Law", *Max Planck Yearbook of United Nations Law*, vol. 10, 2006, pp. 191-272; L. COTINO HUESO (coord.), *Libertad en Internet. La red y las libertades de expresión e información*, Tirant Lo Blanch, Valencia, 2007; M. BARRIO ANDRÉS, *Fundamentos del Derecho de Internet*, Centro de Estudios Políticos y Constitucionales, Madrid, 2017; y J-Ch. WOLTAG, "Internet" en R. WOLFRUM y A. PETERS (dirs.), *Max Planck Encyclopedia of Public International Law*, 3ª ed. online, Oxford University Press, Oxford, 2010, en https://opil.ouplaw.com/home/MPIL, para. 29 y ss.

directa entre computadoras mediante un protocolo especial de comunicación"[214].

2) Por su parte, son catalogados como medios digitales aquellos canales de comunicación web que conectan a los productores de contenidos digitales con los usuarios, lo que les diferencia de los medios impresos -como periódicos, revistas o libros impresos en papel- y otros medios de comunicación tradicionales o analógicos -como la radio o la televisión-; esto convierte a los contenidos digitales en mucho más interactivos y con una difusión sin fronteras, lo que -en combinación con Internet y los dispositivos informáticos personales- ha provocado una revolución en todo tipo de ámbitos, como el periodismo, la educación, la política, el entretenimiento o los negocios -con nuevas formas de comer-

---

214 *Diccionario de la lengua española*, 23ª ed., Real Academia Española, Madrid, 2014, p. 1257. "Internet es un conjunto descentralizado de redes interconectadas a través de un conjunto de protocolos denominado TCP/IP... Su nombre procede del inglés *Interconnected Networks* (redes interconectadas). Se caracteriza porque permite el intercambio y el acceso libres a la información sin barreras de tiempo y espacio. En 1969 surgió en Estados Unidos con la red inicial (ARPAnet, *Advanced Research Projects Agency Network*), que conectaba universidades y centros de alta tecnología con empresas para intercambiar datos científicos y militares... Internet y la World Wide Web (WWW) no son sinónimos. La segunda es un sistema desarrollado en 1989 por Tim Berners Lee y Robert Cailliau para acceder a la información conectada mediante el protocolo http (*HyperTex Transfer Protocol*), que utiliza Internet como medio de transmisión y que ha extendido su uso" de modo universal. Véase https://www.arimetrics.com/glosario-digital/internet

cializar bienes y servicios-[215]. Actualmente, los medios de comunicación son difundidos a través de Internet, ya sean prensa escrita o medios audiovisuales -de radiodifusión o televisión, con independencia de si son una traslación a la red de los medios tradicionales o si son exclusivamente digitales-.

3) Por último, "las redes sociales son plataformas web que tienen como fin la creación de comunidades en línea mediante la conexión personal de cada usuario", y que permiten "compartir información mediante la utilización de servicios agregados de mensajería personal, microblogging, publicación de fotografías, reproducción de música, formación de grupos de interés"[216], y un largo etcétera, pues uno de sus rasgos más característicos es la innovación y aparición constante de nuevos programas, aplicaciones, capacidades y posibilidades. Ciertamente nos encontramos en una era digital, donde "el almacenamiento en la nube, los perfiles en diferentes redes sociales y las numerosas y variadas aplicaciones de mensajería

---

215 Véanse, por ejemplo, A. DELFANTI & A. ARVIDSSON, *Introduction to Digital Media*, Wiley, Hoboken, 2019, en https://hcommons.org/app/uploads/sites/1002188/2022/01/IDM.pdf; T. FELDMAN, *An Introduction to Digital Media*, Routledge, Londres, 1996; E. ANDUIZA, M.J. JENSEN & L. JORBA (eds.), *Digital Media and Political Engagement Worldwide: A Comparative Study*, Cambridge University Press, Cambridge, 2012.

216 K.I. CABRERA PEÑA & C.A. JIMÉNEZ CABARCAS, "La cultura de la cancelación en redes sociales: Un reproche peligroso e injusto a la luz de los principios del derecho penal", *Revista chilena de Derecho y Tecnología*, vol. 10, nº 2, 2021, en DOI: http://dx.doi.org/10.5354/0719-2584.2021.60421, p. 3; y Mª.J. SOLA-MARTÍNEZ, "Redes sociales: Más allá de la privacidad", *El profesional de la información*, vol. 18, nº 4, 2009, pp. 470-474, en DOI: https://doi.org/10.3145/epi.2009.jul.18.

instantánea instaladas en los dispositivos o distintas cuentas de correo electrónico son instrumentos personales y profesionales utilizados por la mayor parte de los ciudadanos en su día a día"[217].

De hecho, el alcance universal del ciberespacio le convierte en una herramienta muy potente y útil que presenta a la vez numerosas oportunidades, pero también grandes desafíos:

1) Por el lado positivo, sirve para ejercer el derecho a la libertad de expresión con mucha mayor agilidad y facilidad, hasta el punto de haberse convertido en el principal medio por el que las personas practican dicho derecho diariamente[218]. Así, Internet se ha erigido en una plataforma sin precedentes para el ejercicio de libertad de expresión, al proporcionar un potente altavoz a la acción expresiva de sus usuarios y suministrarles herramientas esenciales para participar en actividades y discusiones sobre cuestiones políticas y de interés general, hasta el punto de que -como ha proclamado G. TERUEL LOZANO- ha surgido un *ius communicationis* en la era digital, un derecho a comunicar estructurado en todo un proceso interactivo, con los derechos de difundir, buscar, recibir y acceder a

[217] Sentencia del Tribunal Constitucional de España 27/2020, de 24 de febrero de 2020, FJ 3.

[218] Sentencias del TEDH de 23 de junio de 2020 en el asunto *Vladimir Kharitonov c. Rusia* (caso nº 10795/14), para. 33; de 15 de junio de 2021 en el asunto *Melike c. Turquía* (caso nº 35786/19), para. 44; y de 15 de mayo de 2023 en el asunto *Sanchez c. Francia* (caso nº 45581/15), para. 158. En derecho comparado, el Consejo Constitucional francés afirmó claramente que la libertad de expresión implica la libertad de acceso a Internet -Sentencia del Consejo Constitucional n° 2009-580 DC de 10 de junio de 2009 (*Journal officiel,* 13 de junio de 2099, p. 9675, texto n° 3, ECLI: FR:CC:2009:2009.580.DC).

la información[219]; de hecho, ha reconfigurado la relación entre los poderes públicos y los ciudadanos -pues su acceso generalizado a las nuevas tecnologías les facilita el ejercicio de derechos como el de reunión y asociación, el acceso a la educación y a la cultura, y la participación en el debate y los asuntos públicos, convirtiéndose así los usuarios de las redes sociales en "sujetos colaborativos", al poder crear, compartir y consumir todo tipo de contenidos, propios y ajenos-[220]. Así, por ejemplo, la existencia de las licencias abiertas y de las plataformas en línea permite ex-

---

219 Cfr. G.M. TERUEL LOZANO, "Libertades comunicativas y censura en el entorno tecnológico global", *Revista de la Escuela Jacobea de Posgrado*, nº 12, 2017, pp. 75-102. Véanse las sentencias del TEDH de 18 de diciembre de 2012 en el asunto *Ahmet Yildirim c. Turquía* (caso nº 3111/10), para. 48; de 16 de junio de 2015 en el asunto *Delfi AS c. Estonia* (caso 64569/09), para. 110 y 133; y de 15 de mayo de 2023 en el asunto *Sanchez c. Francia* (caso nº 45581/15), para. 159.

220 Sentencia del TEDH de 10 de marzo de 2009 en el asunto *Times Newspapers Ltd c. Reino Unido (nºs 1 y 2)* (casos nºs 3002/03 y 23676/03), para. 27; en España la STC 27/2020, de 24 de febrero, Fundamento Jurídico 3; y en Estados Unidos la STS de 19 de junio de 2017 en el caso *Packingham v. North Carolina*, 582 U.S. 98 (2017), pp. 104-105. Véanse, por ejemplo, la Recomendación CM/Rec(2018)2 del Comité de Ministros del Consejo de Europa sobre las funciones y responsabilidades de los intermediarios de Internet, de 7 de marzo de 2018, Preámbulo, para. 2; y en la doctrina J. van DIJCK, *La cultura de la conectividad: Una historia crítica de las redes sociales*, Siglo XXI, Buenos Aires, 2016, en https://catedradatos.com.ar/media/La-cultura-de-la-conectividad_-Jose-Van-Dijck.pdf; M. CASTELLS, *Networks of outrage and hope: Social movements in the Internet age*, 2ª ed., Polity Press, Cambridge, 2015, en https://voidnetwork.gr/wp-content/uploads/2019/11/Networks-of-Outrage-and-Hope-Social-Movements-in-the-Internet-Age-Manuel-Castells.pdf; y M. CHIDIAC y M. CHIDIAC EL HAJJ, "Digital Media and Freedom of Expression: Experiences, Challenges, Resolutions", *Global Media Journal*, tomo 17, nº 32, 2019, pp. 1-8.

pandir el conocimiento, formación e información a todo el mundo. Y las redes sociales, al permitir las interacciones personales y el intercambio de información, generan o favorecen patrones de conducta, movimientos de opinión, la participación social, las discusiones y debates, grupos de personas de apoyo para objetivos o causas concretas, o el fomento de modas culturales o de consumo[221].

2) Pero, por el lado negativo, este instrumento tan potente también presenta riesgos y genera inconvenientes: su omnipresencia en todos los ámbitos de la vida personal y social puede provocar dependencia alienante y sobreconectividad; puede ser aprovechada para la difusión de contenido ilícito; su interacción acelerada exacerba discusiones basadas en emociones -y no en análisis sosegados y ecuánimes- sobre temáticas sensibles y polarizadas como la política, la religión y otras cuestiones sociales; y, además, se produce la propagación indiscriminada, incontrolada y masiva en la red de todo tipo de datos, comentarios, fotos y vídeos, generados y compartidos en muchas ocasiones sin control del titular, y difundidos masivamente por fuentes ajenas y sin consentimiento[222].

---

221 Véanse M. CARBONELL, *La vida en línea: El impacto de las redes sociales en todo lo que hacemos*, Tirant Lo Blanch, México, 2016, p. 12 y ss.; y M. CORNEJO & M.L. TAPIA, "Redes sociales y relaciones interpersonales en internet", *Fundamentos en Humanidades*, año 12, nº 2, 2011, p. 221, en https://www.redalyc.org/pdf/184/18426920010.pdf.

222 Sobre la sociedad digital, las aristas en las redes sociales y, en concreto, el uso no autorizado de la imagen ajena, pueden verse, por ejemplo, la STC 27/2020, de 24 de febrero, FJ 3; M. CORNEJO & M.L. TAPIA, "Redes sociales y relaciones interpersonales en internet", *Fundamentos en Humanidades*, año 12, nº 2, 2011, pp. 221-222; F. SEGADO-BOJ & J. DÍAZ-CAMPO, "Social media and its intersections with free speech, freedom of information and privacy. An

Estas dos realidades en conflicto han de ser valoradas en cada caso concreto para buscar un equilibrio en el ejercicio de los derechos y deberes de las personas[223]. A este respecto, una de las reglas comunes que viene exigiéndose es la neutralidad de la Red, con el fin de garantizar un tratamiento equitativo y no discriminatorio del tráfico en la prestación de servicios de acceso a internet y los derechos de los usuarios finales[224].

---

analysis", *Icono 14*, vol. 18, nº 1, 2020, pp. 231-255, en DOI: 10.7195/ri14.v18i1.1379; y K.I. CABRERA PEÑA & C.A. JIMÉNEZ CABARCAS, "La cultura de la cancelación en redes sociales: Un reproche peligroso e injusto a la luz de los principios del derecho penal", *Revista chilena de Derecho y Tecnología*, vol. 10, nº 2, 2021, p. 3.

223 Véase la sentencia del TEDH de 16 de junio de 2015 en el caso *Delfi AS c. Estonia* (caso 64569/09), para. 110.

224 Artículos 1.1 y 3.3 del Reglamento (UE) 2015/2120 del Parlamento Europeo y del Consejo, de 25 de noviembre de 2015, por el que se establecen medidas en relación con el acceso a una internet abierta (DO L nº 310, de 26 de noviembre de 2015, pp. 1-18); Declaración del Comité de Ministros del Consejo de Europa sobre neutralidad de la red, de 29 de septiembre de 2010, y su Recomendación CM/Rec(2016)1 sobre la protección y promoción del derecho a la libertad de expresión y el derecho a la vida privada con respecto a la neutralidad de la red. Véanse C.S. YOO, "Beyond Network Neutrality", *Harvard Journal of Law & Technology*, vol. 19, nº 1, 2005, pp. 1-77, en https://jolt.law.harvard.edu/articles/pdf/v19/19HarvJLTech001.pdf; K. ZHU, "Bringing Neutrality to Network Neutrality", *Berkeley Technology Law Journal*, vol. 22, nº 1, 2007, pp. 615-645, en https://btlj.org/data/articles2015/vol22/22_1_AR/22-berkeley-tech-l-j-FM-0001-0670.pdf; Ch.T. MARSDEN, "Neutralidad de la Red: Historia, regulación y futuro", *Revista de Internet, Derecho y Política*, nº 13, 2012, pp. 25-43, en https://raco.cat/index.php/IDP/article/view/251840/337488; J. BARATA MIR, "El concepto de *net neutrality* y la tensión entre regulación pública y autorregulación privada de las redes", *Revista de Internet, Derecho y Política*, nº 13, 2012, pp. 44-52, en https://raco.cat/index.php/IDP/article/view/251841; L. BELLI & P. DE FILIPPI (eds.), *Net Neutrality Compendium: Human Rights,*

Ahora bien, para lograr un paradigma equitativo de neutralidad en Internet, y siguiendo a M. ROBLES CARRILLO con respecto a las carencias que se han observado en el modelo de la Unión Europea, es importante reconocer la transversalidad de este principio y determinar con precisión su naturaleza y alcance, que abarca mucho más que el sector de las comunicaciones electrónicas en el que se ha centrado la regulación de la UE, pues conviene aplicarlo en todos los ámbitos materiales susceptibles de ser afectados por el mismo, como regulación de la competencia, derechos de los consumidores, comercio electrónico, economía digital y sociedad de la información, así como analizar dicho principio en el contexto de los derechos y libertades consagrados en la Carta de los Derechos Fundamentales de la Unión Europea y en el Convenio Europeo de Derechos Humanos, especialmente la libertad de expresión, el acceso libre a la información, el derecho a la privacidad, la

Free Competition and the Future of the Internet, Springer, Heidelberg, 2016; J.F. SÁNCHEZ BARRILAO, "El futuro jurídico de Internet: Una aproximación constitucional a la neutralidad de la red", *Revista de Derecho Constitucional Europeo*, nº 26, 2016, en https://www.ugr.es/~redce/REDCE26/articulos/06_BARRILAO.htm; R. RODRÍGUEZ PRIETO, "De la 'neutralidad' a la 'imparcialidad' en la red: Un análisis crítico de la política de la UE sobre Internet y algunas propuestas de mejora", *Cuadernos europeos de Deusto*, nº 57, 2017, pp. 217-246, DOI: https://doi.org/10.18543/ced-57-2017pp217-246; S. GIESSMANN, "Net Neutrality: Anatomy of a Controversy", en M. KORN *et al.* (eds.), *Infrastructuring Publics*, Springer VS, Wiesbaden, 2019, pp. 87-111, DOI: https://doi.org/10.1007/978-3-658-20725-0_5; e I. IGLEZAKIS, "Net Neutrality: Chances and Challenges in the Information Age", en T-E SYNODINOU *et al.* (eds.), *EU Internet Law in the Digital Era*, Springer, Cham, 2020, pp. 227-238, DOI: https://doi.org/10.1007/978-3-030-25579-4_10

confidencialidad de las comunicaciones, la protección de los datos personales y la no discriminación[225].

A este respecto, se ha confundido a menudo el principio de Neutralidad de la red con el concepto de Internet abierta, que está regulado formalmente por la Unión Europea -Reglamento 2015/2120-, si bien no tiene la naturaleza de categoría jurídica que sí tiene reconocida el principio de Neutralidad de la red en diversos ordenamientos jurídicos nacionales: este último fue implícitamente definido por dicho Reglamento de la UE y ha sido desarrollado en las directrices del Organismo de Reguladores Europeos de las Comunicaciones Electrónicas (ORECE)[226], creado por la UE para asesorar a sus instituciones en el desarrollo del mercado interior para las redes de comunicaciones electrónicas y la conexión entre las Autoridades nacionales de regulación (ANR) y la Comisión Europea[227].

---

225 Véase M. ROBLES CARRILLO, "El modelo de neutralidad de la red en la Unión Europea: alcance y contenido", *Revista de Derecho Comunitario Europeo*, nº 63, 2019, pp. 482-484.

226 Art. 1.1 del citado Reglamento (UE) 2015/2120 del Parlamento Europeo y del Consejo, de 25 de noviembre de 2015, por el que se establecen medidas en relación con el acceso a una internet abierta; ORECE-BEREC, *Guidelines on the Implementation by National Regulators of European Net Neutrality Rules*, BoR (16) 127, de 30 de agosto de 2016, https://www.berec.europa.eu/sites/default/files/files/document_register_store/2016/8/BoR_%2816%29_127_BEREC_Net_Neutrality_Guidelines_30082016_final.pdf; M. ROBLES CARRILLO, "El modelo de neutralidad de la red en la Unión Europea: alcance y contenido", *Revista de Derecho Comunitario Europeo*, nº 63, 2019, p. 483; L. BELLI & P. DE FILIPPI (eds.), *Net Neutrality Compendium: Human Rights, Free Competition and the Future of the Internet*, Springer, Heidelberg, 2016, pp. 3-5.

227 Artículos 2 y 3 de su instrumento creador, el Reglamento (CE) 1211/2009 del Parlamento Europeo y del Consejo, de 25 de noviembre de 2009, por el que se establece el Organismo de Reguladores

Precisamente, el desarrollo de la infraestructura digital de la comunicación en una sociedad democrática debe basarse en los siguientes criterios: interoperabilidad, apertura, transparencia, inclusión digital, conectividad, ciberseguridad, y competencia leal y efectiva, con apoyo a la portabilidad y la transmisión de los datos[228]. Para lograrlo, los marcos normativos estatales han de favorecer la competencia en todos los mercados de las comunicaciones, limitando cualquier posible concentración de los medios de comunicación, pues el modo de canalizar la atención de audiencias tan grandes sirve para

---

Europeos de las Comunicaciones Electrónicas (ORECE) y la Oficina -DO L nº 337, de 18 de diciembre de 2009, pp. 1-10-; y artículos 3-5 del vigente Reglamento (UE) 2018/1971 del Parlamento Europeo y del Consejo, de 11 de diciembre de 2018, por el que se establecen el Organismo de Reguladores Europeos de las Comunicaciones Electrónicas (ORECE) y la Agencia de apoyo al ORECE (Oficina del ORECE), por el que se modifica el Reglamento (UE) 2015/2120 por el que se deroga el Reglamento (CE) nº 1211/2009 -DO L nº 321, de 17 de diciembre de 2018, pp. 1-35-. Desde su inicio, el ORECE-BEREC fue configurado como un organismo independiente de los gobiernos nacionales, de la Comisión Europea y de cualquier otra entidad pública o privada -arts. 1 y 4.2 del Reglamento 1211/2009-. Véase también la Directiva (UE) 2018/1972 del Parlamento Europeo y del Consejo, de 11 de diciembre de 2018, por la que se establece el Código Europeo de las Comunicaciones Electrónicas (versión refundida) -DO L nº 321, de 17 de diciembre de 2018, pp. 36-214-.

228 Véase, por ejemplo, la Carta Iberoamericana de Principios y Derechos en los Entornos Digitales, de 25 de marzo de 2023, adoptada en la XXVIII Cumbre Iberoamericana de Jefas y Jefes de Estado y de Gobierno, Santo Domingo -República Dominicana-, en https://www.segib.org/wp-content/uploads/Carta_iberoamericana_derechos_digitales_ESP_web.pdf; así como C. PAUNER CHULVI, "Transparencia algorítmica en los medios de comunicación y las plataformas digitales", *Revista Española de la Transparencia*, nº 17, 2023, pp. 107-136, en DOI: https://doi.org/10.51915/ret.308

moldear las creencias y opiniones de las personas y colectividades en el espacio público[229].

En la práctica, la asombrosa celeridad del desarrollo tecnológico está superando a menudo los sistemas normativos vigentes y obligando a ser los órganos judiciales -nacionales e internacionales- los principales encargados de perfilar el marco aplicable al ejercicio de la libertad de expresión en la red, reconociendo en general a todas las personas un genuino derecho de acceso a internet[230], en calidad de derecho de prestación por los poderes públicos que proporciona bienes o servicios a su costa o a costa de terceros[231]. De hecho, casi desde el co-

---

229 Recomendación CM/Rec(2022)13 del Comité de Ministros del Consejo de Europa sobre los impactos de las tecnologías digitales en la libertad de expresión, de 6 de abril de 2022, Apéndice: Directrices sobre los impactos de las tecnologías digitales en la libertad de expresión, punto 2.

230 Recomendación CM/Rec(2018)2 del Comité de Ministros del Consejo de Europa sobre las funciones y responsabilidades de los intermediarios de Internet, de 7 de marzo de 2018, Preámbulo, para. 1; Declaración de Principios de Ginebra, de 2003 (doc.WSIS-03/GENEVA/4-S) y Compromiso de Túnez, de 2005 (doc. WSIS-05/TUNIS/DOC/7-S), Cumbre Mundial sobre la Sociedad de la Información, sendos párrafos 4; P.L. GARCÍA MEXÍA, "El derecho de acceso a internet", en T. DE LA QUADRA-SALCEDO y J.L. PIÑAR MAÑAS (dirs), *Sociedad Digital y Derecho,* Ministerio de Industria, Comercio y Turismo, Madrid, pp. 397-416; y M.A. PRESNO LINERA, "La libertad de expresión en internet y las redes sociales: análisis jurisprudencial", *Revista Catalana de Dret Públic,* nº 61, 2020, pp. 65-82, pp. 67 y 75-76.

231 En el ámbito de la Unión Europea, la naturaleza prestacional del derecho de acceso a Internet se configuraba como un conjunto mínimo de servicios desde dos directivas coetáneas de 7 de marzo de 2002, la Directiva 2002/21/CE del Parlamento Europeo y del Consejo, de 7 de marzo de 2002, relativa a un marco regulador común de las redes y los servicios de comunicaciones

mienzo de Internet quedó claro que los Estados dispondrían que el acceso a la actividad de prestador de servicio de la sociedad de información no quedara sometido a autorización previa ni a ningún otro requisito con efectos equivalentes[232].

Como ha indicado U. GASSER, la respuesta del sistema jurídico frente a las innovaciones tecnológicas ha ido adoptando diversos patrones en estas décadas[233]: en primer lugar, el sistema jurídico existente buscó aplicar las reglas tradicionales a cualquier problema resultante de la nueva tecnología y sus usos (subsunción)[234]; en segundo lugar, si dicha subsunción se considera insuficiente dada la novedad de las cuestiones planteadas por una nueva tecnología, el sistema legal podría recurrir a

---

electrónicas (Directiva marco) -DO L nº 108, de 24 de abril de 2002, pp. 33-50-; la Directiva 2002/22/CE del Parlamento Europeo y del Consejo, de 7 de marzo de 2002, relativa al servicio universal y los derechos de los usuarios en relación con las redes y los servicios de comunicaciones electrónicas (Directiva servicio universal) -DO L nº 108, de 24 de abril de 2002, pp.51-77-; y el citado Reglamento (UE) 2015/2120 del Parlamento Europeo y del Consejo, de 25 de noviembre de 2015, por el que se establecen medidas en relación con el acceso a una internet abierta.

232 En el marco de la Unión Europea véase la citada Directiva sobre comercio electrónico, de 2000 (art.4.1).

233 U. GASSER, "Recoding Privacy Law: Reflections on the Future Relationship among Law, Technology and Privacy", *Harvard Law Review*, vol. 130, nº 2, 2016, pp. 63-64: este autor se refería a la respuesta del sistema legal en materia de derecho de privacidad frente a las nuevas tecnologías, pero se puede aplicar también, *mutatis mutandis*, a la libertad de expresión; y M.A. CALCANEO MONTS, "Internet, redes sociales y libertad de expresión", *Cuestiones Constitucionales*, nº 44, 2021, p. 47.

234 Véase, por ejemplo, la Sentencia del Tribunal de Apelaciones -3º Circuito- de Estados Unidos de 28 de enero de 2010 en el caso *Boring v. Google Inc.*, 362 Fed. App'x, pp. 278-280.

la innovación dentro de su propio sistema, como por ejemplo mediante una actualización gradual de la normativa existente, ajustando o complementando las normas actuales (innovación gradual)[235]; y en tercer lugar, puede llegar a abordarse una reforma legal más profunda en capas, con un cambio de paradigmas, actualizando no solo diversas normas sino también adoptando nuevos enfoques o instrumentos completos[236].

Como es lógico, surgió la pregunta de si cabe considerar como "periodismo" a estas nuevas formas de comunicación, y la respuesta internacional está siendo afirmativa, en el sentido de otorgar el estatuto jurídico internacional de protección de los periodistas a las personas que participan en la difusión de información y noticias a través de la web -por ejemplo, los intermediarios de internet, los blogueros y los creadores/gestores de sitios web-, con sus mismos deberes y derechos -como el de no revelar sus fuentes de información-[237]. De hecho, el

---

235 Véase S. LUDINGTON, "Reining in the Data Traders: A Tort for the Misuse of Personal Information", *Maryland Law Review*, vol. 66, 2006, pp. 173-186.

236 Vid. L.M. PONTE, "The Michigan Cyber Court: A Bold Experiment in the Development of the First Public Virtual Courthouse", *North Carolina Journal of Law & Technology*, vol. 4, nº 1, 2002, pp. 51-91; y J.M. BALKIN & J. ZITTRAIN, "A Grand Bargain to Make Tech Companies Trustworthy", *The Atlantic*, 3 de octubre de 2016, en https://www.theatlantic.com/technology/archive/2016/10/information-fiduciary/502346/

237 Verbigracia, el Relator Especial de las Naciones Unidas sobre la promoción y protección de la libertad de opinión y de expresión ha recomendado reiteradamente a los gobiernos ampliar a Internet las medidas para proteger la libertad de opinión y de expresión, en particular a las personas que colaboran en páginas web y a los blogueros, que deberían recibir el mismo nivel de protección que cualquier otro medio. Véanse en este sentido sus informes de 2 de enero de 2007 (doc. A/HRC/4/27), parágrafo 80; y de 28 de febre-

propio Comité de Derechos Humanos de Naciones Unidas ha adoptado una definición funcional y comprehensiva del periodismo, al considerar que

> "En la función periodística participan una amplia variedad de personas, como analistas y reporteros profesionales y de dedicación exclusiva, autores de *blogs* y otros que publican por su propia cuenta en medios de prensa, en Internet o por otros medios"[238].

En este mismo sentido, el Tribunal Europeo de Derechos Humanos ha destacado la relevancia adquirida por determinados sitios web de fácil accesibilidad e impacto global para mejorar el acceso del público a las noticias y, en general, facilitar la difusión de información, pues en ellos los usuarios pueden publicar, ver, compartir y difundir material visual con todo tipo de informaciones e ideas. De este modo, este Alto Tribunal ha llegado a considerar a los blogueros y usuarios populares de las redes sociales como "organismos de control público" en relación con la protección de la libertad de expresión[239], y ha reconocido que todo este espectacular fenómeno ha permitido el surgimiento del denominado "periodismo ciudadano", puesto que "contenidos políticos ignorados por los medios tradicionales suelen

---

ro de 2008 (doc. A/HRC/7/14), parágrafo 71. El TEDH también se ha expresado en el mismo sentido: véase por ejemplo su sentencia de 8 de noviembre de 2016 en el asunto *Magyar Helsinki Bizottság c. Hungría* (caso nº 18030/11), para. 168.

238 Véase la Observación General nº 34 del Comité de Derechos Humanos de Naciones Unidas (CDH) "Artículo 19. Libertad de opinión y libertad de expresión", de 12 de septiembre de 2011 (doc. CCPR/C/GC/34), parágrafo 44.

239 Sentencias del TEDH de 8 de noviembre de 2016 en el asunto *Magyar Helsinki Bizottság c. Hungría* (caso nº 18030/11), para. 168; y de 15 de mayo de 2023 en el asunto *Sanchez c. Francia* (caso nº 45581/15), para. 159.

difundirse a través de sitios web a un gran número de usuarios, que pueden ver, compartir y comentar la información"[240]. Por consiguiente, un bloqueo de acceso a dichos sitios web puede ser considerado como una injerencia ilícita de una autoridad pública en el derecho a transmitir y recibir información, lo que conlleva el efecto colateral de privación del derecho de acceso a la información[241].

Junto a la conectividad masiva, una característica inherente a Internet es su enorme potencial de acumulación y difusión de contenidos, lo que conlleva aspectos positivos y negativos: la parte positiva es que permite la transmisión inmediata de información y conocimientos a todo el mundo, lo que lleva a la libertad de expresión a su mayor nivel de protección y alcance, dificultando cualquier intento de censura o de control de contenidos[242]; la parte negativa es que el potente efecto amplificador

---

240 Sentencias del TEDH de 1 de diciembre de 2015 en el asunto *Cengiz y otros c. Turquía* (casos 48226/10 y 14027/11), para. 52; y de 15 de mayo de 2023 en el asunto *Sanchez c. Francia* (caso nº 45581/15), para. 160 -traducción propia-.

241 Véanse las sentencias del TEDH de 1 de diciembre de 2015 en el asunto *Cengiz y otros c. Turquía* (casos 48226/10 y 14027/11), para. 52 y 56, en este caso sobre la plataforma YouTube; y de 7 de junio de 2022 en el asunto *Taganrog LRO y otros c. Rusia* (caso nº 32401/10, y otros 19), para. 224-233, sobre el sitio web internacional de los Testigos de Jehová, propiedad de y operado por Watchtower New York.

242 Véanse la sentencia del Tribunal Supremo de Estados Unidos de 26 de junio de 1997 en el caso *Reno v. American Civil Liberties Union* (521 U.S. 844), p. 885; y la previa Decisión del Tribunal de Distrito (E.D. Pennsylvania) de 11 de junio de 1996 en el caso *American Civil Liberties Union v. Reno,* 929 F. Supp. 824. Y también Mª.J. GARCÍA MORALES, "La prohibición de la censura en la era digital", *Teoría y Realidad Constitucional,* nº 31, 2013, pp. 237-276; ídem, "Libertad de expresión y control de contenidos en Internet", en P. CASANOVAS (coord.), *Internet y pluralismo jurídico: formas emergentes de regulación,*

de cualquier noticia o información por las comunicaciones en línea y los motores de búsqueda en la red les concede una capacidad mucho mayor que los medios de comunicación tradicionales para influir en la opinión pública por la inmediatez y rapidez de su actuación, provocando un mayor riesgo de vulneración del ejercicio y disfrute de diversos derechos fundamentales, en particular el derecho al respeto de la vida privada o familiar, el derecho al honor, la reputación y la propia imagen -por ejemplo, mediante el discurso de incitación al odio, la radicalización en las redes o la manipulación de vídeos, audios, imágenes o textos mediante Inteligencia Artificial (*Deep Fakes*)-[243]. En efecto, la gravedad de la lesión causada puede verse incrementada por su difusión en las redes sociales o plataformas de comunicación[244],

---

Comares, Granada, 2003, pp. 33-70; y G.M. TERUEL LOZANO, "Libertad de expresión y censura en Internet", *Estudios de Deusto*, vol. 62, nº 2, 2014, pp. 41-72.

243 Véanse, por ejemplo, las sentencias del TEDH de 5 de mayo de 2011 en el asunto *Consejo editorial de Pravoye Delo y Shtekel c. Ucrania* (caso nº 33014/05), para. 63; de 16 de junio de 2015 en el asunto *Delfi AS c. Estonia* (caso nº 64569/09), para. 133; y de 28 de junio de 2018 en el asunto *M.L. y W.W. c. Alemania* (casos nº 60798/10 y 65599/10), para. 91; I. VILLAVERDE MENÉNDEZ, *Los poderes salvajes. Ciberespacio y responsabilidad por contenidos difamatorios*, Marcial Pons, Madrid, 2020; Mª.C. LORENTE LÓPEZ, "La protección civil de los derechos al honor, intimidad y propia imagen frente a los deep fakes", en M. CASTILLA BAREA & Mª.D. CERVILLA GARZÓN (dirs.), I. HERNÁNDEZ MENI & M. NEUPAVERT ALZOLA (coords.), *El Derecho y la Justicia ante la Inteligencia Artificial y otras tecnologías disruptivas*, Aranzadi, Las Rozas, 2024, pp. 107-130; y J.E. LANE, K. McCAFFREE & F. SHULTS, "Is radicalization reinforced by social media censorship?", *arXiv*, 23 de marzo de 2021, en DOI: https://doi.org/10.48550/arXiv.2103.12842

244 Véase la Sentencia del TEDH de 7 de junio de 2016 en el asunto *Cicad c. Suiza* (caso nº 17676/09), para. 59-60; y dos sentencias del Tribunal Constitucional: la STC 8/2022, de 27 de enero, FJ 3 (sobre

pero habrá que valorar cada situación concreta y sus peculiaridades, pues debe tenerse presente que los intermediarios de Internet son muy diferentes en tamaño, naturaleza, función y estructura organizativa, además de que en la red también existen espacios de mayor privacidad, como los chats o los portales de acceso restringido -o intranet-, donde el impacto del delito es menor en general[245].

No obstante, el concepto de intermediarios o proveedores de servicios de acceso a Internet -o ISP, en inglés- (que es un tipo de los servicios de la sociedad de la información[246]) va

---

ella, P. GARCÍA MAJADO, "Libertades comunicativas y redes sociales: a propósito de la STC 8/2022, de 27 de enero de 2022", *Revista General de Derecho Constitucional*, nº 37, 2022, en https://www.iustel.com/v2/revistas/detalle_revista.asp?id_noticia=425386); y la STC 83/2023 de 4 de julio, FJ 5: "la difusión en línea de ataques personales, que sobrepasan el marco de un debate sobre las ideas, no está protegida por la libertad de expresión" (sobre ella P. MUÑOZ CARRASCO, "El Tribunal Constitucional se pronuncia sobre las plataformas de intermediación en Internet: Comentario a la STC núm. 83/2023, de 4 de julio", *Derecom*, nº 36, 2024, pp. 1-22, en http://www.derecom.com/derecom/).

245 Decisión del TEDH de 12 de diciembre de 2017 en el asunto *Wrona c. Polonia* (caso nº 68531/13), para. 21; Recomendación CM/Rec(2022)16 del Comité de Ministros del Consejo de Europa sobre la lucha contra el discurso de odio, de 20 de mayo de 2022, Apéndice, para. 6.b y 21.

246 La Directiva (UE) 2015/1535 del Parlamento Europeo y del Consejo, de 9 de septiembre de 2015, por la que se establece un procedimiento de información en materia de reglamentaciones técnicas y de reglas relativas a los servicios de la sociedad de la información (DO L nº 241, de 17 de septiembre de 2015, pp. 1-15), define en su artículo 1.1.b. a tales servicios de sociedad de la información como todo servicio prestado normalmente a cambio de una remuneración, a distancia, por vía electrónica y a petición individual de un destinatario del servicio (la remuneración puede ser por pago del receptor del servicio o por otras vías, como la publicidad); y precisa

mucho más allá de la función periodística: en general, son las compañías que suministran a los usuarios el acceso a internet y servicios conexos, y pueden ser de muy diversos tipos, dependiendo de su funcionalidad[247]: a) operadores de redes: proporcionan la infraestructura para la transmisión en Internet entre dos puntos, como los que operan con los cables, *routers* o *switches*; b) proveedores de acceso a Internet: facilitan acceso a la navegación, correo electrónico o mecanismos para la gestión de páginas web, como AT&T, BT, Claro, T-Mobile u Orange; c) proveedores de servicios de alojamiento de datos/

---

el significado de cada apartado: "a distancia" es un servicio prestado sin que las partes estén presentes simultáneamente; "por vía electrónica" significa un servicio enviado desde la fuente y recibido por el destinatario mediante equipos electrónicos de tratamiento (incluida la compresión digital) y de almacenamiento de datos y que se transmite, canaliza y recibe enteramente por hilos, radio, medios ópticos o cualquier otro medio electromagnético; y "a petición individual de un destinatario de servicios", que es un servicio prestado mediante transmisión de datos a petición individual. Esta definición ya se encontraba en la citada Directiva sobre comercio electrónico (art.2) y en otras dos Directivas anteriores: la Directiva 98/34/CE, del Parlamento Europeo y del Consejo, de 22 de junio de 1998, por la que se establece un procedimiento de información en materia de las normas y reglamentaciones técnicas y de las reglas relativas a los servicios de la sociedad de la información -art.1.2- (DO L nº 104, de 21 de julio de 1998, pp. 37-48), tal y como fue modificada por la Directiva 98/48/CE –art.1- (DO L nº 217, de 5 de agosto de 1998, pp. 18-26); y la Directiva 98/84/CE del Parlamento Europeo y del Consejo, de 20 de noviembre de 1998, relativa a la protección jurídica de los servicios de acceso condicional o basados en dicho acceso -art. 2- (DO L nº 320, de 28 de noviembre de 1998, pp. 54-57).

247 Vid. A. BARRERO ORTEGA, "Responsabilidad de los intermediarios de Internet en el derecho de la UE", *Revista Española de Derecho Constitucional*, nº 123, 2021, pp. 107-108 y 116-117, en DOI: https://doi.org/10.18042/cepc/redc.123.04

información (*hosting*): suministran a los usuarios servicios de almacenamiento de información variada -audiovisual, archivos, textos, fotografías, etc.- en sus servidores y/o en la nube -de datos-, como Youtube o Dropbox; d) proveedores de grupos de chats, blogs o *Bulletin Board System* (BBS): ofrecen sistemas de difusión mediante el tráfico de mensajes de texto y/o audiovisuales, como Whatsapp o Telegram; e) proveedores de acceso logístico o motores de búsqueda: surten herramientas para facilitar a los usuarios la búsqueda en la red de páginas de Internet, como Google, Yahoo o Bing; f) proveedores de servicios de redes sociales: permiten a los usuarios interactuar entre sí para intercambiar mensajes o todo tipo de contenidos que se alojan en la plataforma del proveedor, como Facebook, Twitter-X o LinkedIn.

Como puede verse, la multiplicidad de proveedores y aplicaciones es casi infinita y, además, se encuentra en continua y exponencial expansión a lo largo de todo el mundo, lo que dificulta sobremanera cualquier tipo de regulación jurídica, ya sea nacional o internacional. Algunos de esos proveedores facilitan las interacciones en línea entre personas físicas y jurídicas con la realización y la oferta de una amplia panoplia de funciones y servicios: algunos de ellos conectan a los usuarios a la red, permiten el procesamiento de información y datos, o alojan, indexan y dan acceso a contenidos diseñados, generados y/o operados por los usuarios o por terceros; otros suministran información y permiten búsquedas; otros muchos tienen objeto comercial, pues facilitan la venta de bienes y servicios de toda clase, y permiten transacciones comerciales, como pagos en línea[248]. Así, por ejemplo, la Unión Europea considera "servi-

---

[248] Recomendación CM/Rec(2018)2 del Comité de Ministros del Consejo de Europa sobre las funciones y responsabilidades de los intermediarios de Internet, de 7 de marzo de 2018, Preámbulo, para. 4.

cios intermediarios" los siguientes tres servicios de la sociedad de la información:

1) servicio de "Mera transmisión", consistente en transmitir, en una red de comunicaciones, información facilitada por el destinatario del servicio o en facilitar acceso a una red de comunicaciones;

2) servicio de "Memoria caché o tampón (*Caching*)", consistente en transmitir por una red de comunicaciones información facilitada por un destinatario del servicio, que conlleve el almacenamiento automático, provisional y temporal de esta información, con la única finalidad de facilitar la transmisión posterior de la información a otros destinatarios, a petición de estos; y,

3) un servicio de "alojamiento de datos", consistente en almacenar información facilitada por el destinatario del servicio y a petición de este[249].

El marco regulatorio de los servicios prestados por los intermediarios de Internet o a través de ellos es diverso, multidimensional y se encuentra en constante evolución, si bien se observa una tendencia a ampliar las obligaciones de control preventivo con el fin de lograr una mejor protección de los derechos e intereses en juego[250]. En este sentido, los Estados se enfrentan a tener que regular un ámbito en el que dichos actores privados tienen un papel decisivo en la prestación de unos

---

249 Reglamento (UE) 2022/2065 (o Reglamento de Servicios Digitales), artículo 3.g; y Directiva sobre comercio electrónico, de 2000 (arts.12.1 y 13.1).

250 E. ARROYO AMAYUELAS, "La responsabilidad de los intermediarios en internet ¿puertos seguros a prueba de futuro?", *Cuadernos de Derecho Transnacional*, vol. 12, nº 1, 2020, pp. 832-836, en DOI: https://doi.org/10.20318/cdt.2020.5225

servicios con alcance de utilidad pública[251]. Este deber estatal de regular esta materia se complica por la naturaleza global de Internet y de los servicios conexos -cuyas actividades pueden verse afectadas por legislaciones y jurisdicciones nacionales múltiples, y a veces contradictorias-, por la variedad existente de intermediarios, y por ciertos rasgos consustanciales a la red, como el abrumador volumen de comunicaciones y contenidos, y la gran celeridad de su producción y transmisión[252].

A ello cabe añadir varios aspectos que precisan la posición de los intermediarios de Internet: suelen contar con normativas propias de funcionamiento, habitualmente denominadas condiciones de servicio/de uso, estándares comunitarios o códigos de conducta, que suelen establecer reglas sobre posibles restricciones de contenidos -porque no tienen una obligación

---

251 Así, en el ámbito de la Unión Europea, véase el citado Reglamento (UE) 2022/2065 (o Reglamento de Servicios Digitales), cuyo objetivo consiste en contribuir al correcto funcionamiento del mercado interior de servicios intermediarios estableciendo normas armonizadas para crear un entorno en línea seguro, predecible y fiable que facilite la innovación y en el que se protejan efectivamente los derechos fundamentales amparados por la Carta, incluido el principio de protección de los consumidores, con respecto a los servicios intermediarios a destinatarios del servicio situados en la UE (arts. 1.1 y 2). Vid. M. BARRIO ANDRÉS, "Avanzando en la soberanía digital europea: los reglamentos DSA y DMA", *Análisis del Real Instituto Elcano* (ARI), nº43, 2022, en https://www.realinstitutoelcano.org/analisis/avanzando-en-la-soberania-digital-europea-los-reglamentos-dsa-y-dma/; y más en general J.P. SORIANO GATICA, "La construcción discursiva de la soberanía tecnológica europea en el ámbito digital: condicionantes ideacionales y estrategias de legitimación", *Revista Electrónica de Estudios Internacionales*, nº 45, 2023, en DOI: 10.17103/reei.45.05

252 Recomendación CM/Rec(2018)2 del Comité de Ministros del Consejo de Europa sobre las funciones y responsabilidades de los intermediarios de Internet, de 7 de marzo de 2018, Preámbulo, para. 9.

legal de hacerlo, salvo que sean contenidos ilícitos-[253]. Así, por ejemplo, en el Derecho de Estados Unidos tales condiciones generales (o de uso o "Términos y Condiciones") son consideradas como contratos privados[254], y en el ámbito de la Unión Europea se ha precisado que los intermediarios han de redactar sus condiciones generales en lenguaje claro, sencillo, inteligible e inequívoco, y publicado en un formato fácilmente accesible y comprensible -en su caso, también para los menores-. Esas condiciones generales han de informar a los usuarios sobre cualquier restricción impuesta por el uso de su servicio, datos sobre cualesquiera políticas, procedimientos, medidas y herramientas empleadas para moderar los contenidos, incluidas la toma de decisiones mediante algoritmos y la revisión humana, así como sobre las normas de procedimiento de su sistema interno de gestión de reclamaciones, y sobre cualquier cambio significativo que introduzcan en esas condiciones de servicio. Cuando sean plataformas (o motores de búsqueda) en línea de muy gran tamaño han de facilitar a los usuarios un resumen sucinto de dichas condiciones generales, incluidas las medidas correctivas y los recursos disponibles[255].

---

253 H.A. MELÉNDEZ JUARBE, "Vida privada, reputación y libertad de expresión en un entorno digital: los intermediarios desde el marco normativo de Estados Unidos", *Revista de Derecho, Comunicaciones y Nuevas Tecnologías* -Universidad de los Andes (Colombia)-, nº 17, 2017, en DOI: http://dx.doi.org/10.15425/redecom.17.2017.01, en p. 7.

254 Vid, por ejemplo, A.J. BOYACK, "The Shape of Consumer Contracts", *Denver Law Journal*, vol, 101, nº 1, 2023, pp. 1-63; y M.L. KATZ & C. SHAPIRO, "Systems Competition and Network Effects", *Journal of Economics Perspectives*, vol. 8, nº 2, 1994, pp. 93-115.

255 Reglamento (UE) 2022/2065 (o Reglamento de Servicios Digitales), artículo 14, apartados 1-3 y 5.

Con todo, en la práctica las plataformas en línea establecen unas condiciones de servicio con una política de privacidad concreta que el usuario debe aceptar al registrarse en ella, y habitualmente los usuarios las aceptan sin habérselas leído, por lo que sus datos quedarán recopilados por el proveedor del servicio digital. Esa pauta de conducta despreocupada de los usuarios supone un riesgo potencial para el libre ejercicio de sus derechos y para la propia sociedad en general, pues proporciona a las empresas tecnológicas una enorme cantidad de información valiosa sobre esas personas y sociedades, con la que pueden comerciar y/o orientar sus decisiones; así, se puede llegar gradualmente a una sociedad teledirigida de modo tecnocrático en una especie de gobernanza algorítmica[256].

Por ello, los intermediarios recogen y procesan una enorme cantidad de información y datos de -y sobre- sus usuarios, lo que puede interferir en ocasiones en los derechos de esos usuarios a la privacidad y la libertad de expresión[257]. De hecho, las plataformas en línea existentes necesitan las expresiones y contribuciones de los usuarios para poder funcionar y tener éxito en el mercado; verbigracia, Facebook o Twitter-X necesitan la actividad social de sus usuarios, Youtube depende de los vídeos subidos por terceros, etc. Además, no suelen facilitar mecanismos eficaces de denuncia y presentación de quejas,

---

256 Vid. Mª.J. SOLA-MARTÍNEZ, "Redes sociales: Más allá de la privacidad", *El profesional de la información*, vol. 18, nº 4, 2009, pp. 470-474, en DOI: https://doi.org/10.3145/epi.2009.jul.18; D. INNERARITY & C. COLOMINA, "La verdad en las democracias algorítmicas", *Revista CIDOB d'Afers Internacionals*, nº 124, 2020, pp. 11-23, en DOI: doi.org/10.24241/rcai.2020.124.1.11

257 Una excelente guía para conjugar la libertad de expresión con la privacidad puede encontrarse en M. CAGLE, Ch. CONLEY & N.A. OZER, *Privacy and free speech: it's good for business*, 3ª ed., ACLU of California, San Francisco, 2016, en https://www.itsgoodfor.biz/

que tampoco son suficientemente transparentes y claros, y a menudo solo se ofrecen de modo automatizado[258].

Con todo, los intermediarios de Internet deben respetar los derechos humanos de sus usuarios y demás partes afectadas, lo que incluye su responsabilidad de cumplir con las legislaciones y los marcos regulatorios aplicables, ya sean nacionales o internacionales. Esto significa que, en esta materia, los Estados han de elaborar y aplicar normativas y políticas nacionales accesibles y previsibles, con disposiciones claras y suficientemente precisas para otorgar seguridad jurídica y certidumbre en sus actuaciones a los intermediarios, los usuarios y demás partes afectadas. Asimismo, tales marcos regulatorios nacionales han de observar sus obligaciones internacionales[259] y los demás instrumentos internacionales que les resulten aplicables[260], con una serie de

---

258 Recomendación CM/Rec(2018)2 del Comité de Ministros del Consejo de Europa sobre las funciones y responsabilidades de los intermediarios de Internet, de 7 de marzo de 2018, Preámbulo, para. 10.

259 Por ejemplo, en el contexto del Consejo de Europa, y además del Convenio Europeo de Derechos Humanos, los Estados miembros deben cumplir el Convenio para la protección de las personas con respecto al tratamiento automatizado de datos de carácter personal (nº 108, "Convenio 108") -actualizado por su Protocolo modificativo (nº 223)-, el Convenio sobre la Ciberdelincuencia (nº 185, "Convenio de Budapest"), el Convenio para la protección de los niños contra la explotación y el abuso sexual (nº 201, "Convenio de Lanzarote") y el Convenio sobre prevención y lucha contra la violencia contra las mujeres y la violencia doméstica (nº 210, "Convenio de Estambul") -Recomendación CM/Rec(2018)2 del Comité de Ministros del Consejo de Europa sobre las funciones y responsabilidades de los intermediarios de Internet, de 7 de marzo de 2018, para. 12-.

260 Por seguir con el contexto europeo, y además de los "Principios Rectores de las Naciones Unidas sobre las Empresas y los Derechos Humanos", los Estados miembros del Consejo de Europa han de tener en cuenta numerosas Directrices y Recomendaciones del

criterios: salvaguardias efectivas a los derechos humanos y libertades fundamentales; procesos de aplicación transparentes, inclusivos y no arbitrarios; mecanismos de supervisión efectivos; posibilidades plausibles de reparación; y consultas y cooperación periódica con todas las partes interesadas pertinentes y con los otros Estados en caso de conflicto entre legislaciones nacionales[261]. En resumen, las normativas nacionales deben ser

---

Consejo de Europa: sus Directrices para la cooperación entre las autoridades responsables de velar por el cumplimiento de la ley y los proveedores de servicios de Internet en la lucha contra la ciberdelincuencia -de 2008 y actualizadas en 2020-, las Directrices sobre la protección de las personas físicas en lo que respecta al tratamiento de datos personales en un mundo de macrodatos -de 2017-, la Recomendación CM/Rec(2016)3 del Comité de Ministros a los Estados miembros sobre derechos humanos y empresas, Recomendación CM/Rec(2016)5 sobre la libertad en Internet, Recomendación CM/Rec(2015)6 sobre el flujo libre y transfronterizo de información en Internet, Recomendación CM/Rec(2014)6 sobre una Guía de derechos humanos para usuarios de Internet, Recomendación CM/Rec(2013)1 sobre igualdad de género y medios de comunicación, Recomendación CM/Rec(2012)3 sobre la protección de los derechos humanos con respecto a los motores de búsqueda, Recomendación CM/Rec(2012)4 sobre la protección de los derechos humanos con respecto a los servicios de redes sociales, Recomendación CM/Rec(2011)7 sobre una nueva noción de medios de comunicación, Recomendación CM/Rec(2010)13 sobre la protección de las personas físicas con respecto al tratamiento automático de datos personales en el contexto de la elaboración de perfiles, y la Recomendación CM/Rec(2007)16 sobre medidas para promover el valor de servicio público de Internet.

261 Recomendación CM/Rec(2018)2 del Comité de Ministros del Consejo de Europa sobre las funciones y responsabilidades de los intermediarios de Internet, de 7 de marzo de 2018, Apéndice, puntos 1.1 y 1.2; y su Recomendación CM/Rec(2022)13 sobre los impactos de las tecnologías digitales en la libertad de expresión, de 6 de abril de 2022, punto 6.

capaces de ofrecer un entorno en línea seguro y garantista para las comunicaciones privadas y para el debate público libre, así como lograr un equilibrio apropiado entre los diversos intereses en juego, ya sean del Estado, de los usuarios, del intermediario o de las demás partes afectadas.

Del mismo modo que ha sido explicado en el marco general del derecho a la libertad de expresión, aquí también cualquier requerimiento estatal a los intermediarios de internet que suponga restricción de derechos humanos y libertades fundamentales -sobre todo si se trata de una restricción previa a la publicación- debe estar prescrito por ley, ser ejercido dentro de esos límites legales y ser una medida necesaria y proporcionada en una sociedad democrática, sin poder presionar a tales intermediarios con medios no legales[262]. El principio general es que las normativas y políticas nacionales deben permitir el normal funcionamiento de las comunicaciones transfronterizas. Por eso, se suele pedir a las autoridades estatales la adopción de legislaciones que prevengan ante posibles actuaciones contra la libertad de expresión, como las demandas estratégicas contra la participación pública (*strategic lawsuit against public participation* -SLAPP-) -formuladas con la intención de silenciar o intimidar- o los litigios abusivos y vejatorios contra usuarios, proveedores de contenidos o intermediarios[263].

El dilema aquí planteado consiste en que los Estados están obligados a luchar contra la difusión de contenido ilícito (o divulgación ilícita de contenido sujeto a la propiedad intelectual

---

262 Sentencia del TEDH de 18 de diciembre de 2012 en el asunto *Ahmet Yildirim c. Turquía* (caso nº 3111/10), para. 47 y 64.

263 Recomendación CM/Rec(2018)2 del Comité de Ministros del Consejo de Europa sobre las funciones y responsabilidades de los intermediarios de Internet, de 7 de marzo de 2018, Apéndice, para. 1.1.1, 1.1.6,1.3.1 y 1.3.4.

ajena), pero sin interferir en la independencia e infraestructura de estos nuevos medios, canales o servidores, en el derecho de acceso de las personas a ellos, ni en el derecho general a la libertad de expresión[264]. De hecho, los organismos internacionales han mostrado su interés en garantizar la libertad de expresión y el pluralismo de los medios de comunicación en esta era digital[265]. En este sentido, los asuntos judiciales internacionales planteados en esta materia han sido generalmente

---

264 Diversos órganos y organizaciones internacionales se han referido a estos problemas. Así, véanse la Observación General nº 34 del Comité de Derechos Humanos de Naciones Unidas (CDH) "Artículo 19. Libertad de opinión y libertad de expresión", de 12 de septiembre de 2011 (doc. CCPR/C/GC/34), parágrafo 15; las Recomendaciones de Ámsterdam "Libertad de los medios e Internet", de la OSCE, de 14 de junio de 2003; o la Declaración sobre Libertad de Comunicación en Internet, del Comité de Ministros del Consejo de Europa, de 28 de mayo de 2003.

265 Así, por ejemplo, puede verse la Declaración Conjunta sobre la Independencia y la Diversidad de los Medios de Comunicación en la Era Digital, adoptada el 2 de mayo de 2018 por los Relatores Especiales en esta materia de Naciones Unidas, de la OSCE, de la OEA y de la Comisión Africana sobre Derechos Humanos y de los Pueblos. Asimismo, este empuje ha sido constante en el marco de la Unión Europea: véanse, por ejemplo, las Resoluciones del Parlamento Europeo, de 16 de marzo de 2017, sobre la democracia digital en la Unión Europea: posibilidades y retos (2016/2008(INI)) -DO C nº 263, de 25 de julio de 2018, pp. 156-162-, y de 3 de mayo de 2018, sobre pluralismo y libertad de los medios de comunicación en la Unión Europea (2017/2209(INI)) -DO C nº 41, de 6 de febrero de 2020, pp. 64-75-; las Conclusiones del Consejo y de los Representantes de los Gobiernos de los Estados miembros, reunidos en el seno del Consejo, sobre la libertad y el pluralismo de los medios de comunicación en el entorno digital (DO C nº 32, de 4 de febrero de 2014, p. 6); o las Directrices de la UE sobre derechos humanos relativas a la libertad de expresión en Internet y fuera de Internet, adoptadas por el Consejo de la UE el 12 de mayo de 2014 (doc. 9647/14, COHOM 77) en https://www.consilium.europa.eu/media/28348/142549.pdf

resueltos aplicando, *mutatis mutandi*, los mismos principios generales que se predican sobre la libertad de expresión en los medios de comunicación "tradicionales"[266]. De este modo,

> "Las restricciones a la libertad de expresión en Internet solo resultan aceptables cuando cumplen con los estándares internacionales que disponen, entre otras cosas, que deberán estar previstas por la ley, perseguir una finalidad legítima reconocida por el derecho internacional y ser necesarias para alcanzar dicha finalidad (la prueba "tripartita")"[267].

---

266 Véanse, por ejemplo, la Decisión del TEDH de 18 de octubre de 2005 en el asunto *Perrin c. Reino Unido -admisibilidad de la demanda-* (caso nº 5446/03); su sentencia de 2 de diciembre de 2008 en el asunto *K.U. c. Finlandia* (caso nº 2872/02); y sus coetáneas sentencias de 23 de junio de 2020 en los asuntos *OOO Flavus y otros c. Rusia* (casos nº 12468/15, 23489/15 y 19074/16), *Bulgakov c. Rusia* (caso nº 20159/15), *Engels c. Rusia* (caso nº 61919/16) y *Vladimir Kharitonov c. Rusia* (caso nº 10795/14). En España los altos tribunales han aplicado la misma analogía entre mensajes en redes sociales y en los medios de comunicación tradicionales en la resolución de conflictos entre el derecho al honor y la libertad de expresión: véanse las conexas STS 201/2019 (Sala de lo Civil), de 3 de abril de 2019, y STC 93/2021, de 10 de mayo de 2021. Léase un comentario crítico en L. MOLINA MARTÍNEZ, "Honor y libertad de expresión en las redes sociales", *Derecho Privado y Constitución*, nº 41, 2022, pp. 227-276, DOI: https://doi.org/10.18042/cepc/dpc.41.01

267 Punto 1.a de la Declaración Conjunta sobre Libertad de Expresión e Internet del Relator Especial de las Naciones Unidas (ONU) para la Libertad de Opinión y de Expresión, la Representante para la Libertad de los Medios de Comunicación de la Organización para la Seguridad y la Cooperación en Europa (OSCE), la Relatora Especial de la Organización de Estados Americanos (OEA) para la Libertad de Expresión y la Relatora Especial sobre Libertad de Expresión y Acceso a la Información de la Comisión Africana de Derechos Humanos y de los Pueblos (CADHP), de 1 de junio de 2011.

En el fondo, una expresión u opinión formulada en Internet y las redes sociales es un modo más de expresión, donde lo que cambia sustancialmente es la enorme difusión posible que ofrece ese canal. Por eso, si una expresión o acción no es ilícita en el ámbito analógico, tampoco lo sería en principio en el digital, y viceversa[268].

Por eso es por lo que se insiste en que se protejan los derechos humanos y las libertades fundamentales también en el entorno digital, exigiendo la cooperación de los intermediarios de Internet. Estos deben identificar los contenidos ilícitos -como las expresiones de discurso de odio o de acoso, intimidación y acecho- que sean difundidos desde sus sistemas y actuar al respecto en el marco de su responsabilidad corporativa[269].

---

268 Las expresiones insultantes proferidas por un bloguero no son delito de odio si no se refieren a personas concretas, son realizadas en el contexto de un debate sobre asuntos de interés público y no exponen ni incitan a la violencia concreta -sentencia del TEDH de 28 de agosto de 2018 en el asunto *Savva Terentyev c. Rusia* (caso nº 10692/09)-. Por el contrario, si una declaración es delictiva o incita a la comisión de delitos y sobrepasa los límites de la libertad de expresión, el hecho de que sea publicada en Internet no la convierte en lícita -sentencia del TEDH de 16 de enero de 2014 en el asunto *Tierbefreier e.V. c. Alemania* (caso nº 45192/09), para. 15-16 y 56; y véanse A. BOIX PALOP, "La construcción de los límites a la libertad de expresión en las redes sociales", *Revista de Estudios Políticos*, nº 173, 2016, p. 61; y M.A. PRESNO LINERA, "La libertad de expresión en internet y las redes sociales: análisis jurisprudencial", *Revista Catalana de Dret Públic*, nº 61, 2020, p. 69.

269 Véase en general A.P. MARTÍNEZ-ROJAS, *Libertades de expresión e información y responsabilidades de los prestadores de servicios intermediarios por contenidos de terceros*, tesis doctoral, Universidad de Valencia, Valencia, 2022. El 31 de mayo de 2016 la Comisión Europea y cuatro grandes compañías de tecnología digital (Facebook, Microsoft, Twitter y YouTube) acordaron un Código de Conducta para la lucha contra la incitación

A estos efectos, la "moderación de contenidos" puede ser definida como la actividad -automatizada o no- de los intermediarios destinada, en particular, a detectar, identificar y actuar contra contenidos ilícitos o información incompatible con sus condiciones generales, que los destinatarios del servicio hayan proporcionado, como por ejemplo la adopción de medidas que afecten a la disponibilidad, visibilidad y accesibilidad de dicho contenido ilícito o de dicha información, verbigracia la relegación, la desmonetización de la información, el bloqueo de esta o su supresión, o que afecten a la capacidad de los destinatarios de proporcionar dicha información, como la supresión o suspensión de la cuenta de un destinatario[270].

Pues bien, en sus políticas y prácticas de moderación de contenidos los intermediarios de Internet han de estar guiados por las normativas sobre derechos humanos, con cláusulas expresas en sus condiciones de servicio, con la garantía de la

---

ilegal al odio en Internet, con el objetivo de garantizar que las notificaciones de retirada de contenidos se tramitaran con rapidez. Vid. este Código en https://commission.europa.eu/document/551c44da-baae-4692-9e7d-52d20c04e0e2_es; véanse también la Recomendación CM/Rec(2022)16 del Comité de Ministros del Consejo de Europa sobre la lucha contra el discurso de odio, de 20 de mayo de 2022, punto 3 y parágrafo 30 de su Apéndice, en consonancia con la Recomendación CM/Rec(2018)2 del mismo órgano sobre las funciones y responsabilidades de los intermediarios de Internet, de 7 de marzo de 2018, y su Recomendación CM/Rec(2016)3 sobre derechos humanos y empresas, de 2 de marzo de 2016.

270 Artículo 3.t. del Reglamento (UE) 2022/2065. Véanse, por ejemplo, T. GILLESPIE, *Custodians of the Internet: Platforms, Content Moderation, and the Hidden Decisions That Shape Social Media*, Yale University Press, New Haven, 2018; y P.J. PEÑA JIMÉNEZ, "Entre analogías y metáforas: el debate sobre la moderación de contenidos en las redes sociales", *Revista de las Cortes Generales*, nº 111, 2021, pp. 265-311, en DOI: https://doi.org/10.33426/rcg/2021/111/1614

mayor transparencia posible en sus políticas, mecanismos y criterios aplicables, y con una evaluación previa de impacto sobre los derechos humanos de cualquier intervención restrictiva de la libertad de expresión[271]. De hecho, los Relatores Especiales sobre libertad de expresión de diferentes organizaciones internacionales emitieron diversas recomendaciones de este tipo a las plataformas en línea en una Declaración Conjunta de 2023 sobre la libertad de los medios de comunicación y la democracia, pues reconocían que "las políticas, las prácticas y la moderación y curación automatizadas del contenido en línea en las plataformas en línea, especialmente las grandes plataformas en línea, tienen un impacto directo en la pluralidad, diversidad, sostenibilidad e independencia de los medios, así como en la accesibilidad de la información de interés público"[272]. Según ellos, dichas plataformas, sobre todo las grandes, deberían:

1) Respetar y cumplir los Principios Rectores sobre las Empresas y los Derechos Humanos, con el fin de que sus términos de servicio y las pautas comunitarias sean lo suficientemente claras, accesibles y en línea con los estándares internacionales de derechos humanos, para lo que tendrían que formar a su personal al respecto.

---

271 Recomendación CM/Rec(2022)16 del Comité de Ministros del Consejo de Europa sobre la lucha contra el discurso de odio, de 20 de mayo de 2022, Apéndice, para. 31; y su Recomendación CM/Rec(2022)13 sobre los impactos de las tecnologías digitales en la libertad de expresión, de 6 de abril de 2022, Apéndice, punto 1.5. Véase E. SÁENZ ROYO, "Odio en las redes y poder de moderación de las grandes plataformas: ¿pueden las plataformas digitales restringir libremente la libertad de expresión de sus usuarios?", en G. VICENTE Y GUERRERO (coord.), *La libertad de expresión: Avances, límites y desafíos futuros*, Colex, La Coruña, 2024, pp. 185-206.

272 Declaración Conjunta sobre la Libertad de los Medios de Comunicación y Democracia, *cit.*, 2023, en https://www.oas.org/es/cidh/expresion/showarticle.asp?artID=1274&lID=2

2) Publicar informes completos sobre sus procesos de toma de decisiones, incluyendo sobre los procesos automatizados de moderación de contenidos.

3) Garantizar que sus usuarios tengan alfabetización digital e información fácilmente accesible y comprensible que les capacite para adoptar decisiones bien informadas sobre el uso de los servicios de la plataforma.

4) Evaluar periódicamente el impacto de los procesos de moderación de contenido en la exposición efectiva de sus usuarios a una diversidad de contenido de medios, en los derechos humanos y en sus prácticas comerciales, como la recopilación de datos, la publicidad dirigida y el diseño de interfaces sobre la libertad de expresión y la libertad de los medios, junto a mitigar los riesgos identificados.

5) Diseñar mecanismos sólidos de reparación, desde mecanismos internos de denuncia -incluida la revisión humana- hasta mecanismos externos de supervisión de múltiples partes interesadas para grandes plataformas en línea, que sean claros y de fácil acceso y uso.

6) Apoyar la existencia de medios independientes y pluralistas, compensando de manera justa el uso y la monetización del contenido de los medios, promoviendo iniciativas de verificación de hechos y, en su caso, asegurando procesos transparentes y colectivos de identificación y etiquetado que favorezcan a los medios independientes de calidad y el contenido de interés público en sus servicios.

Ciertamente, los sistemas privados de moderación de mensajes y contenidos, desarrollados por empresas mayoritariamente estadounidenses a las que se aplica ese ordenamiento jurídico nacional y esa doctrina judicial, han ido perfeccionándose en los últimos años por mor, no solo de su responsabilidad corporativa, sino sobre todo de su interés comercial en conseguir y mantener una gran cantidad de usuarios fieles mediante la generación de un entorno cómodo, seguro y accesible para ellos: sus sistemas actuales de moderación se han sofisticado, al contar con un conjunto cuasi-normativo de reglas preestablecidas, procedimientos previos y posteriores para la detección y gestión de contenidos ilícitos, con numeroso personal formado y cualificado para aplicar tales reglas, consultores jurídicos y especialistas en derechos humanos, sistemas automatizados y de inteligencia artificial para asistirles, órganos superiores de revisión de contenidos -como una segunda "instancia judicial"-, y con capacidad de adaptación a entornos y factores cambiantes[273]. Eso sí, sus deberes y responsabilidades tienen que ceñirse a los servicios y funciones específicos que realizan, y cualquier sanción que se les pueda imponer por no cumplir con el marco regulatorio ha de ser proporcionada, entre otras razones, para no restringir contenidos lícitos y no provocar un efecto amedrentador en el ejercicio de la libertad de expresión[274].

---

[273] M.A. CALCANEO MONTS, "Internet, redes sociales y libertad de expresión", *Cuestiones Constitucionales*, nº 44, 2021, pp. 40-42; K. KLONICK, "The New Governors: The People, Rules and Processes Governing Online Speech", *Harvard Law Review*, vol. 131, nº 6, 2018, pp. 1598-1670; B. HARRIS, *Global Feedback and Input on the Facebook Oversight Board for Content Decisions*, Meta, 2019, en https://about.fb.com/news/2019/06/global-feedback-on-oversight-board/

[274] Recomendación CM/Rec(2018)2 del Comité de Ministros del Consejo de Europa sobre las funciones y responsabilidades de los intermediarios de Internet, de 7 de marzo de 2018, Preámbulo, para. 11, y Apéndice, para.1.3.6. Véanse también L. COTINO HUESO, "Responsabilidad de intermediarios y prestadores de servicios de internet en Europa y Estados Unidos y su importancia para la libertad de expresión", *Revista de Derecho, Comunicaciones y Nuevas Tecnologías* -Universidad de los Andes (Colombia)-, nº 17, 2017, en https://dialnet.unirioja.es/servlet/articulo?codigo=7499158; y H.A. MELÉNDEZ-JUARBE, "Intermediaries and Freedom of Expression",

Un ámbito decisivo en esta materia es establecer el sistema de fijación y atribución de la responsabilidad en la red, ante la veloz aparición de nuevas tecnologías de la información y la comunicación (TICs), la ilimitada variedad de intermediarios y usuarios existentes, la concurrencia de diversos ordenamientos jurídicos competentes -universal, regional, nacional, local- y la presencia de múltiples regímenes de responsabilidad penal, civil (derecho a la intimidad, honor y propia imagen; protección de datos; propiedad intelectual; propiedad industrial; competencia; consumo; responsabilidad extracontractual, etc.) de los intermediarios y los usuarios de Internet por los contenidos alojados y/o difundidos en sus plataformas[275]. Precisamente la multiplicación de posibles vías de responsabilidad puede suponer un auténtico efecto disuasorio o inhibidor que puede llegar a coartar y vulnerar la libertad

---

2012, p. 4, en https://www.palermo.edu/cele/pdf/english/Internet-Free-of-Censorship/04-Intermediaries_Freedom_of_Expression_Hiram_Melendez_Juarbe.pdf.

275 La bibliografía sobre esta cuestión es muy abundante: así, pueden verse J. RIORDAN, *The Liability of Internet Intermediaries*, Oxford University Press, Oxford, 2016; E. ARROYO AMAYUELAS, "La responsabilidad de los intermediarios en internet ¿puertos seguros a prueba de futuro?", *Cuadernos de Derecho Transnacional*, vol. 12, nº 1, 2020, pp. 808-837, en DOI: https://doi.org/10.20318/cdt.2020.5225; A. BARRERO ORTEGA, "Responsabilidad de los intermediarios de Internet en el derecho de la UE", *Revista Española de Derecho Constitucional*, nº 123, 2021, pp. 107-132, en DOI: https://doi.org/10.18042/cepc/redc.123.04; R. SÁNCHEZ ARISTI, "La responsabilidad de los prestadores de servicios de intermediación de la sociedad de la información" en P. ÁLVAREZ OLALLA (dir.), *Nuevas perspectivas en la responsabilidad civil. Revisión crítica de la imputación objetiva*, Aranzadi, Cizur Menor, 2022, pp. 1031-1050; y J.P. MONCADA FLÓREZ, *La responsabilidad de los prestadores de servicios de intermediación en la sociedad de la información*, tesis doctoral, Universidad de Granada, Granada, 2010.

de expresión e información[276]. Dependiendo de su gravedad y de los bienes jurídicos afectados, las infracciones pueden ser constitutivas de delitos y con ello de responsabilidad penal si son graves, pero si no lo son pueden generar solo responsabilidad civil extracontractual[277]; y si vulneran la legislación administrativa entonces originan responsabilidad administrativa, con sanciones

---

276 L. COTINO HUESO, "La primera sentencia general del Tribunal Constitucional sobre la libertad de expresión e información en Internet: Seguimos pendientes de muchos temas clave para el futuro", en P. SIMÓN CASTELLANO (dir.) y Mª.V. ÁLVAREZ BUJÁN (coord.), *Evolución e interpretación del Tribunal Constitucional sobre derechos fundamentales y garantías procesales: cuestiones recientemente controvertidas*, Aranzadi, Cizur Menor, 2023, p. 63.

277 Véanse C. ACUM MALDONADO, "La responsabilidad civil de los prestadores de servicios en la sociedad de la información", *Revista de la contratación electrónica*, nº 115, 2011, pp. 3-24; P. GRIMALT SERVERA, "La responsabilidad civil de los prestadores de servicios de la sociedad de la información", en J.R. DE VERDA Y BEAMONTE (coord.), *El derecho a la imagen desde todos los puntos de vista*, Thomson Reuters-Aranzadi, Cizur Menor, 2011, pp. 167-198; J. PLAZA PENADÉS, "La responsabilidad civil de los intermediarios en internet", en J. PLAZA PENADÉS (dir.), E. VÁZQUEZ DE CASTRO & R. GUILLÉN CATALÁN (coords), *Derecho y nuevas tecnologías de la información y la comunicación*, Aranzadi, Pamplona, 2013, pp. 261-298; J.M. BUSTO LAGO, "La responsabilidad civil de los prestadores de servicios de la sociedad de la información (ISPs)", en L.F REGLERO CAMPOS & J.M. BUSTO LAGO (coords.), *Tratado de responsabilidad civil*, Tomo II, 5ª ed., Thomson Reuters-Aranzadi, Cizur Menor, 2014, pp. 598-747; J.J. GONZÁLEZ DE ALAIZA CARDONA, "La responsabilidad civil de los prestadores de servicios intermediarios de la sociedad de la información", en A. ORTÍ VALLEJO (dir.), M.C. GARCÍA GARNICA (coord.), *La Responsabilidad Civil por Daños Causados por Servicios Defectuosos*, Thomson Reuters-Aranzadi, Cizur Menor, 2015, pp. 1115-1168; S. MARTÍN SANTISTEBAN, "La responsabilidad de los prestadores de servicios en la era digital", *Actualidad jurídica iberoamericana*, nº Extra 16 (2), 2022, pp. 3642-3683.

administrativas -habitualmente multas pecuniarias- impuestas por la Administración, ante comportamientos incorrectos no suficientemente graves como para merecer reproche penal.

En este ámbito va a analizarse aquí la cuestión de la responsabilidad que se exige a los intermediarios de Internet por contenidos ilícitos alojados y/o difundidos por usuarios en sus plataformas/servicios, aunque diversos factores pueden dificultar la identificación del autor de dicho contenido: posible anonimato en la red, difusión automatizada de contenidos, o producción colaborativa de contenidos -como los wikis y los blogs cooperativos-. Las opciones posibles de regulación serían tres: exigir responsabilidad al intermediario en todos los supuestos de contenido ilícito subido, alojado o expresado por los usuarios o clientes a través de sus servicios (régimen de responsabilidad objetiva, que no ha sido adoptado por ordenamiento alguno); eximirle siempre de responsabilidad porque son actos de terceros (régimen de inmunidad absoluta); o adoptar un régimen intermedio que intente armonizar la garantía de la libertad operacional de la red con el legítimo interés de los perjudicados/víctimas en obtener reparación por los daños sufridos. Si el regulador elige este régimen intermedio o de inmunidad condicionada, se puede exigir la colaboración de los intermediarios con los perjudicados y con las autoridades públicas en la identificación de los usuarios infractores, en la neutralización del daño o perjuicio, en la ejecución de las resoluciones judiciales o administrativas emitidas en esos asuntos e incluso con el abono de una indemnización económica[278].

---

[278] A. BARRERO ORTEGA, "Responsabilidad de los intermediarios de Internet en el derecho de la UE", *Revista Española de Derecho Constitucional*, nº 123, 2021, p. 110, en DOI: https://doi.org/10.18042/cepc/redc.123.04; y J.M. URBAN, J. KARAGANIS & B.L. SCHOFIELD, *Notice and Takedown in Everyday Practice*, American Assembly, Nueva York, 2016-2017.

Como ha explicado A. BARRERO ORTEGA, la complejidad de esta cuestión se explica por la confluencia de diferentes derechos, bienes, valores e intereses merecedores de tutela jurídica: por un lado, las personas -físicas o jurídicas- y entidades perjudicadas tienen derecho a la protección de sus derechos e intereses, como los derechos a la intimidad, honor y propia imagen[279], la protección de datos personales[280], los derechos de propiedad intelectual (derechos de autor y derechos afines)[281], de propiedad industrial (patentes, marcas, diseños industriales, etc.)[282], la dignidad de los grupos humanos frente al discurso de odio[283], la protección de la infancia y juventud frente a la pornografía infantil[284], la protección de la sociedad frente

---

279 Verbigracia, la Sentencia del TJUE de 3 de octubre de 2019 en el asunto *Eva Glawischnig-Piesczek c. Facebook Ireland Limited* (C-18/18).

280 Por ejemplo, la Sentencia del TJUE de 13 de mayo de 2014 en el asunto *Google Spain, S.L. y Google Inc. c. Agencia Española de Protección de Datos (AEPD) y Mario Costeja González* (C131/12); y véanse A. ORTS RODRÍGUEZ, *La excepción periodística. Conciliación entre el derecho fundamental a la protección de datos y la libertad de información en una sociedad digitalizada*, Colex, La Coruña, 2024; y L. COTINO HUESO, "La colisión del derecho a la protección de datos personales y las libertades informativas en la red: pautas generales y particulares de solución", en ídem (ed.), *Libertades de expresión e información en Internet y las redes sociales: ejercicio, amenazas y garantías*, Universidad de Valencia, Valencia, 2011, pp. 386-401.

281 *Ad exemplum*, la Sentencia del TJUE de 27 de marzo de 2014 en el asunto *UPC Telekabel Wien GmbH c. Constantin Film Verleih GmbH y Wega Filmproduktionsgesellschaft mbH* (C-314/12).

282 Así, véase la Sentencia del TJUE de 12 de julio de 2011 en el asunto *L'Oréal SA y otros c. eBay International AG y otros* (C324/09).

283 Verbi gratia, la Sentencia del TEDH de 16 de junio de 2015, asunto *Delfi AS c. Estonia* (caso 64569/09).

284 Artículo 25 de la Directiva 2011/93/UE del Parlamento Europeo y del Consejo, de 13 de diciembre de 2011, relativa a la lucha contra los abusos sexuales y la explotación sexual de los menores y la porno-

a la desinformación intencionada (o *fake news*)[285], o la ciberdelincuencia[286]. Por el otro lado, se encuentran las libertades de expresión e información en Internet, así como la libertad de creación e innovación de las compañías tecnológicas[287].

Ciertamente resulta muy complicada la labor del control de contenidos exigida a los intermediarios o plataformas de Internet pues, a mayor dificultad de determinar si el comportamiento de un usuario en la red es lícito o ilícito mayor será el grado del coste de responsabilidad exigible a dicho intermediario, en cuyo caso aumenta el riesgo de que se sobreactúe en interés del Estado y en detrimento de la libertad de expresión. La implantación de

---

grafía infantil y por la que se sustituye la Decisión marco 2004/68/JAI del Consejo -DO L 335 de 17 de diciembre de 2011, pp. 1-15-; y la Recomendación (UE) 2018/334 de la Comisión, de 1 de marzo de 2018, sobre medidas para combatir eficazmente los contenidos ilícitos en línea (DO L nº 63, de 6 de marzo de 2018, pp. 50-61).

285 Véanse, por ejemplo, C. PAUNER CHULVI, "Noticias falsas y libertad de expresión e información. El control de los servicios informativos en la red", *Teoría y Realidad Constitucional*, nº 41, 2018, pp. 297-318; E. JERÓNIMO SÁNCHEZ-BEATO, "Desinformación, libertad de expresión y democracia", *Ius Humani: Revista de Derecho*, vol. 11, nº 2, 2022, pp. 97-135, en DOI: https://doi.org/10.31207/ih.v11i2.306; y J.C. GALINDO VACHA, *La desinformación en la era de la democracia digital*, tesis doctoral, Universidad de Salamanca, Salamanca, 2023.

286 Así, véase el Reglamento (UE) 2019/881 del Parlamento Europeo y del Consejo, de 17 de abril de 2019, relativo a ENISA (Agencia de la Unión Europea para la Ciberseguridad) y a la certificación de la ciberseguridad de las tecnologías de la información y la comunicación y por el que se deroga el Reglamento (UE) n.º 526/2013 («Reglamento sobre la Ciberseguridad») -DO L nº 151, de 7 de junio de 2019, pp. 15-69-.

287 A. BARRERO ORTEGA, *cit.*, 2021, p. 110; y en general G. FROSIO, "Reforming Intermediary Liability in the Platform Economy: A European Digital Single Market Strategy", *Northwestern University Law Review*, vol. 112, 2017, pp. 19-46.

un régimen riguroso de exigencia de responsabilidad en Internet provocaría un evidente efecto disuasorio y desincentivador de las libertades de expresión e información y de la inversión empresarial en nuevos programas y aplicaciones en Internet. En un contexto así, cualquier notificación de un particular que alegue verse afectado por un contenido subido a su plataforma puede ser suficiente para intimidar al intermediario ante la amenaza potencial de un proceso judicial costoso y, por ello, preferir aplicar una restricción excesiva en Internet[288].

Esto explica que el criterio de partida adoptado por los sistemas jurídicos nacionales e internacionales consistió en no exigir responsabilidad a los intermediarios de Internet por los comportamientos de sus usuarios, es decir, otorgarles inmunidad general de "puertos seguros" (*safe harbors*) pero, a menudo, se les exigía que a cambio cumplieran ciertos requisitos, prefijados para cada tipo de proveedor de servicios: ciertamente, desde el comienzo se entendió que no podían ser tratados igual proveedores de Internet que proporcionaban servicios distintos, como la mera transmisión de datos por la red o servidores que facilitan espacios de alojamiento de información puesta allí a disposición del público, el almacenamiento temporal de información en memoria caché o los motores automáticos de búsqueda y directorios de enlaces a informaciones y contenidos[289].

---

288 H.A. MELÉNDEZ-JUARBE, "Intermediaries and Freedom of Expression", 2012, en https://www.palermo.edu/cele/pdf/english/Internet-Free-of-Censorship/04-Intermediaries_Freedom_of_Expression_Hiram_Melendez_Juarbe.pdf, pp. 7-8.

289 Vid. A. BARRERO ORTEGA, *cit.*, 2021, pp. 112 y 117 y ss.; I. GARROTE FERNÁNDEZ-DÍAZ, *La responsabilidad de los intermediarios en Internet en materia de propiedad intelectual: un estudio de derecho comparado*, Tecnos, Madrid, 2014; B. KLEINSCHMIDT, "An International Comparison of ISP's Liabilities for Unlawful Third Party Content", *International Journal of Law and Information Technology*, vol 18, nº 4,

De hecho, la relevancia que, para los derechos fundamentales, tiene la protección y privacidad de los datos personales lo demuestran los casos *Schrems c. Facebook Ireland*: estos procedimientos comenzaron con una demanda judicial colectiva promovida por M. Schrems contra el Data Protection Commissioner (Comisario irlandés para la protección de datos), por su negativa a instruir una reclamación de Schrems contra Facebook Ireland por transferir a su empresa matriz en Estados Unidos los datos personales de sus usuarios y conservarlos en sus servidores situados en ese país, bajo la cobertura legal de la normativa de ejecución del denominado Acuerdo de "puerto seguro" alcanzado por la UE y Estados Unidos en julio de 2000, que recogía unos Principios de Puerto Seguro para establecer un sistema de protección de la vida privada al tiempo que se garantizaba un flujo estable y continuado de información en línea[290]. El asunto llegó al Tribunal de Justicia de la Unión Europea, que sentenció en 2015 que la Comisión Europea no había

---

2010, pp. 332-355, en DOI: https://doi.org/10.1093/ijlit/eaq009; E. ARROYO AMAYUELAS, "La responsabilidad de los intermediarios en internet ¿puertos seguros a prueba de futuro?", *Cuadernos de Derecho Transnacional*, vol. 12, nº 1, 2020, pp. 808-837; y F. VALIENTE MARTÍNEZ, "La libertad de expresión y las redes sociales: de la doctrina de los puertos seguros a la moderación de contenidos", *Derechos y libertades*, nº 48, 2023, pp. 170-176, en DOI: https://doi.org/10.20318/dyl.2023.7343.

290 Los Principios de Puerto Seguro se encontraban en el Anexo I de la luego invalidada Decisión 2000/520/CE de la Comisión, de 26 de julio de 2000, con arreglo a la Directiva 95/46/CE del Parlamento Europeo y del Consejo, sobre la adecuación de la protección conferida por los principios de puerto seguro para la protección de la vida privada y las correspondientes preguntas más frecuentes, publicadas por el Departamento de Comercio de Estados Unidos de América [notificada con el número C(2000) 2441] -DO L nº 215, de 25 de agosto de 2000, pp. 7–47-.

demostrado que Estados Unidos ofreciera un nivel de protección de los derechos fundamentales sustancialmente equivalente al garantizado en el ordenamiento jurídico de la Unión, porque no garantizaba el acceso de las personas a la tutela judicial efectiva para poder acceder a los datos personales que les conciernen o para obtener su rectificación o supresión[291]; por ello, ese acuerdo y su normativa de aplicación reducían el alcance de la protección de la privacidad de los nacionales europeos de forma ilegítima, lo que los convertía en inválidos[292].

---

291 Sentencia del TJUE de 6 de octubre de 2015 en el asunto *Schrems c. Data Protection Commissioner* (C-362/14), ECLI:EU:C:2015:650, apartado 95: "una normativa que no prevé posibilidad alguna de que el justiciable ejerza acciones en Derecho para acceder a los datos personales que le conciernen o para obtener su rectificación o supresión no respeta el contenido esencial del derecho fundamental a la tutela judicial efectiva que reconoce el artículo 47 de la Carta" [de los Derechos Fundamentales de la Unión Europea], cuyo párrafo primero "establece que toda persona cuyos derechos y libertades garantizados por el Derecho de la Unión hayan sido violados tiene derecho a la tutela judicial efectiva, respetando las condiciones establecidas en dicho artículo. En ese sentido, la existencia misma de un control jurisdiccional efectivo para garantizar el cumplimiento de las disposiciones del Derecho de la Unión es inherente a la existencia de un Estado de Derecho (véanse, en ese sentido, las sentencias *Les Verts/ Parlamento Europeo* –asunto C-294/83-, EU:C:1986:166, apartado 23; *Johnston* -asunto C-222/84-, EU:C:1986:206, apartados 18 y 19; *Heylens y otros* -asunto C-222/86-, EU:C:1987:442, apartado 14: y *UGTRioja y otros* -asuntos C428/06 a C434/06-, EU:C:2008:488, apartado 80)".

292 *Ibidem*, apartados 71, 73-74 y 96: "la adopción por la Comisión de una decisión en virtud del artículo 25, apartado 6, de la Directiva 95/46 requiere la constatación debidamente motivada por esa institución de que el tercer país considerado garantiza efectivamente, por su legislación interna o sus compromisos internacionales, un nivel de protección de los derechos fundamentales sustancialmente equivalente al garantizado en el ordenamiento jurídico de la Unión", pero "la Comisión no manifestó en la Decisión 2000/520 que Estados Unidos «garantiza»

Ante esto, la UE llegó a un nuevo acuerdo marco con Estados Unidos, denominado "Escudo de la Privacidad", que obligaba a las compañías tecnológicas estadounidenses a mecanismos de mayor protección para los datos de los usuarios europeos, con un nuevo órgano -denominado Defensor del Pueblo- al que podían acudir los afectados para defender sus derechos e intereses[293]. Pero Schrems demandó de nuevo porque consideraba que seguía siendo deficiente la protección de los datos personales de los usuarios europeos, y el caso llegó de nuevo al Tribunal de Justicia de la UE, quien sentenció que la Comisión Europea no podía garantizar que en este nuevo acuerdo Estados Unidos aplicase un nivel de protección sustancialmente equivalente al garantizado dentro de la Unión Europea por el Reglamento general de protección de datos -Reglamento 2016/679-[294], interpretado a la luz de la Carta de los Derechos

---

efectivamente un nivel de protección adecuado en razón de su legislación interna o sus compromisos internacionales", y el TJUE declaró invalida esa Decisión 2000/520 (apartados 98, 106 y punto 2 de su fallo). Vid. M.I. PUERTO & P. SFERRAZZA TAIBI, "La sentencia *Schrems* del Tribunal de Justicia de la Unión Europea: un paso firme en la defensa del derecho a la privacidad en el contexto de la vigilancia masiva transnacional", *Revista Derecho del Estado*, nº 40, 2018, pp. 209-236.

293 Decisión de Ejecución (UE) 2016/1250 de la Comisión, de 12 de julio de 2016, con arreglo a la Directiva 95/46/CE del Parlamento Europeo y del Consejo, sobre la adecuación de la protección conferida por el Escudo de la privacidad UE-EE.UU. [notificada con el número C(2016) 4176] -DO L nº 207, de 1 de agosto de 2016, pp. 1-112-, en especial su Anexo III.

294 Reglamento (UE) 2016/679 del Parlamento Europeo y del Consejo, de 27 de abril de 2016, relativo a la protección de las personas físicas en lo que respecta al tratamiento de datos personales y a la libre circulación de estos datos y por el que se deroga la Directiva 95/46/CE (Reglamento general de protección de datos), DO L nº 119, de 4 de mayo de 2016, pp. 1-88; y véase también el Reglamento (UE) 2018/1725 del Parlamento Europeo y del Consejo, de 23 de octubre

Fundamentales de la Unión Europea (arts. 7, 8 y 47). En concreto, se seguía sin garantizar la tutela jurisdiccional efectiva en Estados Unidos de todos los casos de datos personales de europeos transferidos a ese país[295]. Por ello, el TJUE declaró inválida la Decisión de Ejecución del acuerdo con Estados Unidos -Decisión de Ejecución (UE) 2016/1250 de la Comisión-[296].

Por tercera vez, y ante los reveses judiciales, ambas partes volvieron a negociar de modo más cauteloso, y Estados Unidos emitió varios instrumentos normativos para adecuarse a las exigencias del ordenamiento de la UE en materia de protección de datos: el 7 de octubre de 2022 aprobó el Decreto Presidencial n.º 14086, "Refuerzo de las garantías en las actividades de inteligencia de señales de los Estados Unidos", al que complementa el Reglamento sobre el Tribunal de Recurso en Materia de Protección de Datos (Regulation on the Data Protection Review Court), del Secretario de Justicia (Attorney General) de Estados Unidos[297]. Asimismo, se actualizó el marco aplicable a las empresas que traten datos transferidos desde la Unión, denominado

---

de 2018, relativo a la protección de las personas físicas en lo que respecta al tratamiento de datos personales por las instituciones, órganos y organismos de la Unión, y a la libre circulación de esos datos, y por el que se derogan el Reglamento (CE) n.° 45/2001 y la Decisión n.° 1247/2002/CE, DO L nº 295 de 21 de noviembre de 2018, pp. 39–98.

295 Sentencia del TJUE de 16 de julio de 2020 en el caso *Data Protection Commissioner c. Facebook Ireland Ltd y Schrems* (C-311/18), ECLI:EU:C:2020:559, puntos 3 y 5 del fallo, y apartados 180, 181, 185, 187, 190, 191 y 195.

296 *Ibidem*, apartados 198-200. Véase I. GARCÍA-PERROTE MARTÍNEZ & T.G. GARCÍA-MICÓ, "Identidad, cesión de datos personales y la decisión *Privacy Shield* tras la STJUE *Schrems II*", *InDret: Revista para el Análisis del Derecho*, n º 3/2020, pp. 551-559.

297 Título 28, parte 302, del Código de Reglamentos Federales (Code of Federal Regulations).

"Marco de Privacidad de Datos UE-EE. UU." para adecuar su nivel de protección en la gestión de los datos personales al Reglamento general de protección de datos de la Unión Europea[298].

Cada sistema regulatorio ha optado en la práctica por dos posibles modelos posibles de inmunidad, total o condicionada, dependiendo de la función desarrollada por cada tipo de proveedor de Internet: el primero significaba que al intermediario se le eximía siempre de responsabilidad por los contenidos subidos a la red por terceros, si se trataba de un simple transmisor o mediador; el segundo modelo, de inmunidad condicionada -que es el que se ha impuesto en la práctica- exime de responsabilidad al intermediario de Internet solo si cumple con algunas condiciones, en concreto notificar al usuario que ha subido contenido ilícito y/o retirar o bloquear ese contenido infractor tras ser notificado para ello por un órgano nacional competente -judicial o administrativo-, porque ha decretado la ilicitud de ese contenido y ordenado su retirada de la red o el bloqueo de acceso al mismo; incluso podría exigirse responsabilidad al intermediario que, aun no habiendo recibido notificación previa al respecto, sin embargo ha adquirido "conocimiento real u objetivo" del carácter ilícito de ese contenido alojado en su servidor por contar con información acreditativa o por haber conocido ya otros contenidos similares[299].

---

298 Decisión de Ejecución (UE) 2023/1795 de la Comisión, de 10 de julio de 2023, relativa a la adecuación del nivel de protección de los datos personales en el Marco de Privacidad de Datos UE-EE.UU. con arreglo al Reglamento (UE) 2016/679 del Parlamento Europeo y del Consejo [notificada con el número C(2023) 4745] -DO L nº 231, de 20 de septiembre de 2023, pp. 118-229-.

299 Véanse la Declaración Conjunta sobre Libertad de Expresión e Internet, *cit.*, 2011, Punto 2; e I. GARROTE FERNÁNDEZ-DÍAZ, *La responsabilidad de los intermediarios en Internet en materia de propiedad intelectual: un estudio de derecho comparado*, Tecnos, Madrid, 2014.

En consecuencia, el aspecto clave a considerar es el grado de control que tiene cada intermediario o plataforma de Internet sobre los contenidos subidos allí por sus usuarios, a efectos de decidir si se le concedía o no inmunidad. Este asunto se complicaba porque durante años los ordenamientos jurídicos nacionales no habían desarrollado un marco legislativo específico para regular estas cuestiones, de modo que se aplicaba *mutatis mutandis* el régimen de responsabilidad civil (incluso a veces penal) para resolver cada controversia concreta. Esto obligaba a los jueces a examinar y ponderar en cada litigio los derechos, valores y bienes en conflicto, así como la posición -si era de mayor o menor relieve- y la actuación del intermediario en relación con tales conductas ilícitas de sus usuarios, en el sentido de comprobar si se había comportado con la debida diligencia para prevenir o aminorar el perjuicio o si no lo había hecho, incurriendo con ello en negligencia reprochable. Es decir, como ha señalado A. BARRERO ORTEGA, estos supuestos de imprevisión legislativa tuvieron que ser suplidos por un activismo judicial imprevisto[300].

Ahora bien, si se hace un estudio de derecho comparado no existe un criterio común ni uniforme en la regulación de esta materia por los ordenamientos jurídicos nacionales: algunos han optado por aprobar una legislación general aplicable a todas las actividades y contenidos de la red, pero otros

300 A. BARRERO ORTEGA, "Responsabilidad de los intermediarios de Internet en el derecho de la UE", *Revista Española de Derecho Constitucional*, nº 123, 2021, pp. 114-115; T-E. SYNODINOU, "Intermediaries' liability for online copyright infringement in the EU: evolutions and confusions", *Computer Law & Security Review*, vol. 31, nº 1, 2015, pp. 57-67, en DOI: https://doi.org/10.1016/j.clsr.2014.11.010 ; e I. GARROTE FERNÁNDEZ-DÍAZ, *La responsabilidad de los intermediarios en Internet en materia de propiedad intelectual: un estudio de derecho comparado*, Tecnos, Madrid, 2014.

han preferido adoptar normativas específicas para cada tipo de actividades digitales, sobre todo cuando se trata de ámbitos necesitados de una regulación jurídica más precisa, como protección de datos o propiedad intelectual[301]. Este también ha sido el criterio empleado en el Derecho de la Unión Europea, como se verá más adelante en esta obra.

En este marco, resulta destacable la jurisprudencia del Tribunal Europeo de Derechos Humanos (TEDH) en materia de libertad de expresión en Internet[302]: durante años estaba siendo muy benévolo con el lenguaje empleado en las redes sociales, incluso cuando en casos concretos reconocía que es ofensivo, insultante y virulento si -leyéndolo en su conjunto y en su contexto- el Alto Tribunal consideraba que no incitaba al odio o la violencia[303]; de hecho,

> "el uso de frases vulgares en sí no es decisivo en la evaluación de una expresión ofensiva ya que bien podía servir meramente a criterios estilísticos. Para el Tribunal, el estilo constituye parte de la comunicación como forma de expresión y está protegida como tal junto con el contenido de las ideas y la información expresada[304]. Sólo a través de un examen cuidadoso del con-

---

301 J. RIORDAN, *The Liability of Internet Intermediaries, cit.*, 2016, p. 100 y ss.

302 Véanse, por ejemplo, D.I. GARCÍA SAN JOSÉ, *La libertad de expresión 4.0 en el sistema del Convenio Europeo de Derechos Humanos*, Tirant Lo Blanch, Valencia, 2022; y F. PLACÍN VERGILLO, "Internet en el ejercicio de la libertad de expresión del sistema europeo de derechos humanos", *Ius et Scentia*, vol. 10, nº 1, 2024, pp. 82-102, en DOI: https://doi.org/10.12795/IESTSCIENTIA.2024.i01.04

303 Sentencia del TEDH de 28 de agosto de 2018 en el caso *Savva Terentyev c. Rusia* (caso nº 10692/09), para. 84.

304 Así, véanse las sentencias del TEDH de 8 de junio de 2010 en el asunto *Gül y Otros c. Turquía* (caso nº 4870/02), para. 41; de 19 de julio de 2011 en el asunto *Uj c. Hungary* (caso nº 23954/10), para. 20; y de 22 de noviembre de 2016 en el asunto *Grebneva y Alisimchik c. Rusia* (caso nº 8918/05), para. 52.

> texto en el que aparecen las palabras ofensivas insultantes y agresivas se puede esbozar una significativa distinción entre lenguaje impactante y ofensivo que es protegido por el Artículo 10 del Convenio y aquel que pierde su derecho a la tolerancia en una sociedad democrática"[305].

Esta actitud tan tolerante del Tribunal de Estrasburgo con el lenguaje ofensivo e insultante empleado en las redes sociales -al confiar que esos comentarios no van a ser tomados en serio por los usuarios si consideran que son realizados en el concreto contexto digital- ha merecido serias críticas doctrinales, pues el propio Tribunal Europeo ha reconocido el alcance y velocidad de la difusión de los contenidos difamatorios expresados en Internet[306]. De hecho, la Unión Europea y el Consejo de Europa han solicitado a sus Estados miembros que sus legislaciones contengan normas claras y previsibles para la eliminación rápida y efectiva del discurso de odio en línea prohibido (por su normativa penal, civil o administrativa); que faciliten mecanismos para denunciar los casos de discurso de odio en línea; y que exijan a los intermediarios de Internet operando dentro de su jurisdicción el respeto escrupuloso a los derechos

---

305 Sentencia del TEDH de 28 de agosto de 2018 en el caso *Savva Terentyev c. Rusia* (caso nº 10692/09), para. 68-69; y de modo similar sus sentencias de 8 de julio de 2008 en el asunto *Vajnai c. Hungría* (caso nº 33629/06), para. 53 y 56; de 15 de octubre de 2015 en el asunto *Perinçek c. Suiza* (caso nº 27510/08), para. 240; y de 4 de junio de 2024 en el asunto *Sokolovskiy c. Rusia* (caso nº 618/18), para. 101.

306 Véanse la sentencia del TEDH de 2 de febrero de 2016 en el asunto *Magyar Tartalomszolgáltatók Egyesülete e Index.Hu ZRT c. Hungría* (caso nº 22947/13), para. 77; su Decisión de 19 de septiembre de 2017 en el asunto *Tamiz c. Reino Unido* (caso nº 3877/14), para. 81; y la crítica de PRESNO LINERA, M.A., "La libertad de expresión en internet y las redes sociales: análisis jurisprudencial", *Revista Catalana de Dret Públic*, nº 61, 2020, pp. 65-82, p. 72.

humanos y, al efecto, actúen con diligencia debida en todas sus operaciones y políticas[307].

En este sentido, el propio Tribunal Europeo de Derechos Humanos ha pronunciado en la última década varias decisiones restrictivas del alcance de la libertad de expresión en Internet, en concreto en los asuntos *Delfi c. Estonia* en 2015 y en *Sanchez c. Francia* en 2023[308].

En el primer asunto, Delfi era una compañía estonia operadora comercial de un portal de noticias que permitía a los

---

[307] Reglamento de Servicios Digitales de la UE (Capítulo III: Obligaciones de diligencia debida para crear un entorno en línea transparente y seguro, arts. 11-48); Protocolo adicional al Convenio del Consejo de Europa sobre la Ciberdelincuencia relativo a la penalización de actos de índole racista y xenófoba cometidos por medio de sistemas informáticos (nº 189), de 28 de enero de 2003 -con 36 Estados Partes a finales de septiembre de 2024, incluyendo 4 Estados no miembros del Consejo de Europa-; y Recomendación CM/Rec(2022)16 del Comité de Ministros del Consejo de Europa sobre la lucha contra el discurso de odio, de 20 de mayo de 2022, Apéndice, para. 16-19. Véanse, por ejemplo, G. ROLLNERT LIERN, "Redes sociales y discurso del odio: perspectiva internacional", *Revista de Internet, Derecho y Política*, nº 31, en DOI: https://doi.org/10.7238/idp.v0i31.3233; G.M. TERUEL LOZANO, "Libertad de expresión, censura y pluralismo en las redes sociales: Algoritmos y el nuevo paradigma regulatorio europeo" en F. BALAGUER CALLEJÓN y L. COTINO HUESO (coords.), *Derecho público de la inteligencia artificial*, Fundación Manuel Giménez Abad, Zaragoza, 2023, pp. 181-222; y A. SÁNCHEZ RUBIO, "La detección e investigación del discurso del odio en la Red: nuevas tecnologías, inteligencia artificial y prueba digital", en S. MENDOZA CALDERÓN & A. SÁNCHEZ RUBIO (dirs.), *El discurso del odio: análisis de su incidencia y persecución penal*, Tirant Lo Blanch, Valencia, 2024, pp. 473-499.

[308] Sentencias del TEDH de 16 de junio de 2015 en el asunto *Delfi AS c. Estonia* (caso 64569/09), y de 15 de mayo de 2023 en el asunto *Sanchez c. Francia* (caso nº 45581/15).

usuarios escribir y publicar comentarios a cada artículo. Este portal había indicado en su sitio web que los comentarios no se editaban, que estaba prohibida la publicación de comentarios que fueran contrarios a las buenas prácticas y que la empresa demandante se reservaba el derecho de eliminar dichos comentarios, mediante un sistema de notificación y retirada por el cual los lectores podían marcar cualquier mensaje como insultante, burlón o que incita al odio en Internet, y este era eliminado de inmediato. Esta página web publicó un día del año 2006 un artículo polémico, que recibió numerosos comentarios, algunos de ellos con lenguaje ofensivo contra el accionista principal de una empresa. Este solicitó a la compañía Delfi la eliminación de los comentarios ofensivos y una indemnización de 500.000 coronas estonias -aproximadamente 32.000 euros- por daños morales. La plataforma web aceptó retirar esos comentarios, pero no pagar la indemnización reclamada[309].

Este asunto llegó a los tribunales nacionales civiles, y las tres instancias (Tribunal de primera instancia, Tribunal de Apelación y Tribunal Supremo) estimaron que Delfi incurrió en responsabilidad civil por los comentarios humillantes, insultantes y difamatorios publicados en su portal -además de la responsabilidad de los usuarios autores de tales ofensas-, ya que era más un proveedor de contenidos que de servicios técnicos (o intermediario de Internet); comoquiera que desempeñaba un papel activo que le permitía moderar, modificar y/o retirar esos comentarios, fue considerada editora de los comentarios[310].

---

309 Sentencia del TEDH de 16 de junio de 2015 en el asunto *Delfi AS c. Estonia* (caso 64569/09), para. 18-20. Esta sentencia puede leerse también en F. BUFFA, *Freedom of expression in the internet society*, Key Editore, Vicalvi, 2016, pp. 370-460.

310 Sentencia del Tribunal del Condado de Harju de 27 de junio de 2008, que decidió que la libertad de expresión no se extendía a

Delfi recurrió ante el Tribunal Europeo de Derechos Humanos, alegando que responsabilizarle de los comentarios publicados por terceros en su portal de noticias de Internet vulneraba su derecho a comunicar información e ideas y, con ello, su derecho a la libertad de expresión consagrado en el artículo 10 del Convenio Europeo, pues no existía ninguna ley que impusiera a la empresa Delfi la obligación de supervisar de forma proactiva los comentarios de los usuarios[311]. El Tribunal de Estrasburgo no le dio la razón porque consideró que esos comentarios habían superado los límites de una crítica aceptable para convertirse en lenguaje ofensivo que incitaba al odio y a la violencia, lo que vulneraba el derecho a la personalidad (honor) de las víctimas; por consiguiente, no se podía conceder a Delfi la exclusión de responsabilidad de la que gozan los intermediarios de Internet como regla general[312].

---

la protección de los comentarios ofensivos y que se habían violado los derechos de la personalidad de la demandante. Por ello, se le concedió una indemnización de 5.000 coronas (320 EUR) por daños morales. El Tribunal de Apelación de Tallin, en sentencia de 16 de diciembre de 2008, confirmó la sentencia de primera instancia porque, si bien la empresa Delfi no estaba obligada a ejercer un control previo sobre los comentarios publicados en su portal de noticias, al haber optado por no hacerlo, debería haber creado algún otro sistema eficaz que hubiera garantizado la rápida eliminación de los comentarios ilícitos. Y el Tribunal Supremo de Estonia, en su sentencia de 10 de junio de 2009 (caso nº 3-2-1-43-09), desestimó el recurso de casación interpuesto por la empresa Delfi -Sentencia del TEDH de 16 de junio de 2015 en el asunto *Delfi AS c. Estonia* (caso 64569/09), para. 26-31-.

311 Sentencia del TEDH de 16 de junio de 2015 en el asunto *Delfi AS c. Estonia* (caso 64569/09), para. 3, 66 y 70.

312 Sentencia del TEDH de 16 de junio de 2015 en el asunto *Delfi AS c. Estonia* (caso 64569/09), para. 114 y 159.

De este modo, la línea judicial adoptada por el TEDH era clara: el administrador de un portal de noticias en línea debía ser considerado editor y responsable de contenidos por las noticias publicadas y los comentarios a las mismas, y tenía responsabilidad directa por los contenidos ofensivos publicados en el portal por los usuarios, por *culpa in vigilando*, aunque contara con un sistema de detección para eliminar los comentarios ofensivos. Esa responsabilidad exigida al portal web se fundaba en el riesgo razonable de que publicara contenido ilícito -como comentarios injuriosos-; al existir tal riesgo, se hace necesario implementar medidas y controles suficientes para evitarlos, y así eludir responsabilidad. Ahora bien, el TEDH aclaró que esta decisión judicial suya no afectaba a otros foros de Internet donde se publican comentarios de terceros, pero sin ninguna aportación del administrador del foro, como grupos de debate en línea, plataformas de medios sociales o tablones de anuncios[313].

El Alto Tribunal reconocía que esa atribución de responsabilidad constituye una restricción de la libertad de expresión *ex* artículo 10 del Convenio, pero afirmó que dicha restricción fue proporcionada y es admisible porque la imposición de responsabilidad por los tribunales nacionales a la empresa Delfi se basó en motivos pertinentes y suficientes, teniendo en cuenta el margen de apreciación concedido al Estado aquí demandado (Estonia)[314].

Esta decisión judicial se ha convertido en una referencia internacional en materia de responsabilidad de los intermediarios en Internet y su relación con la libertad de expresión[315]. Desde

---

313 Sentencia del TEDH de 16 de junio de 2015 en el asunto *Delfi AS c. Estonia* (caso 64569/09), para. 116.

314 Sentencia del TEDH de 16 de junio de 2015 en el asunto *Delfi AS c. Estonia* (caso 64569/09), para. 162.

315 L. COTINO HUESO, "Menos libertad de expresión en internet: el peligroso endurecimiento del TEDH sobre la responsabilidad de

entonces, como explica L. COTINO HUESO, la atribución de responsabilidad por los contenidos en la red se aplica de modo gradual y específica según cada caso, comprobando si el editor tenía capacidad jurídica y técnica para evaluar riesgos y si podía lograr asesoramiento jurídico[316]. Al fin y al cabo, se trata de una restricción a la libertad de expresión y, por eso, debe ajustarse a un análisis de admisibilidad de los límites, teniendo en cuenta ciertos criterios que señaló el TEDH en su sentencia en el asunto *Delfi c. Estonia*: carácter extremo de esos comentarios, que vulneraban el honor de otras personas y constituían discurso de odio e incitación a la violencia contra ellas; eran comentarios sobre un artículo publicado en un gran portal de noticias de Internet con

---

moderación de contenidos y discurso del odio", *Derecho Digital e Innovación*, nº 16, 2023, en https://www.uv.es/cotino/publicaciones/TEDH2023ESCRIBOV2.pdf, p. 12. En el plano judicial nacional, ya dos sentencias del Tribunal de Apelación de Tallin de 21 de febrero de 2012 (caso nº 2-08-76058) y de 27 de junio de 2013 (caso n.º 2-10-46710) consideraron al editor de un periódico en línea/portal de noticias de Internet como proveedor de servicios de contenido y, por tanto, responsable de los comentarios difamatorios publicados por los lectores en ese periódico/portal.

316 L. COTINO HUESO, *cit.*, 2023b, pp. 12-13. La sentencia del TEDH subrayaba en su parágrafo 129 que "la empresa [Delfi], en su calidad de editor profesional, debería haber estado familiarizada con la legislación y la jurisprudencia, y también podría haber solicitado asesoramiento jurídico… el portal de noticias Delfi es uno de los más importantes de Estonia. La preocupación pública ya se había expresado antes de la publicación de los comentarios en el presente caso y el Ministro de Justicia había señalado que las víctimas de insultos podían presentar una demanda contra Delfi y reclamar daños y perjuicios... Así pues, … la empresa Delfi estaba en condiciones de evaluar los riesgos relacionados con sus actividades y… debía haber podido prever, en un grado razonable, las consecuencias que éstas podían acarrear. Por tanto, [el Tribunal] concluye que la injerencia en cuestión estaba "prevista por la ley" en el sentido del artículo 10, párrafo segundo, del Convenio".

gestión profesional y carácter comercial -que permitía y alentaba comentarios de usuarios no identificados-; la insuficiencia de las medidas de la empresa para eliminar sin demora los comentarios ofensivos ya publicados; y la comedida sanción impuesta por los tribunales nacionales[317]. En resumen, el TEDH aplica el principio de precaución para atribuir responsabilidad a un intermediario de Internet por los contenidos ilícitos subidos a su plataforma por los usuarios en caso de que, existiendo un riesgo razonable de ello, no haya puesto medios y controles suficientes para evitar esos contenidos ilícitos[318].

En el segundo asunto que ha sido aquí destacado, en su sentencia del caso *Sanchez c. Francia*, el Tribunal Europeo convalida la condena penal que tribunales nacionales impusieron a un político francés en campaña electoral por no haber moderado en su página en la red social Facebook dos comentarios considerados delitos de odio, lo que resulta muy controvertido por modificar radicalmente su línea jurisprudencial habitual[319]. Incluso realiza la tipificación expansiva de una figura delictiva

---

317 Sentencia del TEDH de 16 de junio de 2015 en el asunto *Delfi AS c. Estonia* (caso 64569/09), para. 162.

318 L. COTINO HUESO, "La primera sentencia general del Tribunal Constitucional sobre la libertad de expresión e información en Internet: Seguimos pendientes de muchos temas clave para el futuro", en P. SIMÓN CASTELLANO (dir.) y Mª.V. ÁLVAREZ BUJÁN (coord.), *Evolución e interpretación del Tribunal Constitucional sobre derechos fundamentales y garantías procesales: cuestiones recientemente controvertidas*, Aranzadi, Cizur Menor, 2023, p. 51.

319 Una argumentada crítica doctrinal de esta sentencia puede leerse en L. COTINO HUESO, "Menos libertad de expresión en internet: el peligroso endurecimiento del TEDH sobre la responsabilidad de moderación de contenidos y discurso del odio", *Derecho Digital e Innovación*, nº 16, 2023, en https://www.uv.es/cotino/publicaciones/TEDH2023ESCRIBOV2.pdf

porque declara que "El discurso de odio no siempre se presenta abiertamente como tal", y que pueden resultar igualmente odiosas "declaraciones implícitas, incluso si se expresan con cautela o de forma hipotética"[320]. Además, este Alto Tribunal determina -de modo al menos sorprendente- que la reconocida protección reforzada a la libertad de expresión de los políticos durante las campañas electorales les impone obligaciones especiales -no previstas en la ley- de moderación de contenidos en sus foros, bajo la advertencia de poder ser sometidos a sanciones penales, porque realiza las siguientes consideraciones:

> "Si bien la libertad de expresión política exige un alto nivel de protección, la libertad de debate político no tiene carácter absoluto" porque "los políticos también tienen deberes y responsabilidades", y "debido a su estatuto y posición particular en la sociedad, un político tiene más probabilidades de influir en los electores, o incluso de incitarlos... a adoptar posiciones y conductas que pueden resultar ilícitas[321]". De hecho, "los partidos políticos tienen derecho a defender públicamente sus opiniones, aunque algunas de ellas puedan ofender, escandalizar o perturbar a una parte de la población... pero... deben evitar la apología de la discriminación racial y el recurso a expresiones o actitudes vejatorias o humillantes"[322], e incluso "en un contexto electoral, el impacto de los discursos racistas y xenófobos se hace mayor y más nocivo"[323].

---

320 Sentencia del TEDH de 15 de mayo de 2023 en el asunto *Sanchez c. Francia* (caso nº 45581/15), para. 157; y anteriormente su Decisión de 16 de enero de 2018 en el asunto *Smajić c. Bosnia y Herzegovina* (caso nº 48657/16), para. 39.

321 Sentencia del TEDH de 15 de mayo de 2023 en el asunto *Sanchez c. Francia* (caso nº 45581/15), para. 148, 150 y 187.

322 *Ibidem*, para. 151; y sentencia de 6 de julio de 2006 en el asunto *Erbakan c. Turquía* (caso nº 59405/00), para. 64.

323 *Ibidem*, para. 150, 153 y 176.

Y, sin embargo, este Alto Tribunal se contradice al explicar en el apartado anterior que:

> "Sin embargo, si bien todo individuo que participe en un debate público de interés general no debe sobrepasar ciertos límites, en particular en lo que respecta al respeto de la reputación y de los derechos de los demás, se permite un cierto grado de exageración, o incluso de provocación"[324].

El Tribunal Europeo subraya que las sociedades democráticas pueden estar legitimadas para sancionar o impedir cualquier forma de expresión que propague, aliente, promueva o justifique el odio basado en la intolerancia, "siempre que las "formalidades", "condiciones", "restricciones" o "penas" impuestas sean proporcionadas al objetivo legítimo perseguido"[325]. Para ello, el TEDH en esta sentencia de su Gran Sala en el asunto *Sanchez c. Francia* detalla y sigue en general los criterios que había adoptado la Sala en el razonamiento de su sentencia recurrida[326], para valorar si la medida de los tribunales nacionales de responsabilizar al político Sanchez era proporcional y se había fundado en motivos pertinentes y suficientes en las circunstancias del caso, pero amplía tales criterios a la luz de su jurisprudencia anterior[327]: el contexto de los comentarios; las medidas adoptadas por Sanchez para eliminar los comentarios ya publicados; la posibilidad de que se responsabilice a los

---

324 *Ibidem*, para. 149 *in fine*; en el mismo sentido las sentencias del TEDH de 16 de julio de 2009 en el asunto *Willem c. Francia* (caso nº 10883/05), para. 33; y de 11 de mayo de 2010 en el asunto *Fleury c. Francia* (caso nº 29784/06), para. 45.

325 *Ibidem*, para. 149.

326 Sentencia del TEDH de 2 de septiembre de 2021 en el asunto *Sanchez c. Francia* (caso nº 45581/15), para. 80.

327 Sentencia del TEDH de 15 de mayo de 2023 en el asunto *Sanchez c. Francia* (caso nº 45581/15), para. 166-208.

autores de esos comentarios y no a quien los aloja; las consecuencias del procedimiento interno para Sanchez; el tamaño del sitio de alojamiento (blog o similar) y si su actividad tiene carácter lucrativo o no, para evaluar la probabilidad de si da lugar a un gran número de comentarios o si son ampliamente leídos[328]; la naturaleza del comentario, para poder saber si constituía incitación al odio o a la violencia; y las medidas adoptadas tras la solicitud de retirada por la persona objeto de los comentarios controvertidos[329].

En este caso, el político había sido condenado por los tribunales penales franceses por no haber moderado y eliminado rápidamente todos los comentarios ilícitos -actos de provocación al odio y la violencia- publicados por otros autores en el "muro" de su cuenta de la red social Facebook[330]. El TEDH convalida así -como injerencia estatal admisible al derecho a la libertad de expresión-, que el moderador de una página web haya sido condenado penalmente por los tribunales franceses por no haber actuado con rapidez para finalizar la difusión de unos mensajes ilícitos en su cuenta web, asimilándolo así al director/editor de una publicación[331], porque lo considera

---

328 Decisión del TEDH de 7 de febrero de 2017 en el asunto *Pihl c. Suecia* (caso nº 74742/14), para. 31; pero véase cómo matizaba su Sentencia de 16 de junio de 2015 en el asunto *Delfi AS c. Estonia* (caso 64569/09), para. 115-116.

329 Decisión del TEDH de 7 de febrero de 2017 en el asunto *Pihl c. Suecia* (caso nº 74742/14), para. 37; y su Sentencia de 2 de febrero de 2016 en el asunto *Magyar Tartalomszolgáltatók Egyesülete e Index.Hu ZRT c. Hungría* (caso nº 22947/13), para. 76 y 80-83.

330 Sentencia del TEDH de 15 de mayo de 2023 en el asunto *Sanchez c. Francia* (caso nº 45581/15), para. 196.

331 *Ibidem,* para 209: "sobre la base de un examen concreto de las circunstancias específicas del presente caso y teniendo en cuenta el margen de apreciación disfrutado por el Estado demandado, el Tribunal con-

como un profesional en materia de estrategia de comunicación en línea, y no solo como un político en campaña electoral[332]. Este resulta un aspecto muy destacable, porque el propio Tribunal de Estrasburgo aboga por un reparto de la responsabilidad entre todos los actores implicados (Sanchez, los autores de los mensajes y el proveedor de la red social -aquí Facebook-), permitiendo, en su caso, tasar el grado y la forma de atribución de responsabilidad en función de la situación objetiva de cada uno, pues Sanchez no podía controlar plenamente la administración de los comentarios en la cuenta no comercial de Facebook de la que era titular, no existía sistema alguno de filtrado automático disponible, y realizar el seguimiento efectivo de todos los comentarios le hubiera exigido disponer de recursos considerables[333]. Eso sí, este Alto Tribunal propone

---

sidera que las decisiones de los tribunales internos se basaron en motivos pertinentes y suficientes, tanto en vista de la responsabilidad del demandante, en su calidad de político, por los comentarios ilícitos publicados durante el período electoral en el muro de su cuenta de Facebook por terceros, ellos mismos identificados y procesados como cómplices, como en lo que respecta a su condena penal. Por tanto, la injerencia controvertida puede considerarse "necesaria en una sociedad democrática"". Véase, a este respecto, la Sentencia del Consejo Constitucional de Francia n° 2011-164 QPC de 16 de septiembre de 2011, sobre una cuestión prioritaria de constitucionalidad (*Journal officiel*, 17 de septiembre de 2011, p. 15601, texto n° 75).

332 Sentencia del TEDH de 15 de mayo de 2023 en el asunto *Sanchez c. Francia* (caso nº 45581/15), para. 13 y 193.

333 *Ibidem*, para. 185. No obstante, el propio TEDH reconoce que, en el presente caso, "ninguna normativa exigía el filtrado automático de los comentarios y no existía en la práctica ninguna posibilidad de moderación previa de los contenidos en Facebook" (para. 191). Acerca de la posible responsabilidad -civil- compartida de los operadores de redes sociales por alojar expresiones difamatorias con los autores de tales expresiones y los terceros usuarios que interactúan con ellos, véase L. HERRERÍAS CASTRO, "¿Matar al mensajero? La

varias medidas deseables en el futuro, como un nivel mínimo de moderación posterior o de filtrado automático para identificar lo antes posible los comentarios claramente ilícitos y garantizar su supresión en un plazo razonable, ya sea por el propio proveedor profesional de la red social o de la persona titular de la cuenta[334].

Ahora bien, no existe una doctrina legal ni judicial clara y consolidada al respecto, y se entiende en general que el Derecho penal debería ser aplicado como el último recurso (*ultima ratio*) para la protección de bienes jurídicos[335], puesto que es doctrina judicial reiterada de este mismo Alto Tribunal que la imposición de una condena penal constituye una de las formas más graves de injerencia en el derecho a la libertad de expresión[336]. De hecho, el Tribunal de Estrasburgo, consciente de que esta sentencia suya contradice en buena medida su línea jurisprudencia anterior, "desea subrayar que esta constatación no debe interpretarse en el sentido de que implica

---

responsabilidad de las redes sociales y los usuarios por difamación", *IDP: revista de Internet, Derecho y Política*, nº 40, 2024, en DOI: https://doi.org/10.7238/idp.v0i40.416519.

334 *Ibidem*, para. 190.

335 *Ad exemplum*, B. SCHÜNEMANN, *¡El derecho penal es la última ratio para la protección de bienes jurídicos¡*, Universidad Externado de Colombia, Bogotá, 2007; y L. COTINO HUESO, "Menos libertad de expresión en internet: el peligroso endurecimiento del TEDH sobre la responsabilidad de moderación de contenidos y discurso del odio", *Derecho Digital e Innovación*, nº 16, 2023, en https://www.uv.es/cotino/publicaciones/TEDH2023ESCRIBOV2.pdf, pp. 10-11.

336 Véanse, *ad exemplum*, las reiteradas sentencias del TEDH de 12 de julio de 2016 en el asunto *Reichman c. Francia* (caso nº 50147/11), para. 73; de 7 de septiembre de 2017 en el asunto *Lacroix c. Francia* (caso nº 41519/12), para. 50; de 26 de marzo de 2020 en el asunto *Tête c. Francia* (caso nº 59636/16), para. 68; y de 4 de junio de 2024 en el asunto *Sokolovskiy c. Rusia* (caso nº 618/18), para. 102.

una inversión de los principios establecidos en su jurisprudencia hasta la fecha"[337].

Si la línea judicial delineada por el TEDH en su sentencia en el caso *Sánchez c. Francia* se consolidara, se incrementaría la exigencia de responsabilidad -incluso penal- a los moderadores de los foros en Internet a la hora de controlar y eliminar contenidos potencialmente ilícitos, lo que podría tener efectos muy perjudiciales para el libre ejercicio de la libertad de expresión en Internet, al provocar una "censura colateral" y el temido "efecto disuasorio o desaliento" (*chilling effect*)[338]. Concretamente en este ámbito, la "censura colateral" consiste en el efecto pernicioso de que el intermediario de Internet decida retirar contenidos, informaciones o declaraciones simplemente dudosos ante el temor de que se le pueda exigir responsabilidad judicialmente por los mismos, dada la ambigüedad de la

337 Sentencia del TEDH de 15 de mayo de 2023 en el asunto *Sanchez c. Francia* (caso nº 45581/15), para. 188, en relación con los parágrafos 146-147.

338 Lo reconoce el propio TEDH en diversas ocasiones: Sentencia de 2 de febrero de 2016 en el asunto *Magyar Tartalomszolgáltatók Egyesülete e Index.Hu ZRT c. Hungría* (caso nº 22947/13), para. 86; Decisión de 7 de febrero de 2017 en el asunto *Pihl c. Suecia* (caso nº 74742/14), para. 35; y en su misma Sentencia del asunto *Sanchez c. Francia, cit.*, para. 205; véase también la Recomendación CM/Rec(2022)16 del Comité de Ministros del Consejo de Europa sobre la lucha contra el discurso de odio, de 20 de mayo de 2022, para. 61 y Anexo, puntos 3 y 4; J.I. MORA GONZÁLEZ, "Censura colateral y proceso eficiente: efecto horizontal de la libertad de expresión en el ámbito digital", *Revista de Derecho Comunitario Europeo*, nº 75, 2023, pp. 293-332, en DOI: https://doi.org/10.18042/cepc/rdce.75.09; y L. COTINO HUESO, "Menos libertad de expresión en internet: el peligroso endurecimiento del TEDH sobre la responsabilidad de moderación de contenidos y discurso del odio", *Derecho Digital e Innovación*, nº 16, 2023, en https://www.uv.es/cotino/publicaciones/TEDH2023ESCRIBOV2.pdf, en pp. 2-7.

normativa aplicable[339]. El problema es que existe una tendencia a abusar de este sistema por quienes, de mala fe, presentan numerosas notificaciones falsas o equívocas para que determinadas informaciones sean retiradas de la red, ante lo que las plataformas -intimidadas por la posibilidad de perder su inmunidad y ante la duda sobre su posible ilegalidad- han procedido a retirar de modo sistemático las informaciones y materiales colocados en línea que hayan sido denunciados, aunque fueran lícitos[340]. Esta situación entorpece el debate libre y el intercambio de información e ideas -y con ello la libertad de expresión-, pues se ha implantado una visión más polarizada de los derechos e intereses de las personas y grupos de presión, con poca tolerancia a las opiniones opuestas y la pretensión de resolver problemas complejos con argumentos morales[341].

En los últimos tiempos se ha estado imponiendo la censura y la inquisición en las redes sociales -y en Internet, y en la sociedad en general- a través de fenómenos como la denominada "cultura de la cancelación", que puede ser definida como un movimiento social desarrollado en las redes sociales de internet "a través del cual personas reprenden comportamientos que se consideran moralmente incorrectos a la luz de los estándares de la comunidad",

---

339 Vid. F. WU, "Collateral Censorship and the Limits of Intermediary Immunity", *Notre Dame Law Review*, vol. 87, nº 1, 2011, pp. 292-349; más en general J.M. BALKIN, "The Future of Free Expression in a Digital Age", *Pepperdine Law Review*, vol. 36, nº2, 2009, pp. 427-444.

340 Véase, por ejemplo, J. MAZZONE, *Copyfraud and Other Abuses of Intellectual Property*, Stanford University Press, Stanford, 2011; y L. COTINO HUESO, *cit.*, 2023b, p. 8.

341 K.I. CABRERA PEÑA & C.A. JIMÉNEZ CABARCAS, "La cultura de la cancelación en redes sociales: Un reproche peligroso e injusto a la luz de los principios del derecho penal", *Revista chilena de Derecho y Tecnología*, vol. 10, nº 2, 2021, en DOI: http://dx.doi.org/10.5354/0719-2584.2021.60421, p. 7.

"aun cuando dichas conductas no constituyan un delito"[342]. Este fenómeno, que surgió en parte para proteger y visualizar minorías mediante la estandarización de comportamientos "aceptables", puede considerarse como coercitivo pues tiene como objetivo que la persona o personas "canceladas" sean reprobados y retirados de espacios sociales y laborales, pierdan prestigio social y oportunidades económicas[343]. Esta tendencia de represión social en las redes permite a los usuarios convertir a la persona señalada en un cuasi-delincuente, que debe aceptar los cargos y retirarse de la escena pública con oprobio y sin reinserción posible en el futuro, lo que choca frontalmente con principios básicos del estado de derecho reconocidos nacional e internacionalmente, como el principio de legalidad, la presunción de inocencia, el derecho de defensa -a ser escuchado-, el derecho a un proceso judicial con las debidas garantías ante un tribunal competente, independiente e imparcial establecido por ley, la proporcionalidad entre su comportamiento "reprobable" y la pena impuesta, etcétera[344]. La cultura de la

---

342 K.I. CABRERA PEÑA & C.A. JIMÉNEZ CABARCAS, cit., 2021, pp. 1 y 10; véanse también F. VALLESPÍN, *La sociedad de la intolerancia*, Galaxia Gutenberg, Barcelona, 2021; P. NORRIS, "Cancel culture: Myth or reality?", *Political Studies*, vol. 71, nº 1, 2023, pp. 145-173; H. SAINT-LOUIS, "Understanding cancel culture: Normative and unequal sanctioning", *First Monday*, vol. 26, nº 7, 2021, en https://firstmonday.org/ojs/index.php/fm/article/view/10891; J.J. GEORGE & D.E. LEIDNER, "From clicktivism to hacktivism: Understanding digital activism", *Information and Organization*, vol. 29, nº 3, 2019, pp. 1–45, en https://www.sciencedirect.com/science/article/pii/S1471772717303470?via%3Dihub; y J. SOTO IVARS, *La casa del ahorcado. Cómo el tabú asfixia la democracia occidental*, Debate, Madrid, 2021.

343 K.I. CABRERA PEÑA & C.A. JIMÉNEZ CABARCAS, *cit.*, 2021, pp. 3 y 10.

344 Desde que fueran enunciados por Beccaria en el siglo XVIII (C. BECCARIA, *De los delitos y de las penas*, Trotta, Madrid, 2011), estos principios básicos del derecho se encuentran reconocidos en nu-

cancelación vulnera estos principios jurídicos básicos, elimina dichos derechos fundamentales de todo acusado, y otorga a los usuarios de las redes el poder de juzgar y condenar –que hacen sobre la base de prejuicios morales, como un tribunal de inquisición-, cuando ese poder les corresponde exclusivamente a los órganos judiciales penales, aplicando estrictamente principios de Derecho Penal[345]. Esta es también la posición expresada por el Relator Especial de las Naciones Unidas sobre la promoción y protección del derecho a la libertad de opinión y de expresión, cuando ha señalado que:

> "... las medidas de censura nunca deben delegarse en una entidad privada, y que no debe responsabilizarse a nadie de contenidos aparecidos en Internet de los cuales no sea el autor. De hecho, los Estados no deben hacer uso de intermediarios ni ejercer presión sobre ellos para que censuren en su nombre..."[346].

El Tribunal Europeo de Derechos Humanos ha ido más allá en su sentencia de 2023 en el asunto *Sanchez c. Francia* que en su sentencia de 2015 en el asunto *Delfi c. Estonia*, pues mientras en este último caso el TEDH atribuyó responsabilidad civil al moderador que no controlaba contenidos, en el caso *Sanchez*

---

merosos instrumentos jurídicos nacionales e internacionales como, por ejemplo, la Constitución española (arts. 9.3, 24.2 y 25), el Pacto Internacional de Derechos Civiles y Políticos (arts. 9.4 y 14) y el Convenio Europeo de Derechos Humanos (art. 6).

[345] K.I. CABRERA PEÑA & C.A. JIMÉNEZ CABARCAS, *cit.*, 2021, pp. 10-11; y J. BUSTOS RAMÍREZ, "Principios garantistas del derecho penal y el proceso penal", *Nuevo Foro Penal*, nº 60, 1999, p. 109, en https://publicaciones.eafit.edu.co/index.php/nuevo-foro-penal/article/view/3898/3169.

[346] Informe del Relator Especial de las Naciones Unidas sobre la promoción y protección del derecho a la libertad de opinión y de expresión, de 16 de mayo de 2011 (doc. A/HRC/17/27), para. 43.

el Alto Tribunal extiende esa atribución de responsabilidad al ámbito penal. Como ha advertido L. COTINO HUESO, esto puede tener consecuencias muy negativas para la jurisprudencia internacional sobre libertad de expresión en Internet en dos aspectos[347]: por un lado, endurece en buena medida su apreciación sobre el alcance del delito de odio, cuando los mensajes emitidos deberían estar especialmente cubiertos por el derecho fundamental a la libertad de expresión, especialmente durante período electoral y en el contexto de los debates habituales en los foros digitales en esos períodos; por otro lado, esta sentencia incrementa la exigencia a los responsables de los foros de Internet en la moderación y control de los mensajes y contenidos allí alojados, y el TEDH revierte la mayor protección de la que debería disfrutar un político en campaña electoral para exigirle mayores deberes y responsabilidades, que pueden llevar a condenas penales, a pesar de que tales deberes no están previstos en legislación alguna: esto incumple el primer requisito exigido a cualquier restricción a la libertad de expresión, que esté prevista por la ley, según indica expresamente el artículo 10.2 del Convenio Europeo de Derechos Humanos[348]. Además de colocar a los políticos en su manejo de Internet y las redes sociales en una situación insegura e incómoda, que les puede llevar a autocensurarse en la red, borrar los mensajes dudosos y controvertidos, o cerrar sus foros a la participación de los usuarios, la sentencia del asunto *Sanchez* les considera "profesionales" en la moderación de contenidos en Internet, lo cual podría aplicarse también a los di-

347 L. COTINO HUESO, *cit.*, 2023b, pp. 15-16.

348 Esto ha sido explicado en el apartado 3 de la presente obra. Según el artículo 10.2 del CEDH, "El ejercicio de estas libertades, que entrañan deberes y responsabilidades, podrá ser sometido a ciertas formalidades, condiciones, restricciones o sanciones *previstas por la ley*..." -cursiva añadida-.

versos creadores de foros de opinión pública -como blogueros, *influencers*, etc.-, a los que también se les podría llegar a exigir ese nivel agravado de responsabilidad[349].

Como puede verse, resulta harto problemática la correcta aplicación de la labor de control de los contenidos publicados en la red: en general, los Estados deben legislar para que los intermediarios de Internet adopten medidas efectivas, proporcionadas y específicas para cumplir con su obligación de no difundir o hacer accesibles contenidos ilícitos, según la legislación nacional -penal, civil o administrativa-, lo que ha de concretarse en una serie de aspectos: tramitación rápida de las denuncias/notificaciones; eliminación o remoción sin demora de tales contenidos; denuncia a las autoridades de los casos de contenidos delictivos; la obtención de pruebas sobre esos contenidos prohibidos, y su transmisión a la policía sobre la base de una orden emitida por la autoridad competente; y la remisión de los casos poco claros y complejos a las entidades encargadas de la autorregulación o co-regulación para una evaluación más detallada, con la posibilidad de aplicarles preventivamente medidas provisionales como la despriorización, contextualización o señalización[350].

---

349 L. COTINO HUESO, *cit.*, 2023b, p. 17; y O.D. ZABALA PUCHANA, "Restricción de la libertad de expresión política en redes sociales", *Dos mil Tres Mil*, vol. 24, 2022, pp. 1-27, DOI: https://doi.org/10.35707/dostresmil/24329.

350 Recomendación CM/Rec(2022)16 del Comité de Ministros del Consejo de Europa sobre la lucha contra el discurso de odio, de 20 de mayo de 2022, Apéndice, para. 22; y Recomendación (UE) 2018/334 de la Comisión, de 1 de marzo de 2018, sobre medidas para combatir eficazmente los contenidos ilícitos en línea (DO L nº 63, de 6 de marzo de 2018, pp. 50-61), puntos 5-8.

Las respuestas de los intermediarios de Internet y de las autoridades públicas ante cualquier contenido potencialmente ilícito han de ser calibradas de manera diligente, objetiva, transparente y proporcional, considerar los derechos e intereses legítimos de todas las partes implicadas -incluidos los derechos fundamentales de los usuarios del servicio, como la libertad de expresión, y la libertad y pluralismo de los medios de comunicación-, y además elaborar y aplicar medidas alternativas a la eliminación de contenidos en los casos menos graves[351]. Los Estados deberían aceptar que los intermediarios de Internet puedan recurrir a dichas medidas alternativas: la priorización y la despriorización, la promoción y la degradación, la monetización y la desmonetización -en su caso-, y el suministro de información complementaria a los usuarios, como advertencias, alertas, recomendaciones y contenido adicional de fuentes oficiales e independientes autorizadas[352]. Asimismo, deben ser tenidas en cuenta las diferencias de tamaño e influencia entre plataformas en línea más grandes y poderosas, con un mayor número de usuarios, y aquellas más pequeñas, pues estas últimas disponen de menos recursos humanos y materiales para efectuar la moderación y supervisión de los contenidos en ellas alojados. Por añadidura, numerosas cuentas de usuarios en la red no ponen su nombre verdadero sino pseudónimos de todo tipo para no ser identificados, lo que hace más complicado

---

351 Reglamento de Servicios Digitales de la UE, artículo 14.4; Recomendación CM/Rec(2022)16 del Comité de Ministros del Consejo de Europa sobre la lucha contra el discurso de odio, de 20 de mayo de 2022, Apéndice, para. 32.

352 Recomendación CM/Rec(2022)13 del Comité de Ministros del Consejo de Europa sobre los impactos de las tecnologías digitales en la libertad de expresión, de 6 de abril de 2022, Apéndice: Directrices sobre los impactos de las tecnologías digitales en la libertad de expresión, punto 1.5.

identificar al responsable de esos contenidos, información o expresiones ilícitas; esa es precisamente una de las dificultades que sufre un intermediario de Internet para poder moderar los mensajes y contenidos de su plataforma y evitar declaraciones ofensivas, falsas o sobre la vida privada de otra persona[353].

En general, las políticas, procedimientos y condiciones de retirada de contenidos, así como las normativas sobre responsabilidad de los intermediarios de Internet deben ser transparentes, claras y previsibles, además de contar con garantías procesales y ajustarse a la normativa nacional e internacional sobre protección de la libertad de expresión, la privacidad y los datos personales[354]. Si los intermediarios de Internet o las autoridades públicas deciden imponer restricciones a la libertad de expresión -de oficio o por denuncia interpuesta-, deben motivar su

---

353 Esa es una de las críticas que se hace al marco regulatorio actual de Internet. Véase H.A. MELÉNDEZ JUARBE, "Vida privada, reputación y libertad de expresión en un entorno digital: los intermediarios desde el marco normativo de Estados Unidos", *Revista de Derecho, Comunicaciones y Nuevas Tecnologías* -Universidad de los Andes (Colombia)-, nº 17, 2017, en DOI: http://dx.doi.org/10.15425/redecom.17.2017.01, en pp. 15-16.

354 Sentencia del TEDH de 18 de diciembre de 2012 en el caso *Ahmet Yildirim c. Turquía* (caso nº 3111/10), para. 64 y 67; Recomendación (UE) 2018/334 de la Comisión Europea, de 1 de marzo de 2018, sobre medidas para combatir eficazmente los contenidos ilícitos en línea (DO L nº 63, de 6 de marzo de 2018, pp. 50-61), punto 16; y tres Recomendaciones del Comité de Ministros del Consejo de Europa: CM/Rec(2018)2 sobre las funciones y responsabilidades de los intermediarios de Internet, de 7 de marzo de 2018, Apéndice, para. 1.4.1.-1.4.5 y 2.4.1.-2.4.6; CM/Rec(2022)13 sobre los impactos de las tecnologías digitales en la libertad de expresión, de 6 de abril de 2022, Apéndice: Directrices sobre los impactos de las tecnologías digitales en la libertad de expresión, punto 3; y CM/Rec(2022)16 sobre la lucha contra el discurso de odio, de 20 de mayo de 2022, Apéndice, para. 20 y 24.

decisión: han de proporcionar a todos los usuarios y entidades afectadas (proveedores de contenido) una información clara y precisa de las razones de su decisión y de la normativa en virtud de la cual se han limitado sus derechos. Por su parte, dichos usuarios tienen derecho a un recurso/reclamación, en un mecanismo de revisión con garantías procesales, accesible, equitativo, compatible con los derechos, transparente y asequible[355]. En este sentido, los intermediarios de Internet han de ofrecer mecanismos de reparación oportunos y eficaces en caso de quejas -de usuarios, proveedores de contenido y partes afectadas-, con información clara sobre la presentación del recurso y del procedimiento de revisión imparcial e independiente de la supuesta infracción. Las reclamaciones deben tramitarse sin demoras injustificadas, y no dificultar que los reclamantes puedan acudir a mecanismos independientes de revisión, incluidos los judiciales[356]. Estos recursos pueden desembocar en una investigación, explicación, respuesta, corrección, disculpa, la reconexión, una compensación, etc[357].

---

355 Recomendación CM/Rec(2022)13 del Comité de Ministros del Consejo de Europa sobre los impactos de las tecnologías digitales en la libertad de expresión, de 6 de abril de 2022, Apéndice: Directrices sobre los impactos de las tecnologías digitales en la libertad de expresión, punto 4.5; Recomendación CM/Rec(2022)16 del Comité de Ministros del Consejo de Europa sobre la lucha contra el discurso de odio, de 20 de mayo de 2022, Apéndice, para. 20 y 23; y Recomendación (UE) 2018/334 de la Comisión, de 1 de marzo de 2018, sobre medidas para combatir eficazmente los contenidos ilícitos en línea (DO L nº 63, de 6 de marzo de 2018, pp. 50-61), puntos 9-13.

356 Recomendación CM/Rec(2018)2 del Comité de Ministros del Consejo de Europa sobre las funciones y responsabilidades de los intermediarios de Internet, de 7 de marzo de 2018, Apéndice, para. 2.5.1-2.5.2.

357 Los intermediarios no pueden imponer a los usuarios -en sus condiciones de servicio- la renuncia a derechos ni obstáculos al acceso

También debe facilitarse el acceso a un posible acuerdo extrajudicial, siempre que sea justo y acorde a las normativas vigentes, con mecanismos eficaces, transparentes e imparciales; pero el intermediario de Internet no puede imponerlo como obligatorio ni como único medio de resolución de la controversia[358].

En el ámbito concreto de la Unión Europea, su normativa sobre obligaciones de diligencia debida exigidas a los intermediarios de Internet es más exigente con los servicios de "alojamiento de datos" (almacenadores indefinidos de información facilitada por el destinatario del servicio, a petición de este) -sobre todo con las plataformas en línea de muy gran tamaño-, que con los servicios de "mera transmisión" (simples facilitadores de acceso de los usuarios a una red de comunicaciones o transmisores de información por ella) o los servicios de "memoria caché" (transmisores de información entre usuarios con el almacenamiento provisional de esta información solo para facilitar su transmisión posterior)[359]. En concreto, a los servicios de alojamiento de

---

efectivo a recursos, como por ejemplo exigirles la jurisdicción obligatoria fuera del Estado de residencia del usuario o unas cláusulas de arbitraje no derogables -Recomendación CM/Rec(2018)2 del Comité de Ministros del Consejo de Europa sobre las funciones y responsabilidades de los intermediarios de Internet, de 7 de marzo de 2018, Apéndice, para.2.5.4-.

358 Directiva sobre comercio electrónico, de 2000 (art. 17); Recomendación (UE) 2018/334 de la Comisión, de 1 de marzo de 2018, sobre medidas para combatir eficazmente los contenidos ilícitos en línea (DO L nº 63, de 6 de marzo de 2018, pp. 50-61), puntos 14-15; y Recomendación CM/Rec(2018)2 del Comité de Ministros del Consejo de Europa sobre las funciones y responsabilidades de los intermediarios de Internet, de 7 de marzo de 2018, Apéndice, para. 2.5.5.

359 Arts. 16-18 del Reglamento de Servicios Digitales de la UE.

datos se les exige expresamente que tengan mecanismos de notificación y acción, una declaración de motivos a los usuarios afectados por una restricción por suministro de información ilegal o incompatible con sus condiciones generales/de servicio, y el deber de notificar las sospechas de delito. Veámoslas brevemente:

a) Los prestadores de servicios de alojamiento de datos han de contar con mecanismos accesibles y manejables de recepción de notificaciones por individuos o entidades, que comuniquen la presencia en su servicio de contenidos concretos que el notificante considera ilícitos[360]. Esas notificaciones han de ser suficientemente precisas y adecuadamente documentadas, y el prestador de servicios habilitará medidas para poder recibir notificaciones que contengan todos los siguientes elementos: el nombre y dirección de correo electrónico del notificante/denunciante, una explicación suficientemente motivada de las razones por las que el notificante considera que esa información concreta es contenido ilícito, indicación clara de la localización electrónica exacta y de todos los datos necesarios para poder identificar ese contenido ilícito, y una declaración del denunciante de que está convencido de buena fe de que la información y alegaciones contenidas en su notificación son precisas y completas. El prestador de servicios enviará al notificante, sin dilación indebida, acuse de recibo de la notificación y de la decisión que adopte respecto a esa notificación -informándole de las vías de recurso posteriores-. A estos efectos, se entiende que una denuncia proporciona un conocimiento efectivo o cognitivo sobre el elemento de información concreto denunciado si permite a un intermediario diligente determinar que la información denunciada es ilícita,

360 Art. 16 del citado Reglamento de Servicios Digitales de la UE.

sin necesitar un examen jurídico detallado[361]. Los prestadores de servicios han de gestionar esas notificaciones recibidas y adoptar sus decisiones respecto a ellas en tiempo oportuno y de modo diligente, objetivo y no arbitrario, incluyendo información sobre el uso de medios automatizados para dicha gestión y decisión en caso de que los hayan empleado[362].

b) Asimismo, estos prestadores de servicios de alojamiento de datos han de proporcionar una declaración de motivos clara y específica a cualquier destinatario afectado por restricciones impuestas por haber proporcionado información que es contenido ilegal o incompatible con las condiciones generales del servicio. Estas restricciones pueden ser muy diversas: limitación de la visibilidad de la información facilitada por el destinatario, como la eliminación de contenidos, el bloqueo del acceso a ellos o su relegación; suspensión, cesación o reducción de los pagos monetarios, de la prestación del servicio -de alojamiento de datos- o de la propia cuenta del destinatario[363]. Esa declaración de motivos debe contener información clara, comprensible y, en la medida de lo posible, precisa y específica, sobre al menos los siguientes elementos: la restricción o restricciones derivadas de la decisión del prestador de servicios; su duración y ámbito territorial en su caso-; los hechos o circunstancias sobre los que se ha basado tal decisión, incluyendo si se ha adoptado en respuesta a la notificación de un denunciante o por una investigación

361 *Ibidem*, apartados 1-5. La identificación precisa y específica del contenido ilícito en las denuncias/notificaciones ya se había venido exigiendo desde el mundo académico: véanse J.M. URBAN, J. KARAGANIS & B.L. SCHOFIELD, *Notice and Takedown in Everyday Practice*, American Assembly, Nueva York, 2016-2017; y A. BARRERO ORTEGA, *cit.*, 2021, p. 113.

362 *Ibidem*, apartado 6.

363 Art. 17.1 del Reglamento de Servicios Digitales de la UE.

propia; si se han empleado medios automatizados para detectar ese contenido y adoptar la decisión; el fundamento jurídico o contractual de la decisión -dependiendo de si es por contenido ilícito o incompatible con las condiciones generales-, y explicaciones de por qué ese contenido es ilícito o incompatible con tales condiciones de servicio; e información clara y sencilla sobre las vías de recurso disponibles para el destinatario: mecanismos internos de gestión de reclamaciones, resolución extrajudicial del litigio y recurso judicial[364].

c) Si un prestador de servicios de alojamiento de datos tiene conocimiento de informaciones que le hagan sospechar de la comisión o probabilidad de un delito que amenace la vida o la seguridad de personas, ha de comunicar tal sospecha de inmediato a las autoridades policiales o judiciales de los Estados afectados, y si no puede determinar cuál puede ser el Estado afectado, informara a las autoridades del Estado de su sede social o a las agencias policiales internacionales (como Europol)[365].

d) Si dicho prestador de alojamiento de datos es una plataforma en línea de muy gran tamaño ha de cumplir con obligaciones de diligencia debida adicionales a todas las anteriores en distintos ámbitos concretos, algunos de ellos especialmente sensibles:

d.1) Sobre el sistema interno de gestión de reclamaciones, se exige a tales plataformas en línea tener un sistema interno eficaz y accesible que permita al usuario reclamar por vía electrónica y de forma gratuita contra cualquier decisión de la plataforma que le afecte. A este respecto, deben facilitar la presentación de reclamaciones suficientemente precisas y adecuadamente documentadas; han de tratarlas en tiempo oportuno y de modo diligente, no

---

364 Art. 17, apartados 3 y 4, del Reglamento de Servicios Digitales de la UE.

365 Art. 18, apartados 1 y 2, del Reglamento de Servicios Digitales de la UE.

discriminatorio ni arbitrario; han de revertir su decisión primera -sin dilación indebida- si la reclamación contra ella tiene motivos suficientes para ser convincente; y han de comunicar sin dilación su decisión sobre la reclamación a los reclamantes, velando porque tal decisión se adopte bajo la supervisión de personal adecuadamente cualificado y no solo por medios automatizados[366].

d.2) En la resolución extrajudicial de litigios, todos los destinatarios del servicio -incluidos los denunciantes- tienen derecho a elegir un órgano de resolución extrajudicial de litigios que esté certificado por el coordinador de servicios digitales del Estado de sede de tal órgano, certificación que obtendrá si al menos cumple con los siguientes requisitos: ser imparcial e independiente -también financieramente- de todas las partes del litigio; con conocimientos necesarios sobre las cuestiones y ámbitos planteados; con remuneración independiente del resultado del procedimiento; con un mecanismo accesible por comunicación electrónica; que sea capaz de resolver litigios en no más de 90 días naturales -que pueden prorrogarse hasta 90 días más en litigios de gran complejidad- de forma rápida, eficiente y eficaz, siguiendo normas de procedimiento claras y justas, fácilmente accesibles y conformes al Derecho aplicable. Las plataformas en línea deben suministrar información clara, sencilla y

366 Artículo 20 del Reglamento de Servicios Digitales de la UE. Estas exigencias de contar con mecanismos internos de reclamación ágil y eficaz, cuyas decisiones son adoptadas por personas y no de modo automatizado; mecanismos de solución extrajudicial de litigios; y el derecho de los usuarios de acudir a recursos judiciales eficaces, también son aplicables para los litigios sobre difusión en línea de obras -u otras prestaciones- sujetas a derechos de autor -Directiva (UE) 2019/790, artículo 17.9-.

fácilmente accesible de la opción de arreglo extrajudicial -salvo que ya se haya resuelto un litigio sobre la misma información-, sin perjuicio del derecho del destinatario afectado a interponer recurso, en cualquier fase, ante un órgano jurisdiccional según el Derecho aplicable[367].

d.3) Es subrayada la relevancia de los llamados "alertadores fiables": las plataformas en línea deben adoptar las medidas necesarias para dar prioridad a las notificaciones enviadas por "alertadores fiables" (condición otorgada por el coordinador de servicios digitales del Estado competente), a los que se exige que posean conocimientos y competencias específicos para detectar, identificar y notificar contenidos ilícitos, que no dependan de ningún prestador de plataformas en línea y que realicen sus actividades de modo diligente, preciso y objetivo[368].

d.4) Son exigidas explícitamente medidas de protección contra usos indebidos: los proveedores de estas plataformas en línea suspenderán, por un período razonable y tras advertencia previa, la prestación de servicios a los destinatarios que proporcionen con frecuencia contenidos manifiestamente ilícitos, y el tratamiento de notificaciones y reclamaciones de quienes envíen con frecuencia notificaciones o reclamaciones manifiestamente infundadas. Esto es, se trata de suspender actuaciones de mala fe, lo que las plataformas en línea evaluarán caso por caso, en tiempo oportuno, de forma diligente y objetiva, teniendo en cuenta todos los hechos y circunstancias pertinentes[369].

---

367 Art. 21 del Reglamento de Servicios Digitales de la UE.

368 Art. 22 del Reglamento de Servicios Digitales de la UE.

369 Artículo 23 del Reglamento de Servicios Digitales de la UE.

d.5) Acerca de las obligaciones de transparencia informativa, estas son exigidas en general a todos los intermediarios de Internet, pero concretamente las plataformas en línea de muy gran tamaño deben reportar -en sus informes periódicos- del número e información sobre los litigios sometidos a los órganos de resolución extrajudicial de litigios, y sobre las suspensiones impuestas por los usos indebidos antes explicados[370].

d.6) Respecto de la publicidad permitida, los prestadores de plataformas en línea no deben presentar a los destinatarios del servicio anuncios basados en la elaboración de perfiles[371].

d.7) Es exigible una gran transparencia del sistema de recomendación que use una plataforma en línea, pues ha de establecer en sus condiciones generales (también llamadas "términos y condiciones") los parámetros utilizados en dicho sistema (con información de por qué se sugiere determinada información al usuario), así como cualquier opción a disposición de los destinatarios para modificar o influir en dichos parámetros, mediante una funcionalidad de acceso directo y fácil desde la interfaz[372].

d.8) La protección de los menores en línea también es especialmente exigida a las plataformas en línea de muy gran tamaño: así, por ejemplo, el Reglamento de Servicios Digitales de la UE exige a los prestadores de plataformas en línea accesibles a menores que establezcan medidas para

---

370 Art. 24 del Reglamento de Servicios Digitales de la UE.

371 Art. 26 del Reglamento de Servicios Digitales de la UE.

372 Art. 27 del Reglamento de Servicios Digitales de la UE.

garantizar un elevado nivel de privacidad, seguridad y protección de tales menores[373].

Ahora bien, cuando es una autoridad estatal quien quiere pedir a un intermediario de Internet que restrinja o bloquee el acceso a un contenido alojado en su plataforma, entonces debe contar con una orden judicial o de autoridad administrativa independiente -sujeta a revisión judicial-, salvo que se trate de contenido manifiestamente ilícito, como material sobre abuso sexual infantil o similar[374]. Además, un tribunal nacional puede obligar a un intermediario de alojamiento de datos a suprimir un contenido que sea idéntico al de una información declarada ilícita con anterioridad, o a bloquear el acceso al mismo, con independencia de quien hubiera sido el solicitante de su almacenamiento en la red[375]. Si el intermediario restringe el acceso de contenidos por orden judicial, deben respetarse las garantías procesales que sean aplicables y disponer de mecanismos de reparación eficaces. Incluso si el intermediario elimina contenidos en virtud de sus propios criterios y condiciones de servicio –"de oficio"-, esto no le hace responsable del contenido subido por terceros a su plataforma. De hecho, los poderes estatales no

---

373 Artículo 28 del citado Reglamento de Servicios Digitales de la UE. Vid. A. ABA-CATOIRA, "La protección de los derechos de los menores ante las nuevas tecnologías: internet y redes sociales", en L. COTINO HUESO (ed.), *Libertades de expresión e información en Internet y las redes sociales: ejercicio, amenazas y garantías,* Universidad de Valencia, Valencia, 2011, pp. 486-511.

374 Véanse, por ejemplo, el artículo 9 del Reglamento de Servicios Digitales de la UE; y L. COTINO HUESO, "Online-Offline. Las garantías para el acceso a Internet y para la desconexión, bloqueo, filtrado y otras restricciones de la red y sus contenidos", *Revista de Derecho Político,* nº 108, 2020, pp. 13-39.

375 Fallo de la Sentencia del TJUE de 3 de octubre de 2019 en el asunto *Eva Glawischnig-Piesczek c. Facebook Ireland Limited* (C-18/18).

deberían imponer a los prestadores de servicios una obligación general de monitorización ni de búsqueda activa en todas las informaciones y los contenidos almacenados o transmitidos en sus plataformas o servicios, pues no respetaría el requisito del "justo equilibrio" en la protección de los distintos derechos, intereses y bienes jurídicos en juego, y sería una medida desproporcionada que pondría en riesgo los derechos fundamentales de los usuarios -sobre todo la protección de datos personales y la libertad de expresión y de información-, así como la libertad de empresa y la viabilidad económica de los intermediarios. Por esas razones debe evitarse el filtrado o control general de los contenidos[376].

Los Estados deben garantizar que los intermediarios y proveedores en Internet no sean considerados responsables de los datos/contenidos de los usuarios del servicio -o terceros- a los que simplemente den acceso o que transmitan o almacenen, pero sí pueden considerarlos corresponsables si no actúan con diligencia y rapidez para restringir el acceso a los contenidos o servicios en cuanto tengan conocimiento de su naturaleza ilegal -la denominada responsabilidad frente a contenidos-[377].

---

376 Reglamento de Servicios Digitales de la UE (art. 8); Directiva 2000/31/CE, sobre el comercio electrónico (art. 15); y Recomendación CM/Rec(2018)2 del Comité de Ministros del Consejo de Europa sobre las funciones y responsabilidades de los intermediarios de Internet, de 7 de marzo de 2018, Apéndice, para. 1.3.2-1.3.3. Véanse las sentencias del TJUE de 16 de febrero de 2012 en el asunto *Belgische Vereniging van Auteurs, Componisten en Uitgevers CVBA (SABAM) c. Netlog NV* (C-360/10), ECLI:EU:C:2012:85, apartados 38, 47-49 y 51-52; de 8 de septiembre de 2016 en el asunto *GS Media BV c. Sanoma Media Netherlands BV y otros* (C-160/15), ECLI:EU:C:2016:644, apartados 31 y 44; y de 7 de agosto de 2018 en el asunto *Land Nordrhein-Westfalen c. Dirk Renckhoff* (C-161/17), ECLI:EU:C:2018:634, apartados 41 y 43.

377 Recomendación CM/Rec(2018)2 del Comité de Ministros del Consejo de Europa sobre las funciones y responsabilidades de los intermediarios de Internet, de 7 de marzo de 2018, Apéndice,

5.2. La situación en Estados Unidos

En Estados Unidos tanto la legislación aplicable como la jurisprudencia de su Tribunal Supremo, al ser tan favorables a la libertad de expresión, han excluido desde el surgimiento de Internet la responsabilidad de los prestadores de "servicios interactivos" -en línea- e intermediarios, al conferirles la condición de "puerto seguro" (*safe harbor*) por los posibles contenidos ilícitos de sus usuarios[378], porque incluso si se trata de proteger a la infancia hay formas menos lesivas para la libertad de expresión que imponer penas de prisión y multas elevadas a quien aloje contenidos nocivos para menores, como

para. 1.3.7; y en España la STC 83/2023, de 4 de julio, FJ 7. Véanse, por ejemplo, J. RIORDAN, *The Liability of Internet Intermediaries,* Oxford University Press, Oxford, 2016, pp. 3-13; M. PEGUERA POCH, *La exclusión de responsabilidad de los intermediarios en Internet,* Comares, Granada, 2007; M. BARRIO ANDRÉS, *Internet y derecho público: responsabilidad de los proveedores de internet,* tesis doctoral, Universidad Carlos III, Madrid, 2016; D. CAPODIFERRO CUBERO, "La libertad de información frente a Internet", *Revista de Derecho Político,* nº 100, 2017, pp. 701-737, en DOI: https://doi.org/10.5944/rdp.100.2017.20715.

378 Véase el marco legislativo general de responsabilidad para los proveedores e intermediarios de Internet en la Sección 230 -Título 47- del Código de Estados Unidos (47 U.S.C. § 230); dicha Sección 230 fue promulgada dentro de la Communications Decency Act -Ley de Decencia en las Comunicaciones-, que en realidad era el Título V "Obscenity and Violence" de la Telecommunications Act, de 8 de febrero de 1996 (Public Law 104-104, 110 Stat. 56); la Communications Decency Act fue declarada inconstitucional por el Tribunal Supremo en su sentencia de 26 de junio de 1997 en el caso *Reno v. American Civil Liberties Union* (521 U.S. 844), pero salvó la licitud de la Sección 230. Vid. J. KOSSEFF, *The Twenty-Six Words that Created the Internet,* Cornell University Press, Ithaca, 2019.

filtrar o bloquear algunos contenidos alojados en la red[379]. En particular, la Sección 230.c.1 del Título 47 del Código de Estados Unidos, aprobada en 1996, prescribe lo siguiente:

> "Ningún proveedor o usuario de un servicio informático interactivo será tratado como el editor o portavoz de cualquier información proporcionada por otro proveedor de contenido de información"[380].

Y además, esa misma Sección 230, en su apartado 2, exime de responsabilidad civil a todo proveedor o usuario de un servicio informático interactivo que adopte acciones voluntarias de buena fe para restringir el acceso o la disponibilidad de material proporcionado por terceros que el proveedor o usuario considere obsceno, lascivo, sucio, excesivamente violento, acosador u objetable de otro modo -esté o no protegido constitucionalmente ese material-, o que ponga a disposición de proveedores de contenido de información u otros los medios técnicos para restringir el acceso a dicho material. Esto es, los prestadores de servicios informáticos interactivos tendrían la condición de "puerto seguro" para funcionar como intermediarios de Internet sin tener responsabilidad por la posible ilicitud del contenido que difundan, con la condición de que

---

379 El Tribunal Supremo también declaró inconstitucional la Ley de Protección Infantil en línea (Child Online Protection Act), 47 USC § 231 -Sentencia de 29 de junio de 2004 en el caso *Ashcroft v. American Civil Liberties Union*, 542 U.S. 656-.

380 Traducción propia. Precisamente el apartado c de dicha Sección 230 se titula "Protección para el "Buen Samaritano" que detecte y bloquee material ofensivo". Véase, por ejemplo, H.A. MELÉNDEZ JUARBE, "Vida privada, reputación y libertad de expresión en un entorno digital: los intermediarios desde el marco normativo de Estados Unidos", *Revista de Derecho, Comunicaciones y Nuevas Tecnologías* -Universidad de los Andes (Colombia)-, nº 17, 2017, en DOI: http://dx.doi.org/10.15425/redecom.17.2017.01

adopten medidas razonables para bloquear el acceso a ese contenido y/o eliminarlo.

Ahora bien, esa exención de responsabilidad no opera en cuatro ámbitos jurídicos: las leyes penales federales, la legislación sobre propiedad intelectual, la legislación de privacidad de las comunicaciones electrónicas, y las querellas penales o demandas civiles sobre tráfico sexual[381].

Ya a mediados de los años noventa del siglo XX el público estadounidense comenzó a usar la red digital de modo masivo, primeramente como conexiones telefónicas más económicas por Internet (*dial up*) a través de numerosos proveedores de servicios como Sprint, MSN Dial Up, CompuServe, América Online o Prodigy, que permitían a los usuarios comunicarse de modo virtual en espacios interactivos (*chat rooms*); poco después ya se realizó el acceso directo a la red mediante navegadores (*browsers*) como Netscape. Esto abría enormes oportunidades

---

381 Apartados e.1, e.2, e.4 y e.5 de la citada Sección 230, respectivamente. Con respecto a la propiedad intelectual, la retirada de material vulnerador de derechos de autor estaba regulada por la Online Copyright Infringement Liability Limitation Act, de 1978, 17, U.S.C. § 512. En materia de privacidad de las comunicaciones, la Sección 230 se refiere a la Electronic Communications Privacy Act, de 1986 (18 U.S.C. §§ 2510-2523), que ha sido enmendada varias veces. Así, el punto (e) de la Sección 230 fue resultado de la enmienda introducida por la Ley para Detener la Facilitación de los Traficantes Sexuales –o trata de personas con fines sexuales- (FOSTA-SESTA, por sus siglas en inglés), de 11 de abril de 2018 -Public Law 115-164 (132 STAT. 1253)-, promulgada para impedir que se concediera la protección de "puerto seguro" a los proveedores de servicios informáticos en línea frente a las legislaciones federal o estatales sobre tráfico sexual. Véase el texto de la Sección 230 en https://www.law.cornell.edu/uscode/text/18/part-I/chapter-119 y su evolución en https://bja.ojp.gov/program/it/privacy-civil-liberties/authorities/statutes/1285

de comunicación, pero también se hizo más fácil y accesible el acceso a contenido más sensible, como pornografía gratuita, lo que provocó la reacción de intentar controlar ese tráfico digital mediante la Communications Decency Act, de 1996[382].

Con todo, la normativa estadounidense de la Sección 230 resultó esencial en el progreso inicial de las compañías de Internet para que pudieran crecer sin barreras normativas que les constriñeran, de tal modo que algunas de las empresas tecnológicas que se consolidaron son enormes emporios económicos en la actualidad, hasta incluso haberse convertido en las compañías mundiales con mayor capitalización de mercado[383]. A estos efectos, la complementaria Ley de Derecho de Autor de la Era Digital (Digital Millenium Copyright Act), de 1998, también eximía de

---

382 M. HAUBEN & R. HAUBEN, *Netizens: On the History and Impact of Usenet and the Internet*, IEEE Computer Society, Los Alamitos (California), 1997, pp. 160-200; y H.A. MELÉNDEZ JUARBE, "Vida privada, reputación y libertad de expresión en un entorno digital: los intermediarios desde el marco normativo de Estados Unidos", *Revista de Derecho, Comunicaciones y Nuevas Tecnologías* -Universidad de los Andes (Colombia)-, nº 17, 2017, en DOI: http://dx.doi.org/10.15425/redecom.17.2017.01, en p. 12 y ss.

383 En 2024, seis de las diez empresas más grandes del mundo -en términos de capitalización de mercado-, son empresas tecnológicas, y en parte prestadores de servicios interactivos en línea: Apple, Microsoft, Alphabet (Google), Amazon, Nvidia y Meta Platforms (Facebook). Vid. https://www.ambito.com/finanzas/ranking-cuales-son-las-10-empresas-mas-grandes-del-mundo-segun-su-capitalizacion-mercado-n5914926. Esto se ha producido sobre todo en la última década, pues en las décadas anteriores no existían tantas empresas tecnológicas poderosas, y las más grandes eran compañías de ordenadores -hardware- (como IBM) o telefónicas (como AT&T y Nippon Telegraph and Telephone); véase el gráfico de esta página web: https://blogaldeaglobal.wordpress.com/wp-content/uploads/2018/12/a725f-dssrx2wucaazge42b252812529.jpg

responsabilidad directa o indirecta a los proveedores de servicios en línea (OSP, por sus siglas en inglés), incluyendo a los proveedores de servicios de Internet (ISP) y otros intermediarios de Internet, pero si cumplían ciertas condiciones -similares en parte a las de la Sección 230-: adherirse a las directrices de puerto seguro que se prescribieran y, en particular, establecer un sistema ágil de notificación y eliminación, consistente en bloquear de inmediato (y, en su caso, borrar/eliminar de su plataforma) material sujeto a derechos de propiedad intelectual (copyright) si recibían una notificación de reclamación de infracción de un titular -o su agente- de derechos de autor o una orden judicial; y este sistema también debía permitir la recepción de contranotificaciones de las partes afectadas[384].

Este marco normativo estadounidense de finales del siglo XX permitió un potente y veloz desarrollo de todo tipo de programas y aplicaciones en Internet -motores de búsqueda, redes sociales, proveedores de blogs, sitios de compartir contenido audiovisual y vídeos, aplicaciones de comercio electrónico, computación en la nube[385], aplicaciones de citas, herramientas

384 Ley de Derecho de Autor de la Era Digital (Digital Millenium Copyright Act), de 28 de octubre de 1998 -Public Law 105-304 (112 Stat. 2860)-, Título II, conocida como Ley de Limitación de Responsabilidad por Infracción de Derechos de Autor en Línea, o también como cláusula "puerto seguro (*safe harbor*)", que es la Sección 512 del Título 17 del Código de Estados Unidos.

385 También conocido como *cloud computing*, este concepto abarca los servicios que proveen la capacidad de operar con información almacenada en la nube de datos. Véanse, por ejemplo, M.A. DAVARA RODRÍGUEZ, "La computación en la nube", *El Consultor de los Ayuntamientos*, nº 10, 2010, pp. 1603-1611; L. JOYANES AGUILAR, "Computación en la nube", *Revista del Instituto Español de Estudios Estratégicos*, nº 0, 2012, pp. 87-110; M. GARCÍA SÁNCHEZ, "Retos de la computación en nube", en R. MARTÍNEZ MARTÍNEZ (ed.), *Derecho y cloud computing*, Civitas, Madrid, 2012, pp. 37-62; E. RENGIFO

de conocimiento colaborativo, aplicaciones de transmisión en vivo, tiendas de aplicaciones, programas de intercambio, sitios de recomendación y un largo etcétera-, pues sus creadores no debían preocuparse demasiado por posibles responsabilidades legales ante la visión positiva, universal, libre y única de Internet[386]. En realidad, la exención de responsabilidad de los prestadores de servicios intermediarios de Internet tiene lógica si se considera que estas plataformas en línea se han consolidado como vehículos indispensables para que millones de personas en todo el mundo puedan expresar opiniones, ideas, compartir información y todo tipo de contenidos de modo sencillo, gratuito, eficaz e inmediato, lo que evidentemente ha supuesto un enorme beneficio en el ejercicio efectivo y rápido del derecho a la libertad de expresión -y de acceso a la información- de modo igualitario y democrático[387].

GARCÍA, "Computación en la nube", *Revista La Propiedad Inmaterial*, nº 17, 2013, pp. 223-245, en https://revistas.uexternado.edu.co/index.php/propin/article/view/3587/3668; H.H. FLANTRMSKY CÁRDENAS, *Computación en nube*, tesis doctoral, Universidad de Salamanca, Salamanca, 2017; y M. CORRALES, "La Computación en la Nube y el Big Data", en M. BAUZÁ REILLY (dir.), *El derecho de las TIC en Iberoamérica*, La Ley Uruguay, Montevideo, 2019, pp. 797-818.

386 Véase, desde una perspectiva crítica, J.W. PENNEY, "Understanding the New Virtualist Paradigm", *Journal of Internet Law*, vol. 12, nº 8, 2009, pp. 3-7.

387 Véanse, por ejemplo, J. ZITTRAIN, "A History of Online Gatekeeping", *Harvard Journal of Law and Technology*, vol. 19, nº 2, 2006, pp. 253-298; y H.A. MELÉNDEZ JUARBE, "Vida privada, reputación y libertad de expresión en un entorno digital: los intermediarios desde el marco normativo de Estados Unidos", *Revista de Derecho, Comunicaciones y Nuevas Tecnologías* -Universidad de los Andes (Colombia)-, nº 17, 2017, en DOI: http://dx.doi.org/10.15425/redecom.17.2017.01, en p. 7.

No obstante, esta normativa estadounidense tan favorable a los proveedores de servicios en línea ha sido muy debatida: fueron presentados diversos proyectos legislativos para reformarla y limitar la exención de responsabilidad de los proveedores de servicios de Internet[388]; un Decreto Presidencial/Orden Ejecutiva de 2020 con el título de "Orden Ejecutiva para prevenir la censura en línea", consideraba que las plataformas y medios que editan contenido y restringen publicaciones por no ser de su línea ideológica están realizando una labor editorial y, por tanto, no deberían disfrutar de la protección de la Sección 230 frente a reclamaciones de responsabilidad[389] -aunque la Sección 230 no

---

388 Sobre esos proyectos legislativos véase, por ejemplo, Ch. RILEY y D. MORAR, "Legislative efforts and policy frameworks within the Section 230 debate", Comentario, *Brookings*, The Brookings Institution, 21 de septiembre de 2012, en https://www.brookings.edu/articles/legislative-efforts-and-policy-frameworks-within-the-section-230-debate/

389 Decreto Presidencial nº 13925 "Orden Ejecutiva para prevenir la censura en línea", de 28 de mayo de 2020 (Executive Order 13925), en https://trumpwhitehouse.archives.gov/presidential-actions/executive-order-preventing-online-censorship/. Según el mismo, "Las plataformas en línea están ejerciendo una censura selectiva que está dañando nuestro discurso nacional", y "el inciso (c)(2) (de la Sección 230) especifica que un proveedor de servicios informáticos interactivos no puede ser considerado responsable "por" su decisión de "buena fe" de restringir el acceso a contenido que considere "obsceno, lascivo, excesivamente violento, acosador o de otro modo objetable.... La Sección 230 no tenía como objetivo permitir que un puñado de empresas se convirtieran en titanes que controlan vías vitales para nuestro discurso nacional bajo el pretexto de promover foros abiertos para el debate, y luego brindarles a esos gigantes inmunidad general cuando usan su poder para censurar contenidos y silenciar puntos de vista que no les gustan. *Cuando un proveedor de servicios informáticos interactivos elimina o restringe el acceso a contenido, y sus acciones no cumplen los criterios del subpárrafo (c)(2)(A), está cometiendo una conducta editorial*" (traducción propia y

exige neutralidad a las decisiones de las plataformas de Internet en la moderación de contenidos-; incluso el Departamento de Justicia elaboró y presentó un informe en 2020 para identificar diversas áreas de reforma recomendable en la Sección 230:

1) Incentivar a las plataformas para que aborden la creciente cantidad de contenido ilícito en línea, mientras se preserva el núcleo de la Sección 230. A estos efectos, se proponían tres tipos de medidas: a) negar la exención de responsabilidad civil de la Sección 230 a plataformas en línea que faciliten o soliciten deliberadamente de terceros contenidos o actividades ilícitas (según la legislación penal federal); b) no otorgar inmunidad en reclamaciones sobre explotación infantil y abuso sexual, terrorismo y acoso cibernético; c) no eximir de responsabilidad a la plataforma que recibiera información, aviso o sentencia judicial de que el contenido de terceros es ilícito.

2) No aplicar la inmunidad prevista en la Sección 230 a las demandas civiles formuladas por el gobierno federal.

3) No aplicar la inmunidad prevista en la Sección 230 a las reclamaciones federales antimonopolio en las grandes plataformas en línea.

4) Promover el discurso libre y abierto en línea y fomentar una mayor transparencia entre las plataformas y los usuarios, reemplazando la terminología imprecisa de la Sección 230 con definiciones legales más precisas, y limitando la inmunidad a las decisiones de moderación de contenido que sean realizadas de acuerdo con términos de servicio claros, particulares y con una explicación razonable. Pero la eliminación de contenido de

---

cursiva añadida). Este Decreto Presidencial/Orden Ejecutiva fue revocado por el Presidente Biden el 14 de mayo de 2021.

una plataforma de conformidad con la Sección 230(c)(2) o de conformidad con sus términos de servicio no convertiría, por sí sola, a la plataforma en editor o responsable de todo el resto del contenido de su servicio[390].

También los académicos han avanzado propuestas de cambio frente a una aplicación extensiva de la Sección 230 en Estados Unidos, especialmente orientadas a alcanzar un entorno de convivencia y respeto mutuo en la red, como modo precisamente de fortalecer el libre ejercicio de la libertad de expresión por parte de todos, sin temores ni recelos a ser censurados por prácticas o políticas de cancelación o amedrentamiento. Como ha indicado H. MELÉNDEZ JUARBE, no se trata de confrontar los dos derechos fundamentales a la intimidad y reputación personal y a la libertad de expresión como si fueran incompatibles, sino de cambiar el enfoque para presentarlos como complementarios y coadyuvantes: de hecho, proteger la intimidad, la reputación y la imagen de cada persona en la red -que es la forma en la que se presenta a los demás-, sirve para ejercer libremente su libertad de expresión y, en general, fortalecer una sociedad democrática. Por el contrario, una persona víctima en la red de difamación o publicación obscena de su intimidad, con su dignidad agraviada, difícilmente va a sentirse segura para poderse expresar en libertad. Por eso, la protección del derecho de cada persona a su privacidad y reputación constituye una precondición para poder ejercer su libertad de expresión sin cortapisas[391]. En este

---

390 U.S. DEPARTMENT OF JUSTICE, *Section 230 – Nurturing Innovation or Fostering Unaccountability? Key Takeaways and Recommendations*, Washington, junio de 2020, en https://www.justice.gov/ag/file/1072971/dl?inline=.

391 H.A. MELÉNDEZ JUARBE, "Vida privada, reputación y libertad de expresión en un entorno digital: los intermediarios desde el marco normativo de Estados Unidos", *Revista de Derecho, Comunicaciones y Nuevas*

contexto, se han presentado propuestas doctrinales en diversos sentidos: incluir en la citada Sección 230 una excepción específica para los casos más graves de pornografía no consensuada, ciberacoso o trata de personas[392]; o controlar el anonimato en las plataformas en línea, con registros que permitan identificar a los usuarios anónimos responsables de contenidos ilícitos en caso de demandas judiciales. De hecho, desde los inicios de internet se ha tendido a restringir el anonimato, con la justificación de la complejidad de gestionar el anonimato en la red en casos de delitos graves cometidos en el ciberespacio[393].

Esta última propuesta sería más polémica, porque el derecho a expresarse de modo anónimo, también en Internet, se encuentra amparado en Estados Unidos por su Primera Enmienda constitucional, y un proveedor de servicios de Internet puede hacer valer ese derecho en nombre de sus usuarios[394]. Como la jurisdicción estadounidense ha subrayado, "el libre intercambio de ideas en Internet se debe en gran medida a la capacidad de los usuarios de Internet de comunicarse de forma anónima", y privarles de ese anonimato "tendría un efecto amedrentador significativo sobre las comunicaciones por Internet y, por ende, sobre los derechos básicos de la Primera Enmienda. Por lo tanto, las solicitudes de

---

Tecnologías-Universidad de los Andes (Colombia)-, nº 17, 2017, en DOI: http://dx.doi.org/10.15425/redecom.17.2017.01, en pp. 16-17.

392 D.K. CITRON, *Hate Crimes in Cyberspace*, Harvard University Press, Cambridge (Estados Unidos), 2014, pp. 177-181.

393 Véase, por ejemplo, A. ROIG, *Derechos fundamentales y tecnologías de la información y de las comunicaciones (TICs)*, Bosch, Barcelona, 2010.

394 En este sentido véanse, por ejemplo, dos premonitorias Sentencias del Tribunal Supremo, una de 19 de abril de 1995 en el caso *McIntyre v. Ohio Elections Commission*, 514 US 334; y otra de 12 de enero de 1999 en el caso *Buckley v. American Constitutional Law Foundation, Inc.*, 525 US 182; y la Decisión del Tribunal de Distrito (W.D. Wash.) de 26 de abril de 2001 en el caso *Doe v. 2TheMart. Com Inc.*, 140 F. Supp. 2d 1088.

descubrimiento que busquen identificar a usuarios anónimos de Internet deben ser sometidas a un escrutinio cuidadoso por parte de los tribunales"[395]. En efecto, para que se permita descubrir la identidad de un demandado en un procedimiento judicial, se exigen al demandante unos requisitos: que demuestre que la demanda, y el descubrimiento resultante solicitado, no son frívolos, y que demuestre la necesidad de la información de identificación[396]. Y las exigencias son mayores cuando se pretende revelar la identidad de otro usuario anónimo de Internet que no es parte del caso judicial (por ejemplo, un testigo), porque se consideran cuatro factores: 1) la citación que solicita la información se emitió de buena fe y sin ningún propósito indebido; 2) la información solicitada se relaciona con una demanda o defensa principal; 3) la información de identificación es directa y materialmente relevante para esa demanda o defensa; y 4) la información suficiente para establecer o refutar esa demanda o defensa no está disponible en ninguna otra fuente[397].

Como se está explicando, la propia jurisdicción estadounidense ha ido ajustando sus decisiones judiciales, al intentar equilibrar la exención de responsabilidad de las plataformas de Internet con la protección de los usuarios y de la libertad

---

395 Decisión del Tribunal de Distrito (W.D. Wash.) de 26 de abril de 2001 en el caso *Doe v. 2TheMart.com Inc.*, 140 F. Supp. 2d 1088, en p. 1093.

396 Véanse la Decisión del Tribunal de Distrito (N.D. California) de 8 de marzo de 1999 en el caso *Columbia Ins. Co. v. Seescandy.com,* 185 F.R.D. 573, en pp. 577-580; y la Decisión del Tribunal de Apelaciones de Virginia de 31 de enero de 2000 en el caso *In re Subpoena Duces Tecum to America Online, Inc.*, 2000 WL 1210372, pues ambas exigen que se demostrara, al menos, que existía una base de buena fe para iniciar la demanda, y que se probara la necesidad imperiosa de la investigación solicitada.

397 Decisión del Tribunal de Distrito (W.D. Wash.) de 26 de abril de 2001 en el caso *Doe v. 2TheMart.com Inc.*, 140 F. Supp. 2d 1088, en p. 1095.

de expresión. Durante los primeros años de la evolución de Internet, los tribunales estadounidenses confirmaron la aplicabilidad de la Sección 230 y la exención de responsabilidad de los prestadores de servicios de Internet con respecto a los posibles contenidos ilícitos compartidos por los usuarios en la red ante demandas judiciales muy diversas, particularmente por difamación[398], pero también por vulneración de derechos a la privacidad, honor y la propia imagen, publicar información falsa o amenazas personales[399], e incluso por negligencia ante contenido sexual sobre menores en la red[400]. Pero poco a poco

---

398 Así, por ejemplo, la Decisión del Tribunal de Apelaciones -4º Circuito- de 12 de noviembre de 1997 en el caso *Zeran v. America Online, Inc.*, 129 F.3d 327, fue el primer asunto de difamación en la red resuelto en este sentido. Otros casos similares sobre difamación fueron resueltos del mismo modo: véanse la Decisión del Tribunal de Apelaciones -Columbia- de 22 de abril de 1998 en el caso *Blumenthal v. Drudge*, 992 F.Supp. 44; Decisión del Tribunal de Apelaciones -3º Circuito- de 16 de enero de 2003 en el caso *Green v. America Online*, 318 F3.d 465; y la Decisión del Tribunal de Apelaciones -9º Circuito- de 24 de junio de 2003 en el caso *Batzel v. Smith*, 333 F3.d 1018.

399 Véanse la Decisión del Tribunal de Apelaciones -9º Circuito- de 13 de agosto de 2003 en el caso *Carafano v. Metrosplash.com, Inc.*, 339 F3.d 1119; la Decisión del Tribunal de Apelaciones del Estado de California -4º Distrito- en el caso *Gentry v. eBay, Inc.*, de 26 de junio de 2002, 99 Cal.App.4th 816; la Decisión del Tribunal de Apelaciones del Estado de California -6º Distrito- de 14 de diciembre de 2006 en el caso *Delfino et al. v. Agilent Technologies, Inc.*, 2006 WL 3635399; la Decisión del Tribunal de Apelaciones -6º Circuito- de 16 de junio de 2014 en el caso *Jones v. Dirty World Entertainment Recordings LLC*, 755 F3.d 398; y la Decisión del Tribunal de Apelaciones -2º Circuito- de 27 de marzo de 2019 en el caso *Herrick v. Grindr LLC*, 765 Fed. App'x 586.

400 Véanse la Decisión del Tribunal Supremo de Florida de 8 de marzo de 2001 en el caso *Doe v. America Online, Inc.*, 783 So. 2d 1010; la Decisión del Tribunal de Apelaciones -5º Circuito- de 16 de mayo de 2008 en el caso *Doe v. MySpace, Inc.*, 528 F3.d 413; y la Decisión del

la jurisdicción estadounidense fue perfilando con más precisión el alcance de la exención de responsabilidad de las plataformas de Internet, y comenzó a considerar que estas podían ser responsables del contenido publicado en ciertas circunstancias, como cuando desarrollan o editan algunos aspectos de ese contenido, en cuyo caso pueden ser calificadas como proveedores de información[401]. Así, por ejemplo, si el distribuidor en línea mantiene control editorial sobre alguna de las partes de su servicio público, como un Tablón de Anuncios (*Bulletin Board*), entonces sí se le puede exigir responsabilidad por contenidos ilícitos allí colocados[402], pero se ha mantenido la exención de responsabilidad a los proveedores de servicios de Internet (ISP) incluso si sus "sistemas de recomendación" habían gestionado contenido relativo al terrorismo suministrado por usuarios y alojado en sus servidores[403]. De hecho, en 2021 dos Estados (Florida y Texas) aprobaron legislación estatal que restringía la libertad de las plataformas de Internet en sus mecanismos de moderación de contenidos, para impedirles eliminar contenidos de usuarios basados en sus puntos de vista y exigiendo a las plataformas que fueran transparentes motivan-

Tribunal de Distrito (N.D. Ill.) de 20 de octubre de 2009 en el caso *Dart v. Craigslist, Inc.*, 665 F. Supp. 2d 961.

401 Véase sobre todo la conocida Decisión del Tribunal de Apelaciones -9º Circuito- de 3 de abril de 2008 en el caso *Fair Housing Council of San Fernando Valley v. Roommates.com, LLC*, 521 F.3d 1157.

402 Véase la Decisión del Tribunal Supremo de Nueva York de 24 de mayo de 1995 en el caso *Stratton Oakmont, Inc. v. Prodigy Services Co.*, 23 Media L. Rep. 1794.

403 Véanse las coetáneas Sentencias del Tribunal Supremo de 18 de mayo de 2023 en el caso *Gonzalez v. Google LLC*, 598 U.S. 617, y en el caso *Twitter, Inc. v. Taamneh*, 598 US 471 (2023); y la Decisión del Tribunal de Apelaciones -2º Circuito- de 31 de julio de 2019 en el caso *Force v. Facebook, Inc.*, 934 F.3d 53.

do sus decisiones de restricción de tales contenidos; el asunto fue judicializado y llegó al Tribunal Supremo. Este decidió devolver el caso a los tribunales de apelaciones porque no habían evaluado correctamente todos los aspectos del impacto que esa legislación estatal podía tener en la libertad de las plataformas de Internet en su labor editorial de moderación de contenidos y en la libertad de expresión, tal como está configurada en la Primera Enmienda constitucional[404]. Esto demuestra que, en la actualidad, la jurisdicción estadounidense sigue otorgando un elevado nivel de protección al ejercicio de la libertad de expresión y de información en la red frente a la posible responsabilidad de las plataformas de Internet, lo que contrasta un tanto con lo anteriormente explicado sobre la evolución judicial operada por el Tribunal Europeo de Derechos Humanos en algunas de sus sentencias recientes más célebres[405].

5.3. El entorno de la Unión Europea: referencia a España

En este contexto geográfico, el Derecho de la Unión Europea ha precisado esta exoneración general de responsabilidad de los servicios intermediarios de Internet: en primer lugar, el prestador de servicios no es responsable por una información si solamente la ha transmitido o accedido a ella (servicio de "Mera transmisión"), con tres condiciones: que no haya originado él mismo la transmisión, no haya seleccionado al receptor de la transmisión y no haya seleccionado la informa-

---

404 Sentencia de 1 de julio de 2024 en los casos *Moody v. Netchoice, LLC,* y *NetChoice, LLC v. Paxton*, 603 US ___ (2024).

405 Véase la exposición realizada anteriormente en la presente obra al explicar las sentencias del TEDH de 16 de junio de 2015 en el asunto *Delfi AS c. Estonia* (caso 64569/09), y de 15 de mayo de 2023 en el asunto *Sanchez c. Francia* (caso nº 45581/15).

ción transmitida[406]. En segundo lugar, el prestador del servicio tampoco puede ser considerado responsable del almacenamiento automático, provisional y temporal de esa información realizado con la única finalidad de hacer más eficaz o segura su transmisión posterior, a petición de estos (servicio de "Memoria caché"), con varias condiciones: que no modifique esa información; cumpla las obligaciones de acceso a la información y las normas relativas a la actualización de la información -especificadas de acuerdo con lo reconocido y utilizado por el sector-; no interfiera en el empleo lícito de tecnología para obtener datos sobre la utilización de la información; y "actúe con prontitud para retirar la información que haya almacenado, o bloquear el acceso a ella, en cuanto tenga conocimiento efectivo del hecho de que la información contenida en la fuente inicial de la transmisión ha sido retirada de la red, de que se ha bloqueado el acceso a dicha información, o de que una autoridad judicial o administrativa ha ordenado retirarla o bloquear el acceso a ella"[407]. En tercer lugar, el intermediario tampoco puede ser considerado responsable de la información almacenada a petición del destinatario que la ha facilitado -que no actúa bajo la autoridad o control del intermediario- (servicio de "Alojamiento de datos") con tres condiciones: que ese

---

406 Dichas actividades de transmisión y de concesión de acceso incluyen el almacenamiento automático, provisional y transitorio de la información transmitida, que se realice con la única finalidad de ejecutar la transmisión en la red de comunicaciones y que su duración no supere el tiempo razonablemente necesario para dicha transmisión -art. 4.2 del Reglamento de Servicios Digitales de la UE-; y anteriormente, la Directiva sobre comercio electrónico, de 2000, señalaba las mismas condiciones para exonerar de responsabilidad a los prestadores de servicios de Mera transmisión (art.12).

407 Artículo 5 del citado Reglamento de Servicios Digitales de la UE; y artículo 13 de la Directiva sobre comercio electrónico, de 2000.

destinatario no actúe bajo la autoridad o control del intermediario; que este último no tenga conocimiento efectivo de una actividad o contenido ilícito ni sea consciente de hechos o circunstancias que lo pongan de manifiesto -en caso de solicitudes de indemnización por daños y perjuicios-; y que, en cuanto tenga conocimiento o sea consciente de ello, el intermediario actúe con prontitud para eliminar el contenido ilícito o bloquear el acceso a este.

En resumen, queda exonerado de responsabilidad el proveedor que no haya desempeñado un papel activo que le confiera conocimiento o control sobre los datos almacenados: para explicarlo con un ejemplo, si el proveedor de un mercado electrónico se limita a almacenar ofertas de venta y suministrar información general y de las condiciones de su servicio a los clientes, se entiende que no tiene el control de esos contenidos aunque sea remunerado por su función; pero si promueve u optimiza la presentación de ofertas de venta, ya deja de tener una posición neutra entre vendedores y compradores para desarrollar un papel activo con el que adquiere conocimiento de esos datos o contenidos (criterio de la "influencia decisiva" o control efectivo")[408]. A estos efectos, se entiende que son los

---

408 Artículo 6 del citado Reglamento de Servicios Digitales de la UE, y artículo 14 de la Directiva sobre comercio electrónico; véanse también las siguientes sentencias del TJUE: de 23 de marzo de 2010 en los asuntos acumulados *Google France SARL y Google Inc. c. Louis Vuitton Malletier SA* (C-236/08), *Google France SARL c. Viaticum SA y Luteciel SARL* (C-237/08) y *Google France SARL c. Centre national de recherche en relations humaines (CNRRH) SARL y otros* (C-238/08), ECLI:EU:C:2010:159, apartados 114 y 120; de 12 de julio de 2011 en el asunto *L'Oréal SA y otros c. eBay International AG y otros* (C324/09), ECLI:EU:C:2011:474, apartados 116, 119, 124 y punto 6 del fallo; de 20 de diciembre de 2017 en el asunto *Asociación Profesional Élite Taxi c. Uber Systems Spain, SL* (C-434/15), ECLI:EU:C:2017:981, apartado 39;

órganos jurisdiccionales nacionales los competentes para verificar que el papel desempeñado por un proveedor de servicios era neutro, en el sentido de que su comportamiento haya sido meramente técnico, automático y pasivo, lo que indicaría que no conocía ni controlaba los datos/contenidos/información transmitida o almacenada por sus clientes y que no desempeñaba un papel activo para permitirles optimizar su actividad de venta en línea[409].

---

y de 19 de diciembre de 2019 en el asunto *Procedimiento penal entablado contra X* (C-390/18), ECLI:EU:C:2019:1112, apartados 67 y 68. También en España la STC 27/2020, de 24 de febrero. Vid. L.C. MATE SATUÉ, "La responsabilidad de las plataformas de intermediación contractual en línea en el Reglamento de Servicios Digitales: un reajuste de la Directiva de Comercio Electrónico", en M. CASTILLA BAREA & Mª.D. CERVILLA GARZÓN (dirs.), I. HERNÁNDEZ MENI & M. NEUPAVERT ALZOLA (coords.), *El Derecho y la Justicia ante la Inteligencia Artificial y otras tecnologías disruptivas,* Aranzadi, Las Rozas, 2024, pp. 131-147. Ahora bien, el Derecho sobre protección de los consumidores no exonera de responsabilidad a las plataformas en línea que permitan a los consumidores celebrar contratos a distancia con comerciantes, cuando dicha plataforma en línea presente el elemento de información concreto, o haga posible de otro modo esa transacción concreta, de tal manera que pueda inducir a un consumidor medio a creer que esa información, o el producto o servicio que sea el objeto de la transacción, es proporcionado por la propia plataforma en línea o por un destinatario del servicio que actúa bajo su autoridad o control -art.6.3 del Reglamento de Servicios Digitales de la UE-.

409 Sentencias del TJUE de 23 de marzo de 2010 en los asuntos acumulados *Google France SARL y Google Inc. c. Louis Vuitton Malletier SA* (C-236/08), *Google France SARL c. Viaticum SA y Luteciel SARL* (C-237/08) y *Google France SARL c. Centre national de recherche en relations humaines (CNRRH) SARL y otros* (C-238/08), apartados 114 y 119; y de 7 de agosto de 2018 en el asunto *Coöperatieve Vereniging SNB-REACT U.A. c. Deepak Mehta* (C-521/17), ECLI:EU:C:2018:639, apartados 50, 52 y punto 2 del fallo.

Evidentemente, esta exención de responsabilidad de los prestadores de servicios intermediarios de Internet no impide que una autoridad judicial o administrativa -según cada ordenamiento jurídico nacional- pueda exigir a un prestador de servicios que impida o que ponga fin a una infracción[410]. Así, por ejemplo, según el Derecho de la UE, si los prestadores de servicios intermediarios reciben una orden de actuación contra elementos concretos de contenido ilícito, dictada por autoridades judiciales o administrativas nacionales pertinentes -sobre la base del Derecho aplicable-, han de informar sin dilación indebida a la autoridad emisora de la citada orden -o a cualquier otra autoridad especificada en la orden-, del curso dado a la orden.

Como ha señalado A. BARRERO ORTEGA, el alcance del concepto de "conocimiento efectivo" del intermediario sobre un contenido ilícito alojado en su plataforma ha sido expandido por la jurisprudencia con el fin de involucrar más a los proveedores de servicios en la lucha contra las infracciones jurídicas[411]. Al principio, el intermediario adquiría "conocimiento efectivo" del ilícito con una resolución del órgano nacional competente -judicial o, excepcionalmente, administrativo-, a partir de la cual el intermediario estaba obligado a adoptar medidas para retirar o bloquear el contenido ilícito de su plataforma. Con el tiempo, los tribunales fueron entendiendo que el prestador de servicios también podía alcanzar "conocimiento efectivo" si recibía una notificación del perjudicado o de las fuerzas policiales en ese sentido. Asimismo, el intermediario

410 Artículos 4.3, 5.2 y 6.4 del Reglamento de Servicios Digitales de la UE, y artículos 12.3, 13.2 y 14.3 de la Directiva sobre comercio electrónico, de 2000.

411 Véase A. BARRERO ORTEGA, "Responsabilidad de los intermediarios de Internet en el derecho de la UE", *Revista Española de Derecho Constitucional*, nº 123, 2021, pp. 119-120.

puede obtener conocimiento efectivo por sí mismo mediante deducciones lógicas, si tenía realmente conocimiento de hechos o circunstancias a partir de los cuales un operador económico diligente hubiera debido constatar ese carácter ilícito[412]. Incluso se ha establecido la presunción judicial *iuris tantum* de que el intermediario tiene el conocimiento efectivo del carácter ilícito del contenido alojado en su servidor en supuestos de colocación de hipervínculos con ánimo de lucro[413].

Asimismo, cabe recordar que, incluso si el intermediario no es considerado responsable en un caso concreto, sin embargo sí puede verse obligado a cooperar en el cese del hecho ilícito y/o en la reparación del daño infligido[414].

Un ámbito de especial relevancia es la propiedad intelectual, pues restringe evidentemente la libertad de difusión en línea de contenidos sujetos a derechos de autor (de *copyright*); el fundamento legal es evitar la descarga y uso no autorizado de obras creadas por otros y protegidas por derechos de autor,

---

412 Sentencia del TJUE de 12 de julio de 2011 en el asunto *L'Oréal SA y otros c. eBay International AG y otros* (C324/09), apartados 120-124 y punto 6 del fallo.

413 Sentencia del TJUE de 8 de septiembre de 2016 en el asunto *GS Media BV c. Sanoma Media Netherlands BV y otros* (C-160/15), ECLI:EU:C:2016:644, en su apartado 51: "cuando la colocación de hipervínculos se efectúa con ánimo de lucro, cabe esperar del que efectúa la colocación que realice las comprobaciones necesarias para asegurarse de que la obra de que se trate no se publica ilegalmente en el sitio al que lleven dichos hipervínculos, de modo que se ha de presumir que la colocación ha tenido lugar con pleno conocimiento de la naturaleza protegida de dicha obra y de la eventual falta de autorización de publicación en Internet por el titular de los derechos de autor".

414 Sentencia del TJUE de 11 de septiembre de 2014 en el asunto *Sotiris Papasavvas c. O Fileleftheros Dimosia Etaireia Ltd y otros* (asunto C-291/13), ECLI:EU:C:2014:2209.

lo que se conoce como robo o "piratería", y que se ha generalizado desde la existencia de Internet y las enormes capacidades tecnológicas que ofrece a sus usuarios[415]. En el Derecho de la UE se entiende que los prestadores de servicios realizan un acto de comunicación -o de puesta a disposición- al público cuando le ofrecen el acceso a obras o prestaciones protegidas por derechos de autor que hayan sido cargadas por sus usuarios, y en esos casos, deben obtener una autorización de los titulares de esos derechos, por ejemplo mediante la celebración de un acuerdo de licencia[416]. Si no actúan así, incurrirán en

---

415 Véanse H.A. MELÉNDEZ-JUARBE, "Intermediaries and Freedom of Expression", 2012, en https://www.palermo.edu/cele/pdf/english/Internet-Free-of-Censorship/04-Intermediaries_Freedom_of_Expression_Hiram_Melendez_Juarbe.pdf, p. 3; y W.W. FISHER III, *Promises to Keep: Technology, Law and the Future of Entertainment*, Stanford University Press, Stanford, 2004, pp. 30-31.

416 Artículo 17, apartados 1 y 2, de la Directiva (UE) 2019/790 del Parlamento Europeo y del Consejo, de 17 de abril de 2019, sobre los derechos de autor y derechos afines en el mercado único digital y por la que se modifican las Directivas 96/9/CE y 2001/29/CE -DO L nº 130, de 17 de mayo de 2019, pp. 92-125-. Esta Directiva fue transpuesta en España por el Real Decreto-ley 24/2021, de 2 de noviembre, de transposición de directivas de la Unión Europea en las materias de bonos garantizados, distribución transfronteriza de organismos de inversión colectiva, datos abiertos y reutilización de la información del sector público, ejercicio de derechos de autor y derechos afines aplicables a determinadas transmisiones en línea y a las retransmisiones de programas de radio y televisión, exenciones temporales a determinadas importaciones y suministros, de personas consumidoras y para la promoción de vehículos de transporte por carretera limpios y energéticamente eficientes -Disposición final octava- (BOE, nº 263, de 3 de noviembre de 2021, pp. 133204-133364). Vid. C. PAUNER CHULVI, "Sobre la compleja relación entre los medios de comunicación y las plataformas tecnológicas. Google news y los derechos de autor en el entorno digital",

responsabilidad civil por los actos no autorizados de comunicación al público, salvo que realicen esa actividad de alojamiento de datos para fines ajenos a compartir contenidos en línea, en cuyo caso podrían ser exonerados de responsabilidad[417], lo que también podrían conseguir si demuestran que han actuado de buena fe en tres aspectos:

a) han realizado los mayores esfuerzos por obtener una autorización;

b) han hecho -según la normativa estricta de diligencia profesional- los mayores esfuerzos para garantizar la indisponibilidad de obras y otras prestaciones, sobre las que han recibido la información pertinente, necesaria y motivada por parte de los titulares de derechos; y,

c) han actuado de modo expeditivo -al recibir una notificación motivada de los titulares de derechos- para inhabilitar el acceso a esas obras o prestaciones notificadas, para retirarlas de sus sitios web y para evitar que se carguen en el futuro[418].

Revista de Derecho Político, nº 115, 2022, pp. 43–72, en DOI: 10.5944/rdp.115.2022.36329

417 Artículo 17, apartado 3 *in fine*, de la Directiva (UE) 2019/790 del Parlamento Europeo y del Consejo, combinado con el artículo 14.1 de la Directiva 2000/31/CE (Directiva sobre comercio electrónico). Véanse I. GARROTE FERNÁNDEZ-DÍAZ, "La responsabilidad civil extracontractual de los prestadores de servicios en línea por infracciones de los derechos de autor y conexos", *Pe. i: Revista de Propiedad Intelectual*, nº 6, 2000, pp. 9-64; y N.E. CURTO, "EU Directive on Copyright in the Digital Single Market and ISP Liability: What's Next at International Level", *Journal of Law, Technology & the Internet*, vol. 11, nº 3, 2019-2020, pp. 84-110, en https://scholarlycommons.law.case.edu/cgi/viewcontent.cgi?article=1123&context=jolti.

418 Artículo 17.4 de la Directiva (UE) 2019/790 del Parlamento Europeo y del Consejo, de 17 de abril de 2019, sobre los derechos de

A la hora de determinar si el prestador del servicio ha cumplido con sus obligaciones, se tienen en cuenta diversos factores, según el principio de proporcionalidad: el tipo, la audiencia y la magnitud del servicio, la clase de obras o prestaciones cargadas por los usuarios del servicio, la disponibilidad de medios adecuados y eficaces, y su coste para esos prestadores de servicios. Las exigencias son mayores para los prestadores de servicios más grandes y con mayor número de usuarios[419], aunque en ningún caso estos prestadores de servicios tienen una obligación general de supervisión[420].

Pero, incluso en esos casos, los procedimientos estatales de notificación de contenido ilícito no pueden incentivar la retirada de contenidos legales; para ello, en el ámbito de la UE se ha especificado que dicha orden debe transmitirse al intermediario en una de las lenguas declaradas por él, ser enviada al punto de contacto electrónico designado por él y contener al menos la siguiente información: referencia al fundamento jurídico de la orden; motivación explicativa de por qué la información es un contenido ilícito, con referencia a las disposiciones jurídicas afectadas; identificación de la autoridad emisora de la orden; información clara que permita al intermediario identificar y localizar el contenido ilícito; e información sobre los recursos disponibles para el intermediario y para el usuario del

---

autor y derechos afines en el mercado único digital y por la que se modifican las Directivas 96/9/CE y 2001/29/CE.

419 Artículo 17, apartados 5 y 6, de la Directiva (UE) 2019/790. Así, si el prestador de servicios tiene un promedio superior a los cinco millones de visitantes únicos mensuales, entonces ha de demostrar que ha hecho los mayores esfuerzos por evitar nuevas descargas de obras y otras prestaciones sujetas a derechos de autor sobre las que haya sido pertinentemente informado.

420 *Ibidem*, apartado 8.

servicio que ha proporcionado el contenido[421]. Estas mismas salvaguardias son también exigibles cuando las autoridades judiciales o administrativas nacionales pertinentes envíen a los intermediarios órdenes de entrega de información específica sobre uno o varios usuarios individuales del servicio[422], pues resultan más intrusivas.

Eso sí, en la Unión Europea no se han aceptado sistemas de filtrados preventivos, completos y generalizados: la jurisprudencia del Tribunal de Justicia de la UE ha interpretado el Derecho de la Unión en el sentido de que se opone a requerimientos judiciales nacionales que ordenen a un proveedor de acceso a Internet -incluido un prestador de servicios de alojamiento de datos- establecer un sistema de filtrado preventivo, completo (de todas las comunicaciones electrónicas que circulen a través de sus servicios, en particular mediante la utilización de programas «peer-to-peer»; o de la información almacenada en sus servidores por los usuarios), indiscriminado (que se aplique indistintamente con respecto a toda su clientela), ilimitado en el tiempo y a sus expensas que sea "capaz de identificar en la red de dicho proveedor archivos electrónicos que contengan una obra musical, cinematográfica o audiovisual sobre la que el solicitante del requerimiento alegue ser titular de derechos de propiedad intelectual, con el fin de bloquear la transmisión de archivos cuyo intercambio vulnere los derechos de autor"[423]. Como ha indicado el Tribunal de Justicia de la

---

421 Artículo 9, apartados 1, 2 y 5 del citado Reglamento de Servicios Digitales de la UE.

422 *Ibidem,* art. 10.

423 Véanse en este sentido los fallos de las Sentencias del TJUE de 24 de noviembre de 2011 en el asunto *Scarlet Extended SA c. Société belge des auteurs, compositeurs et éditeurs SCRL (SABAM)* (C-70/10), ECLI:EU:C:2011:771; y de 16 de febrero de 2012 en el asunto *Belgis-*

UE, ha de prevalecer la libertad de expresión y de información porque se corre el riesgo de que un sistema de filtrado técnico "no distinga suficientemente entre contenidos lícitos e ilícitos, por lo que su establecimiento podría dar lugar al bloqueo de comunicaciones de contenido lícito", aparte de que "ciertas obras pueden pertenecer al dominio público o los autores afectados pueden ponerlas gratuitamente a disposición pública en Internet"[424].

Ello no impide que un juez nacional pueda emitir un requerimiento judicial para prohibir a un proveedor de acceso a Internet que conceda a sus clientes acceso a un sitio web que ofrece en línea prestaciones protegidas -como, por ejemplo, obras cinematográficas- sin el consentimiento de los titulares de los derechos de propiedad intelectual[425]. Ahora bien, las medidas que adopte el proveedor de servicios para cumplir el requerimiento judicial "deben estar rigurosamente delimitadas, en el sentido de que deben servir para poner fin a la vulneración cometida por un tercero", pero sin que se vea afectado el derecho fundamental de los usuarios de Internet a acceder lícitamente a información[426]. Como es lógico, el titular de derechos de autor que se vea afectado por una vulneración de sus derechos puede solicitar que se prohíba la difusión al público de sus obras -como

---

che Vereniging van Auteurs, Componisten en Uitgevers CVBA (SABAM) c. Netlog NV (C-360/10), ECLI:EU:C:2012:85.

424 Sentencia del TJUE de 24 de noviembre de 2011 en el asunto *Scarlet Extended SA c. Société belge des auteurs, compositeurs et éditeurs SCRL (SABAM)* (C-70/10), ECLI:EU:C:2011:771, apartado 52.

425 Sentencia del TJUE de 27 de marzo de 2014 en el asunto *UPC Telekabel Wien GmbH c. Constantin Film Verleih GmbH y Wega Filmproduktionsgesellschaft mbH* (C-314/12), ECLI:EU:C:2014:192, punto 2 del fallo y apartado 64.

426 *Ibidem*, para. 55-56.

por ejemplo la emisión de canales comerciales de televisión mediante "live streaming" por Internet- sin su consentimiento[427].

El ámbito de aplicación territorial de cualquier orden de retirada de contenido ilícito debe limitarse a lo estrictamente necesario para alcanzar su objetivo. Asimismo, cuando se dé curso a la orden -o en el momento que determine la autoridad emisora en su orden porque haya un procedimiento de investigación judicial o policial en curso-, los intermediarios informarán al destinatario afectado de la orden recibida y del curso que se le haya dado. Esta información proporcionada al destinatario ha de incluir la motivación, las vías de recurso que existan y la descripción del ámbito territorial de la orden[428].

Con todo, los Estados pueden adoptar mecanismos legales que exijan a los prestadores de servicios de Internet la obligación de comunicar datos personales de usuarios para garantizar la protección efectiva de los derechos de autor frente a contenidos ilícitos, limitando así la obligación de garantizar la confidencialidad de los datos de tráfico cuando tal limitación constituya una medida necesaria, proporcionada y apropiada, en una sociedad democrática, para proteger la seguridad nacional, la defensa y la seguridad pública, la prevención, investigación, descubrimiento y persecución de delitos o la utilización no autorizada del sistema de comunicaciones electrónicas[429]. Eso sí, los Estados deberían cooperar

---

427 Véase la Sentencia del TJUE de 7 de marzo de 2013 en el asunto *ITV Broadcasting Ltd y otros c. TVCatchup Ltd* (C-607/11), ECLI:EU:C:2013:147.

428 Art. 9, apartados 2.b y 5 del citado Reglamento de Servicios Digitales de la UE.

429 Artículo 15 de la Directiva 2002/58/CE del Parlamento Europeo y del Consejo, de 12 de julio de 2002, relativa al tratamiento de los datos personales y a la protección de la intimidad en el

estrechamente con los intermediarios para garantizar la restricción de dichos contenidos de conformidad con los principios de legalidad, necesidad y proporcionalidad, teniendo en cuenta que los medios automatizados de identificación de contenidos ilícitos adolecen de una capacidad limitada para evaluar el contexto. Y estas restricciones no deberían impedir que contenidos idénticos o similares puedan usarse de modo lícito en otros contextos[430].

Pero si los intermediarios asumen un papel más activo sobre los contenidos alojados en sus plataformas, en el sentido de que los producen, gestionan o editan, incluso mediante algoritmos, entonces sí que pueden contraer obligaciones y responsabilidades si esos contenidos incurren en algún tipo de ilicitud, según el papel que desempeñen en los procesos de producción

---

sector de las comunicaciones electrónicas (Directiva sobre la privacidad y las comunicaciones electrónicas), DO L nº 201 de 31 de julio de 2002, pp. 37–47; Sentencia del TJUE de 29 de enero de 2008 en el asunto *Productores de Música de España (Promusicae) c. Telefónica de España S.A.U.* (C-275/06), ECLI:EU:C:2008:54, apartado 49; y A. BARRERO ORTEGA, "Responsabilidad de los intermediarios de Internet en el derecho de la UE", *Revista Española de Derecho Constitucional*, nº 123, 2021, p. 122.

430 Recomendación CM/Rec(2018)2 del Comité de Ministros del Consejo de Europa sobre las funciones y responsabilidades de los intermediarios de Internet, de 7 de marzo de 2018, Apéndice, para. 1.3.8. Véase en este sentido la Sentencia del TJUE de 12 de julio de 2011 en el asunto *L'Oréal SA y otros c. eBay International AG y otros* (asunto C324/09), ECLI:EU:C:2011:474, punto 7 del fallo *in fine*: "deben ser efectivos, proporcionados, disuasorios y no deben crear obstáculos al comercio legítimo" aquellos requerimientos que efectúen los órganos jurisdiccionales nacionales al operador de un mercado electrónico para eliminar y evitar lesiones a los derechos de propiedad intelectual por usuarios de dicho mercado electrónico.

y difusión de tales contenidos, lo cual será determinado por las autoridades estatales de modo graduado y diferenciado[431].

Todos estos requisitos exigen a los intermediarios de Internet -redes sociales incluidas- esforzarse en que las herramientas de automatización o inteligencia artificial usadas por ellos cuenten con salvaguardias eficacias y apropiadas para garantizar que las decisiones adoptadas son precisas y están bien fundamentadas: por eso, esas garantías deben concretarse en la vigilancia y verificación por una revisión humana que, además, tenga en cuenta los rasgos específicos de los diversos contextos jurídicos, locales, culturales, sociopolíticos e históricos -descentralización de la moderación de contenidos-[432]. Para ello, dichos intermediarios de Internet han de contar con un número suficiente de personal moderador de contenidos, que sea imparcial, fiable, con conocimientos adecuados, formación en la normativa nacional e internacional sobre derechos humanos, apoyo psicológico apropiado y asesoramiento jurídico en caso necesario; esto también resulta aplicable a los alertadores y verificadores de información[433].

---

431 Para ello, los poderes estatales se fijarán, por ejemplo en Europa, en la Recomendación CM/Rec(2011)7 del Comité de Ministros del Consejo de Europa sobre una nueva noción de medios de comunicación, de 21 de septiembre de 2011; y en la Recomendación CM/Rec(2018)2 del Comité de Ministros del Consejo de Europa sobre las funciones y responsabilidades de los intermediarios de Internet, de 7 de marzo de 2018, Apéndice, para. 1.3.9.

432 E. ARROYO AMAYUELAS, "La responsabilidad de los intermediarios en internet ¿puertos seguros a prueba de futuro?", *Cuadernos de Derecho Transnacional*, vol. 12, nº 1, 2020, pp. 833-836.

433 Recomendación (UE) 2018/334 de la Comisión, de 1 de marzo de 2018, sobre medidas para combatir eficazmente los contenidos ilícitos en línea (DO L nº 63, de 6 de marzo de 2018, pp. 50-61), punto 20; Recomendación CM/Rec(2018)2 del Comité de Ministros del Consejo de Europa sobre las funciones y responsabilidades de los intermediarios de Internet, de 7 de marzo de 2018, Apéndice, para.

Igualmente, los intermediarios de Internet deben revisar sus sistemas de publicidad en línea, sus estrategias de recopilación de datos subyacentes y el uso de sistemas de microfocalización, amplificación de contenidos y de recomendación, para garantizar que no promueven ni incentivan, directa o indirectamente, la difusión de contenidos ilícitos -como los discursos de odio-. Además, han de someterse a evaluaciones y auditorías periódicas independientes y exhaustivas sobre el impacto que tienen en el ejercicio de los derechos humanos, y cooperar con las organizaciones de la sociedad civil en estas materias[434].

Todo este proceso de transparencia ha de tener continuidad y seguimiento: por ello, se exige a los Estados y a los intermediarios de Internet elaborar y publicar informes periódicos con información exhaustiva, datos desglosados y estadísticas de los diversos casos y de las restricciones de contenidos efectuadas, para que todas las partes interesadas -incluidas organizaciones de la sociedad civil-, puedan evaluar y mejorar los sistemas de moderación de contenidos y optimizar la detección, notificación y tratamiento de estos casos -como los discursos de odio en la red-, eliminando las causas de exceso de cumplimiento y restricción injustificada de contenidos[435]. De hecho, si surgen

---

2.3.3-2.3.4; y Recomendación CM/Rec(2022)16 del Comité de Ministros del Consejo de Europa sobre la lucha contra el discurso de odio, de 20 de mayo de 2022, Apéndice, para. 33-34.

434 Recomendación CM/Rec(2022)16 del Comité de Ministros del Consejo de Europa sobre la lucha contra el discurso de odio, de 20 de mayo de 2022, Apéndice, para. 35-37.

435 Reglamento (UE) 2022/2065 (o Reglamento de Servicios Digitales), artículo 15; Recomendación CM/Rec(2022)13 del Comité de Ministros del Consejo de Europa sobre los impactos de las tecnologías digitales en la libertad de expresión, de 6 de abril de 2022, Apéndice: Directrices sobre los impactos de las tecnologías digitales en la libertad de expresión, punto 3; y Recomendación CM/

preocupaciones legítimas de que las políticas de los intermediarios de Internet puedan dar lugar a discriminación, estos deben permitir que terceros independientes evalúen tales políticas, suministrando información amplia incluso sobre los medios automatizados empleados con fines de moderación de contenidos: descripción cualitativa del sistema, de los fines precisos, los indicadores de precisión, la posible tasa de error de tales medios automatizados, y las salvaguardias aplicadas para poder identificar y corregir las fuentes de sesgo algorítmico[436].

Particularmente interesante resulta precisar si el control sobre los contenidos en la red debe ser realizado exclusivamente por un órgano judicial o puede ser efectuado también por un órgano administrativo habilitado para ello, pues por ejemplo "no en todos los Estados miembros de la Unión Europea es constitucionalmente necesaria la intervención judicial para el secuestro de publicaciones y, por consiguiente, no en todos ellos se plantea la cuestión de si la interrupción del acceso a páginas web exige dicha intervención judicial"[437]. Pues bien, si lo que está en juego es la libertad de expresión y de información en la red, debería ser un órgano judicial el competente para decidir los litigios relacionados con ese derecho fundamental como consecuencia lógica del derecho a

---

Rec(2022)16 del Comité de Ministros del Consejo de Europa sobre la lucha contra el discurso de odio, de 20 de mayo de 2022, Apéndice, para. 25-26.

436 Reglamento (UE) 2022/2065 (o Reglamento de Servicios Digitales), artículo 15.1.e; Recomendación CM/Rec(2022)13 del Comité de Ministros del Consejo de Europa sobre los impactos de las tecnologías digitales en la libertad de expresión, de 6 de abril de 2022, Apéndice: Directrices sobre los impactos de las tecnologías digitales en la libertad de expresión, punto 3.6.

437 Sentencia del Tribunal Supremo 1231/2022 (Sala de lo Contencioso-Administrativo), de 3 de octubre de 2022, FJ 9º.

la tutela judicial efectiva de las personas, reconocido tanto en las constituciones nacionales (en España el artículo 24 constitucional) como en el Derecho de la Unión Europea (artículo 47 de la Carta de los Derechos Fundamentales de la UE). Así, en España la legislación vigente y las doctrinas jurisdiccional y académica se han inclinado por exigir un control judicial[438]:

---

[438] Así, véanse la Ley 34/2002, de 11 de julio, de servicios de la sociedad de la información y de comercio electrónico (BOE, nº 166, de 12 de julio de 2002, pp. 25388-25403), artículos 8 y 11; el Informe del Consejo General del Poder Judicial (CGPJ) de 28 de enero de 2010 al Anteproyecto de Ley de economía sostenible por la que se modifica la Ley Orgánica 6/1985, de 1 de julio, del Poder Judicial, recuperado de https://www.poderjudicial.es/cgpj/es/Poder-Judicial/Consejo-General-del-Poder-Judicial/Actividad-del-CGPJ/Informes/Informe-al-Anteproyecto-de-Ley-de-economia-sostenible-por-la-que-se-modifica-la-Ley-Organica-6-1985—de-1-de-julio—del-Poder-Judicial; y el Dictamen del Consejo de Estado sobre el Anteproyecto de Ley de Economía Sostenible, de 18 de marzo de 2010 (Número de expediente 215-2010), Consideración Octava, recuperado de https://www.boe.es/buscar/doc.php?id=CE-D-2010-215. Y véanse Mª.J. GARCÍA MORALES, "La prohibición de la censura en la era digital", *Teoría y Realidad Constitucional*, nº 31, 2013, p. 263 y ss.; G.M. TERUEL LOZANO, "Perspectivas de los derechos fundamentales en la sociedad digital", en *Fundamentos: Cuadernos monográficos de teoría del Estado, derecho público e historia constitucional*, nº 9, 2016, pp. 215-243; A. BOIX PALOP, "La construcción de los límites a la libertad de expresión en las redes sociales", *Revista de Estudios Políticos*, nº 173, 2016, pp. 103-104; L. COTINO HUESO, "Online-Offline. Las garantías para el acceso a Internet y para la desconexión, bloqueo, filtrado y otras restricciones de la red y sus contenidos", *Revista de Derecho Político*, nº 108, 2020, pp. 13-39; y G. DOMÉNECH PASCUAL, "La policía administrativa de la libertad de expresión (y su disconformidad con la Constitución)", en L.E. RÍOS VEGA & I. SPIGNO (dirs.), V.J. VÁZQUEZ ALONSO (coord.), *Estudios de casos líderes europeos y nacionales. Vol. XIV. La libertad de expresión en el siglo XXI: cuestiones actuales y problemáticas*, Tirant Lo Blanch, México, 2021, pp. 193-217.

1) La Ley 34/2002, de servicios de la sociedad de la información y de comercio electrónico -que transponía en España la Directiva 2000/31/CE sobre comercio electrónico-, permite que los órganos nacionales competentes para la protección de ciertos principios importantes puedan interrumpir la prestación de un servicio de la sociedad de la información que atente o pueda atentar contra tales principios o retirar los datos que los vulneran[439]. Pero prevé una reserva judicial para los casos que afecten a las libertades de expresión y de información: "en todos los casos en que la Constitución y las leyes reguladoras de los respectivos derechos y libertades así lo prevean de forma excluyente, sólo la autoridad judicial competente podrá adoptar las medidas previstas en este artículo, en tanto garante del derecho a la libertad de expresión, del derecho de producción y creación literaria, artística, científica y técnica, la libertad de cátedra y el derecho de información"[440]; y "en particular, la autorización del secuestro de páginas de Internet o de su restricción cuando ésta afecte a los derechos y libertades de expresión e información y demás amparados en los términos establecidos en el artículo 20 de la Constitución solo podrá ser decidida por los órganos jurisdiccionales competentes"[441].

---

439 Artículo 8.1 de la citada Ley 34/2002, que enumera expresamente esos principios a proteger: orden público, investigación penal, seguridad pública, defensa nacional, protección de la salud pública o de consumidores o usuarios, dignidad de la persona y principio de no discriminación, protección de la juventud y de la infancia, y los derechos de propiedad intelectual.

440 Artículo 8.1 *in fine* de la citada Ley 34/2002; y STS 1231/2022 (Sala de lo Contencioso-Administrativo), de 3 de octubre de 2022, FJ 9º.

441 Artículo 11.3 *in fine* de la citada Ley 34/2002.

2) La jurisprudencia del Tribunal Supremo ha tenido ocasión de clarificar esta cuestión en 2022[442]: si una restricción o desconexión realizada en Internet afecta a las libertades de expresión o comunicación debe ser tratada con el mismo canon constitucional consagrado para los medios tradicionales de información y expresión, por ejemplo, en asuntos como la prohibición de la censura previa o el secuestro judicial de publicaciones[443]. Los objetivos son evitar posibles tentaciones administrativas de arbitrariedad y, sobre todo, "encomendar la valoración de los hechos y la ponderación de los intereses a una autoridad imparcial, independiente y sometida únicamente a razones jurídicas". Como por Internet circulan públicamente noticias, datos y juicios de hecho (información), así como opiniones, posicionamientos y juicios de valor (expresión), se entiende que los sitios web son en general "otros medios de información", cuyo secuestro sólo puede ser acordado en virtud de resolución judicial[444].

---

442 STS 1231/2022 (Sala de lo Contencioso-Administrativo), de 3 de octubre de 2022. También se pronunciaba así el Consejo Constitucional de Francia en su Sentencia n° 2009-580 DC de 10 de junio de 2009 (*Journal officiel*, 13 de junio de 2099, p. 9675, texto n° 3, ECLI: FR:CC:2009:2009.580.DC), Considerando 28; pero en contra véase la STC 896/2017, de 4 de julio de 2017. Vid. L. COTINO HUESO, *cit.*, 2023a, pp. 65-68; y G.M. TERUEL LOZANO, "Libertades comunicativas y censura en el entorno tecnológico global", *Revista de la Escuela Jacobea de Posgrado*, nº 12, 2017, pp. 75-102.

443 STS 1231/2022, FJ 9º. El artículo 20 de la Constitución española reza como sigue: "2. El ejercicio de estos derechos [libertades de expresión y comunicación] no puede restringirse mediante ningún tipo de censura previa", y "5. Sólo podrá acordarse el secuestro de publicaciones, grabaciones y otros medios de información en virtud de resolución judicial".

444 STS 1231/2022 (Sala de lo Contencioso-Administrativo), de 3 de octubre de 2022, FJ 9º.

Pero no todo lo que aparece en Internet son expresiones e informaciones, pues en numerosas ocasiones los sitios web se emplean para propósitos distintos, como los comerciales -ofertas contractuales, etc.-: en esos supuestos, esos sitios web no pueden ser considerados "medios de información", y no gozan de la protección constitucional de la reserva de intervención judicial del artículo 20.5 de la Constitución. Por consiguiente, puede ser un órgano administrativo quien ordene la interrupción o bloqueo de un sitio web -secuestro administrativo- cuando en ese sitio de Internet no haya informaciones ni expresiones -y obviamente esté cometiendo una actividad ilegal-[445]. "En todo caso, cualquiera que sea la autoridad (administrativa o judicial) que ordene la interrupción del acceso al sitio web, ésta debe respetar el principio de proporcionalidad y, si es técnicamente posible, limitarse a aquella sección donde se recoge la actividad, la información o la expresión ilegales"[446].

5.4. La gestión de problemáticas propias del mundo digital

1) En el ámbito digital se han planteado otras cuestiones polémicas, como por ejemplo la posible responsabilidad por la difusión de enlaces o vínculos (hipervínculos) que lleven a páginas web con contenidos ilícitos[447]. Es práctica constante en las publicaciones electrónicas la colocación de enlaces web para ampliar la información suministrada, y diversos tribunales internacionales han reconocido la importancia de los hiper-

---

445 *Ibidem*. Vid. A. BARRERO ORTEGA, *cit.*, 2021, pp. 125-126.

446 STS 1231/2022 (Sala de lo Contencioso-Administrativo), de 3 de octubre de 2022, FJ 11º.

447 Véase, por ejemplo, F. CARBAJO CASCÓN, "La responsabilidad por hiperenlaces e instrumentos de búsqueda en internet", *Práctica de Derecho de Daños*, nº 20, 2004, pp. 7-29.

vínculos para el funcionamiento de la red y el intercambio de opiniones e información en ella, pues al remitir automáticamente a otras páginas y recursos web, permiten a los usuarios de Internet navegar hacia y desde ese material[448]. Los hipervínculos se diferencian esencialmente de los actos tradicionales de publicación en dos aspectos clave: 1) por regla general, los hipervínculos se limitan a dirigir a los usuarios a contenidos disponibles en otros lugares de Internet; y 2) la persona que pone el hipervínculo no ejerce control sobre el contenido del sitio web al que se remite -salvo que lo haya creado ella misma-, pues quien lo controla es el editor inicial del sitio web de origen, quien además puede modificar ese contenido después de la creación del hipervínculo[449].

En este contexto, la regla general *iuris tantum* es que la responsabilidad recae en la persona creadora del material ilícito del sitio web de origen, y no en la persona o entidad que se ha limitado a poner el vínculo en la red para que los usuarios puedan llegar al material inicial, pues esa remisión no añade nada a ese contenido original, y no puede entenderse que apruebe el material del hipervínculo o lo asuma como propio[450]. Como tal, el hipervínculo es neutro en cuanto al contenido, no ex-

---

448 Sentencia del TJUE de 8 de septiembre de 2016 en el asunto *GS Media BV c. Sanoma Media Netherlands BV y otros* (asunto C-160/15), ECLI:EU:C:2016:644, apartado 45; y Sentencia del TEDH de 4 de diciembre de 2018 en el asunto *Magyar Jeti Zrt c. Hungría* (caso nº 11257/16), para. 73.

449 Sentencia del TEDH de 4 de diciembre de 2018 en el asunto *Magyar Jeti Zrt c. Hungría* (caso nº 11257/16), para. 74-75.

450 Sentencia del TEDH de 4 de diciembre de 2018 en el asunto *Magyar Jeti Zrt c. Hungría* (caso nº 11257/16), para. 79; M.A. PRESNO LINERA, "La libertad de expresión en internet y las redes sociales: análisis jurisprudencial", *Revista Catalana de Dret Públic*, nº 61, 2020, pp. 65-82, en pp. 74-75.

presa opinión alguna y no crea nuevo contenido. En este contexto, y ya desde antes de Internet, los órganos judiciales diferenciaban entre editores de medios y simples distribuidores de contenido a efectos de exigencia de responsabilidad, debido a su distinto nivel de control sobre los contenidos publicados: mientras que los editores deben considerarse responsables de todo contenido ilícito que publiquen[451], los distribuidores -como las librerías- no lo son porque no desarrollaron ni editaron ese contenido ilícito, salvo si sabían que el material distribuido contenía contenido ilícito, lo que no puede presumirse, y no se les puede exigir que lo chequeen[452].

La clave es el nivel de control editorial que se posea sobre el contenido publicado: cuanto mayor control editorial se tenga, mayor grado de libertad de expresión se disfruta, pero también a ese medio o plataforma se le puede exigir más responsabilidad

---

451 Vid. AMERICAN LAW INSTITUTE, *Restatement of the Law Second. Torts*, vol. 3, § 577: "La publicación de material difamatorio es su comunicación intencional o por acto negligente a una persona distinta de la difamada"; e ídem, § 578: "Quien repita o republique de otro modo material difamatorio estará sujeto a responsabilidad como si lo hubiera publicado originalmente" (traducción propia). También podría llegar a exigirse responsabilidad a un periódico por el contenido difamatorio de las cartas de los lectores publicadas. K.H. YOUM, "Letters to the Editor and US Libel Law", Tolley's *Journal of Media Law and Practice*, vol. 13, nº 3, 1992, pp. 220-228.

452 AMERICAN LAW INSTITUTE, *Restatement of the Law Second. Torts*, vol. 3, § 581: "Quien sólo entregue o transmita material difamatorio publicado por un tercero está sujeto a responsabilidad si, y sólo si, sabe o tiene motivos para saber su carácter difamatorio" (traducción propia). En este sentido, suele citarse como precedente judicial la sentencia del Tribunal Supremo de Estados Unidos de 14 de diciembre de 1959 en el caso *Smith v. California* (361 U.S. 147); y después la Decisión del Tribunal de Distrito (S.D.N.Y.) de 29 de octubre de 1991 en el caso *Cubby, Inc. & CompuServe Inc.*, 776 F. Supp. 135.

por lo publicado. A los medios de comunicación se les concede un alcance muy amplio en su libertad de expresión, pero también contraen una elevada responsabilidad. Así, la jurisdicción europea ha sido clara el respecto: por un lado, el Tribunal de Justicia de la UE ha declarado que las limitaciones de responsabilidad civil previstas en la Directiva 2000/31/CE no eran aplicables al caso de una empresa editora de periódicos que explotaba un sitio web en el que se publicaba la versión en línea de un periódico, dado que tenía, en principio, conocimiento de la información que publicaba y ejercía control sobre dicha información, por lo que no podía ser considerada un «prestador de servicios de intermediación» en el sentido de la citada Directiva, independientemente de que el acceso a dicho sitio web fuera o no gratuito[453]. Y, por otro lado, el Tribunal Europeo de Derechos Humanos, como estudio de derecho comparado, coincide en que

> "parece que cuanto mayor sea la intervención del operador en los contenidos de terceros antes de su publicación en línea -ya sea mediante la censura previa, la edición, la selección de los destinatarios, la solicitud de comentarios sobre un tema predefinido o la adopción de los contenidos como propios-, mayor será la probabilidad de que el operador sea considerado responsable de dichos contenidos"[454].

En el ámbito digital, la jurisprudencia ha señalado que algunos aspectos son relevantes a efectos de evaluar si se puede exigir responsabilidad a la persona/entidad autora del hipervínculo: si esa persona respaldó de algún modo o repitió el

---

453 Sentencia del TJUE de 11 de septiembre de 2014 en el asunto *Sotiris Papasavvas c. O Fileleftheros Dimosia Etaireia Ltd y otros* (asunto C-291/13), ECLI:EU:C:2014:2209, apartado 46 y punto 3 del fallo.

454 Sentencia del TEDH de 16 de junio de 2015 en el asunto *Delfi AS c. Estonia* (caso 64569/09), para. 58.

contenido impugnado, o simplemente creó el hipervínculo de remisión a ese contenido; si esa persona conocía o podía razonablemente haber conocido que el contenido impugnado era ilícito; y si esa persona actuó de buena fe y con la diligencia debida[455].

2) Otra cuestión relevante es la aplicación del llamado "Derecho al olvido", derecho de supresión de datos o derecho al desindexado, esto es, la posibilidad de que una persona solicite que los enlaces a sus datos personales no figuren en los resultados de una búsqueda en Internet realizada por su nombre[456].

---

455 Sentencia del TEDH de 4 de diciembre de 2018 en el asunto *Magyar Jeti Zrt c. Hungría* (caso nº 11257/16), para. 77. En general, véase I. VILLAVERDE MENÉNDEZ, *Los poderes salvajes. Ciberespacio y responsabilidad por contenidos difamatorios*, Marcial Pons, Madrid, 2020.

456 Véase la siguiente página web en el sitio web de la Agencia Española de Protección de Datos (AEPD): https://www.aepd.es/areas-de-actuacion/internet-y-redes-sociales/derecho-al-olvido. El Tribunal Europeo de Derechos Humanos ha empleado expresamente los términos "desindexar" (*de-indexing*), "deslistar" (*de-listing*) y "desreferenciar" (*de-referencing*) para referirse a la actividad de un motor de búsqueda que remueve de la lista de resultados las páginas de internet publicadas por terceras partes que contienen información relativa a otra persona, que hasta entonces podían localizarse por su nombre -Sentencia del TEDH de 25 de noviembre de 2021 en el asunto *Biancardi c. Italia* (caso nº 77419/16), para. 54; y Sentencia del Tribunal Constitucional 89/2022, FJ 3-. Véanse, por ejemplo, E. GUICHOT REINA, "El derecho al olvido digital", en A. BOIX PALOP, J.Mª. MARTÍNEZ OTERO & G. MONTIEL ROIG (coords.), *Regulación y control sobre contenidos audiovisuales en España*, Aranzadi-Thomson Reuters, Cizur Menor, 2017, pp. 117-144; J. MUÑOZ-MACHADO CAÑAS, *El derecho al olvido digital*, tesis doctoral, Universidad Complutense de Madrid, Madrid, 2020; I. JIMÉNEZ-CASTELLANOS BALLESTEROS, *El derecho al olvido digital del pasado penal*, Tirant Lo Blanch, Valencia, 2021; y P. LUCAS MURILLO DE LA CUEVA, "El derecho al olvido digital y su actualidad", en P.

De modo más preciso, en la Unión Europea y, concretamente en España, el derecho al olvido es entendido como una vertiente del derecho a la protección de datos personales frente al uso de la informática[457], y otorga a su titular el derecho a obtener del responsable de una determinada base que los contuviera la supresión de los datos personales que le conciernan, lo que está permitido en ciertas circunstancias[458]. Como indicó el Tribunal de Justicia de la Unión Europea en su celebre sentencia en el asunto *Google Spain, S.L. y Google Inc. v. Agencia Española de Protección de Datos (AEPD) y Mario Costeja González,*

SIMÓN CASTELLANO (dir.) & Mª.V. ÁLVAREZ BUJÁN (coord.), *Evolución e interpretación del Tribunal Constitucional sobre derechos fundamentales y garantías procesales: cuestiones recientemente controvertidas*, Aranzadi, Cizur Menor, 2023, pp. 71-85.

457 Artículo 17 del citado Reglamento (UE) 2016/679 del Parlamento Europeo y del Consejo, de 27 de abril de 2016 -DO L nº 119, de 4 de mayo de 2016, pp. 1-88-; artículo 18.4 de la Constitución Española; y Sentencia del Tribunal Constitucional 58/2018, de 4 de junio, FJ 5.

458 Tanto el artículo 17.1 del Reglamento (UE) 2016/679 del Parlamento Europeo y del Consejo, de 27 de abril de 2016, como el artículo 15.1 de la espanola Ley Orgánica 3/2018, de 5 de diciembre, de Protección de Datos Personales y garantía de los derechos digitales (BOE, nº 294, de 6 de diciembre de 2018, pp. 1-68) establecen que el interesado tendrá derecho a obtener sin dilación indebida del responsable del tratamiento la supresión de los datos personales que le conciernan, y este estará obligado a hacerlo cuando concurra alguna de las circunstancias siguientes: a) los datos personales ya no sean necesarios en relación con los fines para los que fueron recogidos o tratados; b) el interesado retire el consentimiento en que se basó el tratamiento; c) el interesado se oponga al tratamiento; d) los datos personales hayan sido tratados ilícitamente; e) los datos personales deban suprimirse para el cumplimiento de una obligación legal establecida en el Derecho de la Unión o de los Estados miembros; y, f) los datos personales se hayan obtenido en relación con la oferta de servicios de la sociedad de la información -STC 89/2022, de 29 de junio de 2022, FJ 3-.

el tratamiento de datos por los motores de búsqueda de Internet está sujeto a la normativa de la UE sobre protección de datos[459]. En este caso judicial, el Alto Tribunal decidió en favor del particular citado porque consideró que el gestor de un motor de búsqueda es responsable del tratamiento de datos personales[460] y, por ello, está obligado de oficio a eliminar información inicialmente lícita, pero cuya conservación por un periodo de tiempo superior al necesario resulta inadecuada,

---

459 Sentencia del Tribunal de Justicia de la Unión Europea de 13 de mayo de 2014 en el asunto *Google Spain, S.L. y Google Inc. v. Agencia Española de Protección de Datos (AEPD) y Mario Costeja González* (C131/12), ECLI:EU:C:2014:317, parágrafo 58. Un nacional español, el Sr. Costeja, presentó en 2010 una reclamación ante la AEPD contra La Vanguardia Ediciones, S.L., porque este periódico había publicado en 1998 un anuncio de una subasta de inmuebles del reclamante por un embargo por deudas a la Seguridad Social, y aún en 2010 cualquier búsqueda con su nombre personal en el motor de búsqueda Google llevaba a ese anuncio de La Vanguardia. El *petitum* del reclamante era que, por un lado, se exigiese a La Vanguardia eliminar o modificar la publicación con sus datos personales, o utilizar las herramientas de los motores de búsqueda para proteger estos datos; y, por otro lado, que se requiriese a Google Spain o a Google Inc. la eliminación u ocultación de sus datos personales en los resultados de búsqueda de Google, y que dejaran de estar ligados a los enlaces de La Vanguardia.

460 Punto 1 del fallo o parte dispositiva de la Sentencia del TJUE citada: "La actividad de un motor de búsqueda, que consiste en hallar información publicada o puesta en Internet por terceros, indexarla de manera automática, almacenarla temporalmente y, por último, ponerla a disposición de los internautas según un orden de preferencia determinado…, debe calificarse de «tratamiento de datos personales» cuando esa información contiene datos personales, y… el gestor de un motor de búsqueda debe considerarse «responsable» de dicho tratamiento...".

no pertinente e incluso excesiva en relación con los fines para los que se recogió en su momento:

> "Puesto que [el reclamante] puede, habida cuenta de los derechos que le reconocen los artículos 7 y 8 de la Carta [de los Derechos Fundamentales de la Unión Europea], solicitar que la información de que se trate ya no se ponga a disposición del público en general mediante su inclusión en tal lista de resultados, estos derechos prevalecen, en principio, no sólo sobre el interés económico del gestor del motor de búsqueda, sino también sobre el interés de dicho público en acceder a la mencionada información en una búsqueda que verse sobre el nombre de esa persona"[461].

De hecho, la solicitud de supresión de esa información puede formularse directamente ante el gestor del motor de búsqueda para que efectúe su remoción del localizador uniforme de recursos -*Uniform Resource Locator*, o URL-, sin ser necesario acudir antes al editor, porque ambos efectúan tratamientos de datos distintos y porque el enorme nivel de difusión del buscador de Internet constituye una injerencia mayor en el derecho fundamental al respeto de la vida privada del interesado que la publicación por el editor de esta página web[462]. Esa solicitud

---

461 Punto 4 del fallo -y también apartados 39, 62, 72 y 92-93- de la citada Sentencia del TJUE de 13 de mayo de 2014 en el asunto *Google Spain, S.L. y Google Inc. v. Agencia Española de Protección de Datos (AEPD) y Mario Costeja González* (C131/12), ECLI:EU:C:2014:317. Precisamente el artículo 7 de la Carta de los Derechos Fundamentales de la UE garantiza el respeto de la vida privada, mientras que su artículo 8 proclama expresamente el derecho de toda persona a la protección de sus datos personales, y a que estos datos sean tratados "de modo leal, para fines concretos y sobre la base del consentimiento de la persona afectada o en virtud de otro fundamento legítimo previsto por la ley. Toda persona tiene derecho a acceder a los datos recogidos que la conciernan y a su rectificación" (apartado 2 del artículo 8).

462 Apartados 36-38, 80, 86 y 87 de la citada Sentencia del TJUE.

debe presentarse en primer lugar ante el propio buscador de Internet con el formulario que haya habilitado (Google, Yahoo y Bing lo han hecho); si su respuesta no es satisfactoria, se puede interponer una reclamación ante la Administración Pública competente (en España es la Agencia Española de Protección de Datos), cuya decisión es recurrible ante los tribunales[463].

Con todo, el ejercicio del derecho al olvido plantea importantes desafíos a la libertad de acceso a la información pública. A pesar de que la regla inicial hace prevalecer en principio y con carácter general los derechos fundamentales de la vida privada y de protección de datos personales sobre el interés del público en tener acceso a dicha información -y sobre el interés económico del gestor del motor de búsqueda-[464], no obstante debe realizarse una ponderación que llegue a un justo equilibrio entre ambos: esta labor la efectúa la autoridad nacional competente -de control administrativo o judicial- de conformidad con los estándares nacionales de protección de los derechos fundamentales[465], y se suele hacer depender de la confluencia de varios factores: la naturaleza de la información de que se trate (puede ser de interés público), el carácter sensible que pueda tener para la vida privada de la persona afectada, y el interés del público en disponer de esta

463 Punto 4 de la siguiente página web en el sitio web de la Agencia Española de Protección de Datos (AEPD): https://www.aepd.es/areas-de-actuacion/internet-y-redes-sociales/derecho-al-olvido.

464 En este sentido véanse las sentencias del TJUE de 13 de mayo de 2014 en el asunto *Google Spain, S.L. y Google Inc. v. Agencia Española de Protección de Datos (AEPD) y Mario Costeja González* (C131/12), para. 81 y 97; y de 24 de septiembre de 2019 en el asunto *GC y otros c. Commission nationale de l'informatique et des libertés (CNIL)* (C-136/17), ECLI:EU:C:2019:773, apartados 53 y 66.

465 Sentencia del TJUE de 24 de septiembre de 2019 en el asunto *Google LLC c. Commission nationale de l'informatique et des libertés (CNIL)* (C-507/17), ECLI:EU:C:2019:772, apartado 72.

información, que puede variar en función del papel que esta persona desempeñe en la vida pública. Si esa persona es una figura pública, entonces la injerencia en sus derechos fundamentales -a la vida privada y a la protección de sus datos personales- podría estar justificada por el interés preponderante del público a acceder a la información de un pasado que puede ser relevante[466]. La propia jurisprudencia internacional ha precisado que

> "corresponde al gestor de un motor de búsqueda apreciar, en el marco de una solicitud de retirada de enlaces que dirigen a páginas web en las que se publica información sobre un procedimiento judicial en materia penal incoado contra el interesado, que hace referencia a una etapa anterior de ese procedimiento y que ya no corresponde a la situación actual, si, a la luz del conjunto de circunstancias del caso concreto, como, en particular, la naturaleza y la gravedad de la infracción en cuestión, el desarrollo y el desenlace de dicho procedimiento, el tiempo transcurrido, el papel desempeñado por el interesado en la vida pública y su comportamiento en el pasado, el interés del público en el momento de la solicitud, el contenido y la forma de la publicación y las repercusiones de esta en el interesado, este tiene derecho a que la información en cuestión ya no esté, en la situación actual, vinculada a su nombre por una lista de resultados obtenida tras una búsqueda efectuada a partir de su nombre"[467].

---

466 Punto 4 del fallo *in fine* y apartado 81 de la Sentencia del TJUE de 13 de mayo de 2014 en el asunto *Google Spain, S.L. y Google Inc. v. Agencia Española de Protección de Datos (AEPD) y Mario Costeja González* (C131/12). En España la STC 89/2022, de 29 de junio, se fija especialmente en los criterios de la relevancia pública de lo difundido y del tiempo transcurrido para determinar si la información era aún relevante para el público, y si el intermediario de Internet debía o no proceder a la desindexación de los enlaces obtenidos tras una búsqueda utilizando el nombre y apellidos del recurrente -FJ 5-.

467 Sentencia del TJUE de 24 de septiembre de 2019 en el asunto *GC y otros c. Commission nationale de l'informatique et des libertés (CNIL)* (C-136/17), apartado 77.

3) Otro ámbito polémico es la posibilidad de realizar bloqueos digitales, que pueden efectuarse en varias direcciones:

3.a) Por un lado, los intermediarios de Internet pueden aplicar bloqueos a sus usuarios por motivos comerciales (pues generalmente son sociedades con ánimo de lucro), denegándoles el acceso o ralentizando el tráfico permitido en sus dispositivos cuando estos ya han agotado el volumen de datos contratado. Así, por ejemplo, en el ámbito de la Unión Europea se entiende que los proveedores de servicios de acceso a Internet tienen la obligación general de tratar el tráfico de modo equitativo, sin discriminación, restricción o interferencia -con independencia del emisor y el receptor, el contenido, aplicaciones o servicios utilizados, o equipo empleado-, y esa obligación no puede ser obviada mediante prácticas comerciales desarrolladas por estos proveedores o mediante acuerdos celebrados por estos con los usuarios[468].

Ciertamente, se permite a los proveedores de Internet aplicar medidas razonables de gestión del tráfico, en el sentido de que sean transparentes, no discriminatorias y proporcionadas, sin estar basadas en consideraciones comerciales, sino en requisitos objetivamente diferentes de calidad técnica del servicio para categorías específicas de tráfico[469]. Por eso, los proveedores de Internet no pueden bloquear, ralentizar, alterar, restringir, interferir, degradar ni discriminar entre contenidos, aplicaciones, servicios o categorías, excepto en caso necesario

---

468 Artículo 3 -apartados 1-3- del Reglamento (UE) 2015/2120 del Parlamento Europeo y del Consejo, de 25 de noviembre de 2015, por el que se establecen medidas en relación con el acceso a una internet abierta (DO L nº 310, de 26 de noviembre de 2015, pp. 1-18).

469 *Ibidem*, art. 3.3.

y solo durante el tiempo imprescindible para cumplir con obligaciones legales o judiciales, preservar la integridad y seguridad de la red, los servicios prestados y los equipos terminales de los usuarios, así como para mitigar una congestión de la red o limitar sus efectos[470].

3.b) Por otro lado, cabe emplear herramientas de bloqueo entre los propios usuarios de las redes sociales. Como sabemos, esa posibilidad puede ser utilizada libremente por los usuarios privados de la red. Pero si es una autoridad, institución o administración pública la creadora, gestora y usuaria de una cuenta en una red social para hacer pública su actividad y facilitar la comunicación, la participación ciudadana y la transparencia en un "gobierno abierto", entonces ya algunos tribunales entienden que ese entorno ha adquirido la cualidad de foro público, y el creador y/o gestor de esa cuenta/perfil no puede censurar discrecionalmente determinados mensajes mediante el bloqueo; así ha sido entendido por tribunales de Estados Unidos y por la doctrina española, hasta el punto de que cabría formular acciones judiciales contra esa actividad de bloqueo, solicitando su cese y la reparación de sus efectos perjudiciales[471]. No obstante,

---

470 Sentencia del TJUE de 15 de septiembre de 2020 en los asuntos *Telenor Magyarország Zrt.* y *Nemzeti Média- és Hírközlési Hatóság Elnöke* (asuntos acumulados C-807/18 y C-39/19), ECLI:EU:C:2020:708, apartados 47-49.

471 Sentencia del Tribunal de Apelaciones (2º Circuito) de Estados Unidos de 9 de julio de 2019 en el caso *Knight First Amendment Institute at Columbia University v. Trump*, 928 F.3d 226. No obstante, esa decisión fue anulada por el Tribunal Supremo estadounidense, que devolvió al Tribunal de Apelaciones con instrucciones de desestimarlo por considerarlo discutible –Sentencia de 4 de abril de 2021 en el caso *Biden v. Knight First Amendment Institute at Columbia University*, 141 S.Ct.

los jueces han precisado en los últimos años este tipo de situaciones: la actividad realizada por funcionarios en sus cuentas personales en redes sociales puede llegar a considerarse discurso público si el funcionario tiene el control de esa cuenta y el contenido de esos mensajes está relacionado con sus actividades públicas; en ese caso, no puede bloquear a otros usuarios ni eliminar mensajes críticos de su discurso. Pero si sus mensajes en esa cuenta no se refieren a su trabajo público, entonces ese discurso es considerado actividad privada del funcionario, y puede ser controlado por él[472].

4) Precisamente, otra consecuencia altamente sensible que conlleva el acceso y uso masivo de las redes y medios digitales consiste en la reforzada capacidad actual de los Estados y de los proveedores de servicios de Internet para rastrear los gustos, opiniones, actitudes y contactos de las personas usuarias de la red con estrategias sofisticadas de control algorítmico y publicidad conductual gracias a la recopilación y procesado masivo de datos – herramientas de *big-data* y *data mining*-, lo que se traduce

---

1220 (2021)-. Véanse V.J. VÁZQUEZ ALONSO, "Twitter no es foro público pero el perfil de Trump sí lo es. Sobre la censura privada *de* y *en* las plataformas digitales en los EEUU", *Estudios de Deusto*, vol. 68, nº 1, 2020, pp. 475-508, DOI: https://doi.org/10.18543/ed-68(1)-2020pp475-508; J.R. GIL-GARCÍA, J.I. CRIADO GRANDE y J.C. TÉLLEZ MOSQUEDA (eds.), *Tecnologías de Información y Comunicación en la Administración Pública: Conceptos, Enfoques, Aplicaciones y Resultados*, INFOTEC, México, 2017; A. IBARZ MORET y R. RUBIO NÚÑEZ, *Las redes sociales en la Administración General del Estado: Comunicación, transparencia y gobierno abierto*, INAP, Madrid, 2019; M.A. PRESNO LINERA, *cit.*, 2020, pp. 78-80.

472 Sentencias coetáneas del Tribunal Supremo de Estados Unidos de 15 de marzo de 2024 en los casos *Lindke v. Freed* (601 U.S. 87) y *O'Connor-Ratcliff v. Garnier* (601 U.S. 205).

en el control de datos personales y el envío de una selección predeterminada de información comercial adaptada al historial de búsqueda, interacción o geolocalización de cada usuario; esto restringe los derechos del usuario a la privacidad, la protección de datos y la autodeterminación informativa, pues los usuarios de la red se convierten así en objetos de extracción de una materia prima de alto valor económico, como es la información[473]. Lógicamente este proceso, si es realizado sin conocimiento ni consentimiento debidamente informado de los usuarios, puede acarrear la exigencia de responsabilidad a los administradores de esos sitios web y a los intermediarios de Internet[474].

---

473 Véanse J.L. BOYLES, A. SMITH & M. MADDEN, *Privacy and data management on mobile devices*, Pew Research Center, Washington, 2012, en https://www.pewresearch.org/internet/2012/09/05/privacy-and-data-management-on-mobile-devices/; S. ZUBOFF, *La era del capitalismo de la vigilancia*, Paidós, Barcelona, 2020, pp. 24-25; y F. VALIENTE MARTÍNEZ, *cit.*, 2023, p. 193. En el ámbito del Consejo de Europa puede verse la Recomendación CM/Rec(2022)13 de su Comité de Ministros sobre los impactos de las tecnologías digitales en la libertad de expresión, de 6 de abril de 2022, Apéndice: Directrices sobre los impactos de las tecnologías digitales en la libertad de expresión, punto 1.10: "toda actividad de agentes públicos y privados ha de ajustarse al artículo 8 del CEDH (derecho al respeto de la vida privada y familiar), los marcos jurídicos existentes en materia de privacidad y protección de datos (como el Convenio 108 actualizado), la Declaración de su Comité de Ministros sobre las capacidades de manipulación de los procesos algorítmicos -de 13 de febrero de 2019-, y su Recomendación CM/Rec (2020)1 sobre los impactos de los sistemas algorítmicos en los derechos humanos, de 8 de abril de 2020".

474 El TJUE ha establecido en sus sentencias de 5 de junio de 2018 en el asunto *Unabhängiges Landeszentrum für Datenschutz Schleswig-Holstein c. Wirtschaftsakademie Schleswig-Holstein GmbH* (C-210/16), ECLI:EU:C:2018:388; y de 29 de julio de 2019 en el asunto *Fashion ID GmbH & Co.KG c. Verbraucherzentrale NRW eV* (C40/17), ECLI:EU:C:2019:629, que el administrador de una "fan page" (cuenta

Así, por ejemplo, esta capacidad tecnológica ha sido aprovechada por los Estados para aprobar legislaciones y políticas que les autorizan la vigilancia de la comunicación digital, argumentando su necesidad de proteger a sus ciudadanos y los intereses nacionales (seguridad nacional, orden público, etc.), lo que ha sido especialmente patente con la adopción de nuevas legislaciones antiterroristas que permiten una mayor vigilancia oficial y el acceso a datos personales de los ciudadanos[475]. Pues bien, debe remarcarse que la regla general es la prioridad del derecho a buscar, recibir y difundir informaciones e ideas de todo tipo, especialmente en asuntos de interés público, incluyendo los asuntos relacionados con la violencia y el terrorismo,

---

profesional de promoción de una compañía para mejorar y medir la interacción de los visitantes) o de un módulo "Me gusta" en sitios web comerciales en la red social Facebook puede ser considerado responsable del tratamiento de los datos de las personas visitantes y/o que votan "Me gusta", y corresponsable con dicha red social, en línea con el vigente Reglamento (UE) 2016/679 del Parlamento Europeo y del Consejo, de 27 de abril de 2016, relativo a la protección de las personas físicas en lo que respecta al tratamiento de datos personales y a la libre circulación de estos datos y por el que se deroga la Directiva 95/46/CE (Reglamento general de protección de datos).

475 En el marco europeo véase la Directiva (UE) 2017/541 del Parlamento Europeo y del Consejo, de 15 de marzo de 2017, relativa a la lucha contra el terrorismo y por la que se sustituye la Decisión marco 2002/475/JAI del Consejo y se modifica la Decisión 2005/671/JAI del Consejo -DO L nº 88, de 31 de marzo de 2017, pp. 6–21-; así como A.J. GONZÁLEZ PORRAS, *Privacidad en internet: los derechos fundamentales de privacidad e intimidad en Internet y su regulación jurídica. La vigilancia masiva*, tesis doctoral, Universidad de Castilla-La Mancha, Toledo, 2016, pp. 423-530; y G.M. TERUEL LOZANO, "Internet, incitación al terrorismo y libertad de expresión en el marco europeo", *Indret: Revista para el Análisis del Derecho*, nº 3, 2018, en https://indret.com/wp-content/uploads/2019/01/Germa%CC%81n-M.-Teruel-Lozano-3-2018.pdf

así como la libertad de expresión y de crítica sobre la forma de respuesta de los Estados y los políticos a esos fenómenos; a este respecto, los poderes públicos deben asegurar que los medios de comunicación libres, independientes y diversos puedan mantener informada a la sociedad, sobre todo en momentos de tensiones sociales o políticas acentuadas; y los conceptos de "extremismo violento" y "extremismo" no deben usarse como base para limitar la libertad de expresión, a menos que se definan con la claridad y la precisión adecuadas[476].

De este modo, cualquier restricción a la libertad de expresión debe cumplir con las condiciones reconocidas por el Derecho internacional de los derechos humanos: legalidad de la medida restrictiva con su definición precisa y clara, la seguridad jurídica, necesidad, proporcionalidad y propósito legítimo de dicha medida, junto a un control judicial independiente[477].

---

476 Puntos 1.a, 1.b y 2.c de la Declaración Conjunta sobre la libertad de expresión y el combate al extremismo violento del Relator Especial de las Naciones Unidas (ONU) para la Libertad de Opinión y de Expresión, la Representante para la Libertad de los Medios de Comunicación de la Organización para la Seguridad y la Cooperación en Europa (OSCE), el Relator Especial de la Organización de Estados Americanos (OEA) para la Libertad de Expresión y la Relatora Especial sobre Libertad de Expresión y Acceso a la Información de la Comisión Africana de Derechos Humanos y de los Pueblos (CADHP), de 4 de mayo de 2016.

477 *Ibidem*, Puntos 1.c y 1.e; Recomendación CM/Rec(2022)13 del Comité de Ministros del Consejo de Europa sobre los impactos de las tecnologías digitales en la libertad de expresión, de 6 de abril de 2022, Apéndice: Directrices sobre los impactos de las tecnologías digitales en la libertad de expresión, puntos 1.2-1.4; y G.M. TERUEL LOZANO, "Una lectura garantista de las nuevas tendencias en la lucha europea contra la difusión de mensajes terroristas en Internet", *Revista de Derecho Constitucional Europeo*, nº 34, 2020, pp. 95-122.

5.5. El poder adquirido por los intermediarios de Internet

Como puede desprenderse de lo hasta aquí analizado, unas empresas privadas, los intermediarios de Internet se han convertido en la fuente habitual de información en todo el mundo y en el foro preferido del debate público. Así, el funcionamiento de las plataformas de Internet, como Google, X-Twitter o Youtube, influye decisivamente en derechos fundamentales de las personas, como su libertad de expresión y su derecho a la privacidad (de vida y datos personales); esto implica que el ejercicio real y libre de tales derechos depende en buena medida de los términos y condiciones de uso de tales plataformas. Asimismo, como se ha producido la concentración del control de Internet en unas pocas compañías privadas de redes/medios sociales muy exitosas, estas pueden dominar el ejercicio de la libertad de expresión de millones de personas en esta "moderna plaza pública" constituida por la red: "este es el problema de la gobernanza privada del discurso"[478].

Estos actores privados han adquirido así un protagonismo decisivo con alcance global, pese a que su objeto social está enfocado a la demanda de sus servicios y no a la aplicación de valores constitucionales. Al haber expandido sus capacidades de regulación técnica, los prestadores de servicios de Internet ya no mantienen necesariamente un papel de estricta neutralidad frente a los contenidos, sino que están desarrollando potestades normativas que los poderes públicos aprovechan para delegar en ellas parcialmente el control normativo de la red, concediéndoles así un poder creciente y discrecional que les permite

---

478 J.M. BALKIN, "Free Speech in the Algorithmic Society: Big Data, Private Governance, and New School Speech Regulation", *University of California Davis Law Review*, vol. 51, nº 3, 2018, p. 1153, y pp. 1182-1201.

adoptar acciones coercitivas como eliminar o bloquear cuentas de usuarios, mensajes, contenidos, etcétera, sin rendir cuentas y de modo opaco, hasta el punto de haberse erigido en los nuevos "guardianes" de la libertad de expresión, que es uno de los pilares esenciales de un Estado democrático. De este modo, los intermediarios de Internet se han convertido en un poder privado transnacional sin control público, lo que puede dejar en indefensión a sus usuarios y poner en almoneda la función desempeñada hasta hace poco tiempo por los sistemas jurídicos nacionales e internacional en materia de derechos fundamentales, particularmente en la libertad de expresión[479]. Pero esto no tiene demasiada lógica, pues si los operadores privados de Internet no asumen responsabilidad por contenidos que ellos solo transmiten tampoco debería concedérseles competencia normativa para decidir los contenidos que pueden ser difundidos a través de ellos[480]. Como se ha apuntado certeramente, su funcionamiento y conducta se ha convertido en los "términos y condiciones" de nuestros sistemas políticos democráticos[481]. A estos efectos, sería lógico aplicar el derecho internacional de

---

479 M.A. CALCANEO MONTS, "Internet, redes sociales y libertad de expresión", *Cuestiones Constitucionales*, nº 44, 2021, pp. 42 y 50-51.

480 G. DE GREGORIO, "Expressions on Platforms: Freedom of Expression and ISP Liability in the European Digital Single Market", *European Competition and Regulatory Law Review*, vol. 2, nº 3, 2018, pp. 203-215, en DOI: https://doi.org/10.21552/core/2018/3/7; M.A. CALCANEO MONTS, *cit.*, 2021, p. 37 y ss.; y S. MILLALEO HERNÁNDEZ, "Los intermediarios de Internet como agentes normativos", *Revista de Derecho*, vol. 28, nº 1, 2015, pp. 33-54, en http://dx.doi.org/10.4067/S0718-09502015000100002.

481 H.A. MELÉNDEZ JUARBE, "Vida privada, reputación y libertad de expresión en un entorno digital: los intermediarios desde el marco normativo de Estados Unidos", *Revista de Derecho, Comunicaciones y Nuevas Tecnologías* -Universidad de los Andes (Colombia)-, nº 17, 2017, en DOI: http://dx.doi.org/10.15425/redecom.17.2017.01, en p. 21.

los derechos humanos a la moderación de contenidos por los intermediarios de Internet y, en particular, las compañías de las redes sociales:

> "las normas de derechos humanos, si se aplican de manera transparente y coherente, con aportaciones pertinentes de la sociedad civil y los usuarios, proporcionan un marco para la responsabilidad de los Estados y las empresas ante los usuarios"[482].

6. LA LIBERTAD DE EXPRESIÓN ANTE LA INTELIGENCIA ARTIFICIAL

El proceso que ha llevado a la relevancia actual de la Inteligencia Artificial (IA) se ha acelerado en este siglo XXI, pero sus orígenes surgen a partir de que Alan TURING enunciara en 1950 la posibilidad de que la máquina pudiera pensar[483]. No obstante, ha sido el desarrollo reciente de sistemas de aprendizaje autónomo (*machine learning*), de almacenamiento y análisis masivo de datos (*Big Data* y minería de datos -*data mining*- respectivamente)[484] y de computación en la nube (*cloud*

---

[482] Informe del Relator Especial de las Naciones Unidas sobre la promoción y protección del derecho a la libertad de opinión y de expresión, de 6 de abril de 2018 (doc. A/HRC/38/35), para. 41; D. KAYE, "A New Constitution for Content Moderation", *Medium*, 25 de junio de 2019, en https://onezero.medium.com/a-new-constitution-for-content-moderation-6249af611bdf; y M.A. CALCANEO MONTS, "Internet, redes sociales y libertad de expresión", *Cuestiones Constitucionales*, nº 44, 2021, pp. 38 y 47-50.

[483] A.M. TURING, "Computing Machinery and Intelligence", *Mind*, vol. 59, nº 236, 1950, pp. 433-460, en DOI: https://doi.org/10.1093/mind/LIX.236.433

[484] El concepto de *Big Data* (también llamado metadatos o grandes conjuntos de datos) "se refiere a grandes conjuntos de datos de fuentes

computing) lo que ha permitido aplicar mecanismos de IA en numerosos sectores (como en las redes sociales, plataformas digitales, comercio electrónico, administraciones públicas, etc.) con más potentes algoritmos de aprendizaje automático, lo que afecta directamente a diversos derechos humanos y libertades fundamentales, como el derecho a la libertad de expresión[485].

La Inteligencia Artificial debe ser explicada de modo flexible por su propia naturaleza cambiante, y así la Unión Europea ha definido la noción de "sistema de IA" como aquel "sistema basado en una máquina que está diseñado para funcionar con distintos niveles de autonomía y que puede mostrar capacidad de adaptación tras el despliegue, y que, para objetivos explícitos o implícitos, infiere de la información de

---

mixtas (por ejemplo, datos abiertos, datos patentados y datos comprados comercialmente)" y la "minería de datos permite analizar un gran volumen de datos y resaltar modelos, correlaciones y tendencias". Véase EUROPEAN COMMISSION FOR THE EFFICIENCY OF JUSTICE (CEPEJ), *European ethical Charter on the use of Artificial Intelligence in judicial systems and their environment*, Consejo de Europa, Estrasburgo, 2019, p. 70, en https://rm.coe.int/ethical-charter-en-for-publication-4-december-2018/16808f699c

485 Véanse, por ejemplo, M.L. LACRUZ MANTECÓN, "Inteligencia artificial y derechos humanos: una distopía posible", en G. VICENTE Y GUERRERO (coord.), *La libertad de expresión: Avances, límites y desafíos futuros*, Colex, La Coruña, 2024, pp. 235-278; y las aportaciones de L. COTINO HUESO, "Nuevo paradigma en las garantías de los derechos fundamentales y una nueva protección de datos frente al impacto social y colectivo de la inteligencia artificial" (pp. 67-105), y de J. CASTELLANOS CLARAMUNT, "Derechos y garantías concretas de los usos políticos y participativos de la Inteligencia Artificial" (pp. 317-341), en L. COTINO HUESO (dir.) & M. BAUZÁ REILLY (coord.), *Derechos y garantías ante la inteligencia artificial y las decisiones automatizadas*, Thomson Reuters-Aranzadi, Cizur Menor, 2022, pp. 67-105.

entrada que recibe la manera de generar resultados de salida, como predicciones, contenidos, recomendaciones o decisiones, que pueden influir en entornos físicos o virtuales"[486]. En general, la IA puede ser definida como "el conjunto de métodos, teorías y técnicas científicas cuyo objetivo es reproducir, mediante una máquina, las capacidades cognitivas de los seres humanos. Los avances actuales buscan que las máquinas realicen tareas complejas que antes realizaban los humanos"[487]. En este contexto, el algoritmo puede ser conceptuado como "la secuencia finita de reglas formales (operaciones lógicas e instrucciones) que permiten obtener un resultado a partir de la información inicial. Esta secuencia puede ser parte de un

---

486 Artículo 3.1 del Reglamento (UE) 2024/1689 del Parlamento Europeo y del Consejo, de 13 de junio de 2024, por el que se establecen normas armonizadas en materia de inteligencia artificial y por el que se modifican los Reglamentos (CE) nº 300/2008, (UE) nº 167/2013, (UE) nº 168/2013, (UE) 2018/858, (UE) 2018/1139 y (UE) 2019/2144 y las Directivas 2014/90/UE, (UE) 2016/797 y (UE) 2020/1828 (Reglamento de Inteligencia Artificial) -DO L, de 12 de julio de 2024, pp. 1-144-. Esta definición es muy similar a la de la Organización para la Cooperación y el Desarrollo Económico (OCDE): "sistema de IA es un sistema basado en máquinas que, para objetivos explícitos o implícitos, infiere, a partir de la información que recibe, cómo generar información de salida como contenidos, predicciones, recomendaciones o decisiones que pueden influir en entornos físicos o virtuales. Los diferentes sistemas de IA varían en sus niveles de autonomía y adaptabilidad después de su implementación". S. RUSSELL, K. PERSET & M. GROBELNIK, "Updates to the OECD's definition of an AI system explained", *OECD.AI Policy Observatory*, 29 de noviembre de 2023, en https://oecd.ai/en/wonk/ai-system-definition-update

487 EUROPEAN COMMISSION FOR THE EFFICIENCY OF JUSTICE (CEPEJ), *European ethical Charter on the use of Artificial Intelligence in judicial systems and their environment*, Consejo de Europa, Estrasburgo, 2019, p. 69.

proceso de ejecución automatizado y utilizar modelos diseñados mediante aprendizaje automático"[488].

Las técnicas presentes en los sistemas de IA son muy variadas, a partir de algoritmos deterministas -simplemente procesan la información definida- y no deterministas –son capaces de procesar la información y producir resultados nuevos a partir del análisis de los datos-, que permiten llegar al aprendizaje automático (o *machine learning*), el cual:

> "permite construir un modelo matemático a partir de datos, incorporando un gran número de variables que no se conocen de antemano. Los parámetros se configuran gradualmente durante la fase de aprendizaje, que utiliza conjuntos de datos de entrenamiento para encontrar y clasificar los vínculos. Los diferentes métodos de aprendizaje automático son elegidos por los diseñadores en función de la naturaleza de las tareas a realizar (agrupación). Estos métodos suelen clasificarse en tres categorías: aprendizaje supervisado (humano), aprendizaje no supervisado y aprendizaje de refuerzo. Estas tres categorías agrupan diferentes métodos, entre los que se incluyen las redes neuronales, el aprendizaje profundo (*deep learning*), etc"[489].

La elaboración de un sistema de IA es un proceso complejo que cuenta con diversas fases sucesivas, desde el diseño del sistema y su evaluación hasta su plena operatividad. En ese proceso deben precisarse varios aspectos, como cuál será el nivel de participación

---

488 *Ibidem*; y A. PALMA ORTIGOSA, "El ciclo de vida de los sistemas de inteligencia artificial. Aproximación técnica de las fases presentes durante el diseño y despliegue de los sistemas algorítmicos", en L. COTINO HUESO (dir.) & M. BAUZÁ REILLY (coord.), *Derechos y garantías ante la inteligencia artificial y las decisiones automatizadas*, Thomson Reuters-Aranzadi, Cizur Menor, 2022, p. 32.

489 EUROPEAN COMMISSION FOR THE EFFICIENCY OF JUSTICE (CEPEJ), *European ethical Charter on the use of Artificial Intelligence in judicial systems and their environment*, Consejo de Europa, Estrasburgo, 2019, p. 72.

de las personas en las decisiones y/o revisión de las decisiones del sistema de IA, dependiendo de que se trate de un modelo plenamente automatizado o semiautomatizado; y el tipo de modelo de funcionamiento, ya sea estático -donde el sistema no se modifica ante nuevos datos que se incorporen- o dinámico -en el que el sistema se ajusta a los cambios suministrados por los nuevos datos-[490].

El actual incremento exponencial del desarrollo de la IA es consecuencia de la confluencia en los últimos tiempos de un conjunto de elementos coadyuvantes, como los sistemas tecnológicos que permiten la recogida y almacenamiento masivo de datos -datafícación o Big Data-, la interconectividad global, el creciente avance de la computación y los innovadores programas de procesamiento y gestión de datos; es decir que el Big Data y la Inteligencia Artificial se complementan y refuerzan mutuamente[491].

No obstante, ese desarrollo es desigual en varias dimensiones: es superior en algunos sectores (sobre todo en almacenamiento y gestión de datos) que en otros[492], y también ciertas entidades tienen mayor dominio y control sobre la IA que las demás. En este concreto aspecto, es conocido que algunas grandes compañías tecnológicas privadas -casi todas ellas estadounidenses- fueron pioneras en el desarrollo en IA, y concentran el desarrollo y exportación de la mayor parte de sus productos e innovaciones.

---

490 Vid. A. PALMA ORTIGOSA, *cit.*, 2022, pp. 37-48.

491 A. PALMA ORTIGOSA, *cit.*, 2022, pp. 34-36.

492 Véanse, por ejemplo, G. GIL GONZÁLEZ, *Big Data, privacidad y protección de datos,* BOE, Madrid, 2016, en https://www.aepd.es/sites/default/files/2019-10/big-data.pdf; y A. MERCHÁN MURILLO, "Inteligencia artificial y datos: comprensión del avance tecnológico con encaje en el Derecho", en J. CASTELLANOS CLARAMUNT (dir.), *Inteligencia artificial y democracia: garantías, límites constitucionales y perspectiva ética ante la transformación digital,* Atelier, Barcelona, 2023, pp. 159-181.

Ante esta tesitura, las instituciones públicas -nacionales e internacionales- están abogando por potenciar la colaboración pública-privada y la publicación de datos en abierto, en aras a asegurar mayor transparencia e igualdad de oportunidades para todos[493].

La comunidad internacional ha mostrado su preocupación porque el desarrollo vertiginoso de la IA pueda conllevar serios riesgos y amenazas a las personas y las sociedades humanas, por lo que múltiples organismos de todo tipo han elaborado directrices y guías sobre los efectos y los aspectos legales de la IA[494]. Vamos a abordar a partir de aquí la respuesta dada desde dos ámbitos geográficos, el mundial y el regional europeo:

---

493 Así, en el ámbito de la UE véanse la Directiva (UE) 2019/1024 del Parlamento Europeo y el Consejo, de 20 de junio de 2019, relativa a los datos abiertos y la reutilización de la información del sector público, DO L nº 172, de 26 de junio de 2019, pp. 56-83; y el Reglamento (UE) 2022/868 del Parlamento Europeo y del Consejo, de 30 de mayo de 2022, relativo a la gobernanza europea de datos y por el que se modifica el Reglamento (UE) 2018/1724 (Reglamento de Gobernanza de Datos) -art. 22.2-, DO L nº 152, de 3 de junio de 2022, pp. 1-44. Véanse C. PAUNER CHULVI, "Transparencia algorítmica en los medios de comunicación y las plataformas digitales", *Revista Española de la Transparencia,* nº 17, 2023, pp. 107-136, en DOI: https://doi.org/10.51915/ret.308; M. MORENO REBATO, *Inteligencia Artificial (Umbrales éticos, Derecho y Administraciones Públicas),* Thomson Reuters Aranzadi, Cizur Menor, 2021; ídem, "La propuesta de Reglamento de la Unión Europea sobre Inteligencia Artificial: su incidencia en el sector público", en M. CASTILLA BAREA & Mª.D. CERVILLA GARZÓN (dirs.), I. HERNÁNDEZ MENI & M. NEUPAVERT ALZOLA (coords.), *El Derecho y la Justicia ante la Inteligencia Artificial y otras tecnologías disruptivas,* Aranzadi, Las Rozas, 2024, pp. 363-386; y A. PALMA ORTIGOSA, *cit.*, 2022, p. 37.

494 Véase un inicial repertorio de las mismas en A. JOBIN, M. IENCA & E. VAYENA, "The global landscape of AI ethics guidelines", *Nature Machine Intelligence,* vol. 1, 2019, pp. 392-394, en DOI: https://doi.org/10.1038/s42256-019-0088-2; y también M. LÓPEZ ONETO,

A) En el ámbito universal, Naciones Unidas siempre ha reconocido el progreso científico y tecnológico como uno de los factores más relevantes del desarrollo de la sociedad humana, con la condición de que respete los derechos humanos y libertades fundamentales, así como en general la dignidad del ser humano[495]. Su Secretario General creó un Órgano Asesor de Alto Nivel sobre Inteligencia Artificial (IA), compuesto por múltiples partes interesadas, con el objeto de abordar los riesgos, las oportunidades y la gobernanza internacional de estas tecnologías[496]; el mismo se constituyó en octubre de 2023 para analizar y formular recomendaciones sobre la gobernanza internacional de la inteligencia artificial, emitiendo su informe final en septiembre de 2024[497]. Este informe constata que existe un gran déficit de gobernanza global de la IA,

---

Derecho al Futuro. El Derecho de la Inteligencia Artificial (DIA), Tirant Lo Blanch, Valencia, 2022; y F.H. LLANO ALONSO, *Homo Ex Machina. Ética de la inteligencia artificial y Derecho Digital ante el horizonte de la singularidad tecnológica*, Tirant lo Blanch, Valencia, 2024.

495 Véase en este sentido, por ejemplo, la *Declaración sobre la utilización del progreso científico y tecnológico en interés de la paz y en beneficio de la humanidad* -Resolución 3384 (XXX) de la Asamblea General de las Naciones Unidas, de 10 de noviembre de 1975-.

496 Este órgano fue propuesto por el Secretario General de la ONU en 2020 en su informe titulado "Hoja de ruta para la cooperación digital: aplicación de las recomendaciones del Panel de Alto Nivel sobre la Cooperación Digital" (doc. A/74/821, de 29 de mayo de 2020).

497 Véase dicho Informe final del Órgano Asesor de Alto Nivel sobre Inteligencia Artificial, con el titulo de *Gobernanza de la Inteligencia Artificial en beneficio de la Humanidad*, en https://www.un.org/sites/un2.un.org/files/ y de seguido puede verse el siguiente informe en: governing_ai_for_humanity_final_report_es.pdf. Anteriormente, este Órgano Asesor emitió un Informe provisional de IA titulado *Governing AI for Humanity*, diciembre de 2023, en https://www.un.org/sites/un2.un.org/files/ai_advisory_body_interim_report.pdf

y diseña un plan para gestionar los riesgos relacionados con la IA que promueva su capacidad de transformación mundial mediante unas indicaciones:

1) Fomentar una gobernanza internacional de la IA con principios rectores y elementos facilitadores clave, para que Naciones Unidas establezca una primera arquitectura institucional globalmente inclusiva y distribuida de gobernanza basada en la cooperación internacional, con mecanismos institucionales ligeros para complementar los esfuerzos existentes y fomentar acuerdos de gobernanza global de la IA que sean ágiles, adaptables y eficaces ante el imparable progreso de la IA[498];

2) Proponer recomendaciones para abordar las lagunas observadas en la gobernanza global de la IA, en los niveles de representación, coordinación e implementación[499]; e,

3) Instar a todos los gobiernos y las partes interesadas (industria, sociedad civil, mundo académico, organizaciones internacionales) a trabajar juntos en la gobernanza de la IA para fomentar el desarrollo y la protección de los derechos humanos[500].

B) En el ámbito europeo, y tras un largo proceso de estudio, debate y negociación durante varios años, en 2024 la Unión

---

498 *Ibidem*, pp. 42-88.

499 En concreto, son siete recomendaciones: crear un Grupo internacional de científicos expertos en IA; iniciar un Diálogo sobre políticas de gobernanza de la IA; instaurar una entidad de Intercambio de normas sobre la IA; crear una Red de desarrollo de la capacidad; establecer un Fondo mundial para la IA; establecer un Marco mundial de datos sobre IA; e instituir una Oficina de IA en la Secretaría General de las Naciones Unidas. *Ibidem*, pp. 11-24.

500 *Ibidem*, pp. 42, 70, 78 y 90.

Europea ha aprobado el denominado Reglamento de Inteligencia Artificial para garantizar que estos sistemas sean seguros, éticos y fiables, con el objetivo expreso de:

> "mejorar el funcionamiento del mercado interior y promover la adopción de una inteligencia artificial (IA) centrada en el ser humano y fiable, garantizando al mismo tiempo un elevado nivel de protección de la salud, la seguridad y los derechos fundamentales consagrados en la Carta, incluidos la democracia, el Estado de Derecho y la protección del medio ambiente, frente a los efectos perjudiciales de los sistemas de IA... en la Unión, así como prestar apoyo a la innovación"[501].

Este Reglamento (UE) 2024/1689 no tiene parangón en el mundo como instrumento normativo internacional. Así, regula la autorización de los sistemas de Inteligencia Artificial en el mercado único de la UE, a la par que promueve la innovación tecnológica y patrocina el despliegue de la IA. Para lograrlo, establece obligaciones a los proveedores y los responsables del desarrollo e implantación de estas tecnologías, con

---

[501] Artículo 1 del Reglamento (UE) 2024/1689 del Parlamento Europeo y del Consejo, de 13 de junio de 2024, por el que se establecen normas armonizadas en materia de inteligencia artificial y por el que se modifican los Reglamentos (CE) nº 300/2008, (UE) nº 167/2013, (UE) nº 168/2013, (UE) 2018/858, (UE) 2018/1139 y (UE) 2019/2144 y las Directivas 2014/90/UE, (UE) 2016/797 y (UE) 2020/1828 (Reglamento de Inteligencia Artificial) -DO L, de 12 de julio de 2024, pp. 1-144-. Sobre el mismo pueden verse M. BARRIO ANDRÉS (dir.), *El Reglamento Europeo de Inteligencia Artificial*, Tirant Lo Blanch, Valencia, 2024; A. RUIZ FORNS & A. NICOLÁS, "Nuevo Reglamento Europeo de Inteligencia Artificial", *Diario La Ley*, nº 10491, 23 de abril de 2024, en https://diariolaley.laleynext.es; y AA.VV. "Principales novedades del Reglamento (UE) de Inteligencia Artificial", *Uría Menéndez*, 17 de julio de 2024, en https://www.uria.com/documentos/circulares/1814/documento/13676/Nota_ESP.pdf?id=13676&forceDownload=true

el propósito de garantizar el desarrollo y uso responsable de los sistemas de IA.

Su ámbito de aplicación alcanza a los fabricantes, proveedores -y sus representantes autorizados-, importadores y distribuidores de sistemas o modelos de IA que los introduzcan, desplieguen o pongan en servicio en la UE o con resultados de salida que se utilicen en la Unión, con independencia de su origen, así como las personas afectadas que estén ubicadas en la UE[502]. Pero no es de aplicación en numerosos ámbitos: los ajenos al Derecho de la Unión; las competencias de los Estados miembros en materia de seguridad nacional; a los sistemas de IA de uso exclusivamente militar, de defensa o de seguridad nacional; a las autoridades públicas de terceros países u organizaciones internacionales cuando utilicen sistemas de IA en el marco de la cooperación policial o judicial con la UE o sus Estados miembros, siempre que tal tercer país u organización internacional ofrezca garantías suficientes de protección de los derechos y libertades fundamentales; a las investigaciones, pruebas o desarrollos de sistemas o modelos de IA antes de su introducción en el mercado o puesta en servicio; y tampoco a los sistemas de IA desarrollados y usados solo para la investigación y el desarrollo científico, ni a los divulgados con arreglo a licencias libres y de código abierto, a menos que se introduzcan en el mercado o se pongan en servicio como sistemas de IA de alto riesgo o de riesgo prohibido[503].

---

[502] Artículo 2.1 del Reglamento de Inteligencia Artificial.

[503] Art. 2, apartados 3, 4, 6, 8 y 12 del Reglamento de IA, que tampoco afectará a la aplicación de las disposiciones relativas a la responsabilidad de los prestadores de servicios intermediarios de Internet del capítulo II del Reglamento (UE) 2022/2065 (ya sean de mera transmisión, de memoria caché o de alojamiento de datos) -art. 2.5 del Reglamento de IA-. Véanse M. BARRIO ANDRÉS, "Objeto, ámbito de aplicación y sentido del Reglamento Europeo de Inteligencia Artificial", en ídem (dir.), *El Reglamento Europeo de Inteligencia Artificial*,

Dado que la Unión Europea también es consciente de los riesgos asociados a usos específicos de dicho tipo de inteligencia -tales como los sesgos, la discriminación y las carencias en la rendición de cuentas (*accountability*)-, este Reglamento de IA regula con precisión los niveles de riesgo y las respuestas a los mismos.

De hecho, clasifica tales riesgos en cuatro niveles, y asigna reglas distintas a cada nivel:

1) Riesgo mínimo o nulo: en este nivel se sitúan la mayoría de los sistemas de IA, como los juegos o los filtros de correo no deseado (*spam*) basados en la IA. Estos no suponen riesgos y no están regulados ni concernidos por este Reglamento (UE) 2024/1689.

2) Riesgo limitado: aquí se incluyen sistemas de IA que sí conllevan cierto nivel de riesgo, pero limitado, como los *chatbots*[504] o los sistemas de IA generadores de contenido. Aquí, el Reglamento les impone obligaciones de transparencia, como el deber de informar a los usuarios de que su contenido ha

Tirant Lo Blanch, Valencia, 2024, pp. 21-47; y A. LÓPEZ-TARRUELLA MARTÍNEZ, "El futuro Reglamento de Inteligencia Artificial y las relaciones con terceros Estados", *Revista Electrónica de Estudios Internacionales*, nº 45, 2023, en DOI: 10.17103/reei.45.04

504 Un chatbot "es un programa informático basado en inteligencia artificial [en los modelos actuales] y diseñado para interactuar con los usuarios a través de conversaciones en lenguaje natural. Mediante modelos de lenguaje avanzados, puede entender y responder de manera coherente a las consultas de los usuarios simulando una conversación con una persona", con el objetivo de "proporcionar asistencia y respuestas lo más precisas posible a preguntas frecuentes o tareas específicas, como realizar reservas, brindar información sobre productos o servicios, y resolver problemas comunes". Vid. https://www.telefonica.com/es/sala-comunicacion/blog/chatbot-que-es-como-funciona-sirve/.

sido generado por IA, para permitirles adoptar decisiones informadas sobre el uso posterior de esos contenidos.

3) Riesgo alto: estos sistemas de IA son las más regulados por el Reglamento de la UE porque conllevan un mayor nivel de riesgo, al emplearse en sectores más expuestos que pueden presentar un riesgo para la salud, la seguridad o los derechos fundamentales, como el diagnóstico de enfermedades, identificación biométrica de personas, gestión de infraestructuras críticas, selección de personal, gestión de acceso a servicios esenciales, o la conducción autónoma[505]. El Reglamento los regula cuidadosamente, exigiéndoles el cumplimiento de unos requisitos y obligaciones estrictos para que puedan acceder al mercado interior de la UE, como un sistema de gestión de riesgos, gobernanza y gestión de datos de entrenamiento y prueba, deberes de transparencia -documentación técnica actualizada, registros de actividad del sistema, información a los usuarios-, y una supervisión humana como garantía[506].

4) Riesgo inaceptable o prohibido: Este Reglamento prohíbe el empleo de sistemas de IA que supongan una amenaza a la seguridad, los derechos o los medios de subsistencia

---

505 El artículo 6 -apartados 1 a 3- del Reglamento de IA considera de alto riesgo el sistema de IA destinado a ser utilizado como componente de seguridad de un producto dentro del ámbito de aplicación de los actos legislativos de armonización de la Unión -enumerados en su anexo I-, y que deba someterse a una evaluación de la conformidad de terceros para su introducción en el mercado o puesta en servicio con arreglo a dichos actos legislativos de armonización de la UE; además, se consideran de alto riesgo los sistemas de IA contemplados en el anexo III, salvo que no planteen un riesgo importante para la salud, la seguridad o los derechos fundamentales de las personas físicas, o si no influyen sustancialmente en el resultado de la toma de decisiones.

506 Artículos 6 a 49 del Reglamento de IA.

de las personas, como la manipulación cognitiva conductual, la actuación policial predictiva, el reconocimiento de emociones en lugares de trabajo y centros educativos, la puntuación ciudadana, y en general el uso en los espacios públicos de sistemas de identificación biométrica remota en tiempo real, como el reconocimiento facial, por parte de las autoridades garantes del cumplimiento del derecho, con algunas excepciones[507].

El Reglamento también regula los denominados modelos de IA de uso general[508], capaces de realizar tareas muy variadas en diferentes aplicaciones, como generar textos o reconocer imágenes: aquellos que no suponen riesgos sistémicos -por considerarse de riesgo limitado- solo deben cumplir requisitos laxos como, por ejemplo, deberes de transparencia, pero los que conllevan riesgos sistémicos están sujetos a obligaciones más exigentes.

---

507 Art. 5 del Reglamento de IA. Véase L. MÍGUEZ MACHO & M. TORRES CARLOS, "Sistemas de IA prohibidos y sistemas de IA de alto riesgo", en M. BARRIO ANDRÉS (dir.), *El Reglamento Europeo de Inteligencia Artificial*, Tirant Lo Blanch, Valencia, 2024, pp. 49-86.

508 Arts. 51-56 del Reglamento de IA, que define el modelo de IA de uso general como aquél -incluyendo el entrenado con un gran volumen de datos utilizando autosupervisión a gran escala- "que presenta un grado considerable de generalidad y es capaz de realizar de manera competente una gran variedad de tareas distintas, independientemente de la manera en que el modelo se introduzca en el mercado, y que puede integrarse en diversos sistemas o aplicaciones posteriores, excepto los modelos de IA que se utilizan para actividades de investigación, desarrollo o creación de prototipos antes de su introducción en el mercado" -art.3.63-. Véase C. MUÑOZ GARCÍA, "Modelos de IA de uso general y sistemas de IA de riesgo limitado y mínimo", en M. BARRIO ANDRÉS (dir.), *El Reglamento Europeo de Inteligencia Artificial*, Tirant Lo Blanch, Valencia, 2024, pp. 87-109.

Este Reglamento también dispone que los Estados miembros establecerán el régimen de sanciones y otras medidas de ejecución, como advertencias o medidas no pecuniarias, a los operadores por infracciones de este Reglamento de IA. Esas sanciones han de ser efectivas, proporcionadas y disuasorias, y deben tener en cuenta los intereses de las pequeñas y medianas empresas (pymes), incluidas las empresas emergentes, así como su viabilidad económica. Cuando sean multas económicas, su cuantía puede basarse en un importe determinado o en un porcentaje del volumen de negocios total de la empresa infractora en el año anterior. Asimismo, se prevé que el Supervisor Europeo de Protección de Datos pueda imponer multas administrativas a instituciones, órganos y organismos de la Unión[509].

Otro rasgo relevante de esta normativa de la UE es que establece un marco orgánico de gobernanza de la IA[510], con la creación de varias entidades de supervisión y órganos de gobierno:

- autoridades nacionales competentes: al menos una autoridad notificante y una autoridad de vigilancia del mercado en cada Estado miembro[511];

---

509 Véanse los artículos 99 a 101 del Reglamento de IA; y J. DELGADO MARTÍN, "Régimen sancionador", en M. BARRIO ANDRÉS (dir.), *El Reglamento Europeo de Inteligencia Artificial*, Tirant Lo Blanch, Valencia, 2024, pp. 201-217.

510 Véase V. JIMÉNEZ SERRANÍA, "Medidas de apoyo a la innovación y arquitectura de gobernanza", en M. BARRIO ANDRÉS (dir.), *El Reglamento Europeo de Inteligencia Artificial*, Tirant Lo Blanch, Valencia, 2024, pp. 130-138.

511 Art. 70 del Reglamento de IA. Así, en España se creó la Agencia Española de Supervisión de Inteligencia Artificial -Real Decreto 729/2023, de 22 de agosto, por el que se aprueba el Estatuto de la Agencia Española de Supervisión de Inteligencia Artificial (BOE,

- una Oficina de IA en el seno de la Comisión Europea, con la función de garantizar el cumplimiento de las normas comunes en toda la UE[512];
- un Consejo Europeo de Inteligencia Artificial, compuesto por representantes de los Estados miembros, con el cometido de asesorar y asistir a la Comisión y a los Estados miembros en la implementación coherente y eficaz de este Reglamento de IA[513];
- un Foro consultivo, en donde las partes interesadas puedan proporcionar conocimientos técnicos al Consejo Europeo de IA y a la Comisión Europea[514]; y,
- un Grupo de expertos científicos independientes, para apoyar las actividades de garantía del cumplimiento normativo[515].

Por añadidura, el Reglamento de Inteligencia Artificial de la UE también establece medidas de apoyo a la inversión y la innovación en esta materia[516]. Como es lógico, dicho Reglamento pretende facilitar el desarrollo de un mercado único para las aplicaciones de IA con iniciativas como el Plan coordinado sobre la inteligencia artificial de la UE, que tiene el objetivo de

---

nº 210, de 2 de septiembre de 2023, pp. 122289-122316)-, como la principal autoridad supervisora nacional.

512 Arts. 3.47 y 64 del Reglamento de IA. Así, véase la Decisión de la Comisión, de 24 de enero de 2024, por la que se crea la Oficina Europea de Inteligencia Artificial -DO C, C/2024/1459, de 14 de febrero de 2024, pp. 1-5-.

513 Arts. 65 y 66 del Reglamento de IA.

514 Art. 67 del Reglamento de IA.

515 Art. 68 del Reglamento de IA.

516 Arts. 57-63 del Reglamento de IA. Vid. V. JIMÉNEZ SERRANÍA, *cit.*, 2024, pp. 118-130.

fomentar la inversión en IA en Europa[517]. No obstante, debe advertirse de que este Reglamento de IA, que entró en vigor el 2 de agosto de 2024, no tendrá su aplicación general hasta dos años después -2 de agosto de 2026-, si bien dispone un calendario gradual de aplicación por etapas para algunas de sus disposiciones, de tal modo que no se aplicará completamente hasta los tres años después de su entrada en vigor, el 2 de agosto de 2027[518].

7. CONCLUSIONES

Como es conocido, el potencial que las tecnologías de la información y, en concreto, Internet ofrecen a la libertad de expresión es inmenso, pero al mismo tiempo brinda enormes

---

517 Véase sobre la Estrategia Europea en materia de Inteligencia Artificial -COM(2018) 237 final, de 25 de abril de 2018- y el Plan coordinado sobre inteligencia artificial de la UE en el anexo de la Comunicación de la Comisión al Parlamento Europeo, al Consejo Europeo, al Consejo, al Comité Económico y Social Europeo y al Comité de las Regiones, de 7 de diciembre de 2018 -COM(2018) 795 final-, en https://eur-lex.europa.eu/legal-content/ES/TXT/HTML/?uri=CELEX:52018DC0795. Como se indica en estos documentos, numerosos Estados ya tienen desde hace años Estrategias oficiales en esta materia; así, puede verse la Estrategia española de Inteligencia Artificial 2024, aprobada por el Gobierno el 14 de mayo de 2024, en https://portal.mineco.gob.es/es-es/digitalizacionIA/Documents/Estrategia_IA_2024.pdf; y véase también la Orden TDF/619/2024, de 18 de junio, por la que se crea y regula el Consejo Asesor Internacional en Inteligencia Artificial (BOE, nº 150, de 21 de junio de 2024, pp. 72251-72254).

518 Véase el artículo 113 del Reglamento de IA; y J. FERNÁNDEZ RIVAYA & J. GARCÍA LUENGO, "Publicado el Reglamento europeo de Inteligencia Artificial: empieza la cuenta atrás para su completa entrada en vigor", *Garrigues Digital*, 12 de julio de 2024, en https://www.garrigues.com/es_ES/garrigues-digital/publicado-reglamento-europeo-inteligencia-artificial-empieza-cuenta-atras

oportunidades para el control efectivo del Estado y de los intermediarios o plataformas privadas. Si bien puede parecer abrumador e incontrolable el "universo internauta", lo cierto es que las doctrinas judicial y académica coinciden en la necesidad de establecer y aplicar una normativa razonable y de calidad en el ámbito digital, que organice las actuaciones y los comportamientos de todos los partícipes en la red con el fin de alcanzar un equilibrio justo en cualquier instrumento regulatorio y estrategia política en este entorno digital interconectado[519]. Por añadidura, la eclosión expansiva de los sistemas y modelos de Inteligencia Artificial plantea grandes desafíos de todo tipo a la sociedad humana actual[520].

---

519 Así, por ejemplo, pueden verse las sentencias del TEDH de 14 de septiembre de 2010 en el asunto *Dink c. Turquía* (casos nº 2668/07, 6102/08, 30079/08, 7072/09 y 7124/09), para. 114; y de 18 de diciembre de 2012 en el asunto *Ahmet Yildirim c. Turquía* (caso nº 3111/10), para. 57; así como en España la STC 76/2019, de 22 de mayo. En la doctrina pueden verse H.A. MELÉNDEZ-JUARBE, "Intermediaries and Freedom of Expression", 2012, pp. 10-11, en https://www.palermo.edu/cele/pdf/english/Internet-Free-of-Censorship/04-Intermediaries_Freedom_of_Expression_Hiram_Melendez_Juarbe.pdf; y L. COTINO HUESO, "Una regulación legal y de calidad para los análisis automatizados o con inteligencia artificial: Los altos estándares que exigen el Tribunal Constitucional Alemán y otros Tribunales, que no se cumplen ni de lejos en España", *Revista General de Derecho Administrativo*, nº 64, 2023, en https://www.iustel.com//v2/revistas/detalle_revista.asp?id_noticia=426416

520 Véanse, por ejemplo, las aportaciones de J. CASTELLANOS CLARAMUNT, "Derecho, inteligencia artificial y democracia" (pp. 65-86), y de Mª.D. MONTERO CARO, "Sobre el control jurídico y democrático de la inteligencia artificial: Herramientas y reflexiones acerca de la inserción incontrolada de mecanismos tecnológicos" (pp. 183-201), en J. CASTELLANOS CLARAMUNT (dir.), *Inteligencia artificial y democracia: garantías, límites constitucionales y perspectiva ética ante la transformación digital*, Atelier, Barcelona, 2023.

El Derecho internacional ha dedicado numerosas normas y mecanismos a garantizar el ejercicio de la libertad de opinión y de expresión, ya sea en el nivel universal o en diferentes ámbitos regionales. La relevancia de este derecho es reconocida de modo solemne, de tal modo que se ha erigido en un pilar esencial para la construcción de sociedades democráticas y para el disfrute de todos los demás derechos humanos. A pesar de ello, persisten numerosas vulneraciones y amenazas a la libertad de expresión: los periodistas, políticos y activistas de derechos humanos siguen sufriendo acoso, persecución y agresión en numerosos lugares y países[521]; los gobiernos, sobre todo los autoritarios -pero no solo ellos-, recurren a todo tipo de medios -legales y técnicos-, métodos de manipulación y desinformación, órdenes y artimañas para silenciar las opiniones críticas[522]; la política de concentración de medios reduce el

---

521 Observación General nº 34 del CDH, para. 23; sentencias de la Corte Interamericana de 22 de noviembre de 2004 en el caso *Carpio Nicolle y otros c. Guatemala*, Serie C nº 117, para. 38; y de 26 de mayo de 2010 en el caso *Manuel Cepeda Vargas c. Colombia*, Serie C nº 213, para. 73. Cabe recordar que determinados colectivos, como los representantes de los trabajadores (sindicalistas) gozan de un nivel reforzado de protección en su libertad de expresión. Véanse las sentencias de la Corte Interamericana de 31 de agosto de 2017 en el caso *Lagos del Campo c. Perú*, Serie C nº 340, para. 96; y de 25 de agosto de 2022 en el caso *Deras García y otros c. Honduras*, Serie C nº 462, para. 79; y su Opinión Consultiva OC-27/21 de 5 de mayo de 2021 en el caso *Derechos a la libertad sindical, negociación colectiva y huelga, y su relación con otros derechos, con perspectiva de género*, Serie A nº 27, para. 138.

522 Existen Estados que bloquean sistemáticamente el acceso libre de su población a Internet, como China con su "gran cortafuegos"; o en 2011 los gobiernos de Egipto, Túnez y Libia bloquearon Internet para evitar el auge de las protestas populares de la llamada "Primavera Árabe". Véanse, por ejemplo, R. MACKINNON, "Liberation Technology: China's "Networked Authoritarianism"", *Journal of Democracy*, vol. 22, nº 2, 2011, pp. 32-46; M. ALONSO GONZÁLEZ, "Redes sociales para superar la censura

pluralismo y favorece la censura, especialmente en Internet y en las redes sociales; las legislaciones nacionales antiterroristas restringen la libertad de opinión y de expresión, etc.

Por otro lado, la preponderancia de la red global y de los medios digitales en la difusión de todo tipo de contenidos -incluyendo declaraciones y expresiones de cualquier índole- otorgan una enorme responsabilidad -y poder- a los intermediarios de Internet como una especie de guardianes custodios del "orden público" en todo lo relacionado con el ejercicio del derecho a la libertad de expresión. Esta constatación obliga a los poderes públicos de los Estados y a los citados intermediarios a calibrar sus legislaciones, políticas y prácticas de moderación de contenidos en la red con criterios claramente especificados, revisados periódicamente, medidos con precisión, comunicados con transparencia y con respeto equilibrado a los diversos derechos humanos y libertades fundamentales en juego[523]. La posibilidad de implantar sistemas de co-regulación (ley y autorregulación) supondría una fórmula adecuada para armonizar los principios democráticos generales con los distintos derechos e intereses particulares pertinentes[524].

---

informativa: el caso de China y la revolución de los paraguas", *Ámbitos: Revista Andaluza de Comunicación*, nº 28, 2015, en http://www.redalyc.org/articulo.oa?id=16838682002; A. SHAHBAZ, *Freedom on the Net 2018: The Rise of Digital Authoritarianism*, Freedom House, Washington, 2018, en https://freedomhouse.org/sites/default/files/FOTN_2018_Fin; P. MALANCZUK, *op. cit.*, para. 68-85; y AA.VV., "The Collateral Damage of Internet Censorship by DNS Injection", A*CM SIGCOMM Computer Communication Review*, vol. 42, nº 3, 2012, pp. 22-27.

523 Recomendación CM/Rec(2022)13 del Comité de Ministros del Consejo de Europa sobre los impactos de las tecnologías digitales en la libertad de expresión, de 6 de abril de 2022, Apéndice: Directrices sobre los impactos de las tecnologías digitales en la libertad de expresión, punto 1.4.

524 Véanse *Guidance Note on best practices towards effective legal and procedural frameworks for self-regulatory and co-regulatory mechanisms of content*

Podría optarse por modelos de exención condicionada de responsabilidad a los intermediarios por contenidos ilícitos subidos por usuarios a sus plataformas, pero con algunas salvaguardias lógicas propias de un estado de derecho: control judicial previo a cualquier eliminación de contenido, con procedimientos respetuosos de los derechos fundamentales, el debido proceso legal y la libertad de información, proporcionando a los usuarios el derecho a rebatir las notificaciones contrarias a sus mensajes antes de su retirada por el intermediario, y la imposición de sanciones estrictas a quienes abusen del sistema con la interposición de denuncias fraudulentas[525]. Así, por ejemplo, para prevenir el denominado "turismo de la difamación", los particulares solo deberían poder iniciar acciones judiciales en una jurisdicción nacional en la que puedan demostrar haber sufrido un perjuicio sustancial, normalmente debido a que el autor del contenido impugnado

---

moderation, adoptada por el Comité Directivo de Medios y Sociedad de la Información del Consejo de Europa el 21 de mayo de 2021, en https://rm.coe.int/content-moderation-en/1680a2cc18; L. COTINO HUESO, "Quién, cómo y qué regular (o no regular) frente a la desinformación", *Teoría y Realidad Constitucional*, nº 49, 2022, pp. 199-238; E. ARROYO AMAYUELAS, *cit.*, 2020, pp. 836-837; y A. BARRERO ORTEGA, *cit.*, 2021, p. 127.

525 Véanse D. CHEN, M. DURKEE, J. FRIEND & J. URBAN, *Updating 17 U.S.C. § 512's Notice and Takedown Procedure for Innovators, Creators, and Consumers*, BerkeleyLaw, Universidad de California, 2011, en https://www.law.berkeley.edu/wp-content/uploads/2015/04/cranoticetakedown.pdf; H.A. MELÉNDEZ-JUARBE, "Intermediaries and Freedom of Expression", 2012, en https://www.palermo.edu/cele/pdf/english/Internet-Free-of-Censorship/04-Intermediaries_Freedom_of_Expression_Hiram_Melendez_Juarbe.pdf; W. SELTZER, "Free Speech Unmoored in Copyright's Safe Harbor: Chilling Effects of the DMCA on the First Amendment", *Harvard Journal of Law & Technology*, vol. 24, nº 1, 2010, pp. 171-232, en https://wendy.seltzer.org/pubs/seltzer-chill.pdf

reside en ese Estado, el contenido se publicó desde allí y/o se dirige específicamente a ese Estado[526].

La abundante normativa internacional de derechos humanos supervisada por muy diversos órganos internacionales realiza una función necesaria, pero por sí sola no resulta plenamente eficaz para asegurar el ejercicio de este derecho a la libertad de expresión. De hecho, los instrumentos internacionales se han considerado a sí mismos como un estándar mínimo de protección que ha de ser interpretado siempre en favor de poder expandir ese nivel de salvaguardia a partir, por ejemplo, de legislaciones nacionales más avanzadas[527]. Para ello, deviene imprescindible contar con el firme y sincero compromiso de los Estados en la garantía de su plena aplicación, con normativas nacionales y órganos -judiciales y administrativos- plenamente involucrados en este cometido[528]. Igualmente, las empresas deben comprender que una adecuada gestión de los derechos digitales de los usuarios -sobre todo de sus derechos fundamentales, como la libertad de expresión- beneficia sus propios intereses y resultados económicos.

Los marcos regulatorios de los Estados deben garantizar la libertad de y en la red, sin interferencias en la normal actividad de los intermediarios de Internet que puedan limitar la libertad de expresión y demás derechos humanos. Igualmente, los poderes públicos deben fomentar simultáneamente tres aspectos claves: en primer lugar, asegurar la inversión en tecnologías digitales,

---

526 Punto 4.a de la Declaración Conjunta sobre Libertad de Expresión e Internet, *cit.*, 2011.

527 En este sentido pueden verse, por ejemplo, el Pacto Internacional de Derechos Civiles y Políticos (art. 5), el Convenio Europeo de Derechos Humanos (arts. 17 y 53), y la Convención Americana sobre Derechos Humanos (art. 29).

528 Véase A.J. IGLESIAS VELASCO, *El juez estatal ante el Derecho Internacional,* Aranzadi (Thomson Reuters), Cizur Menor, 2018.

por ejemplo mediante el apoyo al desarrollo de software e infraestructura de código abierto y libre[529]; en segundo lugar, favorecer la formación multimodal mediante iniciativas educativas y de concienciación destinadas a promover la capacidad de todas las personas de efectuar un uso autónomo, independiente y responsable de Internet ("alfabetización digital"); en tercer lugar, promover la participación de todos los posibles actores públicos y privados para ejercer mejor su libertad de expresión, acceso a la información y exigencia de buenas prácticas a las autoridades públicas y las compañías tecnológicas, poniendo especial énfasis en la capacitación de las personas y grupos vulnerables, pues no suelen tener fácil acceso al aprendizaje en línea[530].

En orden a garantizar mejor la libertad de expresión en Internet y reducir los efectos perniciosos de movimientos inquisitoriales en la red, conviene fomentar la educación de los usuarios de Internet y de las redes sociales sobre el principio de proporcionalidad entre la ofensa del mensaje inicial y la sanción social que se impone después al "cancelado"[531]. Ciertamente, numerosos mensajes publicados en las redes sociales son ofensivos, vulneran sensibilidades ajenas y provocan reacciones que son el germen de la cultura de la cancelación[532]. En este sentido, sería útil que los usuarios reflexionaran acerca de sus comentarios, publicaciones y comportamiento en la red, así como sobre la difusión de esos contenidos.

---

529 Recomendación CM/Rec(2022)13 del Comité de Ministros del Consejo de Europa sobre los impactos de las tecnologías digitales en la libertad de expresión, de 6 de abril de 2022, Apéndice: Directrices sobre los impactos de las tecnologías digitales en la libertad de expresión, punto 2.7.

530 *Ibidem*, punto 5.2; y Punto 1.f de la Declaración Conjunta sobre Libertad de Expresión e Internet, *cit.*, 2011.

531 K.I. CABRERA PEÑA & C.A. JIMÉNEZ CABARCAS, *cit.*, 2021, p. 11.

532 *Ibidem.*

Referencias bibliográficas y documentales

1. BIBLIOGRAFÍA

1. BIBLIOGRAFÍA GENERAL

P. ANDRÉS SÁENZ DE SANTA MARÍA y J.A. GONZÁLEZ VEGA: *Sistema de Derecho Internacional Público,* 7ª ed., Civitas, Cizur Menor, 2023.

C. BECCARIA: *De los delitos y de las penas,* Trotta, Madrid, 2011.

R. BERNHARDT (ed.): *Encyclopedia of Public International Law,* North-Holland, Amsterdam, 1ª ed., 1981; 2ª ed., 1992.

V. BOU FRANCH: *Recopilación de Textos de Derecho Internacional Público,* 2ª ed., Punto y Coma, Valencia, 2001.

I. BROWNLIE: *Principles of Public International Law,* Oxford UP, Oxford, 4ª ed., 1990; 5ª ed., 1998; 6ª ed., 2003.

J.A. CARRILLO SALCEDO: *Soberanía de los Estados y derechos humanos en Derecho internacional contemporáneo,* Tecnos, Madrid, 1995.

O. CASANOVAS y A.J. RODRÍGO: *Compendio de Derecho Internacional Público,* 12ª ed., Tecnos, Madrid, 2024.

J-P. COT, A. PELLET y M. FORTEAU: *La Charte des Nations Unies: Commentaire article par article,* 3ª ed., Economica, París, 2005.

M. DÍEZ DE VELASCO, C. ESCOBAR HERNÁNDEZ (coord.): *Instituciones de Derecho Internacional Público,* 18ª ed., Tecnos, Madrid, 2013.

M. DÍEZ DE VELASCO, J.M. SOBRINO HEREDIA (coord.): *Las organizaciones internacionales,* 16ª ed., Tecnos, Madrid, 2010.

A.F. FERNÁNDEZ TOMÁS, A. SÁNCHEZ LEGIDO, J.M. ORTEGA TEROL, I. FORCADA BARONA, M. MARTÍNEZ CARMENA y V. BALLESTEROS MOYA: *Curso de Derecho Internacional Público,* 2ª ed., Tirant Lo Blanch, Valencia, 2022.

C. FERNÁNDEZ DE CASADEVANTE ROMANÍ: *Derecho Internacional Público,* 1ª ed., Dilex, Madrid, 2003.

Th.M. FRANCK: "Fairness in the International Legal and Institutional System", *Rec. des C.*, vol.240, 1993-III, pp.9-498.

C. GUTIÉRREZ ESPADA y Mª.J. CERVELL HORTAL: *El Derecho internacional en la encrucijada: Curso general de Derecho Internacional Público,* 4ª Trotta, Madrid, 2017.

C. GUTIÉRREZ ESPADA y Mª.J. CERVELL HORTAL: *Derecho Internacional (Corazón y funciones),* Civitas, Cizur Menor, 2022.

R. HIGGINS: *Problems and Process. International Law and How We Use It,* Clarendon Press, Oxford, 1994.

J. JUSTE RUIZ & M. CASTILLO DAUDÍ: *Derecho Internacional Público,* Punto y Coma, Valencia, 2002.

J. JUSTE RUIZ, M. CASTILLO DAUDÍ & V. BOU FRANCH: *Lecciones de Derecho Internacional Público,* 4ª ed., Tirant Lo Blanch, Valencia, 2023.

A. MANGAS MARTÍN & D.J. LIÑÁN NOGUERAS: *Instituciones y Derecho de la Unión Europea,* 11ª ed., Tecnos, Madrid, 2024.

F.M. MARIÑO MENÉNDEZ: *Derecho Internacional Público [Parte General],* 3ª ed., Trotta, Madrid, 1999.

Th. MERON: "International Law in the Age of Human Rights. General Course on Public International Law", *Rec. des C.*, vol.301, 2003, pp.9-489.

E. ORIHUELA CALATAYUD: *Derecho internacional humanitario. Tratados internacionales y otros textos,* McGraw-Hill, Madrid, 1998.

J.A. PASTOR RIDRUEJO: *Curso de Derecho Internacional Público y Organizaciones Internacionales,* 28ª ed., Tecnos, Madrid, 2024.

A. REMIRO BROTÓNS: *Derecho Internacional Público. 1. Principios Fundamentales,* Tecnos, Madrid, 1982.

A. REMIRO BROTÓNS: *La acción exterior del Estado,* Tecnos, Madrid, 1984.

A. REMIRO BROTÓNS: *Derecho Internacional Público. 2. Derecho de los Tratados,* Tecnos, Madrid, 1987.

A. REMIRO BROTÓNS, R. RIQUELME CORTADO, J. DÍEZ-HOCHLEITNER, E. ORIHUELA CALATAYUD y L. PÉREZ-PRAT DURBÁN: *Derecho Internacional,* McGraw-Hill, Madrid, 1997; Tirant Lo Blanch, Valencia, 2007.

A. REMIRO BROTÓNS, R. RIQUELME CORTADO, E. ORIHUELA CALATAYUD, J. DÍEZ-HOCHLEITNER y L. PÉREZ-PRAT DURBÁN: *Derecho Internacional: Curso General,* Tirant Lo Blanch, Valencia, 2010.

A. REMIRO BROTÓNS, C. IZQUIERDO SANS, C.D. ESPÓSITO MASSICCI & S. TORRECUADRADA GARCÍA-LOZANO: *Derecho Internacional. Tratados y otros documentos*, McGraw-Hill, Madrid, 2001.

A.J. RODRÍGUEZ CARRIÓN: *Lecciones de Derecho Internacional Público*, 5ª ed. (2ª reimp.), Tecnos, Madrid, 2004.

B. SIMMA y otros (ed.): *The Charter of the United Nations. A Commentary*, 2 vols., 3ª ed., Oxford University Press, Oxford, 2012.

R. WOLFRUM y PETERS, A. (dirs.): *The Max Planck Encyclopedia of Public International Law*, Oxford University Press, 2008-, online edition, [www.mpepil.com].

2. BIBLIOGRAFÍA ESPECÍFICA

AA.VV.: "The Collateral Damage of Internet Censorship by DNS Injection", *ACM SIGCOMM Computer Communication Review*, vol. 42, nº 3, 2012, pp. 22-27.

AA.VV.: "Principales novedades del Reglamento (UE) de Inteligencia Artificial", *Uría Menéndez*, 17 de julio de 2024, en https://www.uria.com/documentos/circulares/1814/documento/13676/Nota_ESP.pdf?id=13676&forceDownload=true

A. ABA-CATOIRA: "La protección de los derechos de los menores ante las nuevas tecnologías: internet y redes sociales", en L. COTINO HUESO (ed.), *Libertades de expresión e información en Internet y las redes sociales: ejercicio, amenazas y garantías*, Universidad de Valencia, Valencia, 2011, pp. 486-511.

C. ACUM MALDONADO: "La responsabilidad civil de los prestadores de servicios en la sociedad de la información", *Revista de la contratación electrónica*, nº 115, 2011, pp. 3-24.

D. ALANDETE: *Fake news: la nueva arma de destrucción masiva*, Deusto, Barcelona, 2019.

C. ALASTUEY DOBÓN: "Discurso del odio criminalizado vs. libertad de expresión: una fina línea divisoria", en G. VICENTE Y GUERRERO (coord.), *La libertad de expresión: Avances, límites y desafíos futuros*, Colex, La Coruña, 2024, pp. 149-184.

M. ALONSO GONZÁLEZ: "Redes sociales para superar la censura informativa: el caso de China y la revolución de los paraguas", *Ámbitos: Revista Andaluza de Comunicación*, nº 28, 2015, en http://www.redalyc.org/articulo.oa?id=16838682002

C. ÁLVAREZ ALONSO & A. GONZÁLEZ ALONSO (coords.): *Libertad de prensa, democracia y Constitución,* Congreso de los Diputados, Madrid, 2021.

I. ÁLVAREZ RODRÍGUEZ: "De la libertad de expresión en España. Notas para el debate desde la jurisprudencia convencional", *Derecom,* nº 31, 2021, pp. 123-151, en http://www.derecom.com/derecom/

E. ANDUIZA, M.J. JENSEN & L. JORBA (eds.): *Digital Media and Political Engagement Worldwide: A Comparative Study,* Cambridge University Press, Cambridge, 2012.

S. ANGELETTI: "Libertad religiosa, libertad de expresión y Naciones Unidas: reconocimiento de valores y derechos en el discurso sobre la "difamación de las religiones"", en J. MARTÍNEZ-TORRÓN & S. CAÑAMARES ARRIBAS (coords.), *Tensiones entre libertad de expresión y libertad religiosa,* Tirant Lo Blanch, Valencia, 2014, pp. 121-142 **(TOL4.491.872)**.

J.P. APARICIO VAQUERO: "El nuevo régimen de prestación de servicios de la sociedad de la información", *Revista Aranzadi de Derecho y Nuevas Tecnologías,* nº 2, 2003, pp. 87-111.

E. ARROYO AMAYUELAS: "La responsabilidad de los intermediarios en internet ¿puertos seguros a prueba de futuro?", *Cuadernos de Derecho Transnacional,* vol. 12, nº 1, 2020, pp. 808-837, en DOI: https://doi.org/10.20318/cdt.2020.5225

ARTICLE 19: *The Camden Principles on Freedom of Expression and Equality,* Londres, 2009, en https://www.article19.org/data/files/pdfs/standards/the-camden-principles-on-freedom-of-expression-and-equality.pdf

ARTICLE 19: *The Public's Right to Know: Principles on Right to Information Legislation,* Londres, 2016.

A. AZURMENDI: "El secreto profesional" en I. BEL MALLÉN & L. CORREDOIRA Y ALFONSO (coords.), *Derecho de la información,* Ariel, Barcelona, 2003, pp. 309-326.

J.M. BALKIN: "The Future of Free Expression in a Digital Age", *Pepperdine Law Review,* vol. 36, nº2, 2009, pp. 427-444.

J.M. BALKIN & J. ZITTRAIN: "A Grand Bargain to Make Tech Companies Trustworthy", *The Atlantic,* 3 de octubre de 2016, en https://www.theatlantic.com/technology/archive/2016/10/information-fiduciary/502346/

J.M. BALKIN: "Free Speech in the Algorithmic Society: Big Data, Private Governance, and New School Speech Regulation", *University of California Davis Law Review*, vol. 51, nº 3, 2018, pp. 1149-1210.

J.M. BALKIN: "Free Speech is a Triangle", *Columbia Law Review*, vol. 118, nº 7, 2018, pp. 2011-2055.

J. BARATA MIR: "El concepto de *net neutrality* y la tensión entre regulación pública y autorregulación privada de las redes", *Revista de Internet, Derecho y Política*, nº 13, 2012, pp. 44-52, en https://raco.cat/index.php/IDP/article/view/251841

E. BARENDT: *Freedom of Speech*, Oxford University Press, Oxford, 2007.

A. BARRERO ORTEGA: "Responsabilidad de los intermediarios de Internet en el derecho de la UE", *Revista Española de Derecho Constitucional*, nº 123, 2021, pp. 107-132, en DOI: https://doi.org/10.18042/cepc/redc.123.04

M. BARRIO ANDRÉS: *Fundamentos del Derecho de Internet*, Centro de Estudios Políticos y Constitucionales, Madrid, 2017.

M. BARRIO ANDRÉS: "Avanzando en la soberanía digital europea: los reglamentos DSA y DMA", *Análisis del Real Instituto Elcano* (ARI), nº43, 2022, en https://www.realinstitutoelcano.org/analisis/avanzando-en-la-soberania-digital-europea-los-reglamentos-dsa-y-dma/

M. BARRIO ANDRÉS (dir.), *El Reglamento Europeo de Inteligencia Artificial*, Tirant Lo Blanch, Valencia, 2024.

M. BARRIO ANDRÉS: "Objeto, ámbito de aplicación y sentido del Reglamento Europeo de Inteligencia Artificial", en ídem (dir.), *El Reglamento Europeo de Inteligencia Artificial*, Tirant Lo Blanch, Valencia, 2024, pp. 21-47.

L. BELLI & P. DE FILIPPI (eds.): *Net Neutrality Compendium: Human Rights, Free Competition and the Future of the Internet*, Springer, Heidelberg, 2016.

T. BERNERS-LEE & M. FISCHETTI: *Tejiendo la Red*, Siglo XXI de España, Madrid, 2000.

L. BOISSON DE CHAZOURNES: "Publicité commerciale et liberté d'expression dans le cadre du Conseil de l'Europe", *Revue Genérale de Droit International Public*, vol. 92, 1988, pp. 929-960.

A. BOIX PALOP: "La construcción de los límites a la libertad de expresión en las redes sociales", *Revista de Estudios Políticos*, nº 173, 2016, pp. 55-112.

A.J. BOYACK: "The Shape of Consumer Contracts", *Denver Law Journal*, vol, 101, nº 1, 2023, pp. 1-63.

J.L. BOYLES, A. SMITH & M. MADDEN: *Privacy and data management on mobile devices*, Pew Research Center, Washington, 2012, en https://www.pewresearch.org/internet/2012/09/05/privacy-and-data-management-on-mobile-devices/

F. BUFFA: *Freedom of expression in the internet society*, Key Editore, Vicalvi, 2016.

T. BURNAM: *The Dictionary of Misinformation*, Crowell, Nueva York, 1975.

J.M. BUSTO LAGO: "La responsabilidad civil de los prestadores de servicios de la sociedad de la información (ISPs)", en L.F REGLERO CAMPOS & J.M. BUSTO LAGO (coords.), *Tratado de responsabilidad civil*, Tomo II, 5ª ed., Thomson Reuters-Aranzadi, Cizur Menor, 2014, pp. 598-747.

R. BUSTOS GISBERT & M. HERNÁNDEZ RAMOS: "Los derechos de libre comunicación en una sociedad democrática (artículo 10 CEDH)" en J. GARCÍA ROCA, P. SANTOLAYA MACHETTI & M. PÉREZ-MONEO (coords.), *La Europa de los Derechos: el Convenio Europeo de Derechos Humanos*, vol. 2, 4ª ed., Centro de Estudios Políticos y Constitucionales, Madrid, 2023, pp. 735-786.

K.I. CABRERA PEÑA & C.A. JIMÉNEZ CABARCAS: "La cultura de la cancelación en redes sociales: Un reproche peligroso e injusto a la luz de los principios del derecho penal", *Revista chilena de Derecho y Tecnología*, vol. 10, nº 2, 2021, en DOI: http://dx.doi.org/10.5354/0719-2584.2021.60421

M. CAGLE, Ch. CONLEY & N.A. OZER: *Privacy and free speech: it's good for business*, 3ª ed., ACLU of California, San Francisco, 2016, en https://www.itsgoodfor.biz/

M.A. CALCANEO MONTS: "Internet, redes sociales y libertad de expresión", *Cuestiones Constitucionales*, nº 44, 2021, pp. 35-54.

D. CAPODIFERRO CUBERO: "La libertad de información frente a Internet", *Revista de Derecho Político*, nº 100, 2017, pp. 701-737, en DOI: https://doi.org/10.5944/rdp.100.2017.20715

F. CARBAJO CASCÓN: "La responsabilidad por hiperenlaces e instrumentos de búsqueda en internet", *Práctica de Derecho de Daños*, nº 20, 2004, pp. 7-29.

F. CARBAJO CASCÓN: "Delimitación de la responsabilidad de los servicios de intermediación de la sociedad de la información (I)", *Iustitia*, nº 12, 2014, pp. 245-278, en DOI: 10.15332/IUST.V0I12.1499

M. CARBONELL: *La vida en línea: El impacto de las redes sociales en todo lo que hacemos*, Tirant Lo Blanch, México, 2016.

M. CARRILLO: *La cláusula de conciencia y el secreto profesional de los periodistas*, Civitas, Madrid, 1993.

M. CASTELLS OLIVÁN: *La galaxia Internet: reflexiones sobre Internet, empresa y sociedad.* Plaza & Janés, Barcelona, 2001.

M. CASTELLS: *Networks of outrage and hope: Social movements in the Internet age*, 2ª ed., Polity Press, Cambridge, 2015, en https://voidnetwork.gr/wp-content/uploads/2019/11/Networks-of-Outrage-and-Hope-Social-Movements-in-the-Internet-Age-Manuel-Castells.pdf

J. CASTELLANOS CLARAMUNT: "Derechos y garantías concretas de los usos políticos y participativos de la Inteligencia Artificial", en L. COTINO HUESO (dir.) & M. BAUZÁ REILLY (coord.), *Derechos y garantías ante la inteligencia artificial y las decisiones automatizadas*, Thomson Reuters-Aranzadi, Cizur Menor, 2022, pp. 317-341.

J. CASTELLANOS CLARAMUNT: "Derecho, inteligencia artificial y democracia", en ídem (dir.), *Inteligencia artificial y democracia: garantías, límites constitucionales y perspectiva ética ante la transformación digital*, Atelier, Barcelona, 2023, pp. 65-86.

J. CASTELLANOS CLARAMUNT (dir.): *Inteligencia artificial y democracia: garantías, límites constitucionales y perspectiva ética ante la transformación digital*, Atelier, Barcelona, 2023.

M. CASTILLA BAREA & Mª.D. CERVILLA GARZÓN (dirs.), I. HERNÁNDEZ MENI & M. NEUPAVERT ALZOLA (coords.), *El Derecho y la Justicia ante la Inteligencia Artificial y otras tecnologías disruptivas*, Aranzadi, Las Rozas, 2024.

J.A. CASTILLO PARRILLA: "Derechos y garantías concretas del uso de la inteligencia artificial por intermediarios y grandes plataformas", en L. COTINO HUESO (dir.) & M. BAUZÁ REILLY (coord.), *Derechos y garantías ante la inteligencia artificial y las decisiones automatizadas*, Thomson Reuters-Aranzadi, Cizur Menor, 2022, pp. 259-285.

L.C. CASTRO VIZCARRA & A. SÁNCHEZ SÁNCHEZ: "El Caso Claude Reyes y el derecho de acceso a la información", *Revista Iberoamericana de las Ciencias Sociales y Humanísticas*, vol. 6, nº 11, 2017, en https://www.redalyc.org/pdf/5039/503954319005.pdf

D. CHEN, M. DURKEE, J. FRIEND & J. URBAN: *Updating 17 U.S.C. § 512's Notice and Takedown Procedure for Innovators, Creators, and Consumers*,

BerkeleyLaw, Universidad de California, 2011, en https://www.law.berkeley.edu/wp-content/uploads/2015/04/cranoticetakedown.pdf

M. CHIDIAC & M. CHIDIAC EL HAJJ: "Digital Media and Freedom of Expression: Experiences, Challenges, Resolutions", *Global Media Journal*, tomo 17, nº 32, 2019, pp. 1-8.

D.K. CITRON: *Hate Crimes in Cyberspace*, Harvard University Press, Cambridge (Estados Unidos), 2014.

G. COHEN-JONATHAN: "Article 10", en L-E. PETTITI, E. DECAUX & P.H. IMBERT (dirs.): *La Convention européenne des droits de l'homme: commentaire article par article*, 2ª ed., Economica, París, 1999, pp. 365-408.

J.Mª. CONTRERAS MAZARÍO: "Discurso de odio e intolerancia en el marco del Consejo de Europa", en S. MENDOZA CALDERÓN & A. SÁNCHEZ RUBIO (dirs.), *El discurso del odio: análisis de su incidencia y persecución penal*, Tirant Lo Blanch, Valencia, 2024, pp. 569-616 **(TOL10.112.658)**.

M. CORNEJO & M.L. TAPIA: "Redes sociales y relaciones interpersonales en internet", *Fundamentos en Humanidades*, año 12, nº 2, 2011, pp. 219-229.

M. CORRALES: "La Computación en la Nube y el Big Data", en M. BAUZÁ REILLY (dir.), *El derecho de las TIC en Iberoamérica*, La Ley Uruguay, Montevideo, 2019, pp. 797-818.

L. CORREDOIRA Y ALFONSO: *La libertad de información: Gobierno y arquitectura de Internet*, Universidad Complutense de Madrid, Madrid, 2001.

L. COTINO HUESO (coord.): *Libertad en Internet. La red y las libertades de expresión e información*, Tirant Lo Blanch, Valencia, 2007.

L. COTINO HUESO (ed.): *Libertades de expresión e información en Internet y las redes sociales: ejercicio, amenazas y garantías*, Universidad de Valencia, Valencia, 2011, en https://www.uv.es/cotino/elibertades2010.pdf

L. COTINO HUESO: "La colisión del derecho a la protección de datos personales y las libertades informativas en la red: pautas generales y particulares de solución", en ídem (ed.), *Libertades de expresión e información en Internet y las redes sociales: ejercicio, amenazas y garantías*, Universidad de Valencia, Valencia, 2011, pp. 386-401.

L. COTINO HUESO: "Responsabilidad de intermediarios y prestadores de servicios de internet en Europa y Estados Unidos y su importancia para la libertad de expresión", *Revista de Derecho, Comunicaciones y Nuevas Tecnologías* -Universidad de los Andes (Colombia)-, nº 17, 2017, en https://dialnet.unirioja.es/servlet/articulo?codigo=7499158

L. COTINO HUESO: "Online-Offline. Las garantías para el acceso a Internet y para la desconexión, bloqueo, filtrado y otras restricciones de la red y sus contenidos", *Revista de Derecho Político,* nº 108, 2020, pp. 13-39.

L. COTINO HUESO (dir.) & M. BAUZÁ REILLY (coord.): *Derechos y garantías ante la inteligencia artificial y las decisiones automatizadas,* Thomson Reuters-Aranzadi, Cizur Menor, 2022.

L. COTINO HUESO: "Nuevo paradigma en las garantías de los derechos fundamentales y una nueva protección de datos frente al impacto social y colectivo de la inteligencia artificial", en L. COTINO HUESO (dir.) & M. BAUZÁ REILLY (coord.), *Derechos y garantías ante la inteligencia artificial y las decisiones automatizadas,* Thomson Reuters-Aranzadi, Cizur Menor, 2022, pp. 67-105.

L. COTINO HUESO: "Quién, cómo y qué regular (o no regular) frente a la desinformación", *Teoría y Realidad Constitucional,* nº 49, 2022, pp. 199-238. DOI: https://doi.org/10.5944/trc.49.2022.33849

L. COTINO HUESO: "La primera sentencia general del Tribunal Constitucional sobre la libertad de expresión e información en Internet: Seguimos pendientes de muchos temas clave para el futuro", en P. SIMÓN CASTELLANO (dir.) & Mª.V. ÁLVAREZ BUJÁN (coord.), *Evolución e interpretación del Tribunal Constitucional sobre derechos fundamentales y garantías procesales: cuestiones recientemente controvertidas,* Aranzadi, Cizur Menor, 2023, pp. 45-69.

L. COTINO HUESO: "Menos libertad de expresión en internet. el peligroso endurecimiento del TEDH sobre la responsabilidad de moderación de contenidos y discurso del odio", *Derecho Digital e Innovación,* nº 16, 2023, en https://www.uv.es/cotino/publicaciones/TEDH2023ESCRIBOV2.pdf

L. COTINO HUESO: "Una regulación legal y de calidad para los análisis automatizados o con inteligencia artificial: Los altos estándares que exigen el Tribunal Constitucional Alemán y otros Tribunales, que no se cumplen ni de lejos en España", *Revista General de Derecho Administrativo,* nº 64, 2023, en https://www.iustel.com//v2/revistas/detalle_revista.asp?id_noticia=426416

R. CUEVA FERNÁNDEZ: *El precio de la libertad de expresión: daños, contingencias y ciudadanos,* Fontamara, México, 2016.

N.E. CURTO: "EU Directive on Copyright in the Digital Single Market and ISP Liability: What's Next at International Level", *Journal of Law, Technology & the Internet*, vol. 11, nº 3, 2019-2020, pp. 84-110, en https://scholarlycommons.law.case.edu/cgi/viewcontent.cgi?article=1123&context=jolti

M.A. DAVARA RODRÍGUEZ: "La computación en la nube", *El Consultor de los Ayuntamientos*, nº 10, 2010, pp. 1603-1611.

A. DELFANTI & A. ARVIDSSON: *Introduction to Digital Media*, Wiley, Hoboken, 2019.

J. DELGADO MARTÍN: "Régimen sancionador", en M. BARRIO ANDRÉS (dir.), *El Reglamento Europeo de Inteligencia Artificial*, Tirant Lo Blanch, Valencia, 2024, pp. 201-217.

G. DE GREGORIO: "Expressions on Platforms: Freedom of Expression and ISP Liability in the European Digital Single Market", *European Competition and Regulatory Law Review*, vol. 2, nº 3, 2018, pp. 203-215, en DOI: https://doi.org/10.21552/core/2018/3/7

L. DIAMOND: "Liberation Technology", *Journal of Democracy*, vol. 21, nº 3, 2010, pp. 69-83.

G. DOMÉNECH PASCUAL: "La policía administrativa de la libertad de expresión (y su disconformidad con la Constitución)", en L.E. RÍOS VEGA & I. SPIGNO (dirs.), V.J. VÁZQUEZ ALONSO (coord.), *Estudios de casos líderes europeos y nacionales. Vol. XIV. La libertad de expresión en el siglo XXI: cuestiones actuales y problemáticas*, Tirant Lo Blanch, México, 2021, pp. 193-217.

P. DURÁN Y LALAGUNA: "El tratamiento de la libertad de expresión en la Jurisprudencia europea", en L. MARTÍNEZ VÁZQUEZ DE CASTRO (coord.), *Historia y derecho: Estudios jurídicos en homenaje al profesor Arcadio García Sanz*, Tirant Lo Blanch, Valencia, 1995, pp. 237-250.

M. ELÓSEGUI ITXASO: "Las recomendaciones de la ECRI sobre discurso del odio y la adecuación del ordenamiento jurídico español a las mismas", *Revista General de Derecho Canónico y Eclesiástico del Estado*, nº 44, 2017, en https://www.iustel.com//v2/revistas/detalle_revista.asp?id_noticia=418748

M. ELÓSEGUI ITXASO: "El principio de proporcionalidad, la incitación al odio y la libertad de expresión en la reciente Jurisprudencia del Tribunal Europeo de Derechos Humanos: los Casos *Stomakhin c. Rusia, Williamson c. Alemania* y *Pastörs c. Alemania*", *Revista General de Derecho Europeo*, nº 51, 2020, pp. 14-54.

M. ELÓSEGUI ITXASO: "Los límites a la libertad de expresión en decisiones recientes del Tribunal Europeo de Derechos Humanos sobre España", en G. VICENTE Y GUERRERO (coord.), *La libertad de expresión: Avances, límites y desafíos futuros*, Colex, La Coruña, 2024, pp. 77-119.

C. ESPALIÚ-BERDUD: "Legal and criminal prosecution of disinformation in Spain in the context of the European Union", *El profesional de la información*, vol. 31, nº 3, 2022, en DOI: https://doi.org/10.3145/epi.2022.may.22

C. ESPÓSITO MASSICCI: *Inmunidad del Estado y Derechos Humanos*, Thomson Civitas, Madrid, 2007.

T. FELDMAN: *An Introduction to Digital Media*, Routledge, Londres, 1996.

F.M. FERNÁNDEZ CAPARRÓS: "Efectos de los dictámenes pronunciados por los Comités de Naciones Unidas y su recepción en la jurisprudencia del Tribunal Supremo", *Papeles El tiempo de los derechos*, nº 20, 2023, en https://redtiempodelosderechos.com/wp-content/uploads/2024/01/efectos-de-los-dictamenes-wp-20-23.pdf

Mª.L. FERNÁNDEZ ESTEBAN: *Nuevas tecnologías, Internet y Derechos Fundamentales*, McGraw-Hill, Madrid, 1998.

J.J. FERNÁNDEZ RODRÍGUEZ: *Lo público y lo privado en Internet: Intimidad y libertad de expresión en la red*, UNAM, México, 2004.

M. FERNÁNDEZ SALMERÓN: "Rectificación y réplica: reflexiones sobre su proyección en la Web", en L. COTINO HUESO (ed.), *Libertades de expresión e información en Internet y las redes sociales: ejercicio, amenazas y garantías*, Universidad de Valencia, Valencia, 2011, pp. 363 371.

J. FERNÁNDEZ RIVAYA & J. GARCÍA LUENGO: "Publicado el Reglamento europeo de Inteligencia Artificial: empieza la cuenta atrás para su completa entrada en vigor", *Garrigues Digital*, 12 de julio de 2024, en https://www.garrigues.com/es_ES/garrigues-digital/publicado-reglamento-europeo-inteligencia-artificial-empieza-cuenta-atras

F. FERNÁNDEZ SEGADO: "La libertad de expresión en la doctrina del Tribunal Europeo de Derechos Humanos", *Revista de Derecho Político*, nº 70, 1990, pp. 93-124.

C. FERNÁNDEZ DE CASADEVANTE ROMANÍ: "La obligación del Estado de reconocer y aceptar los efectos jurídicos de las decisiones de los órganos internacionales de control en materia de derechos humanos", en ídem (coord.), *Los efectos jurídicos en España de las decisiones de los órganos internacionales de control en materia de derechos humanos de naturaleza no jurisdiccional*, Dykinson, Madrid, 2020, pp. 237-278.

A. FERNÁNDEZ-MIRANDA CAMPOAMOR: *El secreto profesional de los informadores,* Tecnos, Madrid, 1990.

W.W. FISHER III: *Promises to Keep: Technology, Law and the Future of Entertainment,* Stanford University Press, Stanford, 2004.

H.H. FLANTRMSKY CÁRDENAS: *Computación en nube,* tesis doctoral, Universidad de Salamanca, Salamanca, 2017.

G. FROSIO: "Reforming Intermediary Liability in the Platform Economy: A European Digital Single Market Strategy", *Northwestern University Law Review,* vol. 112, 2017, pp. 19-46.

J.C. GALINDO VACHA: *La desinformación en la era de la democracia digital,* tesis doctoral, Universidad de Salamanca, Salamanca, 2024.

A. GARAY: "Libertad de religión y libertad de expresión ante el Consejo de Europa", en J. MARTÍNEZ-TORRÓN & S. CAÑAMARES ARRIBAS (coords.), *Tensiones entre libertad de expresión y libertad religiosa,* Tirant Lo Blanch, Valencia, 2014, pp. 69-82 **(TOL4.491.875)**.

J.L. GARCÍA GUERRERO: "La publicidad comercial en la Convención Europea para la Protección de los Derechos Humanos", *Revista General de Derecho,* nº 648, 1998, pp. 10699-10725.

P. GARCÍA MAJADO: "Libertades comunicativas y redes sociales: a propósito de la STC 8/2022, de 27 de enero de 2022", *Revista General de Derecho Constitucional,* nº 37, 2022, en https://www.iustel.com/v2/revistas/detalle_revista.asp?id_noticia=425386

P.L. GARCÍA MEXÍA: "El derecho de acceso a internet", en T. DE LA QUADRA-SALCEDO y J.L. PIÑAR MAÑAS (dirs), *Sociedad Digital y Derecho,* Ministerio de Industria, Comercio y Turismo, Madrid, 2018, pp. 397-416.

Mª.J. GARCÍA MORALES: "Libertad de expresión y control de contenidos en Internet", en P. CASANOVAS (coord.), *Internet y pluralismo jurídico: formas emergentes de regulación,* Comares, Granada, 2003, pp. 33-70.

Mª.J. GARCÍA MORALES: "La prohibición de la censura en la era digital", *Teoría y Realidad Constitucional,* nº 31, 2013, pp. 237-276.

S. GARCÍA RAMÍREZ, A. GONZA & E. RAMOS VÁZQUEZ: *La libertad de expresión en la jurisprudencia de la Corte Interamericana de Derechos Humanos,* Sociedad Interamericana de Prensa; Instituto Nacional de Transparencia, Acceso a la Información y Protección de Datos Personales; y Tribunal Electoral del Poder Judicial de la Federación, México, 2019.

D.I. GARCÍA SAN JOSÉ: "La libertad de expresión en la jurisprudencia del Tribunal Europeo de Derechos Humanos: un análisis crítico", *Revista del Poder Judicial*, nº 57, 2000, pp. 13-30.

D.I. GARCÍA SAN JOSÉ: *La libertad de expresión 4.0 en el sistema del Convenio Europeo de Derechos Humanos*, Tirant Lo Blanch, Valencia, 2022.

M. GARCÍA SÁNCHEZ: "Retos de la computación en nube", en R. MARTÍNEZ MARTÍNEZ (ed.), *Derecho y cloud computing*, Civitas, Madrid, 2012, pp. 37-62.

I. GARCÍA-PERROTE MARTÍNEZ & T.G. GARCÍA-MICÓ: "Identidad, cesión de datos personales y la decisión *Privacy Shield* tras la STJUE *Schrems II*", *InDret: Revista para el Análisis del Derecho*, nº 3/2020, pp. 551-559.

I. GARROTE FERNÁNDEZ-DÍAZ: "La responsabilidad civil extracontractual de los prestadores de servicios en línea por infracciones de los derechos de autor y conexos", *Pe. i: Revista de Propiedad Intelectual*, nº 6, 2000, pp. 9-64.

I. GARROTE FERNÁNDEZ-DÍAZ: *La responsabilidad de los intermediarios en Internet en materia de propiedad intelectual: un estudio de derecho comparado*, Tecnos, Madrid, 2014.

A. GASCÓN CUENCA: "La libertad de expresión ante la negación de los delitos de genocidio", en G. VICENTE Y GUERRERO (coord.), *La libertad de expresión: Avances, límites y desafíos futuros*, Colex, La Coruña, 2024, pp. 121-148.

U. GASSER: "Recoding Privacy Law: Reflections on the Future Relationship among Law, Technology and Privacy", *Harvard Law Review*, vol. 130, nº 2, 2016, pp. 61-70.

J.J. GEORGE & D.E. LEIDNER: "From clicktivism to hacktivism: Understanding digital activism", *Information and Organization*, vol. 29, nº 3, 2019, pp. 1–45, en https://www.sciencedirect.com/science/article/pii/S1471772717303470?via%3Dihub

S. GIESSMANN: "Net Neutrality: Anatomy of a Controversy", en M. KORN *et al.* (eds.), *Infrastructuring Publics*, Springer VS, Wiesbaden, 2019, pp. 87-111, en DOI: https://doi.org/10.1007/978-3-658-20725-0_5

G. GIL GONZÁLEZ: *Big Data, privacidad y protección de datos*, BOE, Madrid, 2016, en https://www.aepd.es/sites/default/files/2019-10/big-data.pdf

T. GILLESPIE: *Custodians of the Internet: Platforms, Content Moderation, and the Hidden Decisions That Shape Social Media*, Yale University Press, New Haven, 2018.

J.R. GIL-GARCÍA, J.I. CRIADO GRANDE & J.C. TÉLLEZ MOSQUEDA (eds.): *Tecnologías de Información y Comunicación en la Administración Pública: Conceptos, Enfoques, Aplicaciones y Resultados*, INFOTEC, México, 2017.

L.R. GONZÁLEZ PÉREZ: "Aplicación de los tratados internacionales y la jurisprudencia de la CIDH en la protección de la libertad de expresión", *Revista de la Facultad de Derecho de México*, vol. 63, nº 259, 2013, pp. 199-234.

J.J. GONZÁLEZ DE ALAIZA CARDONA: "La responsabilidad civil de los prestadores de servicios intermediarios de la sociedad de la información", en A. ORTÍ VALLEJO (dir.), M.C. GARCÍA GARNICA (coord.), *La Responsabilidad Civil por Daños Causados por Servicios Defectuosos*, Thomson-Reuters Aranzadi, Cizur Menor, 2015, pp. 1115-1168.

A.J. GONZÁLEZ PORRAS: *Privacidad en internet: los derechos fundamentales de privacidad e intimidad en Internet y su regulación jurídica. La vigilancia masiva*, tesis doctoral, Universidad de Castilla-La Mancha, Toledo, 2016.

J. GRAU ÁLVAREZ: "La libertad de expresión y discurso del odio: Estudio comparado de la jurisprudencia de Estados Unidos y Europa", *ICADE. Revista De La Facultad De Derecho*, nº 111, 2021, pp. 1–33, en DOI: https://doi.org/10.14422/icade.i111.y2021.003

P. GRIMALT SERVERA: "La responsabilidad civil de los prestadores de servicios de la sociedad de la información", en J.R. DE VERDA Y BEAMONTE (coord.), *El derecho a la imagen desde todos los puntos de vista*, Thomson Reuters-Aranzadi, Cizur Menor, 2011, pp. 167-198.

A. GUEDJ: *La protection des sources journalistiques*, Bruylant, Bruselas, 1998.

A. GUEDJ: *Liberté et responsabilité du journaliste dans l'ordre juridique européen et international*, Bruylant, Bruselas, 2003.

E. GUICHOT REINA: "El derecho al olvido digital", en A. BOIX PALOP, J.Mª. MARTÍNEZ OTERO & G. MONTIEL ROIG (coords.), *Regulación y control sobre contenidos audiovisuales en España*, Aranzadi-Thomson Reuters, Cizur Menor, 2017, pp. 117-144.

E. GUICHOT REINA: *El acceso a la información pública en el Derecho Europeo*, Tirant Lo Blanch, Valencia, 2023.

C. GUTIÉRREZ ESPADA: "Reflexiones sobre la ejecución en España de los dictámenes de los comités de control creados por los tratados sobre derechos humanos", en C. FERNÁNDEZ DE CASADEVANTE

ROMANÍ (coord.), *Los efectos jurídicos en España de las decisiones de los órganos internacionales de control en materia de derechos humanos de naturaleza no jurisdiccional*, Dykinson, Madrid, 2020, pp. 279-297.

B. HARRIS: *Global Feedback and Input on the Facebook Oversight Board for Content Decisions*, Meta, 2019, en https://about.fb.com/news/2019/06/global-feedback-on-oversight-board/

M. HAUBEN & R. HAUBEN: *Netizens: On the History and Impact of Usenet and the Internet*, IEEE Computer Society, Los Alamitos (California), 1997.

L. HERRERÍAS CASTRO: "¿Matar al mensajero? La responsabilidad de las redes sociales y los usuarios por difamación", *IDP: revista de Internet, Derecho y Política*, nº 40, 2024, en DOI: https://doi.org/10.7238/idp.v0i40.416519

M. HERTIG RANDALL: "Commercial Speech under the European Convention of Human Rights: Subordinate or Equal?", *Human Rights Law Review*, vol. 6, nº 1, 2006, pp. 53-86.

L.M. HINOJOSA MARTÍNEZ: "Desinformación y libertad de expresión en tiempos de guerra: el asunto RT France", en J.M. DE FARAMIÑÁN GILBERT, F.J. ROLDÁN BARBERO & A. DEL VALLE GÁLVEZ (coords.), M. LÓPEZ ESCUDERO, L. HINOJOSA MARTÍNEZ, I. MARRERO ROCHA & P. MARTÍN RODRÍGUEZ (eds.), *Unión Europea, principios democráticos y orden internacional: Liber discipulorum en homenaje al profesor Diego J. Liñán Nogueras*, Tirant Lo Blanch, Valencia, 2024, pp. 353-398.

A. IBARZ MORET & R. RUBIO NÚÑEZ: *Las redes sociales en la Administración General del Estado: Comunicación, transparencia y gobierno abierto*, INAP, Madrid, 2019.

A.J. IGLESIAS VELASCO: *El juez estatal ante el Derecho Internacional*, Aranzadi (Thomson Reuters), Cizur Menor, 2018.

I. IGLEZAKIS: "Net Neutrality: Chances and Challenges in the Information Age", en T-E SYNODINOU *et al.* (eds.), *EU Internet Law in the Digital Era*, Springer, Cham, 2020, pp. 227-238, en DOI: https://doi.org/10.1007/978-3-030-25579-4_10

D. INNERARITY & C. COLOMINA: "La verdad en las democracias algorítmicas", *Revista CIDOB d'Afers Internacionals*, nº 124, 2020, pp. 11-23, en DOI: doi.org/10.24241/rcai.2020.124.1.11

INSTITUTO INTERAMERICANO DE DERECHOS HUMANOS: *Libertad de expresión en las Américas: Los cinco primeros informes de la Relatoría para la Libertad de Expresión*, San José (Costa Rica), 2003.

K. IOANNOU: "Ban on Publicity in the Light of the European Convention on Human Rights", en W. SKOURIS (ed.), *Advertising and Constitutional Rights in Europe,* Nomos, Baden-Baden, 1994, pp. 347-386.

C. IZQUIERDO SANS: "Los efectos de las decisiones de los comités de derechos humanos resolviendo comunicaciones individuales: El caso de España", en ídem (dir.), M. GARCÍA CASAS (coord.), *Litigación internacional para la defensa de los derechos humanos,* Colex, A Coruña, 2022, pp. 203-230.

E. JERÓNIMO SÁNCHEZ-BEATO: "Desinformación, libertad de expresión y democracia", *Ius Humani: Revista de Derecho,* vol. 11, nº 2, 2022, pp. 97-135, en DOI: https://doi.org/10.31207/ih.v11i2.306

V. JIMÉNEZ SERRANÍA: "Medidas de apoyo a la innovación y arquitectura de gobernanza", en M. BARRIO ANDRÉS (dir.), *El Reglamento Europeo de Inteligencia Artificial,* Tirant Lo Blanch, Valencia, 2024, pp. 111-138.

I. JIMÉNEZ-CASTELLANOS BALLESTEROS: *El derecho al olvido digital del pasado penal,* Tirant Lo Blanch, Valencia, 2021.

A. JOBIN, M. IENCA & E. VAYENA: "The global landscape of AI ethics guidelines", *Nature Machine Intelligence,* vol. 1, 2019, pp. 389-399, en DOI: https://doi.org/10.1038/s42256-019-0088-2

L. JOYANES AGUILAR: "Computación en la nube", *Revista del Instituto Español de Estudios Estratégicos,* nº 0, 2012, pp. 87-110.

R. JULIÀ BARCELÓ: "La responsabilidad de los intermediarios de internet en la directiva de comercio electrónico: problemas no resueltos", *Revista de Contratación Electrónica,* nº 6, 2000, pp. 3-32, en https://app.vlex.com/vid/128680

M.L. KATZ & C. SHAPIRO: "Systems Competition and Network Effects", *Journal of Economics Perspectives,* vol. 8, nº 2, 1994, pp. 93-115.

D. KAYE: "A New Constitution for Content Moderation", *Medium,* 25 de junio de 2019, en https://onezero.medium.com/a-new-constitution-for-content-moderation-6249af611bdf

B. KLEINSCHMIDT: "An International Comparison of ISP's Liabilities for Unlawful Third Party Content", *International Journal of Law and Information Technology,* vol 18, nº 4, 2010, pp. 332-355, en DOI: https://doi.org/10.1093/ijlit/eaq009

K. KLONICK: "The New Governors: The People, Rules and Processes Governing Online Speech", *Harvard Law Review,* vol. 131, nº 6, 2018, pp. 1598-1670.

G. KROLOFF & S. COHEN: *El Nuevo Orden Informativo,* ININCO, Caracas, 1977.

M.L. LACRUZ MANTECÓN: "Inteligencia artificial y derechos humanos: una distopía posible", en G. VICENTE Y GUERRERO (coord.), *La libertad de expresión: Avances, límites y desafíos futuros,* Colex, La Coruña, 2024, pp. 235-278.

J.E. LANE, K. McCAFFREE & F. SHULTS: "Is radicalization reinforced by social media censorship?", *arXiv,* 23 de marzo de 2021, en DOI: https://doi.org/10.48550/arXiv.2103.12842

I. LAZCANO BROTÓNS: *El secreto profesional en el periodismo,* Lete. Argitaletxea, Bilbao, 2007.

M. LEAL ADORNA: "Libertad de expresión vs. libertad religiosa: la ponderación de dos derechos en el ámbito del Consejo de Europa", en Z. COMBALÍA SOLÍS, Mª.P. DIAGO DIAGO & A. GONZÁLEZ-VARAS IBÁÑEZ (coords.), *Libertad de expresión y prevención de la violencia y discriminación por razón de religión,* Tirant Lo Blanch, Valencia, 2020, pp. 13-39. **(TOL7.917.569)**.

A. LEWIS: *Make No Law: The Sullivan Case and the First Amendment,* Random House, Nueva York, 1991.

A.G. LÓPEZ MARTÍN: "La doctrina del Consejo de Estado sobre los efectos jurídicos de los dictámenes de los Comités de derechos humanos de Naciones Unidas", en C. FERNÁNDEZ DE CASADEVANTE ROMANÍ (coord.), *Los efectos jurídicos en España de las decisiones de los órganos internacionales de control en materia de derechos humanos de naturaleza no jurisdiccional,* Dykinson, Madrid, 2020, pp. 171-200.

M. LÓPEZ ONETO: *Derecho al Futuro. El Derecho de la Inteligencia Artificial (DIA),* Tirant Lo Blanch, Valencia, 2022.

J. LÓPEZ RICHART: "Difamación en la web 2.0 y responsabilidad civil de los prestadores de servicios de alojamiento", *Derecho Privado y Constitución,* nº 26, 2012, pp. 143-201.

A. LÓPEZ-TARRUELLA MARTÍNEZ: "El futuro Reglamento de Inteligencia Artificial y las relaciones con terceros Estados", *Revista Electrónica de Estudios Internacionales,* nº 45, 2023, en DOI: 10.17103/reei.45.04

Mª.C. LORENTE LÓPEZ: "La protección civil de los derechos al honor, intimidad y propia imagen frente a los deep fakes", en M. CASTILLA BAREA & Mª.D. CERVILLA GARZÓN (dirs.), I. HERNÁNDEZ MENI & M. NEUPAVERT ALZOLA (coords.), *El Derecho y la Justicia ante la Inteligencia Artificial y otras tecnologías disruptivas,* Aranzadi, Las Rozas, 2024, pp. 107-130.

P. LUCAS MURILLO DE LA CUEVA: "El derecho al olvido digital y su actualidad", en P. SIMÓN CASTELLANO (dir.) & Mª.V. ÁLVAREZ

BUJÁN (coord.), *Evolución e interpretación del Tribunal Constitucional sobre derechos fundamentales y garantías procesales: cuestiones recientemente controvertidas*, Aranzadi, Cizur Menor, 2023, pp. 71-85.

S. LUDINGTON: "Reining in the Data Traders: A Tort for the Misuse of Personal Information", *Maryland Law Review*, vol. 66, 2006, pp. 140-193.

F.H. LLANO ALONSO: *Homo Ex Machina. Ética de la inteligencia artificial y Derecho digital ante el horizonte de la singularidad tecnológica*, Tirant lo Blanch, Valencia, 2024.

R. MACKINNON: "Liberation Technology: China's "Networked Authoritarianism"", *Journal of Democracy*, vol. 22, nº 2, 2011, pp. 32-46.

R. MAGALLÓN ROSA: *Unfaking news: cómo combatir la desinformación*, Pirámide, Madrid, 2019.

P. MALANCZUK: "Information and Communication, Freedom of, International Protection", en R. WOLFRUM & A. PETERS (dirs.), *Max Planck Encyclopedia of Public International Law*, 3ª ed. online, Oxford University Press, Oxford, 2011, en https://opil.ouplaw.com/home/MPIL.

A. MANERO SALVADOR: "El valor jurídico de las decisiones de los órganos basados en los tratados en materia de derechos humanos de Naciones Unidas y sus efectos en el ordenamiento español", *Anuario Español de Derecho Internacional*, vol. 39, 2023, pp. 265-287, en DOI: https://orcid.org/0000-0002-8206-9524

Ch.T. MARSDEN: "Neutralidad de la Red: Historia, regulación y futuro", *Revista de Internet, Derecho y Política*, nº 13, 2012, pp. 25-43, en https://raco.cat/index.php/IDP/article/view/251840/337488

F.J. MARTÍN ALÁEZ: "El control automático previo (filtrado) de los contenidos puestos en línea por los usuarios en la directiva de derechos de autor y derechos afines en el Mercado Único Digital: el asunto C-401/19", *Actualidad civil*, nº 7-8, 2022, en https://laleydigital.laleynext.es/

S. MARTÍN SANTISTEBAN: "La responsabilidad de los prestadores de servicios en la era digital", *Actualidad jurídica iberoamericana*, nº Extra 16 (2), 2022, pp. 3642-3683.

A.P. MARTÍNEZ-ROJAS: *Libertades de expresión e información y responsabilidades de los prestadores de servicios intermediarios por contenidos de terceros*, tesis doctoral, Universidad de Valencia, Valencia, 2022.

J. MARTÍNEZ-TORRÓN: "¿Libertad de expresión amordazada?: Libertad de expresión y libertad de religión en la jurisprudencia de Estrasburgo", en J. MARTÍNEZ-TORRÓN & S. CAÑAMARES ARRIBAS (coords.), *Tensiones entre libertad de expresión y libertad religiosa*, Tirant Lo Blanch, Valencia, 2014, pp. 83-120 **(TOL4.491.873)**.

L.C. MATE SATUÉ: "La responsabilidad de las plataformas de intermediación contractual en línea en el Reglamento de Servicios Digitales: un reajuste de la Directiva de Comercio Electrónico", en M. CASTILLA BAREA & Mª.D. CERVILLA GARZÓN (dirs.), I. HERNÁNDEZ MENI & M. NEUPAVERT ALZOLA (coords.), *El Derecho y la Justicia ante la Inteligencia Artificial y otras tecnologías disruptivas*, Aranzadi, Las Rozas, 2024, pp. 131-147.

J. MAZZONE: *Copyfraud and Other Abuses of Intellectual Property*, Stanford University Press, Stanford, 2011.

A. MEIKLEJOHN: *Free Speech and Its Relation to Self-Government*, Harper, Nueva York, 1948.

A. MEIKLEJOHN: *Libertad de expresión: un ideal en disputa*, Siglo del Hombre, Bogotá, 2021.

H.A. MELÉNDEZ-JUARBE: "Intermediaries and Freedom of Expression", 2012, en https://www.palermo.edu/cele/pdf/english/Internet-Free-of-Censorship/04-Intermediaries_Freedom_of_Expression_Hiram_Melendez_Juarbe.pdf.

H.A. MELÉNDEZ JUARBE: "Vida privada, reputación y libertad de expresión en un entorno digital: los intermediarios desde el marco normativo de Estados Unidos", *Revista de Derecho, Comunicaciones y Nuevas Tecnologías* -Universidad de los Andes (Colombia)-, nº 17, 2017, en DOI: http://dx.doi.org/10.15425/redecom.17.2017.01

S. MENDOZA CALDERÓN: "La persecución penal de las fake news y delitos de odio: trascendencia y delimitación, hacia el sostenimiento del concepto de "verdad digital"", en ídem & A. SÁNCHEZ RUBIO (dirs.), *El discurso del odio: análisis de su incidencia y persecución penal*, Tirant Lo Blanch, Valencia, 2024, pp. 107-174 **(TOL10.112.648)**.

A. MERCHÁN MURILLO: "Inteligencia artificial y datos: comprensión del avance tecnológico con encaje en el Derecho", en J. CASTELLANOS CLARAMUNT (dir.), *Inteligencia artificial y democracia: garantías, límites constitucionales y perspectiva ética ante la transformación digital*, Atelier, Barcelona, 2023, pp. 159-181.

L. MÍGUEZ MACHO & M. TORRES CARLOS: "Sistemas de IA prohibidos y sistemas de IA de alto riesgo", en M. BARRIO ANDRÉS (dir.), *El Reglamento Europeo de Inteligencia Artificial*, Tirant Lo Blanch, Valencia, 2024, pp. 49-86.

J.S. MILL: *On Liberty*, J.W. Parker and son, Londres, 1859.

S. MILLALEO HERNÁNDEZ: "Los intermediarios de Internet como agentes normativos", *Revista de Derecho*, vol. 28, nº 1, 2015, pp. 33-54, en http://dx.doi.org/10.4067/S0718-09502015000100002.

G. MINERO ALEJANDRE: "ChatGPT y la propiedad intelectual de los escritos jurídicos", en M. CASTILLA BAREA & Mª.D. CERVILLA GARZÓN (dirs.), I. HERNÁNDEZ MENI & M. NEUPAVERT ALZOLA (coords.), *El Derecho y la Justicia ante la Inteligencia Artificial y otras tecnologías disruptivas*, Aranzadi, Las Rozas, 2024, pp. 175-199.

L. MOLINA MARTÍNEZ: "Honor y libertad de expresión en las redes sociales", *Derecho Privado y Constitución*, nº 41, 2022, pp. 227-276, en DOI: https://doi.org/10.18042/cepc/dpc.41.01

J.P. MONCADA FLÓREZ: *La responsabilidad de los prestadores de servicios de intermediación en la sociedad de la información*, tesis doctoral, Universidad de Granada, Granada, 2010.

Mª.D. MONTERO CARO: "Sobre el control jurídico y democrático de la inteligencia artificial: Herramientas y reflexiones acerca de la inserción incontrolada de mecanismos tecnológicos", en J. CASTELLANOS CLARAMUNT (dir.), *Inteligencia artificial y democracia: garantías, límites constitucionales y perspectiva ética ante la transformación digital*, Atelier, Barcelona, 2023, pp. 183-201.

J.I. MORA GONZÁLEZ: "Censura colateral y proceso eficiente: efecto horizontal de la libertad de expresión en el ámbito digital", *Revista de Derecho Comunitario Europeo*, nº 75, 2023, pp. 293-332, en DOI: https://doi.org/10.18042/cepc/rdce.75.09

M. MORENO REBATO: *Inteligencia Artificial (Umbrales éticos, Derecho y Administraciones Públicas)*, Thomson Reuters Aranzadi, Cizur Menor, 2021.

M. MORENO REBATO: "La propuesta de Reglamento de la Unión Europea sobre Inteligencia Artificial: su incidencia para el sector público", en M. CASTILLA BAREA & Mª.D. CERVILLA GARZÓN (dirs.), I. HERNÁNDEZ MENI & M. NEUPAVERT ALZOLA (coords.), *El Derecho y la Justicia ante la Inteligencia Artificial y otras tecnologías disruptivas*, Aranzadi, Las Rozas, 2024, pp. 363-386.

Mª.A. MORETÓN TOQUERO: *El secreto profesional de los periodistas: De deber ético a derecho fundamental*, Centro de Estudios Políticos y Constitucionales, Madrid, 2012.

A. MORETÓN TOQUERO: "La protección de las fuentes de información: la integración del modelo español con la jurisprudencia del TEDH", *Estudios de Deusto*, vol. 62, nº 2, 2014, pp. 121-144.

P. MUÑOZ CARRASCO: "El Tribunal Constitucional se pronuncia sobre las plataformas de intermediación en Internet: Comentario a la STC núm. 83/2023, de 4 de julio", *Derecom*, nº 36, 2024, pp. 1-22, en http://www.derecom.com/derecom/

C. MUÑOZ GARCÍA: "Modelos de IA de uso general y sistemas de IA de riesgo limitado y mínimo", en M. BARRIO ANDRÉS (dir.), *El Reglamento Europeo de Inteligencia Artificial*, Tirant Lo Blanch, Valencia, 2024, pp. 87-109.

J. MUÑOZ-MACHADO CAÑAS: *El derecho al olvido digital*, tesis doctoral, Universidad Complutense de Madrid, Madrid, 2020.

G. NOLTE: "Werbefreiheit und Europäische Menschenrechtskonvention", *Rabels Zeitschrift für ausländisches und internationales Privatrecht*, vol. 63, 1999, pp. 507-519.

P. NORRIS: "Cancel culture: Myth or reality?", *Political Studies*, vol. 71, nº 1, 2023, pp. 145-173.

M. NOWAK: *U.N. Covenant on Civil and Political Rights: CCPR Commentary*, 2ª ed., Engel, Kehl am Rhein, 2005.

M. OETHEIMER: "La Cour européenne des droits de l'homme face au discours de haine', *Revue trimestrielle des droits* de *l'homme*, nº 69, 2007, pp. 63–80.

S. ORONOZ: "La censura en la actividad investigadora y las implicaciones éticas del secuestro, moderación y monetización de las publicaciones científicas en la era digital", *Derecom*, nº 36, 2024, pp. 151-179, en http://www.derecom.com/derecom/

M. ORTEGO RUIZ: *Prestadores de servicios de Internet y alojamiento de contenidos ilícitos*, Reus, Madrid, 2015.

A. ORTS RODRÍGUEZ: *La excepción periodística. Conciliación entre el derecho fundamental a la protección de datos y la libertad de información en una sociedad digitalizada*, Colex, La Coruña, 2024.

Mª.P. OTERO GONZÁLEZ: *Justicia y secreto profesional*, Centro de Estudios Ramón Areces, Madrid, 2001.

A. PALMA ORTIGOSA: "El ciclo de vida de los sistemas de inteligencia artificial. Aproximación técnica de las fases presentes durante el diseño y despliegue de los sistemas algorítmicos", en L. COTINO HUESO (dir.) & M. BAUZÁ REILLY (coord.), *Derechos y garantías ante la inteligencia artificial y las decisiones automatizadas*, Thomson Reuters-Aranzadi, Cizur Menor, 2022, pp. 29-51.

R. PALOMINO LOZANO: "Libertad de expresión y libertad religiosa: elementos para el análisis de un conflicto", en J. MARTÍNEZ-TORRÓN & S. CAÑAMARES ARRIBAS (coords.), *Tensiones entre libertad de expresión y libertad religiosa,* Tirant Lo Blanch, Valencia, 2014, pp. 34-68 **(TOL4.491.876)**.

C. PAUNER CHULVI: "La libertad de información como límite a la protección de datos personales: la excepción periodística", *Teoría y Realidad Constitucional,* nº 36, 2015, pp. 377-395, en DOI: 10.5944/trc.36.2015.16085

C. PAUNER CHULVI: "Noticias falsas y libertad de expresión e información. El control de los servicios informativos en la red", *Teoría y Realidad Constitucional,* nº 41, 2018, pp. 297-318, en DOI: 10.5944/trc.41.2018.22123

C. PAUNER CHULVI: "Sobre la compleja relación entre los medios de comunicación y las plataformas tecnológicas. Google news y los derechos de autor en el entorno digital", *Revista de Derecho Político,* nº 115, 2022, pp. 43–72, en DOI: 10.5944/rdp.115.2022.36329

C. PAUNER CHULVI: "Transparencia algorítmica en los medios de comunicación y las plataformas digitales", *Revista Española de la Transparencia,* nº 17, 2023, pp. 107-136, en DOI: https://doi.org/10.51915/ret.308

M. PEGUERA POCH: *La exclusión de responsabilidad de los intermediarios en Internet,* Comares, Granada, 2007.

J.W. PENNEY: "Understanding the New Virtualist Paradigm", *Journal of Internet Law,* vol. 12, nº 8, 2009, pp. 3-7.

P.J. PEÑA JIMÉNEZ: "Entre analogías y metáforas: el debate sobre la moderación de contenidos en las redes sociales", *Revista de las Cortes Generales,* nº 111, 2021, pp. 265-311, en DOI: https://doi.org/10.33426/rcg/2021/111/1614

A. PISCITELLI: *Internet, la imprenta del siglo XXI,* Gedisa, Barcelona, 2005.

F. PLACÍN VERGILLO: "Internet en el ejercicio de la libertad de expresión del sistema europeo de derechos humanos", *Ius et Scentia,* vol. 10, nº 1, 2024, pp. 82-102, en DOI: https://doi.org/10.12795/IESTSCIENTIA.2024.i01.04.

J. PLAZA PENADÉS: "La responsabilidad civil de los intermediarios en internet", en J. PLAZA PENADÉS (dir.), E. VÁZQUEZ DE CASTRO & R. GUILLÉN CATALÁN (coords), *Derecho y nuevas tecnologías de la información y la comunicación,* Aranzadi, Pamplona, 2013, pp. 261-298.

L.M. PONTE: "The Michigan Cyber Court: A Bold Experiment in the Development of the First Public Virtual Courthouse", *North Carolina Journal of Law & Technology*, vol. 4, nº 1, 2002, pp. 51-91.

M.A. PRESNO LINERA & G. TERUEL LOZANO: *La libertad de expresión en América y Europa*, Juruá, Lisboa, 2017.

M.A. PRESNO LINERA: "La libertad de expresión en internet y las redes sociales: análisis jurisprudencial", *Revista Catalana de Dret Públic*, nº 61, 2020, pp. 65-82.

M.I. PUERTO & P. SFERRAZZA TAIBI: "La sentencia *Schrems* del Tribunal de Justicia de la Unión Europea: un paso firme en la defensa del derecho a la privacidad en el contexto de la vigilancia masiva transnacional", *Revista Derecho del Estado*, nº 40, 2018, pp. 209-236.

C. QUESADA ALCALÁ: "La labor del Tribunal Europeo de Derechos Humanos en torno al discurso de odio en los partidos políticos: coincidencias y contradicciones con la jurisprudencia española", *Revista Electrónica de Estudios Internacionales*, nº 30, 2015, en DOI: 10.17103/reei.30.04

F. QUIRÓS FERNÁNDEZ: "El debate sobre la información, la comunicación y el desarrollo en la UNESCO durante el siglo XX", *Commons: Revista de Comunicación y Ciudadanía Digital*, vol. 2, nº 2, 2013, pp. 7-38.

J. RAMÍREZ: "Principios garantistas del derecho penal y el proceso penal", *Nuevo Foro Penal*, nº 60, 1999, pp. 105–113.

E. RENGIFO GARCÍA: "Computación en la nube", *Revista La Propiedad Inmaterial*, nº 17, 2013, pp. 223-245, en https://revistas.uexternado.edu.co/index.php/propin/article/view/3587/3668

M. REVENGA SÁNCHEZ: *Libertad de expresión y discurso de odio*, Universidad de Alcalá, Alcalá de Henares, 2015.

Ch. RILEY & D. MORAR: "Legislative efforts and policy frameworks within the Section 230 debate", Comentario, *Brookings*, The Brookings Institution, 21 de septiembre de 2012, en https://www.brookings.edu/articles/legislative-efforts-and-policy-frameworks-within-the-section-230-debate/

J. RIORDAN: *The Liability of Internet Intermediaries*, Oxford University Press, Oxford, 2016.

M. ROBLES CARRILLO: "El modelo de neutralidad de la red en la Unión Europea: alcance y contenido", *Revista de Derecho Comunitario Europeo*, nº 63, 2019, pp. 449-488.

M. ROCA FERNÁNDEZ: "Límites a la libertad de expresión de los políticos. Los casos Féret c. Bélgica y Perinçek c. Suiza", *Revista de Derecho Político*, nº 109, 2020, pp. 345-370.

R. RODRÍGUEZ PRIETO: "De la 'neutralidad' a la 'imparcialidad' en la red: Un análisis crítico de la política de la UE sobre Internet y algunas propuestas de mejora", *Cuadernos europeos de Deusto*, nº 57, 2017, pp. 217-246, en DOI: https://doi.org/10.18543/ced-57-2017pp217-246.

A. ROIG: *Derechos fundamentales y tecnologías de la información y de las comunicaciones (TICs)*, Bosch, Barcelona, 2010.

M. ROIG TORRES: *Delimitación entre libertad de expresión y «discurso del odio»*, Tirant Lo Blanch, Valencia, 2020 (**TOL8.232.484 y TOL8.233.076**).

G. ROLLNERT LIERN: "Redes sociales y discurso del odio: perspectiva internacional", *Revista de Internet, Derecho y Política*, nº 31, en DOI: https://doi.org/10.7238/idp.v0i31.3233

A. RUBÍ I PUIG: *Publicidad comercial y libertad de expresión: la protección constitucional de la información en el mercado*, tesis doctoral, Universidad Pompeu Fabra, Barcelona, 2008.

A. RUBÍ PUIG: "Derecho al honor online y responsabilidad civil de ISPs: El requisito del "conocimiento efectivo" en las SSTS, Sala Primera, de 9 de diciembre de 2009 y 18 de mayo de 2010", *InDret: Revista para el Análisis del Derecho*, nº 4/2010, en https://www.raco.cat/index.php/InDret/article/view/226176/307749

A. RUIZ FORNS & A. NICOLÁS: "Nuevo Reglamento Europeo de Inteligencia Artificial", *Diario La Ley*, nº 10491, 23 de abril de 2024, en https://diariolaley.laleynext.es

S. RUSSELL, K. PERSET & M. GROBELNIK: "Updates to the OECD's definition of an AI system explained", *OECD.AI Policy Observatory*, 29 de noviembre de 2023, en https://oecd.ai/en/wonk/ai-system-definition-update

E. SÁENZ ROYO: "Odio en las redes y poder de moderación de las grandes plataformas: ¿pueden las plataformas digitales restringir libremente la libertad de expresión de sus usuarios?", en G. VICENTE Y GUERRERO (coord.), *La libertad de expresión: Avances, límites y desafíos futuros*, Colex, La Coruña, 2024, pp. 185-206.

H. SAINT-LOUIS: "Understanding cancel culture: Normative and unequal sanctioning", *First Monday*, vol. 26, nº 7, 2021, en https://firstmonday.org/ojs/index.php/fm/article/view/10891

P. SALVADOR CODERCH & J.A. RUIZ GARCÍA: "Directiva sobre comercio electrónico: control de contenidos", *InDret: Revista para el Análisis del Derecho,* nº 1/2001, en https://indret.com/wp-content/uploads/2007/06/045_cas.pdf

R. SÁNCHEZ ARISTI: "La responsabilidad de los prestadores de servicios de intermediación de la sociedad de la información" en P. ÁLVAREZ OLALLA (dir.), *Nuevas perspectivas en la responsabilidad civil. Revisión crítica de la imputación objetiva,* Aranzadi, Cizur Menor, 2022, pp. 1031-1050.

J.F. SÁNCHEZ BARRILAO: "El futuro jurídico de Internet: Una aproximación constitucional a la neutralidad de la red", *Revista de Derecho Constitucional Europeo,* nº 26, 2016, en https://www.ugr.es/~redce/REDCE26/articulos/06_BARRILAO.htm

A. SÁNCHEZ LAMELAS: "Los dictámenes de los comités de expertos de Naciones Unidas y la responsabilidad del Estado", *Revista de Administración Pública,* nº 224, 2024, pp. 213-241, en DOI: https://doi.org/10.18042/cepc/rap.224.08

A. SÁNCHEZ RUBIO: "La detección e investigación del discurso del odio en la Red: nuevas tecnologías, inteligencia artificial y prueba digital", en S. MENDOZA CALDERÓN & A. SÁNCHEZ RUBIO (dirs.), *El discurso del odio: análisis de su incidencia y persecución penal,* Tirant Lo Blanch, Valencia, 2024, pp. 473-499.

Th. SCANLON: "A Theory of Freedom of Expression", *Philosophy & Public Affairs,* vol. 1, nº 2, 1972, pp. 204-226.

M.G. SCHMIDT & R.L. VOJTOVIC: "Holocaust Denial and Freedom of Expression" en T.S. ORLIN, A. ROSAS y M. SCHEININ (eds.), *The Jurisprudence of Human Rights Law: A Comparative Interpretive Approach,* Abo Akademi University, Turku, 2000, pp. 133–158.

B. SCHÜNEMANN: *¡El derecho penal es la ultima ratio para la protección de bienes jurídicos!,* Universidad Externado de Colombia, Bogotá, 2007.

F. SEGADO-BOJ & J. DÍAZ-CAMPO: "Social media and its intersections with free speech, freedom of information and privacy. An analysis", *Icono 14,* vol. 18, nº 1, 2020, pp. 231-255, en DOI: 10.7195/ri14.v18i1.1379

A. SEGURA SERRANO: "Internet Regulation and the Role of International Law", *Max Planck Yearbook of United Nations Law,* vol. 10, 2006, pp. 191-272.

W. SELTZER: "Free Speech Unmoored in Copyright's Safe Harbor: Chilling Effects of the DMCA on the First Amendment", *Harvard Journal of Law & Technology,* vol. 24, nº 1, 2010, pp. 171-232, en https://wendy.seltzer.org/pubs/seltzer-chill.pdf

A. SHAHBAZ: *Freedom on the Net 2018: The Rise of Digital Authoritarianism*, Freedom House, Washington, 2018, en https://freedomhouse.org/sites/default/files/FOTN_2018_Final.pdf

F. SIERRA CABALLERO & F. QUIRÓS FERNÁNDEZ (coords.): *El Espíritu MacBride:* neocolonialismo, comunicación-Mundo y alternativas democráticas, Ciespal, Quito, 2016.

Mª.J. SOLA-MARTÍNEZ: "Redes sociales: Más allá de la privacidad", *El profesional de la información*, vol. 18, nº 4, 2009, pp. 470-474, en DOI: https://doi.org/10.3145/epi.2009.jul.18.

J.J. SOLOZÁBAL ECHAVARRÍA: "La libertad de expresión desde la teoría de los derechos fundamentales", *Revista Española de Derecho Constitucional*, nº 32, 1991, pp. 73-114.

J.P. SORIANO GATICA: "La construcción discursiva de la soberanía tecnológica europea en el ámbito digital: condicionantes ideacionales y estrategias de legitimación", *Revista Electrónica de Estudios Internacionales*, nº 45, 2023, en DOI: 10.17103/reei.45.05

J. SOTO IVARS: *La casa del ahorcado. Cómo el tabú asfixia la democracia occidental*, Debate, Madrid, 2021.

T-E. SYNODINOU: "Intermediaries' liability for online copyright infringement in the EU: evolutions and confusions", *Computer Law & Security Review*, vol. 31, nº 1, 2015, pp. 57-67, en DOI: https://doi.org/10.1016/j.clsr.2014.11.010

A. TATO PLAZA: "Publicidad comercial y libertad de expresión en Europa", *La Ley*, nº 3/1994, pp. 988-1000.

A. TATO PLAZA: *La Publicidad Comparativa*, Marcial Pons, Madrid, 1996.

A. TATO PLAZA: "Derecho privado, publicidad y libertad de expresión en la Europa de veinticinco miembros", en E.F. PÉREZ CARRILLO (coord.), *Estudios de Derecho mercantil europeo*, Marcial Pons, Madrid, 2005, pp. 105-118.

P.J. TENORIO SÁNCHEZ (coord.): *La libertad de expresión. Su posición preferente en un entorno multicultural*, Wolters Kluwer, Madrid, 2014.

G.M. TERUEL LOZANO: "Libertad de expresión y censura en Internet", *Estudios de Deusto*, vol. 62, nº 2, 2014, pp. 41-72.

G.M. TERUEL LOZANO: "Perspectivas de los derechos fundamentales en la sociedad digital", en *Fundamentos: Cuadernos monográficos de teoría del Estado, derecho público e historia constitucional*, nº 9, 2016, pp. 215-243.

G.M. TERUEL LOZANO: "El discurso del odio como límite a la libertad de expresión en el marco del convenio europeo", *Revista de Derecho Constitucional Europeo*, nº 27, 2017, pp. 81-106.

G.M. TERUEL LOZANO: "Expresiones intolerantes, delitos de odio y libertad de expresión: un difícil equilibrio", *Revista Jurídica de la Universidad Autónoma de Madrid*, nº 36, 2017, pp. 185-196.

G.M. TERUEL LOZANO: "Libertades comunicativas y censura en el entorno tecnológico global", *Revista de la Escuela Jacobea de Posgrado*, nº 12, 2017, pp. 75-102.

G.M. TERUEL LOZANO: "Internet, incitación al terrorismo y libertad de expresión en el marco europeo", *Indret: Revista para el Análisis del Derecho*, nº 3/2018, en https://indret.com/wp-content/uploads/2019/01/Germa%CC%81n-M.-Teruel-Lozano-3-2018.pdf

G.M. TERUEL LOZANO: "Una lectura garantista de las nuevas tendencias en la lucha europea contra la difusión de mensajes terroristas en Internet", *Revista de Derecho Constitucional Europeo*, nº 34, 2020, pp. 95-122.

G.M. TERUEL LOZANO: "Libertad de expresión, censura y pluralismo en las redes sociales: Algoritmos y el nuevo paradigma regulatorio europeo" en F. BALAGUER CALLEJÓN y L. COTINO HUESO (coords.), *Derecho público de la inteligencia artificial*, Fundación Manuel Giménez Abad, Zaragoza, 2023, pp. 181-222.

A.M. TURING: "Computing Machinery and Intelligence", *Mind*, vol. 59, nº 236, 1950, pp. 433-460, en DOI: https://doi.org/10.1093/mind/LIX.236.433

L. TRISTANTE PELLICER & G.M. TERUEL LOZANO: "Desinformación y libertad de expresión: el bloqueo europeo de canales rusos ante la invasión de Ucrania a la luz de la Sentencia del Tribunal General (Gran Sala) de 27 de julio de 2022, T-125/22, *RT France c. Consejo de la UE*", *Estudios de Deusto*, vol. 71, nº 2, 2023, pp. 303-329, en DOI: https://doi.org/10.18543/ed7122023

J.M. URBAN, J. KARAGANIS & B.L. SCHOFIELD: *Notice and Takedown in Everyday Practice*, American Assembly, Nueva York, 2016-2017.

U.S. DEPARTMENT OF JUSTICE: *Section 230 – Nurturing Innovation or Fostering Unaccountability? Key Takeaways and Recommendations*, Washington, junio de 2020, en https://www.justice.gov/ag/file/1072971/dl?inline=

F. VALIENTE MARTÍNEZ: "La libertad de expresión y las redes sociales: de la doctrina de los puertos seguros a la moderación de contenidos", *Derechos y libertades*, nº 48, 2023, pp. 167-198, en DOI: https://doi.org/10.20318/dyl.2023.7343.

F. VALLESPÍN: *La sociedad de la intolerancia*, Galaxia Gutenberg, Barcelona, 2021.

J. van DIJCK: *La cultura de la conectividad: Una historia crítica de las redes sociales*, Siglo XXI, Buenos Aires, 2016, en https://catedradatos.com.ar/media/La-cultura-de-la-conectividad_-Jose-Van-Dijck.pdf https://catedradatos.com.ar/media/La-cultura-de-la-conectividad_-Jose-Van-Dijck.pdf

A. van RIJN: "Freedom of Expression" en P. van DIJK *et al.* (eds.), *Theory and Practice of the European Convention on Human Rights*, 5ª ed., Intersentia, Cambridge, 2018, pp. 765-811.

V.J. VÁZQUEZ ALONSO: "Twitter no es foro público pero el perfil de Trump sí lo es. Sobre la censura privada *de* y *en* las plataformas digitales en los EEUU", *Estudios de Deusto*, vol. 68, nº 1, 2020, pp. 475-508, en DOI: https://doi.org/10.18543/ed-68(1)-2020pp475-508

O. VERGARA LACALLE: "Libertad de expresión, democracia y ciudadanía", en G. VICENTE Y GUERRERO (coord.), *La libertad de expresión: Avances, límites y desafíos futuros*, Colex, La Coruña, 2024, pp. 15-45.

C. VILLAN DURÁN: "El valor jurídico de las decisiones de los órganos establecidos en tratados de las Naciones Unidas en materia de derechos humanos", en C. FERNÁNDEZ DE CASADEVANTE ROMANÍ (coord.), *Los efectos jurídicos en España de las decisiones de los órganos internacionales de control en materia de derechos humanos de naturaleza no jurisdiccional*, Dykinson, Madrid, 2020, pp. 99-124.

E. VILLANUEVA: *El secreto profesional del periodista. Concepto y regulación jurídica en el mundo*, Fragua, Madrid, 1998.

I. VILLAVERDE MENÉNDEZ: *Los poderes salvajes. Ciberespacio y responsabilidad por contenidos difamatorios*, Marcial Pons, Madrid, 2020.

N. WENZEL: "Opinion and Expression, Freedom of, International Protection" en R. WOLFRUM & A. PETERS (dirs.), *Max Planck Encyclopedia of Public International Law*, 3ª ed. online, Oxford University Press, Oxford, 2014, en https://opil.ouplaw.com/home/MPIL

J-Ch. WOLTAG: "Internet" en R. WOLFRUM & A. PETERS (dirs.), *Max Planck Encyclopedia of Public International Law*, 3ª ed. online, Oxford University Press, Oxford, 2010, en https://opil.ouplaw.com/home/MPIL

F. WU: "Collateral Censorship and the Limits of Intermediary Immunity", *Notre Dame Law Review,* vol. 87, nº 1, 2011, pp. 292-349.

C.S. YOO: "Beyond Network Neutrality", *Harvard Journal of Law & Technology,* vol. 19, nº 1, 2005, p. 1-77, en https://jolt.law.harvard.edu/articles/pdf/v19/19HarvJLTech001.pdf

K.H. YOUM: "Letters to the Editor and US Libel Law", *Tolley's Journal of Media Law and Practice,* vol. 13, nº 3, 1992, pp. 220-228.

O.D. ZABALA PUCHANA: "Restricción de la libertad de expresión política en redes sociales", *Dos mil Tres Mil,* vol. 24, 2022, pp. 1-27, en DOI: https://doi.org/10.35707/dostresmil/24329

K. ZHU: "Bringing Neutrality to Network Neutrality", *Berkeley Technology Law Journal,* vol. 22, nº 1, 2007, pp. 615-645, en https://btlj.org/data/articles2015/vol22/22_1_AR/22-berkeley-tech-l-j-FM-0001_0670.pdf

J. ZITTRAIN: "A History of Online Gatekeeping", *Harvard Journal of Law and Technology,* vol. 19, nº 2, 2006, pp. 253-298.

J. ZITTRAIN: "Fixing the internet", *Science,* vol. 362, nº 6417, 23 de noviembre de 2018, p. 871, en DOI: 10.1126/science.aaw0798

S. ZUBOFF: *La era del capitalismo de la vigilancia,* Paidós, Barcelona, 2020.

2. JURISPRUDENCIA

2.1. JURISPRUDENCIA INTERNACIONAL

2.1.1. Tribunal Europeo de Derechos Humanos

- Decisión de la Comisión Europea de Derechos Humanos de 12 de julio de 1971, asunto *Sc. X. y la Asociación de Z. c. Reino Unido* (caso nº 4515/70), *Yearbook,* vol. 14, p. 538.
- Sentencia de 7 de diciembre de 1976, asunto *Handyside c. Reino Unido* (caso nº 5493/72) **(TOL573.845)**.
- Sentencia de 26 de abril de 1979, asunto *The Sunday Times c. Reino Unido* (caso nº 6538/74) **(TOL148.640)**.
- Sentencia de 25 de marzo de 1985, asunto *Barthold c. Alemania* (caso nº 8734/79) **(TOL228.808)**.

- Sentencia de 8 de julio de 1986, asunto *Lingens c. Austria* (caso nº 9815/82) **(TOL216.239)**.
- Sentencia de 26 de marzo de 1987, asunto *Leander c. Suecia* (caso nº 9248/81) **(TOL210.203)**.
- Sentencia de 24 de mayo de 1988, asunto *Müller y otros c. Suiza* (caso 10737/84).
- Sentencia de 22 de febrero de 1989, asunto *Barfod c. Dinamarca* (caso nº 11508/85) **(TOL228.805)**.
- Sentencia de 7 de julio de 1989, asunto *Gaskin c. Reino Unido* (caso nº 10454/83) **(TOL573.837)**.
- Sentencia de 20 de noviembre de 1989, asunto *Markt intern Verlag GmbH y Klaus Beermann c. Alemania* (caso nº 10572/83).
- Sentencia de 23 de mayo de 1991, asunto *Oberschlick c. Austria* (caso nº 11662/85) **(TOL210.446)**.
- Sentencia de 26 de noviembre de 1991, asunto *Observer y Guardian c. Reino Unido* (caso nº 13585/88).
- Sentencia de 26 de noviembre de 1991, asunto *Sunday Times c. Reino Unido (nº 2)* (caso nº 13166/87) **(TOL164.168)**.
- Sentencia de 23 de abril de 1992, asunto *Castells c. España* (caso nº 11798/85) **(TOL120.069)**.
- Sentencia de 25 de junio de 1992, asunto *Thorgeir Thorgeirson c. Islandia* (caso nº 13778/88) **(TOL310.214)**.
- Sentencia de 25 de mayo de 1993, asunto *Kokkinakis c. Grecia* (caso nº 14307/88) **(TOL164.151)**.
- Sentencia de 24 de noviembre de 1993, asunto *Informationsverein Lentia y otros c. Austria* (casos nº 13914/88, 15041/89, 15717/89, 15779/89 y 17207/90).
- Sentencia de 24 de febrero de 1994, asunto *Casado Coca c. España* (caso nº 15450/89) **(TOL120.076)**.
- Sentencia de 20 de septiembre de 1994, asunto *Otto-Preminger-Institut c. Austria* (caso nº 13470/87).
- Sentencia de 23 de septiembre de 1994, asunto *Jersild c. Dinamarca* (caso nº 15890/89) **(TOL224.114)**.
- Sentencia de 13 de julio de 1995, asunto *Tolstoy Miloslavsky c. Reino Unido* (caso nº 18139/91) **(TOL306.081)**.
- Sentencia de 26 de septiembre de 1995, asunto *Vogt c. Alemania* (caso nº 17851/91) **(TOL217.853)**.

- Sentencia de 27 de marzo de 1996, asunto *Goodwin c. Reino Unido* (caso nº 17488/90).
- Sentencia de 25 de noviembre de 1996, asunto *Wingrove c. Reino Unido* (caso nº 17419/90) **(TOL227.970)**.
- Sentencia de 24 de febrero de 1997, asunto *De Haes y Gijsels c. Bélgica* (caso nº 19983/92) **(TOL304.494)**.
- Sentencia de 25 de noviembre de 1997, asunto *Grigoriades c. Grecia* (caso nº 24348/94) **(TOL6.919.872)**.
- Sentencia de 25 de noviembre de 1997, asunto *Zana c. Turquía* (caso nº 18954/91) **(TOL6.919.876)**.
- Sentencia de 25 de agosto de 1998, asunto *Hertel c. Suiza* (caso nº 25181/94) **(TOL6.917.617)**.
- Sentencia de 23 de septiembre de 1998, asunto *Lehideux e Isorni c. Francia* (caso nº (55/1997/839/1045) **(TOL313.937)**.
- Sentencia de 21 de enero de 1999, asunto *Fressoz y Roire c. Francia* (caso nº 29183/95) **(TOL6.917.616)**.
- Sentencia de 20 de mayo de 1999, asunto *Bladet TromsØ y Stensaas c. Noruega* (caso nº 21980/93) **(TOL6.917.614)**.
- Sentencia de 8 de julio de 1999, asunto *Ceylan c. Turquía* (caso nº 23556/94).
- Sentencia de 8 de julio de 1999, asunto *Sürek c. Turquía (n.º 1)* (caso nº 26682/95) **(TOL9.164.296)**.
- Sentencia de 29 de marzo de 2001, asunto *Thoma c. Luxemburgo* (caso nº 38432/97) **(TOL224.112)**.
- Sentencia de 12 de julio de 2001, asunto *Feldek c. Eslovaquia* (caso nº 29032/95).
- Sentencia de 17 de julio de 2001, asunto *Association Ekin c. Francia* (caso nº 39288/98) **(TOL296.346)**.
- Sentencia de 7 de mayo de 2002, asunto *McVicar c. Reino Unido* (caso nº 46311/99) **(TOL9.091.676)**.
- Sentencia de 25 de junio de 2002, asunto *Colombani y otros c. Francia* (caso nº 51279/99) **(TOL9.091.306)**.
- Sentencia de 17 de octubre de 2002, asunto *Stambuk c. Alemania* (caso nº 37928/97) **(TOL9.090.831)**.
- Sentencia de 25 de febrero de 2003, asunto *Roemen y Schmit c. Luxemburgo* (caso nº 51772/99) **(TOL9.090.021)**.

- Sentencia de 11 de marzo de 2003, asunto *Lešník c. Eslovaquia* (caso nº 35640/97) **(TOL320.033)**.
- Decisión de 3 de abril de 2003, asunto *Harlanova v. Letonia -admisibilidad de la demanda-* (caso nº 57313/00) **(TOL9.089.929)**.
- Decisión de 24 de junio de 2003, asunto *Garaudy c. Francia* (caso nº 65831/01) **(TOL9.089.496)**.
- Sentencia de 10 de julio de 2003, asunto *Murphy c. Irlanda* (caso nº 44179/98) **(TOL9.089.338)**.
- Sentencia de 15 de julio de 2003, asunto *Ernst y otros c. Bélgica* (caso nº 33400/96) **(TOL9.089.324)**.
- Sentencia de 11 de diciembre de 2003, asunto *Krone Verlag GmbH & Co. KG c. Austria (nº 3)* (caso nº 39069/97) **(TOL4.013.171)**.
- Sentencia de 30 de marzo de 2004, asunto *Radio France y otros c. Francia* (caso nº 53984/00) **(TOL4.022.465)**.
- Sentencia de 18 de mayo de 2004, asunto *Éditions Plon c. Francia* (caso nº 58148/00) **(TOL9.087.480)**.
- Sentencia de 27 de mayo de 2004, asunto *Vides Aizsardzības Klubs c. Letonia* (caso nº 57829/00) **(TOL450.958)**.
- Sentencia de 29 de junio de 2004, asunto *Chauvy y otros c. Francia* (caso nº 64915/01) **(TOL9.087.238)**.
- Decisión de 16 de noviembre de 2004, asunto *Norwood c. Reino Unido* (caso nº 23131/03) **(TOL9.086.472)**.
- Sentencia de 17 de diciembre de 2004, asunto *Cumpănă y Mazăre c. Rumanía* (caso nº 33348/96) **(TOL9.086.063)**.
- Sentencia de 17 de diciembre de 2004, asunto *Pedersen y Baadsgaard c. Dinamarca* (caso nº 49017/99) **(TOL9.086.062)**.
- Sentencia de 15 de febrero de 2005, asunto *Steel y Morris c. Reino Unido* (caso nº 68416/01) **(TOL9.085.914)**.
- Decisión de 18 de octubre de 2005, asunto *Perrin c. Reino Unido -admisibilidad de la demanda-* (caso nº 5446/03) **(TOL9.084.413)**.
- Sentencia de 31 de enero de 2006, asunto *Giniewski c. Francia* (caso nº 64016/00) **(TOL9.083.342)**.
- Sentencia de 31 de enero de 2006, asunto *Stângu y Scutelnicu c. Rumanía* (caso nº 53899/00) **(TOL9.083.403)**.
- Sentencia de 25 de abril de 2006, asunto *Dammann c. Suiza* (nº 77551/01) **(TOL9.082.639)**.

- Sentencia de 6 de julio de 2006, asunto *Erbakan c. Turquía* (caso nº 59405/00) **(TOL9.081.984)**.
- Decisión de 10 de julio de 2006, asunto *Sdruzení Jihoceské Matky c. República Checa -admisibilidad de la demanda-* (caso nº 19101/03) **(TOL9.082.041)**.
- Sentencia de 21 de septiembre de 2006, asunto *Monnat c. Suiza* (caso nº 73604/01) **(TOL9.081.545)**.
- Sentencia de 7 de noviembre de 2006, asunto *Mamère c. Francia* (caso nº 12697/03) **(TOL9.081.089)**.
- Sentencia de 7 de junio de 2007, asunto *Dupuis y otros c. Francia* (caso nº 1914/02) **(TOL9.079.507)**.
- Sentencia de 22 de octubre de 2007, asunto *Lindon, Otchakovsky-Laurens y July c. Francia* (casos nº 21279/02 y 36448/02) **(TOL9.078.218)**.
- Sentencia de 22 de noviembre de 2007, asunto *Voskuil c. Países Bajos* (caso nº 64752/01) **(TOL9.078.129)**.
- Sentencia de 27 de noviembre de 2007, asunto *Tillack c. Bélgica* (caso nº 20477/05) **(TOL9.078.063)**.
- Sentencia de 10 de diciembre de 2007, asunto *Stoll c. Suiza* (caso nº 69698/01) **(TOL9.077.707)**.
- Sentencia de 8 de julio de 2008, asunto *Vajnai c. Hungría* (caso nº 33629/06) **(TOL9.075.950)**.
- Sentencia de 2 de octubre de 2008, asunto *Leroy c. Francia* (caso nº 36109/03) **(TOL9.075.209)**.
- Sentencia de 10 de marzo de 2009, asunto *Times Newspapers Ltd c. Reino Unido (nºs 1 y 2)* (casos nºs 3002/03 y 23676/03) **(TOL2.633.684)**.
- Sentencia de 14 de abril de 2009, asunto *Társaság a Szabadságjogokért c. Hungría* (caso nº 37374/05) **(TOL2.650.265)**.
- Sentencia de 28 de abril de 2009, asunto K*arakó c. Hungría* (caso nº 39311/05) **(TOL9.073.250)**.
- Sentencia de 16 de julio de 2009, asunto *Féret c. Bélgica* (caso nº 15615/07) **(TOL2.638.311)**.
- Sentencia de 16 de julio de 2009, asunto *Willem c. Francia* (caso nº 10883/05) **(TOL2.649.175)**.
- Sentencia de 20 de octubre de 2009, asunto *Ürper y otros c. Turquía* (nº 14526/07, 14747/07, 15022/07, 15737/07, 36137/07, 47245/07, 50371/07, 50372/07 y 54637/07) **(TOL9.071.829)**.
- Sentencia de 25 de febrero de 2010, asunto *Renaud c. Francia* (caso nº 13290/07) **(TOL9.070.666)**.

- Sentencia de 22 de abril de 2010, asunto *Fatullayev c. Azerbaiyán* (caso nº 40984/07) **(TOL2.637.804)**.
- Sentencia de 11 de mayo de 2010, asunto *Fleury c. Francia* (caso nº 29784/06) **(TOL2.648.599)**.
- Sentencia de 1 de junio de 2010, asunto *Gutiérrez Suárez c. España* (caso nº 16023/07) **(TOL2.637.462)**.
- Sentencia de 8 de junio de 2010, asunto *Gül y Otros c. Turquía* (caso nº 4870/02) **(TOL2.637.452)**.
- Sentencia de 6 de julio de 2010, asunto *Gözel y Özer c. Turquía* (nº 43453/04 y 31098/05) **(TOL9.069.538)**.
- Sentencia de 14 de septiembre de 2010, asunto *Dink c. Turquía* (casos nº 2668/07, 6102/08, 30079/08, 7072/09 y 7124/09) **(TOL2.646.563)**.
- Sentencia de 14 de septiembre de 2010, asunto *Sanoma Uitgevers B.V. c. Países Bajos* (caso nº 38224/03) **(TOL2.649.211)**.
- Sentencia de 15 de marzo de 2011, asunto *Otegi Mondragon c. España* (caso nº 2034/07) **(TOL2.649.554)**.
- Sentencia de 5 de mayo de 2011, asunto *Consejo editorial de Pravoye Delo y Shtekel c. Ucrania* (caso nº 33014/05) **(TOL2.647.059)**.
- Sentencia de 19 de julio de 2011, asunto *Uj c. Hungría* (caso nº 23954/10) **(TOL9.066.478)**.
- Sentencia de 7 de febrero de 2012, asunto *Axel Springer AG c. Alemania* (caso nº 39954/08) **(TOL2.646.741)**.
- Sentencia de 7 de febrero de 2012, asunto *Von Hannover c. Alemania (nº 2)* (casos nº 40660/08 y 60641/08) **(TOL2.650.349)**.
- Sentencia de 9 de febrero de 2012, asunto *Vejdeland y otros c. Suecia* (caso nº 1813/07) **(TOL9.064.736)**.
- Sentencia de 13 de julio de 2012, asunto *Mouvement raëlien suisse c. Suiza* (caso nº 16354/06) **(TOL9.063.431)**.
- Sentencia de 18 de diciembre de 2012, asunto *Ahmet Yildirim c. Turquía* (caso nº 3111/10) **(TOL9.062.270)**.
- Sentencia de 10 de enero de 2013, asunto *Ashby Donald y otros c. Francia* (caso nº 36769/08) **(TOL2.720.525)**.
- Sentencia de 16 de julio de 2013, asunto *Nagla c. Letonia* (caso nº 73469/10) **(TOL3.811.350)**.
- Sentencia de 16 de enero de 2014, asunto *Tierbefreier e.V. c. Alemania* (caso nº 45192/09) **(TOL9.058.751)**.

- Sentencia de 23 de abril de 2015, asunto *Morice c. Francia* (caso nº 29369/10) **(TOL6.407.056)**.
- Sentencia de 16 de junio de 2015, asunto *Delfi AS c. Estonia* (caso 64569/09) **(TOL6.405.080)**.
- Sentencia de 15 de octubre de 2015, asunto *Perinçek c. Suiza* (caso nº 27510/08) **(TOL6.403.944)**.
- Sentencia de 20 de octubre de 2015, asunto *Pentikäinen c. Finlandia* (caso nº 11882/10) **(TOL6.403.865)**.
- Sentencia de 1 de diciembre de 2015, asunto *Cengiz y otros c. Turquía* (casos 48226/10 y 14027/11) **(TOL6.403.584)**.
- Sentencia de 12 de enero de 2016, asunto *Rodríguez Ravelo c. España* (caso nº 48074/10) **(TOL6.594.889)**.
- Sentencia de 2 de febrero de 2016, asunto *Magyar Tartalomszolgáltatók Egyesületee Index.Hu ZRT c. Hungría* (caso nº 22947/13) **(TOL9.053.052)**.
- Sentencia de 29 de marzo de 2016, asunto *Bédat c. Suiza* (caso nº 59625/08) **(TOL9.052.696)**.
- Sentencia de 17 de mayo de 2016, asunto *Karácsony y otros c. Hungría* (casos nº 42461/13 y 44357/13) **(TOL6.414.161)**.
- Sentencia de 7 de junio de 2016, asunto *Cicad c. Suiza* (caso nº 17676/09) **(TOL6.414.006)**.
- Sentencia de 14 de junio de 2016, asunto *Jiménez Losantos c. España* (caso nº 53421/10) **(TOL6.413.940)**.
- Sentencia de 12 de julio de 2016, asunto *Reichman c. Francia* (caso nº 50147/11) **(TOL6.413.510)**.
- Sentencia de 8 de noviembre de 2016, asunto *Magyar Helsinki Bizottság c. Hungría* (caso nº 18030/11) **(TOL6.412.564)**.
- Sentencia de 22 de noviembre de 2016, asunto *Grebneva y Alisimchik c. Rusia* (caso nº 8918/05) **(TOL6.412.391)**.
- Decisión de 7 de febrero de 2017, asunto *Pihl c. Suecia* (caso nº 74742/14) **(TOL6.411.164)**.
- Sentencia de 27 de junio de 2017, asunto *Medžlis Islamske Zajednice Brčko y otros c. Bosnia y Herzegovina* (caso nº 17224/11) **(TOL6.409.421)**.
- Sentencia de 27 de junio de 2017, asunto *Satakunnan Markkinapörssi Oy y Satamedia Oy c. Finlandia* (caso nº 931/13) **(TOL6.409.420)**.
- Sentencia de 7 de septiembre de 2017, asunto *Lacroix c. Francia* (caso nº 41519/12) **(TOL6.409.178)**.

- Decisión de 19 de septiembre de 2017, asunto *Tamiz c. Reino Unido* (caso nº 3877/14) **(TOL6.409.101)**.
- Sentencia de 3 de octubre de 2017, asunto *Dmitriyevskiy c. Rusia* (caso nº 42168/06) **(TOL6.395.020)**.
- Decisión de 12 de diciembre de 2017, asunto *Wrona c. Polonia* (caso nº 68531/13) **(TOL9.052.419)**.
- Decisión de 16 de enero de 2018, asunto *Smajić c. Bosnia y Herzegovina* (caso nº 48657/16) **(TOL6.498.562)**.
- Sentencia de 30 de enero de 2018, asunto *Sekmadienis Ltd. c. Lituania* (caso nº 69317/14) **(TOL6.487.845)**.
- Sentencia de 13 de marzo de 2018, asunto *Stern Taulats y Roura Capellera c. España* (casos nºs 51168/15 y 51186/15) **(TOL6.534.231)**.
- Sentencia de 28 de junio de 2018, asunto *M.L. y W.W. c. Alemania* (casos nº 60798/10 y 65599/10) **(TOL6.649.510)**.
- Sentencia de 17 de julio de 2018, asunto *Mariya Alekhina y otros c. Rusia* (caso 38004/12) **(TOL6.666.203)**.
- Sentencia de 28 de agosto de 2018, asunto *Ibragim Ibragimov y otros c. Rusia* (casos nº 1413/08 y 28621/11) **(TOL6.735.994)**.
- Sentencia de 28 de agosto de 2018, asunto *Savva Terentyev c. Rusia* (caso nº 10692/09) **(TOL6.735.996)**.
- Sentencia de 20 de noviembre de 2018, asunto *Toranzo Gomez c. España* (nº 26922/14) **(TOL6.917.406)**.
- Sentencia de 4 de diciembre de 2018, asunto *Magyar Jeti Zrt c. Hungría* (caso nº 11257/16) **(TOL6.932.731)**.
- Sentencia de 10 de enero de 2019, asunto *Khadija Ismayilova c. Azerbaiyán* (casos nº 65286/13 y 57270/14) **(TOL6.977.636)**.
- Sentencia de 11 de febrero de 2020, asunto *Atamanchuk c. Rusia* (caso nº 4493/11) **(TOL7.735.786)**.
- Sentencia de 26 de marzo de 2020, asunto *Tête c. Francia* (caso nº 59636/16) **(TOL7.832.522)**.
- Sentencia de 23 de junio de 2020, asunto *OOO Flavus y otros c. Rusia* (casos nº 12468/15, 23489/15 y 19074/16) **(TOL7.972.962)**.
- Sentencia de 23 de junio de 2020, asunto *Bulgakov c. Rusia* (caso nº 20159/15) **(TOL7.972.964)**.
- Sentencia de 23 de junio de 2020, asunto *Engels c. Rusia* (caso nº 61919/16) **(TOL7.972.963)**.

- Sentencia de 23 de junio de 2020, asunto *Vladimir Kharitonov c. Rusia* (caso nº 10795/14) **(TOL7.972.961)**.
- Sentencia de 17 de diciembre de 2020, asunto *Sellami c. Francia* (caso nº 61470/15) **(TOL8.233.120)**.
- Sentencia de 22 de diciembre de 2020, asunto *Selahattin Demirtaş c. Turquía (n. 2)* (caso nº 14305/17) **(TOL8.241.865)**.
- Sentencia de 15 de junio de 2021, asunto *Melike c. Turquía* (caso nº 35786/19) **(TOL8.464.116)**.
- Sentencia de 2 de septiembre de 2021, asunto *Sanchez c. Francia* (caso nº 45581/15) **(TOL8.569.302)**.
- Sentencia de 25 de noviembre de 2021, asunto *Biancardi c. Italia* (caso nº 77419/16) **(TOL8.754.047)**.
- Sentencia de 7 de diciembre de 2021, asunto *Yefimov y Grupo de Defensa de la Juventud c. Rusia* (casos nºs 12385/15 y 51619/15) **(TOL8.753.958)**.
- Sentencia de 5 de abril de 2022, asunto *NIT SRL c. República de Moldavia* (caso nº 28470/12) **(TOL8.895.964)**.
- Sentencia de 7 de junio de 2022, asunto *Taganrog LRO y otros c. Rusia* (caso nº 32401/10 y otros 19) **(TOL8.991.968)**.
- Sentencia de 15 de mayo de 2023 (GS), asunto *Sanchez c. Francia* (caso nº 45581/15) **(TOL9.547.861)**.
- Sentencia de 4 de junio de 2024, asunto *Sokolovskiy c. Rusia* (caso nº 618/18) **(TOL10.032.991)**.

2.1.2. Corte Interamericana de Derechos Humanos

- Sentencia de 5 de febrero de 2001, caso "*La Última Tentación de Cristo" -Olmedo Bustos y otros- c. Chile,* Serie C nº 73.
- Sentencia de 6 de febrero de 2001, caso *Ivcher Bronstein c. Perú,* Serie C nº 74.
- Sentencia de 2 de julio de 2004, caso *Herrera Ulloa c. Costa Rica,* Serie C nº 107.
- Sentencia de 31 de agosto de 2004, caso *Ricardo Canese c. Paraguay,* Serie C nº 111.
- Sentencia de 22 de noviembre de 2004, caso *Carpio Nicolle y otros c. Guatemala,* Serie C nº 117.
- Sentencia de 22 de noviembre de 2005, caso *Palamara Iribarne c. Chile,* Serie C nº 135.

- Sentencia de 1 de febrero de 2006, caso *López Álvarez c. Honduras,* Serie C, nº 141.
- Sentencia de 4 de julio de 2006, caso *Ximenes Lopes c. Brasil,* Serie C nº 149.
- Sentencia de 19 de septiembre de 2006, caso *Claude Reyes y otros c. Chile,* Serie C nº 151.
- Sentencia de 2 de mayo de 2008, caso *Kimel c. Argentina,* Serie C nº 177.
- Sentencia de 27 de enero de 2009, caso *Tristán Donoso c. Panamá,* Serie C nº 193.
- Sentencia de 28 de enero de 2009, caso *Ríos y otros c. Venezuela,* Serie C nº 194.
- Sentencia de 28 de enero de 2009, caso *Perozo y otros c. Venezuela,* Serie C nº 195.
- Sentencia de 26 de mayo de 2010, caso *Manuel Cepeda Vargas c. Colombia,* Serie C nº 213.
- Sentencia de 29 de noviembre de 2011, caso *Fontevecchia y D'Amico c. Argentina,* Serie C nº 238.
- Sentencia de 3 de septiembre de 2012, caso *Vélez Restrepo y familiares c. Colombia,* Serie C nº 248.
- Sentencia de 22 de junio de 2015, caso *Granier y otros (Radio Caracas Televisión) c. Venezuela,* Serie C nº 293.
- Sentencia de 31 de agosto de 2017, caso *Lagos del Campo c. Perú,* Serie C nº 340.
- Sentencia de 8 de febrero de 2018, caso *San Miguel Sosa y otras c. Venezuela,* Serie C nº 348.
- Sentencia de 25 de agosto de 2022, caso *Deras García y otros c. Honduras,* Serie C nº 462.
- Opinión consultiva OC-5/85 de 13 de noviembre de 1985, caso *La Colegiación Obligatoria de Periodistas (arts. 13 y 29 de la Convención Americana sobre Derechos Humanos),* Serie A nº 5.
- Opinión consultiva OC-6/86 de 9 de mayo de 1986, caso *La expresión "leyes" en el artículo 30 de la Convención Americana sobre Derechos Humanos,* Serie A nº 6.
- Opinión Consultiva OC-7/86 de 26 de agosto de 1986, caso *Exigibilidad del derecho de rectificación o respuesta (Arts. 14.1, 1.1 y 2º de la Convención Americana sobre Derechos Humanos),* Serie A nº 7.

- Opinión Consultiva OC-27/21 de 5 de mayo de 2021, caso *Derechos a la libertad sindical, negociación colectiva y huelga, y su relación con otros derechos, con perspectiva de género,* Serie A nº 27.

2.1.3. Tribunal de Justicia de la Unión Europea/Comunidades Europeas

- Sentencia de 17 de enero de 1984 en el asunto *VBVB* (C-43/82 y 63/82), Rec. 1984, p. 19.
- Sentencia de 11 de junio de 1985 en el asunto *Cinetheque* (C-60/84 y 61/84), Rec. 1985, p. 2.605.
- Sentencia de 23 de abril de 1986 en el asunto *Parti écologiste "Les Verts" c. Parlamento Europeo* (C-294/83), ECLI:EU:C:1986:166 **(TOL9.936.177)**.
- Sentencia de 15 de mayo de 1986 en el asunto *Marguerite Johnston c. Chief Constable of the Royal Ulster Constabulary* (C-222/84), ECLI:EU:C:1986:206 **(TOL9.936.1759)**.
- Sentencia de 15 de octubre de 1987 en el asunto *Union nationale des entraîneurs et cadres techniques professionnels du football (Unectef) c. Georges Heylens y otros* (C-222/86), ECLI:EU:C:1987:442.
- Sentencia de 18 de junio de 1991 en el asunto *ERT* (C-260/89), Rec. 1991, p. 2.925.
- Sentencia de 4 de octubre de 1991 en el asunto *Grogan* (C-150/90), Rec. 1991, p. 4.685.
- Sentencia de 10 de septiembre de 1996 en el asunto *Comisión c. Bélgica* (C-11/95), Rec. 1996, p. 4115.
- Sentencia de 6 de noviembre de 2003 en el asunto *Lindqvist* (C-101/01), ECLI:EU:C:2003:596 **(TOL317.269)**.
- Sentencia de 29 de enero de 2008 en el asunto *Productores de Música de España (Promusicae) c. Telefónica de España S.A.U.* (C-275/06), ECLI:EU:C:2008:54 **(TOL1.244.533)**.
- Sentencia de 11 de septiembre de 2008 en los asuntos acumulados *Unión General de Trabajadores de La Rioja (UGT-Rioja) y otros c. Juntas Generales del Territorio Histórico de Vizcaya y otros* (asuntos C-428/06 a C-434/06), ECLI:EU:C:2008:488 **(TOL9.920.524)**.
- Sentencia de 16 de diciembre de 2008 en el asunto *Tietosuojavaltuutettu c. Satakunnan Markkinapörssi Oy y Satamedia Oy* (C-73/07), ECLI:EU:C:2008:727 **(TOL9.920.289)**.

- Sentencia de 23 de marzo de 2010 en los asuntos acumulados *Google France SARL y Google Inc. c. Louis Vuitton Malletier SA* (C-236/08), *Google France SARL c. Viaticum SA y Luteciel SARL* (C-237/08) y *Google France SARL c. Centre national de recherche en relations humaines (CNRRH) SARL y otros* (C-238/08), ECLI:EU:C:2010:159 **(TOL9.918.683)**.

- Sentencia de 12 de julio de 2011 en el asunto *L'Oréal SA y otros c. eBay International AG y otros* (C324/09), ECLI:EU:C:2011:474 **(TOL9.918.564)**.

- Sentencia de 24 de noviembre de 2011 en el asunto *Scarlet Extended SA c. Société belge des auteurs, compositeurs et éditeurs SCRL (SABAM)* (C-70/10), ECLI:EU:C:2011:771 **(TOL9.918.133)**.

- Sentencia de 16 de febrero de 2012 en el asunto *Belgische Vereniging van Auteurs, Componisten en Uitgevers CVBA (SABAM) c. Netlog NV* (C-360/10), ECLI:EU:C:2012:85 **(TOL2.517.026)**.

- Sentencia de 7 de marzo de 2013 en el asunto *ITV Broadcasting Ltd y otros c. TVCatchup Ltd* (C-607/11), ECLI:EU:C:2013:147 **(TOL9.916.289)**.

- Sentencia de 27 de marzo de 2014 en el asunto *UPC Telekabel Wien GmbH c. Constantin Film Verleih GmbH y Wega Filmproduktionsgesellschaft mbH* (C-314/12), ECLI:EU:C:2014:192 **(TOL9.914.937)**.

- Sentencia de 13 de mayo de 2014 en el asunto *Google Spain, S.L. y Google Inc. c. Agencia Española de Protección de Datos (AEPD) y Mario Costeja González* (C131/12), ECLI:EU:C:2014:317 **(TOL3.785.116)**.

- Sentencia de 11 de septiembre de 2014 en el asunto *Sotiris Papasavvas c. O Fileleftheros Dimosia Etaireia Ltd y otros* (C-291/13), ECLI:EU:C:2014:2209 **(TOL9.914.378)**.

- Sentencia de 6 de octubre de 2015 en el asunto *Schrems c. Data Protection Commissioner* (C-362/14), ECLI:EU:C:2015:650 **(TOL5.497.716)**.

- Sentencia de 8 de septiembre de 2016 en el asunto *GS Media BV c. Sanoma Media Netherlands BV y otros* (C-160/15), ECLI:EU:C:2016:644 **(TOL5.803.054)**.

- Sentencia de 20 de diciembre de 2017 en el asunto *Asociación Profesional Élite Taxi c. Uber Systems Spain, SL* (C-434/15), ECLI:EU:C:2017:981 **(TOL6.454.556)**.

- Sentencia de 5 de junio de 2018 en el asunto *Unabhängiges Landeszentrum für Datenschutz Schleswig-Holstein c. Wirtschaftsakademie Schleswig-Holstein GmbH* (C-210/16), ECLI:EU:C:2018:388 **(TOL6.626.126)**.

- Sentencia de 7 de agosto de 2018 en el asunto *Coöperatieve Vereniging SNB-REACT U.A. c. Deepak Mehta* (C-521/17), ECLI:EU:C:2018:639 **(TOL6.680.958)**.

- Sentencia de 7 de agosto de 2018 en el asunto *Land Nordrhein-Westfalen c. Dirk Renckhoff* (C-161/17), ECLI:EU:C:2018:634 **(TOL6.687.336)**.
- Sentencia de 29 de julio de 2019 en el asunto *Fashion ID GmbH & Co.KG c. Verbraucherzentrale NRW eV* (C40/17), ECLI:EU:C:2019:629 **(TOL7.432.526)**.
- Sentencia de 24 de septiembre de 2019 en el asunto *GC y otros c. Commission nationale de l'informatique et des libertés (CNIL)* (C-136/17), ECLI:EU:C:2019:773 **(TOL7.515.058)**.
- Sentencia de 24 de septiembre de 2019 en el asunto *Google LLC c. Commission nationale de l'informatique et des libertés (CNIL)* (C-507/17), ECLI:EU:C:2019:772 **(TOL7.515.057)**.
- Sentencia de 3 de octubre de 2019 en el asunto *Eva Glawischnig-Piesczek c. Facebook Ireland Limited* (C-18/18), ECLI:EU:C:2019:821 **(TOL7.515.382)**.
- Sentencia de 19 de diciembre de 2019 en el asunto *Procedimiento penal entablado contra X* (C-390/18), ECLI:EU:C:2019:1112 **(TOL7.648.793)**.
- Sentencia de 16 de julio de 2020 en el asunto *Data Protection Commissioner c. Facebook Ireland Ltd y Schrems* (C-311/18), ECLI:EU:C:2020:559 **(TOL8.012.489)**.
- Sentencia de 15 de septiembre de 2020 en los asuntos *Telenor Magyarország Zrt.* y *Nemzeti Média- és Hírközlési Hatóság Elnöke* (asuntos acumulados C-807/18 y C-39/19), ECLI:EU:C:2020:708 **(TOL8.076.279)**.
- Sentencia del Tribunal General (GS) de 27 de julio de 2022 en el asunto *RT France c. Consejo de la Unión Europea* (T-125/22), ECLI:EU:T:2022:483 **(TOL9.108.095)**.

2.1.4. Comisión Africana de Derechos Humanos y de los Pueblos

- Decisión de la Comisión Africana de Derechos Humanos y de los Pueblos sobre la comunicación *Constitutional Rights Project, Civil Liberties Organisation and Media Rights Agenda c. Nigeria,* de 5 de noviembre de 1999 (doc.140/94-141/94-145/95).

2.1.5. Otros tribunales internacionales

- Decisión del Tribunal Penal Internacional para la ex-Yugoslavia de 11 de diciembre de 2002 en el caso *Fiscal c. Radoslav Brdjanin y Momir Talic* -Decisión sobre apelación interlocutoria- (caso nº IT-99-36-AR73.9).
- Sentencia del Tribunal de Justicia de África Oriental de 15 de mayo de 2015 en el caso *Burundi Journalists Union c. Fiscal General de la República de Burundi* (causa nº 7/2013).

2.2. JURISPRUDENCIA NACIONAL

2.2.1. España

2.2.1.1. Tribunal Constitucional

- STC 105/1983, de 23 de noviembre de 1983 **(TOL79.270).**
- STC 6/1988, de 21 de enero de 1988 **(TOL80.117)**.
- STC 20/1990, de 15 de febrero de 1990 **(TOL80.313)**.
- STC 105/1990, de 6 de junio de 1990 **(TOL80.394)**.
- STC 171/1990, de 12 de noviembre de 1990 **(TOL344.513)**.
- STC 219/1992, de 3 de diciembre de 1992 **(TOL81.999)**.
- STC 15/1993, de 18 de enero de 1993 **(TOL82.038)**.
- STC 178/1993, de 31 de mayo de 1993 **(TOL82.201)**.
- STC 41/1994, de 15 de febrero de 1994 **(TOL82.449)**.
- STC 132/1995, de 11 de septiembre de 1995 **(TOL82.871)**.
- STC 6/1996, de 16 de enero de 1996 **(TOL82.941)**.
- STC 199/1999, de 8 de noviembre de 1999 **(TOL2.105)**.
- STC 46/2002, de 25 de febrero de 2002 **(TOL258.583)**.
- STC 129/2009, de 1 de junio de 2009 **(TOL1.533.295)**.
- STC 86/2017, de 4 de julio de 2017 **(TOL6.207.843)**.
- STC 58/2018, de 4 de junio de 2018 **(TOL6.657.365)**.
- STC 76/2019, de 22 de mayo de 2019 **(TOL7.278.791)**.

- STC 27/2020, de 24 de febrero de 2020 **(TOL7.868.050)**.
- STC 93/2021, de 10 de mayo de 2021 **(TOL8.451.620)**.
- STC 8/2022, de 27 de enero de 2022 **(TOL8.791.707)**.
- STC 89/2022, de 29 de junio de 2022 **(TOL9.136.480)**.
- STC 105/2022, de 13 de septiembre de 2022 **(TOL9.239.719)**.
- STC 36/2023, de 19 de abril de 2023 **(TOL9.542.961)**.
- STC 83/2023, de 4 de julio de 2023 **(TOL9.653.314)**.

2.2.1.2. Tribunal Supremo

- STS 551/2015 (Sala de lo Penal), de 24 de septiembre de 2015 **(TOL5.503.186)**.
- STS 716/2016 (Sala de lo Penal), de 26 de septiembre de 2016 **(TOL5.834.969)**.
- STS 797/2016 (Sala de lo Penal), de 25 de octubre de 2016 **(TOL5.856.615)**.
- STS 1263/2018 (Sala de lo Contencioso-Administrativo), de 17 de julio de 2018 **(TOL6.672.463)**.
- STS 201/2019 (Sala de lo Civil), de 3 de abril de 2019 **(TOL7.153.397)**.
- STS 1231/2022 (Sala de lo Contencioso-Administrativo), de 3 de octubre de 2022 **(TOL9.246.637)**.
- STS 786/2023 (Sala de lo Contencioso-Administrativo), de 13 de junio de 2023 **(TOL9.635.434**.
- STS 1597/2023 (Sala de lo Contencioso-Administrativo), de 29 de noviembre de 2023 **(TOL9.813.804)**.

2.2.2. Estados Unidos

2.2.2.1. Tribunal Supremo

- Sentencia de 14 de diciembre de 1959 en el caso *Smith v. California*, 361 U.S. 147.
- Sentencia de 9 de marzo de 1964 en el caso *New York Times Co. v. Sullivan*, 376 U.S. 254 **(TOL216.236)**.

- Sentencia de 30 de junio de 1971 en el caso *New York Times Co v. Estados Unidos*, 403 U.S. 713 **(TOL507.487)**.
- Sentencia de 25 de junio de 1974 en el caso *Gertz v. Robert Welch, Inc.*, 418 U.S. 323 **(TOL216.237)**.
- Sentencia de 21 de junio de 1990 en el caso *Milkovich v. Lorain Journal Co.*, 497 U.S. 1.
- Sentencia de 19 de abril de 1995 en el caso *McIntyre v. Ohio Elections Commission,* 514 US 334.
- Sentencia de 26 de junio de 1997 en el caso *Reno v. American Civil Liberties Union,* 521 U.S. 844.
- Sentencia de 12 de enero de 1999 en el caso *Buckley v. American Constitutional Law Foundation, Inc.*, 525 US 182.
- Sentencia de 29 de junio de 2004 en el caso *Ashcroft v. American Civil Liberties Union,* 542 U.S. 656.
- Sentencia de 2 de marzo de 2011 en el caso *Snyder v. Phelps et al.*, 131 S Ct. 1207.
- Sentencia de 19 de junio de 2017 en el caso *Packingham v. North Carolina,* 582 U.S. 98.
- Sentencia de 4 de abril de 2021 en el caso *Biden v. Knight First Amendment Institute at Columbia University,* 141 S.Ct. 1220.
- Sentencia de 18 de mayo de 2023 en el caso *Gonzalez v. Google LLC,* 598 U.S. 617.
- Sentencia de 18 de mayo de 2023 en el caso *Twitter, Inc. v. Taamneh,* 598 US 471.
- Sentencia de 15 de marzo de 2024 en el caso *Lindke v. Freed,* 601 U.S. 87.
- Sentencia de 15 de marzo de 2024 en el caso *O'Connor-Ratcliff v. Garnier,* 601 U.S. 205.
- Sentencia de 1 de julio de 2024 en los casos *Moody v. Netchoice, LLC,* y *NetChoice, LLC v. Paxton,* 603 US ___ (2024).

2.2.2.2. *Otros tribunales de Estados Unidos*

- Decisión del Tribunal de Apelaciones -3º Circuito- de 23 de mayo de 1980 en el caso *United States v. Cuthbertson,* 630 F.2d 139.
- Decisión del Tribunal de Apelaciones -1º Circuito- de 9 de marzo de 1988 en el caso *United States v. LaRouche Campaign,* 841 F.2d 1176.

- Decisión del Tribunal de Distrito (S.D.N.Y.) de 29 de octubre de 1991 en el caso *Cubby, Inc. v. CompuServe Inc.*, 776 F. Supp. 135.
- Decisión del Tribunal Supremo de Nueva York de 24 de mayo de 1995 en el caso *Stratton Oakmont, Inc. v. Prodigy Services Co.*, 23 Media L. Rep. 1794.
- Sentencia del Tribunal de Distrito (E.D. Michigan) de 21 de junio de 1995 en el caso *United States v. Baker*, 890 F. Supp. 1375.
- Decisión del Tribunal de Distrito (E.D. Pennsylvania) de 11 de junio de 1996 en el caso *American Civil Liberties Union v. Reno*, 929 F. Supp. 824.
- Decisión del Tribunal de Distrito (S.D. Nueva York) de 20 de junio de 1997 en el caso *American Libraries Association v. Pataki*, 969 F. Supp. 160.
- Decisión del Tribunal de Distrito (N.D. Georgia) de 23 de junio de 1997 en el caso *American Civil Liberties Union of Georgia v. Miller*, 977 F.Supp. 1228.
- Decisión del Tribunal de Apelaciones -4º Circuito- de 12 de noviembre de 1997 en el caso *Zeran v. America Online, Inc.*, 129 F.3d 327.
- Decisión del Tribunal de Apelaciones -Columbia- de 22 de abril de 1998 en el caso *Blumenthal v. Drudge*, 992 F.Supp. 44.
- Decisión del Tribunal de Distrito (N.D. California) de 8 de marzo de 1999 en el caso *Columbia Ins. Co. v. Seescandy.com*, 185 F.R.D. 573.
- Decisión del Tribunal de Apelaciones -Virginia- de 31 de enero de 2000 en el caso *In re Subpoena Duces Tecum to America Online, Inc.*, 2000 WL 1210372.
- Decisión del Tribunal Supremo de Florida de 8 de marzo de 2001 en el caso *Doe v. America Online, Inc.*, 783 So. 2d 1010.
- Decisión del Tribunal de Distrito (W.D. Wash.) de 26 de abril de 2001 en el caso *Doe v. 2TheMart.com Inc.*, 140 F. Supp. 2d 1088.
- Decisión del Tribunal de Apelaciones del Estado de California -4º Distrito- de 26 de junio de 2002 en el caso *Gentry v. eBay, Inc.*, 99 Cal.App.4th 816.
- Decisión del Tribunal de Apelaciones -3º Circuito- de 16 de enero de 2003 en el caso *Green v. America Online*, 318 F3.d 465.
- Decisión del Tribunal de Apelaciones -9º Circuito- de 24 de junio de 2003 en el caso *Batzel v. Smith*, 333 F3.d 1018.
- Decisión del Tribunal de Apelaciones -9º Circuito- de 13 de agosto de 2003 en el caso *Carafano v. Metrosplash.com, Inc.*, 339 F3.d 1119.

- Decisión del Tribunal de Apelaciones del Estado de California -6º Distrito- de 14 de diciembre de 2006 en el caso *Delfino et al. v. Agilent Technologies, Inc.*, 2006 WL 3635399.
- Decisión del Tribunal de Apelaciones -9º Circuito- de 3 de abril de 2008 en el caso *Fair Housing Council of San Fernando Valley v. Roommates.com, LLC*, 521 F.3d 1157.
- Decisión del Tribunal de Apelaciones -5º Circuito- de 16 de mayo de 2008 en el caso *Doe v. MySpace, Inc.*, 528 F3.d 413.
- Decisión del Tribunal de Distrito (N.D. Ill.) de 20 de octubre de 2009 en el caso *Dart v. Craigslist, Inc.*, 665 F. Supp. 2d 961.
- Sentencia del Tribunal de Apelaciones -3º Circuito- de 28 de enero de 2010 en el caso *Boring v. Google Inc.*, 362 Fed. App'x 273.
- Decisión del Tribunal de Apelaciones -6º Circuito- de 16 de junio de 2014 en el caso *Jones v. Dirty World Entertainment Recordings LLC*, 755 F3.d 398.
- Decisión del Tribunal de Apelaciones -2º Circuito- de 27 de marzo de 2019 en el caso *Herrick v. Grindr LLC*, 765 Fed. App'x 586.
- Sentencia del Tribunal de Apelaciones -2º Circuito- de 9 de julio de 2019 en el caso *Knight First Amendment Institute at Columbia University v. Trump*, 928 F.3d 226.
- Decisión del Tribunal de Apelaciones -2º Circuito- de 31 de julio de 2019 en el caso *Force v. Facebook, Inc.*, 934 F.3d 53.

2.2.3. Estonia

- Sentencia del Tribunal del Condado de Harju de 27 de junio de 2008.
- Sentencia del Tribunal de Apelación de Tallin de 16 de diciembre de 2008.
- Sentencia del Tribunal Supremo de 10 de junio de 2009 (caso nº 3-2-1-43-09).
- Sentencia del Tribunal de Apelación de Tallin de 21 de febrero de 2012 (caso nº 2-08-76058).
- Sentencia del Tribunal de Apelación de Tallin de 27 de junio de 2013 (caso n.º 2-10-46710).

2.2.4. Francia

- Sentencia del Consejo Constitucional n° 2009-580 DC de 10 de junio de 2009 (*Journal officiel*, 13 de junio de 2009, p. 9675, texto n° 3, ECLI: FR:CC:2009:2009.580.DC).
- Sentencia del Consejo Constitucional n° 2011-164 QPC de 16 de septiembre de 2011 (*Journal officiel*, 17 de septiembre de 2011, p. 15601, texto n° 75, ECLI:FR:CC:2011:2011.164.QPC).

3. DOCUMENTACIÓN

3.1. DOCUMENTACIÓN INTERNACIONAL

3.1.1. Organización de las Naciones Unidas (ONU)

3.1.1.1. Asamblea General

Declaración sobre la utilización del progreso científico y tecnológico en interés de la paz y en beneficio de la humanidad -Resolución 3384 (XXX) de la Asamblea General de las Naciones Unidas, de 10 de noviembre de 1975-.

3.1.1.2. Comisión de Derechos Humanos / Consejo de Derechos Humanos

- Resolución 1993/45 de la Comisión de Derechos Humanos, de 5 de marzo de 1993.
- Resolución 2000/38 de la Comisión de Derechos Humanos, de 20 de abril de 2000.
- "Principios Rectores sobre las empresas y los derechos humanos: puesta en práctica del marco de las Naciones Unidas para "proteger, respetar y remediar"" -Informe del Representante Especial del Secretario General para la cuestión de los derechos humanos y las empresas transnacionales y otras empresas (doc. A/HRC/17/31, Anexo, de 21 de marzo de 2011, en https://documents.un.org/doc/undoc/gen/

g11/121/93/pdf/g1112193.pdf?token=HGOtAhvHYsswNHMBIN&fe=true), que hace suyos el Consejo de Derechos Humanos de Naciones Unidas en su Resolución 17/4, de 16 de junio de 2011-.

3.1.1.3. Comité de Derechos Humanos

- Dictamen del CDH de la Comunicación nº 219/1986 en el caso *Guesdon c. Francia,* de 25 de julio de 1990 (doc. CCPR/C/39/D/219/1986).
- Dictamen del CDH de la Comunicación nº 253/1987 en el caso *Kelly c. Jamaica,* de 8 de abril de 1991 (doc. CCPR/C/41/D/253/1987).
- Dictamen del CDH de las Comunicaciones nºs 359/1989 y 385/1989 en el caso *Ballantyne, Davidson y Mcintyre c. Canadá,* de 31 de marzo de 1993 (docs. CCPR/C/47/D/359/1989 y 385/1989).
- Dictamen del CDH de la Comunicación nº 412/1990 en el caso *Kivenmaa c. Finlandia,* de 31 de marzo de 1994 (doc. CCPR/C/50/D/412/1990).
- Dictamen del CDH de la Comunicación nºs 422 a 424/1990 en el caso *Aduayom y otros c. el Togo,* de 12 de julio de 1996 (docs. CCPR/C/57/D/422, 423 y 424/1990).
- Dictamen del CDH de la Comunicación nº 550/1993 en el caso *Faurisson c. Francia,* de 8 de noviembre de 1996 (doc. CCPR/C/58/D/550/1993).
- Dictamen del CDH de la Comunicación nº 736/1997 en el caso *Ross c. Canadá,* de 18 de octubre de 2000 (doc. CCPR/C/70/D/736/1997).
- Dictamen del CDH de la Comunicación nº 726/1996 en el caso *Zheludkova c. Ucrania,* de 29 de octubre de 2002 (doc. CCPR/C/76/D/726/1996).
- Dictamen del CDH de la Comunicación nº 878/1999 en el caso *Kang c. República de Corea,* de 15 de julio de 2003 (doc. CCPR/C/78/D/878/1999).
- Dictamen del CDH de la Comunicación nº 1128/2002 en el caso *Márques de Morais c. Angola,* de 29 de marzo de 2005 (doc. CCPR/C/83/D/1128/2002).
- Dictamen del CDH de la Comunicación nº 1180/2003 en el caso *Bodrozic c. Serbia y Montenegro,* de 31 de octubre de 2005 (doc. CCPR/C/85/D/1180/2003).
- Dictamen del CDH de la Comunicación nº 1457/2006 en el caso *Poma c. Perú,* de 27 de marzo de 2009 (doc. CCPR/C/95/D/1457/2006).

- Dictamen del CDH de la Comunicación nº 2307/2013 en el caso *Agazade c. Azerbaiyán*, de 24 de julio de 2019 (doc. CCPR/C/126/D/2307/2013).
- Observación General nº 16, "Artículo 17. Derecho a la intimidad", de 8 de abril de 1988 (doc. HRI/GEN/1/Rev.7, p. 162).
- Observación General nº 27, "Libertad de circulación (artículo 12)", de 2 de noviembre de 1999 (doc. CCPR/C/21/Rev.1/Add.9).
- Observación General nº 32, "Artículo 14. El derecho a un juicio imparcial y a la igualdad ante los tribunales y cortes de justicia", de 23 de agosto de 2007 (doc. CCPR/C/GC/32).
- Observación General nº 34, "Artículo 19. Libertad de opinión y libertad de expresión", de 12 de septiembre de 2011 (doc. CCPR/C/GC/34).

3.1.1.4. Otros documentos de la ONU

- Informe del Relator Especial de las Naciones Unidas sobre la libertad de opinión y de expresión, de 29 de enero de 1999 (doc. E/CN.4/1999/64).
- Declaración Conjunta del Relator Especial de las Naciones Unidas sobre la libertad de opinión y de expresión, el Representante de la OSCE para la Libertad de los Medios de Comunicación y el Relator Especial de la CIDH para la Libertad de Expresión, de 26 de noviembre de 1999, en http://www.cidh.oas.org/relatoria/showarticle.asp?artID=141&lID=2
- Informe del Relator Especial de las Naciones Unidas sobre la promoción y protección del derecho a la libertad de opinión y de expresión, de 18 de enero de 2000 (doc. E/CN.4/2000/63).
- Declaración Conjunta del Relator Especial de las Naciones Unidas sobre la libertad de opinión y de expresión, el Representante de la OSCE para la Libertad de los Medios de Comunicación y el Relator Especial de la CIDH para la Libertad de Expresión, de 6 de diciembre de 2004, en http://www.cidh.oas.org/relatoria/showarticle.asp?artID=319&lID=2
- Declaración Conjunta del Relator Especial de las Naciones Unidas sobre la libertad de opinión y de expresión, el Representante de la OSCE para la Libertad de los Medios de Comunicación y el Relator Especial de la CIDH para la Libertad de Expresión, de 19 de diciembre de 2006, en http://www.cidh.oas.org/relatoria/showarticle.asp?artID=687&lID=2.

- Informe del Relator Especial de las Naciones Unidas sobre la promoción y protección del derecho a la libertad de opinión y de expresión, de 2 de enero de 2007 (doc. A/HRC/4/27).
- Informe del Relator Especial de las Naciones Unidas sobre la promoción y protección de la libertad de opinión y de expresión, de 28 de febrero de 2008 (doc. A/HRC/7/14).
- Informe del Relator Especial de las Naciones Unidas sobre la promoción y protección del derecho a la libertad de opinión y de expresión, de 16 de mayo de 2011 (doc. A/HRC/17/27).
- Declaración Conjunta sobre Libertad de Expresión e Internet del Relator Especial de las Naciones Unidas (ONU) para la Libertad de Opinión y de Expresión, la Representante para la Libertad de los Medios de Comunicación de la Organización para la Seguridad y la Cooperación en Europa (OSCE), la Relatora Especial de la Organización de Estados Americanos (OEA) para la Libertad de Expresión y la Relatora Especial sobre Libertad de Expresión y Acceso a la Información de la Comisión Africana de Derechos Humanos y de los Pueblos (CADHP), de 1 de junio de 2011.
- Plan de Acción de las Naciones Unidas sobre la seguridad de los periodistas y la cuestión de la impunidad, de 12 de abril de 2012 (en https://www.ohchr.org/Documents/Issues/Journalists/UN_plan_on_Safety_Journalists_SP.pdf).
- Informe del Relator Especial de las Naciones Unidas sobre la promoción y protección de la libertad de opinión y de expresión, de 7 de septiembre de 2012 (doc. A/67/357).
- Plan de Acción de Rabat sobre la prohibición de la apología del odio nacional, racial o religioso que constituye incitación a la discriminación, la hostilidad o la violencia, de octubre de 2012 (doc. A/HRC/22/17/Add.4, Apéndice, de 11 de enero de 2013).
- Recomendación General nº 35 del Comité para la Eliminación de la Discriminación Racial de las Naciones Unidas, relativa a "La lucha contra el discurso de odio racista", de 26 de septiembre de 2013 (doc. CERD/C/GC/35).
- Informe del Relator Especial de las Naciones Unidas sobre la promoción y protección del derecho a la libertad de opinión y de expresión, de 8 de septiembre de 2015 (doc. A/70/361).
- Declaración Conjunta sobre la libertad de expresión y el combate al extremismo violento del Relator Especial de las Naciones Unidas (ONU) para la Libertad de Opinión y de Expresión, la Representante

para la Libertad de los Medios de Comunicación de la Organización para la Seguridad y la Cooperación en Europa (OSCE), el Relator Especial de la Organización de Estados Americanos (OEA) para la Libertad de Expresión y la Relatora Especial sobre Libertad de Expresión y Acceso a la Información de la Comisión Africana de Derechos Humanos y de los Pueblos (CADHP), de 4 de mayo de 2016.

- Declaración Conjunta sobre Libertad de Expresión y «Noticias Falsas», Desinformación y Propaganda, del Relator Especial de las Naciones Unidas sobre la promoción y protección del derecho a la libertad de opinión y de expresión, el Representante de la OSCE para la libertad de los medios de comunicación, el Relator Especial de la Organización de los Estados Americanos (OEA) para la libertad de expresión, y el Relator Especial de la Comisión Africana de Derechos Humanos y de los Pueblos (CADHP) para la libertad de expresión y el acceso a la información, de 3 de marzo de 2017.
- Informe del Relator Especial de las Naciones Unidas sobre la promoción y protección del derecho a la libertad de opinión y de expresión, de 6 de abril de 2018 (doc. A/HRC/38/35).
- Declaración Conjunta sobre la Independencia y la Diversidad de los Medios de Comunicación en la Era Digital, del Relator Especial de las Naciones Unidas sobre la promoción y protección del derecho a la libertad de opinión y de expresión, el Representante de la OSCE para la libertad de los medios de comunicación, el Relator Especial de la Organización de los Estados Americanos (OEA) para la libertad de expresión, y el Relator Especial de la Comisión Africana de Derechos Humanos y de los Pueblos (CADHP) para la libertad de expresión y el acceso a la información, de 2 de mayo de 2018.
- Estrategia y Plan de Acción de las Naciones Unidas para la lucha contra el discurso de odio, de 18 de junio de 2019, en https://www.un.org/en/genocideprevention/documents/Action_plan_on_hate_speech_ES.pdf
- Informe del Secretario General de Naciones Unidas "Hoja de ruta para la cooperación digital: aplicación de las recomendaciones del Panel de Alto Nivel sobre la Cooperación Digital" (doc. A/74/821, de 29 de mayo de 2020).
- Declaración Conjunta de 2021 sobre Líderes Políticos, personas que ejercen la Función Pública, y Libertad de Expresión de la Relatora Especial de las Naciones Unidas (ONU) sobre la Protección y Pro-

moción de la Libertad de Opinión y Expresión, la Representante de la Organización para la Seguridad y la Cooperación en Europa (OSCE) para la Libertad de los Medios de Comunicación, el Relator Especial para la Libertad de Expresión de la Organización de Estados Americanos (OEA) y la Relatora Especial de la Comisión Africana de Derechos Humanos y de los Pueblos (CADHP) para la Libertad de Expresión y Acceso a la Información, de 20 de octubre de 2021.

- Declaración Conjunta sobre la Libertad de los Medios de Comunicación y Democracia de la Relatora Especial de las Naciones Unidas (ONU) para la Promoción y Protección del Derecho a la Libertad de Opinión y Expresión, la Representante de la Organización para la Seguridad y la Cooperación en Europa (OSCE) para la Libertad de los Medios de Comunicación, el Relator Especial para la Libertad de Expresión de la Organización de Estados Americanos (OEA) y la Relatora Especial de la Comisión Africana de Derechos Humanos y de los Pueblos (CADHP) para la Libertad de Expresión y el Acceso a la Información en África, de 2 de mayo de 2023.
- Informe provisional del Órgano Asesor de Alto Nivel sobre Inteligencia Artificial, *Governing AI for Humanity*, diciembre de 2023, en https://www.un.org/sites/un2.un.org/files/ai_advisory_body_interim_report.pdf
- Informe final del Órgano Asesor de Alto Nivel sobre Inteligencia Artificial, *Gobernanza de la Inteligencia Artificial en beneficio de la Humanidad*, Naciones Unidas, septiembre de 2024, en governing_ai_for_humanity_final_report_es.pdf (un.org)

3.1.1.5. Documentos de organismos especializados de Naciones Unidas

UNICEF, *Ethical Guidelines for Journalists*, 2016, en https://www.unicef.org/afghanistan/media/2136/file/afg-publication_UN%20Ethical%20Guidelines%20for%20Journalists%20-%20English.pdf%20.pdf

UNESCO, Programa multi-donantes sobre libertad de expresión y seguridad de los periodistas, desde 2017, en https://www.unesco.org/en/multi-donor-programme-freedom-expression-and-safety-journalists?hub=67098

3.1.2. Consejo de Europa

3.1.2.1. Convenios del Consejo de Europa

- Convenio para la protección de las personas con respecto al tratamiento automatizado de datos de carácter personal (nº 108, "Convenio 108"), de 28 de enero de 1981, actualizado por su Protocolo de Enmienda, de 10 de octubre de 2018 (nº 223).
- Convención Europea sobre Televisión Transfronteriza (nº 132), de 5 de mayo de 1989, con Protocolo de Enmienda, de 1 de octubre de 1998 (nº 171).
- Convenio sobre la Ciberdelincuencia (nº 185, "Convenio de Budapest"), de 23 de noviembre de 2001.
- Protocolo adicional al Convenio sobre la Ciberdelincuencia relativo a la penalización de actos de índole racista y xenófoba cometidos por medio de sistemas informáticos (nº 189), de 28 de enero de 2003.
- Convenio para la protección de los niños contra la explotación y el abuso sexual (nº 201, "Convenio de Lanzarote"), de 25 de octubre de 2007.
- Convención sobre acceso a documentos oficiales (nº 205), de 18 de junio de 2009.
- Convenio sobre prevención y lucha contra la violencia contra las mujeres y la violencia doméstica (nº 210, "Convenio de Estambul"), de 11 de mayo de 2011.

3.1.2.2. Otros documentos del Consejo de Europa

- Declaración sobre los medios de comunicación de masas y los derechos humanos -Resolución 428 de la Asamblea Parlamentaria del Consejo de Europa, de 23 de enero de 1970-.
- Recomendación Nº R (97) 20 del Comité de Ministros del Consejo de Europa sobre "discurso de odio", de 30 de octubre de 1997.
- Recomendación Nº R (2000) 7 del Comité de Ministros del Consejo de Europa sobre el derecho de los periodistas a no revelar sus fuentes de información, de 8 de marzo de 2000.
- Declaración del Comité de Ministros del Consejo de Europa sobre la libertad de comunicación en Internet, de 28 de mayo de 2003.

- Resolución 1551 (2007) de la Asamblea Parlamentaria del Consejo de Europa "Equidad de los procedimientos judiciales en casos de espionaje o divulgación de secretos de Estado", de 19 de abril de 2007.
- Resolución 1577 (2007) de la Asamblea Parlamentaria del Consejo de Europa, de 4 de octubre de 2007.
- Recomendación CM/Rec(2007)16 del Comité de Ministros del Consejo de Europa sobre medidas para promover el valor de servicio público de Internet, de 7 de noviembre de 2007.
- Directrices para la cooperación entre las autoridades responsables de velar por el cumplimiento de la ley y los proveedores de servicios de Internet en la lucha contra la ciberdelincuencia, 1-2 de abril de 2008, en https://rm.coe.int/CoERMPublicCommonSearchServices/DisplayDCTMContent?documentId=09000016802fe14c, actualizadas en 2020, en https://rm.coe.int/2088-33-law-enforcement-isp-guidelines-2020/1680a091a7 (en Apéndice C, pp. 36-45).
- Declaración del Comité de Ministros del Consejo de Europa sobre neutralidad de la red, de 29 de septiembre de 2010.
- Recomendación CM/Rec(2010)13 del Comité de Ministros del Consejo de Europa sobre la protección de las personas físicas con respecto al tratamiento automático de datos personales en el contexto de la elaboración de perfiles, de 23 de noviembre de 2010.
- Declaración del Comité de Ministros del Consejo de Europa sobre principios de gobernanza en Internet, de 21 de septiembre de 2011.
- Recomendación CM/Rec(2011)7 del Comité de Ministros del Consejo de Europa sobre una nueva noción de medios de comunicación, de 21 de septiembre de 2011.
- Declaración del Comité de Ministros del Consejo de Europa sobre la protección de la libertad de expresión y de la libertad de reunión y asociación con respecto a las plataformas de operadores privados de Internet y los proveedores de servicios en línea, de 7 de diciembre de 2011.
- Declaración del Comité de Ministros del Consejo de Europa sobre gobernanza de los medios de servicio público, de 15 de febrero de 2012.
- Recomendación CM/Rec(2012)3 del Comité de Ministros del Consejo de Europa sobre la protección de los derechos humanos con respecto a los motores de búsqueda, de 4 de abril de 2012.
- Recomendación CM/Rec(2012)4 del Comité de Ministros del Consejo de Europa sobre la protección de los derechos humanos con respecto a los servicios de redes sociales, de 4 de abril de 2012.

- Recomendación CM/Rec(2013)1 del Comité de Ministros del Consejo de Europa sobre igualdad de género y medios de comunicación, de 10 de julio de 2013.
- Recomendación CM/Rec(2014)6 del Comité de Ministros del Consejo de Europa sobre una Guía de derechos humanos para usuarios de Internet, de 16 de abril de 2014.
- Recomendación CM/Rec(2015)6 del Comité de Ministros del Consejo de Europa sobre el flujo libre y transfronterizo de información en Internet, de 1 de abril de 2015.
- Recomendación General nº 15 relativa a la lucha contra el discurso de odio de la Comisión Europea contra el Racismo y la Intolerancia (ECRI) del Consejo de Europa, de 8 de diciembre de 2015 -doc. CRI(2016)15 .
- Recomendación CM/Rec(2016)1 del Comité de Ministros del Consejo de Europa sobre la protección y promoción del derecho a la libertad de expresión y el derecho a la vida privada con respecto a la neutralidad de la red, de 13 de enero de 2016.
- Recomendación CM/Rec(2016)3 del Comité de Ministros del Consejo de Europa sobre derechos humanos y empresas, de 2 de marzo de 2016.
- Recomendación CM/Rec(2016)5 del Comité de Ministros del Consejo de Europa sobre la libertad en Internet, de 13 de abril de 2016.
- Directrices sobre la protección de las personas físicas en lo que respecta al tratamiento de datos personales en un mundo de macrodatos, del Comité Consultivo del Convenio para la protección de las personas con respecto al tratamiento automatizado de datos de carácter personal, de 23 de enero de 2017 -doc. T-PD(2017)01-, en https://rm.coe.int/16806ebe7a
- Recomendación CM/Rec(2018)2 del Comité de Ministros del Consejo de Europa sobre las funciones y responsabilidades de los intermediarios de Internet, de 7 de marzo de 2018.
- EUROPEAN COMMISSION FOR THE EFFICIENCY OF JUSTICE (CEPEJ), *European ethical Charter on the use of Artificial Intelligence in judicial systems and their environment*, Consejo de Europa, Estrasburgo, 2019, en https://rm.coe.int/ethical-charter-en-for-publication-4-december-2018/16808f699c
- Declaración del Comité de Ministros del Consejo de Europa sobre las capacidades de manipulación de los procesos algorítmicos, de 13 de febrero de 2019.

- Recomendación CM/Rec (2020)1 sobre los impactos de los sistemas algorítmicos en los derechos humanos, de 8 de abril de 2020.
- *Guidance Note on best practices towards effective legal and procedural frameworks for self-regulatory and co-regulatory mechanisms of content moderation,* adoptada por el Comité Directivo de Medios y Sociedad de la Información el 21 de mayo de 2021, en https://rm.coe.int/content-moderation-en/1680a2cc18
- Recomendación CM/Rec(2022)13 del Comité de Ministros del Consejo de Europa sobre los impactos de las tecnologías digitales en la libertad de expresión, de 6 de abril de 2022.
- Recomendación CM/Rec(2022)16 del Comité de Ministros del Consejo de Europa sobre la lucha contra el discurso de odio, de 20 de mayo de 2022.
- *Guía sobre el artículo 10 del Convenio Europeo de Derechos Humanos–Libertad de expresión,* Consejo de Europa/Tribunal Europeo de Derechos Humanos, Estrasburgo, 2022.
- Plataforma del Consejo de Europa para promover la protección del periodismo y la seguridad de los periodistas (en https://www.coe.int/en/web/media-freedom).

3.1.3. Unión Europea (UE)

3.1.3.1. Derecho originario

- Carta de los Derechos Fundamentales de la Unión Europea -texto revisado-, -DO C nº 83, de 30 de marzo de 2010, pp. 389-403-.
- Protocolo nº 29 de la UE sobre el sistema de radiodifusión pública de los Estados miembros, anexo al TUE, de 2007 -DO C nº 326, de 26 de octubre de 2012, p. 312-.

3.1.3.2. Derecho institucional

3.1.3.2.1. Actos vinculantes típicos

- Directiva 95/46/CE del Parlamento Europeo y del Consejo, de 24 de octubre de 1995, relativa a la protección de las personas físicas en lo que respecta al tratamiento de datos personales y a la libre circulación de estos datos -DO L nº 281, de 23 de noviembre de 1995, pp. 31–50- **(TOL173.289)**.
- Directiva 98/34/CE del Parlamento Europeo y del Consejo, de 22 de junio de 1998, por la que se establece un procedimiento de información en materia de las normas y reglamentaciones técnicas y de las reglas relativas a los servicios de la sociedad de la información -DO L nº 104, de 21 de julio de 1998, pp. 37-48- (**TOL173.307**).
- Directiva 98/48/CE del Parlamento Europeo y del Consejo, de 20 de julio de 1998, que modifica la Directiva 98/34/CE por la que se establece un procedimiento de información en materia de las normas y reglamentaciones técnicas -DO L nº 217 de 5 de agosto de 1998, pp. 18-26- **(TOL173.308)**.
- Directiva 98/84/CE del Parlamento Europeo y del Consejo, de 20 de noviembre de 1998, relativa a la protección jurídica de los servicios de acceso condicional o basados en dicho acceso -DO L nº 320, de 28 de noviembre de 1998, pp. 54-57-.
- Directiva 2000/31/CE del Parlamento Europeo y del Consejo, de 8 de junio de 2000, relativa a determinados aspectos jurídicos de los servicios de la sociedad de la información, en particular el comercio electrónico en el mercado interior (Directiva sobre el comercio electrónico) -DO L nº 178, de 17 de julio de 2000, pp. 1-16- **(TOL153.209)**.
- Decisión 2000/520/CE de la Comisión, de 26 de julio de 2000, con arreglo a la Directiva 95/46/CE del Parlamento Europeo y del Consejo, sobre la adecuación de la protección conferida por los principios de puerto seguro para la protección de la vida privada y las correspondientes preguntas más frecuentes, publicadas por el Departamento de Comercio de Estados Unidos de América [notificada con el número C(2000) 2441] -DO L nº 215, de 25 de agosto de 2000, pp. 7–47-.
- Directiva 2001/29/CE del Parlamento Europeo y del Consejo, de 22 de mayo de 2001, relativa a la armonización de determinados aspectos

de los derechos de autor y derechos afines a los derechos de autor en la sociedad de la información -DO L nº 167, de 22 de junio de 2001, pp. 10-19- **(TOL51.982)**.

- Reglamento (CE) n° 1049/2001 del Parlamento Europeo y del Consejo, de 30 de mayo de 2001, relativo al acceso del público a los documentos del Parlamento Europeo, del Consejo y de la Comisión -DO L nº 145, de 31 de mayo de de 2001, pp.43-48-.
- Directiva 2002/21/CE del Parlamento Europeo y del Consejo, de 7 de marzo de 2002, relativa a un marco regulador común de las redes y los servicios de comunicaciones electrónicas (Directiva marco) -DO L nº 108, de 24 de abril de 2002, pp. 33-50- **(TOL301.593)**.
- Directiva 2002/22/CE del Parlamento Europeo y del Consejo, de 7 de marzo de 2002, relativa al servicio universal y los derechos de los usuarios en relación con las redes y los servicios de comunicaciones electrónicas (Directiva servicio universal) -DO L nº 108, de 24 de abril de 2002, pp.51-77- **(TOL5.569.991)**.
- Directiva 2002/58/CE del Parlamento Europeo y del Consejo, de 12 de julio de 2002, relativa al tratamiento de los datos personales y a la protección de la intimidad en el sector de las comunicaciones electrónicas (Directiva sobre la privacidad y las comunicaciones electrónicas) -DO L nº 201 de 31 de julio de 2002, pp. 37–47- **(TOL169.038)**.
- Decisión marco 2008/913/JAI del Consejo, de 28 de noviembre de 2008, relativa a la lucha contra determinadas formas y manifestaciones de racismo y xenofobia mediante el Derecho penal -DO L nº 328 de 6 de diciembre de 2008, pp. 55-58- **(TOL1.426.877)**.
- Reglamento (CE) 1211/2009 del Parlamento Europeo y del Consejo, de 25 de noviembre de 2009, por el que se establece el Organismo de Reguladores Europeos de las Comunicaciones Electrónicas (ORECE) y la Oficina -DO L nº 337, de 18 de diciembre de 2009, pp. 1-10- **(TOL1.930.287)**.
- Directiva 2010/13/UE del Parlamento Europeo y del Consejo, de 10 de marzo de 2010, sobre la coordinación de determinadas disposiciones legales, reglamentarias y administrativas de los Estados miembros relativas a la prestación de servicios de comunicación audiovisual (Directiva de servicios de comunicación audiovisual) -DO L nº 95 de 15 de abril de 2010, pp. 1-24- **(TOL1.937.606)**.
- Directiva 2011/93/UE del Parlamento Europeo y del Consejo, de 13 de diciembre de 2011, relativa a la lucha contra los abusos sexuales y la

explotación sexual de los menores y la pornografía infantil y por la que se sustituye la Decisión marco 2004/68/JAI del Consejo -DO L nº 335, de 17 de diciembre de 2011, pp. 1-15- **(TOL2.294.918)**.

- Directiva (UE) 2015/1535 del Parlamento Europeo y del Consejo, de 9 de septiembre de 2015, por la que se establece un procedimiento de información en materia de reglamentaciones técnicas y de reglas relativas a los servicios de la sociedad de la información -DO L nº 241, de 17 de septiembre de 2015, pp. 1-15- **(TOL5.506.061)**.
- Reglamento (UE) 2015/2120 del Parlamento Europeo y del Consejo, de 25 de noviembre de 2015, por el que se establecen medidas en relación con el acceso a una internet abierta -DO L nº 310, de 26 de noviembre de 2015, pp. 1-18- **(TOL5.567.625)**.
- Reglamento (UE) 2016/679 del Parlamento Europeo y del Consejo, de 27 de abril de 2016, relativo a la protección de las personas físicas en lo que respecta al tratamiento de datos personales y a la libre circulación de estos datos y por el que se deroga la Directiva 95/46/CE (Reglamento general de protección de datos) -DO L nº 119, de 4 de mayo de 2016, pp. 1-88- **(TOL5.703.078)**.
- Directiva (UE) 2016/680 del Parlamento Europeo y del Consejo, de 27 de abril de 2016, relativa a la protección de las personas físicas en lo que respecta al tratamiento de datos personales por parte de las autoridades competentes para fines de prevención, investigación, detección o enjuiciamiento de infracciones penales o de ejecución de sanciones penales, y a la libre circulación de dichos datos y por la que se deroga la Decisión Marco 2008/977/JAI del Consejo -DO L nº 119, de 4 mayo de 2016, pp. 89-131- **(TOL5.703.211)**.
- Decisión de Ejecución (UE) 2016/1250 de la Comisión, de 12 de julio de 2016, con arreglo a la Directiva 95/46/CE del Parlamento Europeo y del Consejo, sobre la adecuación de la protección conferida por el Escudo de la privacidad UE-EE.UU. [notificada con el número C(2016) 4176] -DO L nº 207, de 1 de agosto de 2016, pp. 1-112-.
- Directiva (UE) 2017/541 del Parlamento Europeo y del Consejo, de 15 de marzo de 2017, relativa a la lucha contra el terrorismo y por la que se sustituye la Decisión marco 2002/475/JAI del Consejo y se modifica la Decisión 2005/671/JAI del Consejo -DO L nº 88, de 31 de marzo de 2017, pp. 6–21- **(TOL6.022.895)**.
- Reglamento (UE) 2018/1725 del Parlamento Europeo y del Consejo, de 23 de octubre de 2018, relativo a la protección de las personas físi-

cas en lo que respecta al tratamiento de datos personales por las instituciones, órganos y organismos de la Unión, y a la libre circulación de esos datos, y por el que se derogan el Reglamento (CE) n.° 45/2001 y la Decisión n.° 1247/2002/CE -DO L nº 295, de 21 de noviembre de 2018, pp. 39–98- **(TOL7.128.852)**.

- Directiva (UE) 2018/1808 del Parlamento Europeo y del Consejo, de 14 de noviembre de 2018, por la que se modifica la Directiva 2010/13/UE sobre la coordinación de determinadas disposiciones legales, reglamentarias y administrativas de los Estados miembros relativas a la prestación de servicios de comunicación audiovisual (Directiva de servicios de comunicación audiovisual), habida cuenta de la evolución de las realidades del mercado -DO L nº 303, de 28 de noviembre de 2018, pp. 69-92- **(TOL6.927.546)**.
- Reglamento (UE) 2018/1971 del Parlamento Europeo y del Consejo, de 11 de diciembre de 2018, por el que se establecen el Organismo de Reguladores Europeos de las Comunicaciones Electrónicas (ORECE) y la Agencia de apoyo al ORECE (Oficina del ORECE), por el que se modifica el Reglamento (UE) 2015/2120 por el que se deroga el Reglamento (CE) nº 1211/2009 -DO L nº 321, de 17 de diciembre de 2018, pp. 1-35- **(TOL7.153.717)**.
- Directiva (UE) 2018/1972 del Parlamento Europeo y del Consejo, de 11 de diciembre de 2018, por la que se establece el Código Europeo de las Comunicaciones Electrónicas -DO L nº 321, de 17 de diciembre de 2018, pp. 36-214- **(TOL7.152.022)**.
- Directiva (UE) 2019/790 del Parlamento Europeo y del Consejo, de 17 de abril de 2019, sobre los derechos de autor y derechos afines en el mercado único digital y por la que se modifican las Directivas 96/9/CE y 2001/29/CE -DO L nº 130, de 17 de mayo de 2019, pp. 92-125- **(TOL7.219.009)**.
- Reglamento (UE) 2019/881 del Parlamento Europeo y del Consejo, de 17 de abril de 2019, relativo a ENISA (Agencia de la Unión Europea para la Ciberseguridad) y a la certificación de la ciberseguridad de las tecnologías de la información y la comunicación y por el que se deroga el Reglamento (UE) n.º 526/2013 (Reglamento sobre la Ciberseguridad) -DO L nº 151, de 7 de junio de 2019, pp. 15-69- **(TOL7.267.395)**.
- Directiva (UE) 2019/1024 del Parlamento Europeo y el Consejo, de 20 de junio de 2019, relativa a los datos abiertos y la reutilización de la

información del sector público -DO L nº 172, de 26 de junio de 2019, pp. 56-83- **(TOL7.307.650)**.

- Reglamento (UE) 2019/1150 del Parlamento Europeo y del Consejo, de 20 de junio de 2019, sobre el fomento de la equidad y la transparencia para los usuarios profesionales de servicios de intermediación en línea -DO L nº 186, de 11 de julio de 2019, pp. 57–79- **(TOL7.434.394)**.
- Directiva (UE) 2019/1937 del Parlamento Europeo y del Consejo, de 23 de octubre de 2019, relativa a la protección de las personas que informen sobre infracciones del Derecho de la Unión -DO L nº 305, de 26 de noviembre de 2019, pp. 17-56- **(TOL7.592.178)**.
- Reglamento (UE) 2022/868 del Parlamento Europeo y del Consejo, de 30 de mayo de 2022, relativo a la gobernanza europea de datos y por el que se modifica el Reglamento (UE) 2018/1724 (Reglamento de Gobernanza de Datos) -DO L nº 152, de 3 de junio de 2022, pp. 1-44- **(TOL9.000.577)**.
- Reglamento (UE) 2022/2065 del Parlamento Europeo y del Consejo, de 19 de octubre de 2022, relativo a un mercado único de servicios digitales y por el que se modifica la Directiva 2000/31/CE (Reglamento de Servicios Digitales) -DO L nº 277, de 27 de octubre de 2022, pp. 1-102- **(TOL9.264.851)**.
- Decisión de Ejecución (UE) 2023/1795 de la Comisión, de 10 de julio de 2023, relativa a la adecuación del nivel de protección de los datos personales en el Marco de Privacidad de Datos UE-EE.UU. con arreglo al Reglamento (UE) 2016/679 del Parlamento Europeo y del Consejo [notificada con el número C(2023) 4745] -DO L nº 231, de 20 de septiembre de 2023, pp. 118-229-.
- Decisión de la Comisión, de 24 de enero de 2024, por la que se crea la Oficina Europea de Inteligencia Artificial -DO C, C/2024/1459, de 14 de febrero de 2024, pp. 1-5-.
- Reglamento (UE) 2024/1083 del Parlamento Europeo y del Consejo, de 11 de abril de 2024, por el que establece un marco común para los servicios de medios de comunicación en el mercado interior y se modifica la Directiva 2010/13/UE (Reglamento Europeo sobre la Libertad de los Medios de Comunicación) -DO L de 17 de abril de 2024, pp. 1-37- **(TOL10.037.478)**.
- Reglamento (UE) 2024/1689 del Parlamento Europeo y del Consejo, de 13 de junio de 2024, por el que se establecen normas armonizadas en materia de inteligencia artificial y por el que se modifican los Regla-

mentos (CE) nº 300/2008, (UE) nº 167/2013, (UE) nº 168/2013, (UE) 2018/858, (UE) 2018/1139 y (UE) 2019/2144 y las Directivas 2014/90/ UE, (UE) 2016/797 y (UE) 2020/1828 (Reglamento de Inteligencia Artificial) -DO L, de 12 de julio de 2024, pp. 1-144- **(TOL10.092.026)**.

3.1.3.2.2. Actos vinculantes atípicos

- Resolución del Parlamento Europeo, de 18 de enero de 1994, sobre el secreto de las fuentes de información de los periodistas y el derecho de los funcionarios a divulgar la información que poseen (DO C nº 44, de 14 de febrero de 1994, pp. 34-36).
- Resolución del Parlamento Europeo, de 21 de mayo de 2013, sobre la Carta de la UE: Normas para la libertad de los medios de comunicación en la UE (DO C nº 55, de 12 de febrero de 2016, pp. 33-43).
- Conclusiones del Consejo y de los Representantes de los Gobiernos de los Estados miembros, reunidos en el seno del Consejo, sobre la libertad y el pluralismo de los medios de comunicación en el entorno digital (DO C nº 32, de 4 de febrero de 2014, pp. 6-7).
- Directrices de la UE sobre derechos humanos relativas a la libertad de expresión en Internet y fuera de Internet, adoptadas por el Consejo de la UE el 12 de mayo de 2014 (doc. 9647/14, COHOM 77), en https://www.consilium.europa.eu/media/28348/142549.pdf
- Resolución del Parlamento Europeo, de 14 de febrero de 2017, sobre la función de los denunciantes en la protección de los intereses financieros de la Unión (2016/2055(INI) (DO C nº 252, de 18 de julio de 2018, pp. 56-61).
- Resolución del Parlamento Europeo, de 16 de marzo de 2017, sobre la democracia digital en la Unión Europea: posibilidades y retos (2016/2008(INI)) (DO C nº 263, de 25 de julio de 2018, pp. 156-162).
- Resolución del Parlamento Europeo, de 24 de octubre de 2017, sobre las medidas legítimas para la protección de los denunciantes de irregularidades que, en aras del interés público, revelan información confidencial sobre empresas y organismos públicos (2016/2224(INI)) (DO C nº 346, de 27 de septiembre de 2018, pp. 143-155).
- Resolución del Parlamento Europeo, de 3 de mayo de 2018, sobre pluralismo y libertad de los medios de comunicación en la Unión Europea (2017/2209(INI)) -DO C nº 41, de 6 de febrero de 2020, pp. 64-75-.

3.1.3.2.3. Actos no vinculantes

- Recomendación (UE) 2018/334 de la Comisión, de 1 de marzo de 2018, sobre medidas para combatir eficazmente los contenidos ilícitos en línea (DO L nº 63, de 6 de marzo de 2018, pp. 50-61) **(TOL6.586.596)**.
- Recomendación (UE) 2021/1534 de la Comisión, de 16 de septiembre de 2021, sobre la garantía de la protección, la seguridad y el empoderamiento de los periodistas y los otros profesionales de los medios de comunicación en la Unión Europea (DO L nº 331, de 20 de septiembre de 2021, pp. 8-20).

3.1.3.3. Otros documentos de órganos y organismos de la UE

- ORECE-BEREC, *Guidelines on the Implementation by National Regulators of European Net Neutrality Rules*, BoR (16) 127, de 30 de agosto de 2016, https://www.berec.europa.eu/sites/default/files/files/document_register_store/2016/8/BoR_%2816%29_127_BEREC_Net_Neutrality_Guidelines_30082016_final.pdf
- Comunicación de la Comisión al Parlamento Europeo, al Consejo, al Comité Económico y Social Europeo y al Comité de las Regiones, "La lucha contra la desinformación en línea: un enfoque europeo", COM (2018) 236 final, de 26 de abril de 2018, en https://eur-lex.europa.eu/legal-content/ES/TXT/PDF/?uri=CELEX:52018DC0236

3.1.4. Organización de Estados Americanos (OEA)

3.1.4.1. Asamblea General

- Carta Democrática Interamericana, de 11 de septiembre de 2001.
- Resolución 1932, sobre "Acceso a la Información Pública: Fortalecimiento de la Democracia" (XXXIII-O/03), de 10 de junio de 2003.
- Resolución 2057, sobre "Acceso a la Información Pública: Fortalecimiento de la Democracia" (XXXIV-O/04), de 8 de junio de 2004.
- Resolución 2121, sobre "Acceso a la Información Pública: Fortalecimiento de la Democracia" (XXXV-O/05), de 7 de junio de 2005.

- Resolución 2252, sobre "Acceso a la Información Pública: Fortalecimiento de la Democracia" (XXXVI-O/06), de 6 de junio de 2006.

3.1.4.2. Comisión Interamericana de Derechos Humanos

- Declaración de Principios sobre la Libertad de Expresión de la Comisión Interamericana de Derechos Humanos (20 de octubre de 2000).
- Relatoría Especial para la Libertad de Expresión de la Comisión Interamericana de Derechos Humanos, *Estudio especial sobre el derecho de acceso a la información*, OEA, Washington, 2007.

3.1.4.3. Otros documentos de la OEA

- Informe anual de la Relatoría Especial para la Libertad de Expresión, vol. II, OEA, Washington, 2013.

3.1.5. Unión Africana / Organización para la Unidad Africana (OUA)

3.1.5.1. Comisión Africana de Derechos Humanos y de los Pueblos

- Declaración de Principios sobre la Libertad de Expresión en África (Res. 62 (XXXII) 02, de 23 de octubre de 2002).
- Declaración de Principios sobre Libertad de Expresión y el Acceso a la Información en África (2019).

3.2. DOCUMENTACIÓN NACIONAL

3.2.1. España

- Ley 34/2002, de 11 de julio, de servicios de la sociedad de la información y de comercio electrónico (BOE, nº 166, de 12 de julio de 2002, pp. 25388-25403) **(TOL164.416)**.

- Informe del Consejo General del Poder Judicial (CGPJ) de 28 de enero de 2010 al Anteproyecto de Ley de economía sostenible por la que se modifica la Ley Orgánica 6/1985, de 1 de julio, del Poder Judicial, recuperado de https://www.poderjudicial.es/cgpj/es/Poder-Judicial/Consejo-General-del-Poder-Judicial/Actividad-del-CGPJ/Informes/Informe-al-Anteproyecto-de-Ley-de-economia-sostenible-por-la-que-se-modifica-la-Ley-Organica-6-1985—de-1-de-julio—del-Poder-Judicial.
- Dictamen del Consejo de Estado sobre el Anteproyecto de Ley de Economía Sostenible, de 18 de marzo de 2010 (Número de expediente 215-2010), recuperado de https://www.boe.es/buscar/doc.php?id=CE-D-2010-215 **(TOL1.791.307)**.
- Ley Orgánica 3/2018, de 5 de diciembre, de Protección de Datos Personales y garantía de los derechos digitales (BOE, nº 294, de 6 de diciembre de 2018, pp. 119788-119857) **(TOL6.933.570)**.
- Real Decreto-ley 24/2021, de 2 de noviembre, de transposición de directivas de la Unión Europea en las materias de bonos garantizados, distribución transfronteriza de organismos de inversión colectiva, datos abiertos y reutilización de la información del sector público, ejercicio de derechos de autor y derechos afines aplicables a determinadas transmisiones en línea y a las retransmisiones de programas de radio y televisión, exenciones temporales a determinadas importaciones y suministros, de personas consumidoras y para la promoción de vehículos de transporte por carretera limpios y energéticamente eficientes (BOE, nº 263, de 3 de noviembre de 2021, pp. 133204-133364) **(TOL8.630.334)**.
- Ley 11/2022, de 28 de junio, General de Telecomunicaciones (BOE, nº 155, de 29 de junio de 2022, pp. 91253-91411) **(TOL9.093.453)**.
- Ley 2/2023, de 20 de febrero, reguladora de la protección de las personas que informen sobre infracciones normativas y de lucha contra la corrupción (BOE, nº 44, de 21 de febrero de 2023, pp. 26140-26189) **(TOL9.398.783)**.
- Real Decreto 729/2023, de 22 de agosto, por el que se aprueba el Estatuto de la Agencia Española de Supervisión de Inteligencia Artificial (BOE, nº 210, de 2 de septiembre de 2023, pp. 122289-122316) **(TOL9.687.164)**.
- Estrategia española de Inteligencia Artificial 2024, aprobada por el Gobierno el 14 de mayo de 2024, en https://portal.mineco.gob.es/es-es/digitalizacionIA/Documents/Estrategia_IA_2024.pdf

- Orden TDF/619/2024, de 18 de junio, por la que se crea y regula el Consejo Asesor Internacional en *Inteligencia Artificial* (BOE, nº 150, de 21 de junio de 2024, pp. 72251-72254) **(TOL10.047.418)**.

3.2.2. Estados Unidos

- Sección 230 -Título 47- del Código de Estados Unidos (47 U.S.C. § 230).
- AMERICAN LAW INSTITUTE, *Restatement of the Law Second. Torts*, vol. 3, 1977.
- Electronic Communications Privacy Act, de 1986 (18 U.S.C. §§ 2510-2523).
- Ley de Derecho de Autor de la Era Digital (Digital Millenium Copyright Act), de 28 de octubre de 1998 -Public Law 105-304 (112 Stat. 2860)-.
- Ley para Detener la Facilitación de los Traficantes Sexuales –o trata de personas con fines sexuales- (FOSTA-SESTA, por sus siglas en inglés), de 11 de abril de 2018 -Public Law 115-164 (132 Stat. 1253)-.
- Decreto Presidencial nº 13925, "Orden Ejecutiva para prevenir la censura en línea", de 28 de mayo de 2020 (Executive Order 13925), en https://trumpwhitehouse.archives.gov/presidential-actions/executive-order-preventing-online-censorship/
- Decreto Presidencial n.º 14086, "Refuerzo de las garantías en las actividades de inteligencia de señales de los Estados Unidos" (Executive Order 14086 'Enhancing Safeguards for US Signals Intelligence Activities').

3.3. OTRA DOCUMENTACIÓN

- Declaración de Windhoek para el Desarrollo de una Prensa Libre, Independiente y Pluralista, de 3 de mayo de 1978, en https://www.un.org/es/events/pressfreedomday/pdf/Declaraci%C3%B3n%20de%20Windhoek.pdf.
- Informe *Voces múltiples, un solo mundo: comunicación e información en nuestro tiempo -Informe MacBride-*, de la Comisión Internacional para el Estudio de los Problemas de la Comunicación, de 1980.
- Declaración de Chapultepec, adoptada el 11 de marzo de 1994 por la Conferencia Hemisférica sobre Libertad de Expresión.
- Principios de Johannesburgo sobre la Seguridad Nacional, la Libertad de Expresión y el Acceso a la Información, de noviembre de 1996.

- Principios de Lima sobre derecho de acceso a la información, de 16 de noviembre de 2000.
- Declaración de Principios de Ginebra, de 2003, Cumbre Mundial sobre la Sociedad de la Información (doc. WSIS-03/GENEVA/4-S).
- Declaración de Nueva León, Cumbre Extraordinaria de las Américas, 2004.
- Compromiso de Túnez, de 2005, Cumbre Mundial sobre la Sociedad de la Información (doc. WSIS-05/TUNIS/DOC/7-S).
- Carta Europea por la Libertad de Prensa, de mayo de 2009 (véase en http://www.pressfreedom.eu/en/index.php).
- Código de Conducta para la lucha contra la incitación ilegal al odio en Internet, de la Comisión Europea y cuatro compañías de tecnología digital (Facebook, Microsoft, Twitter y YouTube), de 31 de mayo de 2016, en https://commission.europa.eu/document/551c44da-baae-4692-9e7d-52d20c04e0e2_es
- Carta Iberoamericana de Principios y Derechos en los Entornos Digitales, de 25 de marzo de 2023, adoptada en la XXVIII Cumbre Iberoamericana de Jefas y Jefes de Estado y de Gobierno, Santo Domingo -República Dominicana-, en https://www.segib.org/wp-content/uploads/Carta_iberoamericana_derechos_digitales_ESP_web.pdf.